中国新闻传播学
自主知识体系建设工程

| 当代中国新闻理论研究 |

新闻主体论
（新修版）

On Journalistic Subjects

杨保军◎著

中国人民大学出版社

·北京·

本书系中国人民大学科学研究基金项目
"当代中国新闻理论研究"
（批准号：18XNLG06）成果

总　序

2022 年 4 月 25 日，习近平总书记来到中国人民大学考察调研时指出，加快构建中国特色哲学社会科学，归根结底是建构中国自主的知识体系。没有知识体系这个内涵，三大体系就如无本之木。习总书记的这一重要论述，为中国特色新闻传播学学科体系、学术体系、话语体系建设指明了方向。当前，面向新时代的使命任务、面向新媒体的变革、面向全球化背景下人类文明交往的新形势，新闻传播学科面临转型升级的迫切要求，需要在回答中国之问、世界之问、人民之问、时代之问中实现学科的系统性重组与结构性再造，新闻传播学的知识体系也需要以此来锚定坐标、厘清内涵外延。

中国人民大学新闻学院是中国共产党亲手创办的第一所高等新闻教育机构，是新闻传播学科"双一流"建设单位，主动布局和积极开展自主知识体系建设是我们应有的使命担当。为此，学院开展了"中国新闻传播学自主知识体系建设工程"重大攻关行动，组建了十六个科研创新团队，以有组织科研的形式开展专项工作，寄望以此产生一批重大基础性、原创性系列成果，这些成果将在中国人民大学出版社的支持下陆续出版。

中国新闻传播学自主知识体系建设，首先要解决这一体系的逻辑性问题。这需要回到学科发展的历史纵深处，从元问题出发，厘清基本逻辑。在过去的一百多年中，报纸、杂志、广播、电视、通讯社等风起云涌，推动了以大众传播为主体的职业新闻传播事业的迅猛发展。这种实践层面的动向也必然会反映到理论层面，催生和促进新闻传播学的发展。如果从1918 年北京大学新闻学研究会成立算起，新闻学在中国的发展逾百年，传播学全面进入中国学界的视野已超过四十年，从 1997 年正式成为一级学科，新闻传播学在我国的发展则有二十多年。在长期的发展过程中，新闻传播学形成了以史、论、业务三大板块为支柱的知识图谱，并在各专门领域垂直深耕，形成了蔚为壮观的学科阵列。应该说，已有的发展为构建中国新闻传播学自主知识体系提供了良好的基础，但离自主知识体系的要求尚存在不小的差距。主要表现在：长期跑马圈地扩张而以添砖加瓦方式累积形成的知识碎片如何成为有逻辑的知识图谱？主要面向大众传播而形成的知识概念何以适应新媒体时代传媒业结构性变革的新要求？多源流汇聚、面向多学科开放而形成的知识框架如何彰显本学科的主体性？马克思主义新闻观作为"中国特色"的灵魂如何全面融通进入知识体系？这些问题的解决必须超越各种表层因素，从元问题出发并以其作为逻辑起点展开整个知识体系的构建。新闻传播学的一个重要特质就是关注"对话与沟通"及由此对"共识与秩序"的促成，进而推进人类文明和文化的理解与融合。在今天的社会语境下，对于新闻传播学的这一本质意义的认识是重建学科逻辑的关键。在当今的新兴技术革命中，新闻活动从职业语境走向社会化语境，立足于职业新闻活动的新闻学也必须实现根本性转换，将目光投向更广阔的人类传播实践，将新闻学建立在作为人之存在方式、与人之生活世界紧密相连的"新闻"基础之上，建立在新闻、人、事实和生活世界之间相互交错的深厚土壤中。

中国新闻传播学自主知识体系建设，必须要处理好中国特色与世界普遍意义的关系问题。中国的历史、中国的新闻传播实践赋予知识概念以特殊含义，如何将这种"中国特色"阐述清楚，是新闻传播学理论首先要解决的问题。"中国特色"强调对中国问题、中国历史传统和现实特征的观照，但这绝不是自我封闭的目光向内，而是要处理好中国经验与世界理论的关系。建构自主的知识体系应该是一个对话的过程。马克思主义基本原理同中国具体实际相结合、同中华优秀传统文化相结合的过程，是吸收、转化、融入的过程，从学术上讲，实际上是马克思主义与中国传统对话、与中国现实对话的过程。建构自主的知识体系应该关切、关怀人类共同的问题和命运，这就要以产出中国知识、提供全球方案、彰显世界意义为目的，在古今中西的十字路口展开对照和对话。换言之，我们构建自主的知识体系不是自说自话，而是要通过知识创新彰显中国贡献，使中国的新闻传播学屹立于世界学术之林，这是一个艰难而复杂的进程。如果以此为目标做战术层面进一步细分的话，自主知识体系的构建大体可以分为三个向度：

其一，能够与世界同行开展实质有效的深层对话。

这部分主要是指那些具有特别鲜明的中国特色、短期内难以达成共识的内容，比如中国新闻学，从概念到理论逻辑均与西方学术话语有着较大的差异和分歧。对于这部分内容，我们至少在短期内可以以能够开展实质有效的对话为目标，不一定能够达成共识，但至少应努力做到和而不同。这需要我们首先建立一套系统的、在学术上能够逻辑自洽的中国新闻学理论体系。作为中国新闻学的灵魂，马克思主义新闻观不能成为被表面尊崇实则割裂的"特区""飞地"，而应"脱虚向实"，真正贯穿本学科的知识图谱。这就需要将马列关于新闻传播的经典论述与中国共产党从其领导下的百年新闻事业中不断总结提炼的新闻理论相结合，与中国历史传统特别是优秀传统文化相结合。当前，特别要立足于马克思主义新闻观与新时代中国新闻传播事业，加强对习近平文化思想、习近平关于新闻舆论工作重要论述的系统性理论阐释，全面梳理互联网环境下新闻实践的基本理念、原则、方式方法，充实和完善新闻学的本体论、认识论、方法论，构建较为系统完整的知识地图。这既是中国新闻学理论链条的最新一环，也将实现理论创新的层级跨越。

其二，能够与世界同行开展实质有效的交流合作。

这部分主要是指那些与西方学术话语有相通之处、面临共同的问题和挑战的内容，比如一直面临着基础理论创新乏力的传播学，我们可以在实质有效的合作交流中共同发展，做出中国贡献，形成中国学派。要实现这一愿景，中国的传播学必须坚持问题导向，立足中国现实问题，开展基础理论研究和应用对策研究：一方面，扎根中国大地，形成具有中国特色、世界意义的原创性理论；另一方面，面向中国实践，形成一套有解释力的观念体系。从国家加强国际传播能力建设的重大使命任务出发，当前尤其要加强国际传播基础理论建设，尽快构建中国的国际传播理论体系，推动与国际同行的学术交流和对话，加强国际学术话语权。

其三，能够为世界同行做出实质有效的独特贡献。

这部分主要是指那些新兴领域或者中国具有独特资源的领域，我们与世界同行基本处于同一起跑线，甚至有些还有一定的先发可能，要把握历史主动、抓住难得的机遇期。当前中国社会正处于转型期，呈现出大量西方社会较少见到的现象，这给中国新闻传播学研究在理论建构上做出世界贡献提供了机会。同时，要利用好中国在新媒体方面的技术优势和实践优势，提早布局、快速产生重大成果，为未来传播的新时代实现中国新闻传播学科建设的"弯道超车"创造条件。比如，目前各种人工智能技术已被广泛运用到新闻领域乃至整个传媒产业，带来了智媒化发展的大趋向，我们需要通过跨学科的视野梳理智能传播的基本架构以及知识体系，并在此基础上深入探究智能传播中的焦点问题：智能化媒体应用趋势、规律与影响，人工智能时代的算法，智能环境中的人与人机关系等。

自主知识体系建设是新闻传播学科在新的历史阶段开展"双一流"建设的重要历史机遇。如果说第一轮"双一流"建设是在筑基与蓄力，那么从第二轮"双一流"建设开始，我们的重要任务就是真正开启面向全球场域、建设世界一流，全面提升学科的国际对话能力，实现从一般性国际交往到知识创造、从理论互动到以学科的力量介入全球行动、从场景型合作到平台构建的"转向和超越"。在走出建设中国特色、世界一流大学新路的过程中，自主知识体系建设将起到至关重要的赋能作用，通过知识创新实现中国经验与世界贡献的有机融通，为中国的新闻传播学科屹立于世界学术之林夯实基础。这当然不是一所学院所能胜任的事情，需要整个学科共同体的努力。2023 年 11 月 4 日，中国人民大学新闻学院联合国内四十多所兄弟高校新闻传播学院共同发起成立"中国新闻传播学自主知识体系联盟"并发布倡议，希望以学科的集体力量和智慧推进这一重大行动，我们有理由期待未来更多高质量相关成果的推出。

新时代给新闻传播学科的发展赋予了无限动能与想象空间，这是我们的幸运，也是我们的责任。我们坚信，中国新闻传播学自主知识体系构建要锚定的基点，在于"以中国为根本，以世界为面向"，要充分了解、辩证看待世界，在广泛吸收人类文明优秀成果的基础上，回到本学科、本领域事业发展的历史和现状，回到中国的历史和优秀文化传统，以中国问题、中国现实为观照来构建自主知识体系，为推动中国更好地走向世界服务，为构建人类命运共同体做出贡献。

是为序。

2023 年 11 月 16 日

于中国人民大学明德新闻楼

写在前面的话

"新闻十论"的来龙去脉

"新闻十论"就要集纳成十卷本出版了，这对我来说，是对过去 20 多年来新闻学研究的一个主要总结，估计也是最重要的总结了。至于我关于其他领域一些问题的思考和研究，还得等待另外的机会进行总结。

"新闻十论"就要以新的"完整"的面貌与读者见面了，不再是过去的零散样式，想象到那像模像样的十卷，不仅感到欣慰，内心还有点兴奋和激动。对于一个研究者或思想者来说，能给社会、他人的最大贡献莫过于自己的著述了。这自然也是作为研究者、思想者精神生命中最具意义的部分。

关于"新闻十论"写作的来龙去脉，没有多少生动鲜活的故事，也没有什么摇摆不定的曲折起伏，就像一个研究者或思想者的生活一样，四季流转、朴素平淡。但毕竟是 20 多年才做成的一件事，总得给读者交代一下大致的过程和相关的情况。

当初写第一论《新闻事实论》时，我只是个"大龄"的博士研究生。1998 年 9 月，我 36 岁，来到中国人民大学新闻学院跟随童兵教授读博士，面试时就大致确定攻读博士期间主要研究"新闻事实"问题。

2001 年 10 月，新华出版社出版了我的博士学位论文《新闻事实论》。写作《新闻事实论》时，没想着要写那么多论，但出版后，就有了新的写作计划，当时只是想写"新闻三论"，即除了《新闻事实论》之外，再写《新闻价值论》和《新闻自由论》两论。

我的导师童兵先生在给《新闻事实论》写的序言中，做出了这样一个判断："'三部曲'搞成了，是对中国新闻传播学基础研究的一个贡献。"这大大鼓舞了我的士气，也增强了我做基础研究的信心。

写"十论"的想法产生于 2001 年年底，当时《新闻事实论》已经出版，我开始着手写《新闻价值论》了。写作过程中，我产生了一个想法，那就是能否在全国范围内找一些年富力强的学者，就新闻基础理论问题做个系列研究，三五年内撰写出版一批专著，为新闻理论研究做一些铺垫性的工作，也可以从根本上回击"新闻无学"的喧嚣。我当时博士毕业留到中国人民大学新闻学院任教不到一年，没有这样的组织号召能力，于是就把自己的想法告诉了童兵先生，渴望童先生通过自己的影响力组建一个团队来做这件事情（童先生当时担任国务院学位委员会新闻传播学学科评议组组长）。童先生说他先联系一下看看如何。大概过了半年多，童先生从上海来北京（童先生 2001 年年底从中国人民大学新闻学院调往复旦大学新闻学院工作）开会，我去看望先生，谈及前说组建写作团队一事，先生说找过一些人，但大都"面露难色"，此事不好做，随后话锋一转对我说："你若情愿，就一个人慢慢做吧。"我也没敢答应，此事就此搁浅了。

契机出现于 2003 年。当年，我出版了《新闻价值论》，《新闻自由论》两三万字的写作大纲也基本完成，想着再用两三年时间，写完《新闻自由论》，"三部曲"就结束了，然后再做其他问题的研究。记得是 11 月前后，有一天晚上快 11 点了（具体日子已经记不清了），有人给我家里打来电话，我拿起电话刚想问是谁，对方不紧不慢，"笑眯眯"地说（那语调、声气让人完全可以想象出来）："祝贺你，保军，你这个小老鼠掉到大米缸里啦，你的论文《新闻事实论》入围全国百篇优秀博士学位论文啦！"电话是方汉奇先生打来的。听到这样的好消息我当然高兴。老人家又鼓励了我几句，我表达了深深的感谢，并告诉方先生我自己会继续努力，好好做学问。

获得全国百篇优秀博士学位论文奖不仅名声听起来不错，而且还是件比较实惠的事情，可以申报特别科研资助基金。我申报了"新闻理论基础系列专论"研究的课题，承诺写三部专著——《新闻本体论》《新闻真实论》《新闻道德论》。这一下子等于自己把自己给逼上梁山了。但也正是从此开始，我正式规划"新闻十论"的写作。

"十论"具体写哪"十论"，其间有过精心筹划，也有过犹豫、选择和调整，现在的"十论"，与最初的设想还是不完全一致的，比如，《新闻自由论》转换成了《新闻精神论》，当初想写的《新闻文化论》也最终变成了《新闻观念论》，而想写的《新闻媒介论》最终没有写。但说老实话，转换、调整的根本原因是《新闻自由论》和《新闻文化论》太难写了，自己的积淀、功力远远不足，只好选择自己相对有能力驾驭的题目，那些难啃的硬骨头留给"铜牙铁齿"的硬汉们吧。

如果从 1999 年《新闻事实论》的写作算起，到 2019 年《新闻规律论》画上句号为止，"新闻十论"整整用了 20 年时间。这个时间，说长不长，说短不短，但它用去了我整个的中年时代。回头望去，就如我在《新闻规律论》后记中说的，二十多年过去了，我由青年、中年开始进入老年，黑发变成了"二毛"、白发，但当年的愿望也由头脑中的想象一步一步变成了摆在面前的文本，思想变成了可触可摸的感性事实，说实话，也是相当欣慰的。做了一件自己想做的事，并且在自己的能力、水平范围内做完了、做成了，也算给自己有个交代了。

不过，不管是起初设想的"三部曲"，还是最终写成的"十论"，这些著作只是对既往劳动心血的奖赏，一经面世，便是过去时了，对自己其实也就不那么重要了。至于这些著作对学术研究的意义和价值，对相关社会实践的作用和影响，就不是我自己能够评判的事情，只能留给他人和历史。我想做的是眼下与未来的新事情，继续自己的观察分析、读书思考、写作出版，争取对新闻学研究做出一些新的贡献。当然，我也会抽出一些时间，整理自己其他方面积累的一些文字，并争取出版面世的机会。

"新闻十论"能以十卷本聚合在一起的方式与读者见面，必须感谢中国人民大学。2018 年 4 月，"新闻十论"以"当代中国新闻理论研究"课题方式，列入中国人民大学重大规划项目。有了项目资金的资助，出版也就可以变成现实了。

2019 年，"新闻十论"的最后一论《新闻规律论》由中国人民大学出版社出版后，我便着手整理过往出版的"九论"——其中，《新闻事实论》于 2001 年由新华出版社出版，随后的《新闻价值论》（2003）、《新闻真实论》（2006）、《新闻活动论》（2006）、《新闻精神论》（2007）、《新闻本体论》（2008）、《新闻道德论》（2010）皆由中国人民大学出版社出版，2014 年《新闻观念论》由复旦大学出版社出版，2016 年《新闻主体论》由人民日报出版社出版。这些专著，除了新近出版的《新闻规律论》《新闻主体论》和《新闻观念论》，其他在市场上已经见不到了。有些朋友曾向我"索要"其中的一些书，我手头也没有。

尽管"十论"的结构方式、写作风格是统一的，大部分著作的篇幅差别不是很大，但有几本之间还是有一定差异的，比如作为博士学位论文的《新闻事实论》只有 16 万字左右，而 2014 年出版的《新闻观念论》超出 70 万字，面对这种情况，或增或减都是不大合适的，保留历史原貌可能是最好的办法。因而，这次集纳出版时，我并没有为了薄厚统一"好看"去做什么再加工的事情。顺其自然，薄就薄点，厚就厚些。

根据出版社编辑建议，"新闻十论"集纳出版之际，我专门撰写了《中国新闻学基础理论研究》，从一定意义上说，这本书是"十论"的"总论"，也是对"新闻十论"的总结。为了方便读者的阅读，我把原来分散在各单行本著作中的"前言"或"导论"集纳在一起，构成了该书的第二编。需要说明的是，有几本当初没有写类似"前言"或"导论"的文字，或者是写得过于简单，比如《新闻价值论》《新闻真实论》，为了形成一个比较完整的结构，我特意为这几本书补写了相当于"导论"的文字。由于是补写，就不可能回到当初的写作状态，但我尽可能以原来的文本为根据，去呈现原来著作的内容，类似于内容介绍，而不是站在现在的角度展开阐释。每一本书的"导论"，如果原来有题目，我就保留原来的，如果没有，我便从原作中找一句代表性的话作为题目；同时，为了阅读方便，我也特意提炼了各部分的小标题。总的来说，一个大原则就是尽可能完整保留原作的面貌，不用"后见"改变"前见"。

"总论"《中国新闻学基础理论研究》与"十论"合在一起，总字数超出 400 万字。

"新闻十论"在过往十几年中，得到了新闻学界的普遍肯定。一些学者撰写了评价文章，给予不少溢美之词；有些专著被一些新闻传播学院列为研究生、博士生必读书目或参考书目。"十论"中的多半著作获得了不同类型、层级的奖项，比如，《新闻事实论》获得了全国百篇优秀博士学位论文奖，《新闻价值论》《新闻活动论》《新闻道德论》《新闻观念论》分别获得了第四届、第五届、第六届、第八届中国高校人文社会科学研究优秀成果奖三等奖、二等奖、三等奖、一等奖，《新闻观念论》还获得了第七届吴玉章人文社会科学优秀奖，《新闻规律论》获得了北京市第十六届哲学社会科学优秀成果奖二等奖，《新闻精神论》《新闻规律论》等也曾获得中国人民大学优秀科研成果奖。但这些著作到底价值几何，获奖并不能完全说明问题，还是要交给未来的时间去说话。

伴随"新闻十论"的出版，我还撰写了数量不少的研究论文，这些论文大都是围绕"十论"主题的后续研究成果，可以说是相关主题研究的不断扩展和深化。如果借着本次出版机会把这些论文作为附录编辑在相关著作后面一起出版，也许有利于读者更好地了解我的研究进展情况，但这将使"新闻十论"显得过于庞大或"膨胀"，同时也会给编辑工作带来更多的繁重劳动。出于这些考虑，我放弃了编辑"附录"的想法，等将来有了机会，我再专门编辑出版相关研究论文。但这里需要稍微多说几句的是，"新闻十论"中的每一本著作都有其历史性，这也决定了它们对相关主题的研究成果不可能完全反映当下的实际情况。尽管"新闻十论"专注于基础问题，所得出的研究结论具有一定的稳定性和长久性，但对日新月异的新闻领域来说，这些著作中的一些见解、观点、看法还是需要补充、调整和修正的，我们需要根据新的现象、新的事实、新的发展做出持续的探索。新闻研究的本体对象在持续变化，新闻认识论、价值论、方法论等当然也要跟着变化。

由于"新闻十论"的写作前前后后长达约 20 年，每一本书的写作，都有当时的时代背景、环境特点，都是当时自己认识水平、思想水平和学术水平、表达水平的产物。因而，本次集纳出版时，出于对历史的尊重，也是对自己的尊重，更重要的是对读者的尊重，基本保持了每本书当年出版时的文字原貌。但在这次集纳出版时，按照中国人民大学出版社最新出版编辑规范的要求，调整、订正了注释方式以及参考文献的排列方式，对发现了的写作上或编辑上的个别明显问题，当然都做了必要的修正。

还需要特别说明的是，尽管"新闻十论"的每一论都是围绕某一个核心问题（范畴、概念、观念）展开论述，但这些核心问题之间有着内在的关系，自然也会存在共同的或交叉性的问题。因而，在论述过程中，一些内容就难免必要的重复。在"十论"集纳出版时，如果把这样的文字删掉，可能会影响相关论述的完整性。因此，为了使每一论都能自成体系、保持完整，我保留了各本著作出版时的原貌。

"新闻十论"不是一次性规划的作品，而是在研究、写作中逐步构想、形成的一个具有内在统一性的系列。"十论"中的每一论都是对一个新闻理论基础概念、基本观念的成体系的研究，完全可以独立成篇。而它们组合在一起，就初步形成了对新闻理论基础概念、基本观念的系统化研究。可以说，"新闻十论"为整体的新闻理论体系构建做出了初步的但确实重要的铺垫工作。

正是因为"新闻十论"不是先做整体策划，之后逐步写作，而是写了几本后才有的规划，因而，"十论"之间并没有形成明晰的先后或历史逻辑关系。但现在要集纳在一起出版，为了方便读者阅读，我把作为"总论"的《中国新闻学基础理论研究》一并纳入考虑，主要依据内容构成特点，将"总论"与"十论"分成几个单元，并按照内容之间大致的逻辑关系做了个排序：

（1）《中国新闻学基础理论研究》（总论）

（2）《新闻活动论》

（3）《新闻主体论》，《新闻本体论》《新闻事实论》

（4）《新闻精神论》《新闻道德论》《新闻观念论》，《新闻真实论》《新闻价值论》

（5）《新闻规律论》

这五个单元之间的关系，图示如下：

这五个单元之间的关系，可以大致这样理解：第一，《中国新闻学基础理论研究》是"新闻十论"提纲挈领的总介绍，具有统领的也是"导论"性质的地位与作用。第二，《新闻活动论》是"新闻十论"逻辑上的一个总纲，设定了"新闻十论"的宏观范围或问题领域。第三，新闻活动是人的活动，是人与人之间以交流新闻信息为主、为基础的活动，因而，人与新闻的关系问题是新闻活动的总关系，也是新闻学的总问题，这样，《新闻活动论》大致就可分为《新闻主体论》与《新闻事实论》《新闻本体论》两个单元：《新闻主体论》重点讨论的是新闻活动中的"人"的问题

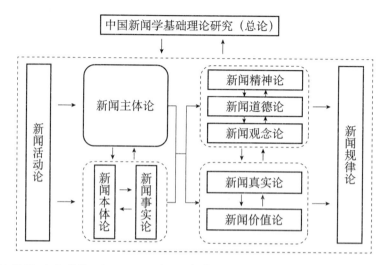

或"新闻活动主体"的问题；《新闻事实论》《新闻本体论》重点讨论的是"事实"问题、"新闻"问题，而"事实与新闻的关系问题"构成了新闻理论的基本问题。第四个单元可以看作第三单元的逻辑延伸：《新闻精神论》《新闻道德论》《新闻观念论》主要是关于"新闻活动主体""精神世界"的讨论，《新闻真实论》《新闻价值论》是在新闻认识论、新闻价值论视野中关于新闻与事实、新闻与主体价值关系的讨论。这两个小单元之间的关系，依然可以看作关于"人与新闻关系总问题"的进一步延伸。第五个单元是在规律层面上对新闻活动内在关系的揭示，也可以看作在前述各个单元基础上的总结。

需要再次说明的是，上面关于"新闻十论"逻辑关系的梳理，只是写作完成后对"十论"内在基本关系的一个反思性认识，并不是一开始的"顶层设计"。事实上，要建构比较完整的新闻基础理论研究大厦，不是这"十论"能够完成的，诸如关于新闻媒介、新闻语言（符号）、新闻技术、新闻制度、新闻文化等都需要以专论的方式展开系统深入的研究，这自然是一个长期的过程，也不是某一个人或几个人可以完成的任务，而是需要整个新闻学界展开持续的研究和探索。

致　谢

对于一个读书人、教书人、写书人来说，出版几本书是分内的事情，也是生命、生活过程的自然呈现，没有什么过多值得说的东西，但在自己的背后，却有许许多多要感谢的人，要感谢的单位，也有许许多多想说的事。这里不可能大篇幅展开叙说，但有些话还是要留下历史性文字的，一定要让它们成为美好的记忆。

读书、思考、研究、写作需要时间，需要安宁、清净，但自己有了时间，有了安宁、清净，有些人就得为你忙起来、跑起来。人们容易看到台前的人，很难看见幕后的人，但没有幕后人的辛劳，台前的人是表演不好的。

我从1998年读博开始，应该说正式步入了自己独立自主的思想探索、学术人生。经过几十年的慢慢前行，现在有一些被称作"成果"的文字放在那里。回头去看，这一路走来，在自己成长的道路上，需要感谢的人实在太多。我在已经出版的每一本著作的后记中，都有真真切切的记录，也一再表达了自己真诚的感谢，我愿在"新闻十论"出版之际，再次表达对他们的深深谢意。

感谢我的硕士生导师郭云鹏、赵馥洁、王陆元、伍步云诸位先生，是他们将我带进了学术的殿堂，让我初步懂得了学问的真谛、思想的珍贵，给我涂抹上了学术人生的底色。他们中有的已经驾鹤西去，但影响却深深留在了我的身上和心里。

感谢我的博士生导师童兵先生，是他指点我、引导我迈上了学术的台阶，开始了真正的攀登。如今他虽已年过八十，但依然与时俱进、笔耕不辍，活跃在中国新闻研究、新闻教育教学的前沿阵地，是我学习的榜样。感谢我的师母林涵教授，她敏锐智慧、性格耿直，无论在学术上还是在生活中都给我以特别的启示。导师和师母塑造了传奇式的"林中童话"，成为我们晚辈经常阅读、传说、交流的美好故事。

感谢我的博士后合作导师曹璐教授，她是那种充满母爱式的导师，温和宽容，不管是学术指导还是生活交流，总是一副慈祥的样子，让人感到放松和温暖。在跟从曹老师的学习过程中，我不仅得到了学术的滋养，也学到和体会到了一些如何与学生、与晚辈、与他人交往的真经。

感谢我的著作的出版者、编辑者，我的论文的审阅者、刊发者，是他们把我一步步扶上了学术的阶梯，帮助我不断向上攀爬，能够看到更高、更远的风景。感谢新华出版社的王纪林女士，中国人民大学出版社的司马兰女士、陈泽春女士、李学伟先生、王宏霞女士，复旦大学出版社的姜华先生，人民日报出版社的梁雪云女士，还有众多学术刊物的编辑们。他们中的一些人可能已经不在原出版单位工作了，但不管他们是退休了，还是另有高就，我都会一直记得他们，感谢他们。

感谢新闻传播学界的前辈学者刘建明教授、罗以澄教授、董广安教授、杨秀国教授、白贵教授……他们在我的学术道路上，以各种方式关注过我、帮助过我、提携过我，对我的学术工作、研究成果予以鼓励和肯定；感谢所有关心过我、帮助过我的同行朋友们，恕我不再一一列名。

感谢所有帮助过我、支持过我的朋友们。我要特别感谢樊九龄、朱达仁、李东升、栾肇东、党朝晖、郑瑜、杨武、李刚、刘吉发、任莉娟、贾玉峰……你们在我人生道路的一些关键节点上给予我不同方式的重要帮助，使我充满信心，克服了各种各样的困难，向着自己的目标前进。

感谢我所有的学生，包括我教过的中学生、本科生、研究生、博士生，是你们与我一起塑造、构建了我人生的主要场景，描绘了我人生的主要画面。与和你们一起成长相比，"新闻十论"不过是"副产品"，当然也是我与你们一起学习、共同进步的"正产品"。你们中的每个人，都以各自的方式在为社会服务的同时展开自己的生活、成就自己的人生，很多人都已成长为不同领域的佼佼者，这使我感到相当欣慰。你们中的一些人也常常与我联系、交谈，这使我获得了另一种特别美好的感受。

一个人的人生，不是一个人单独行走的过程，更不是独自默默绽开，而是所有相关者共同绘制、编织的结果。记得马克思说过这样的话，一个人的发展取决于和他直接或间接交往的其他一切人的发展。是的，我们是交往、交流中的存在，所有交往、交流中的人都是我们得以成长的不同助力者。在我们的人生道路上，会不断得到"贵人"相助，这是幸运的事、快乐的事、幸福的事。凡是以各种方式帮助过、支持过我的人，都会永远留在我美好的记忆之中，会成为我不时"念叨"的人……

感谢我的母校渭南师范学院（原来的渭南师专），我在那里读的是大专，学的是物理专业，但正是在那里，我阅读了大量的文学艺术作品和人文社会科学著作，奠定了后来成长的基础。

感谢我的母校西北政法大学（原来的西北政法学院），我在那里读的是硕士研究生，学的是哲学专业，方向是哲学认识论。正是在那里，我开始真正研读哲学史上、思想史上的一些经典著作，真正开始以学术的方式、独立自主的方式思考一些有意义、有价值的问题。

感谢我的母校中国人民大学，我在这里读的是博士研究生，学的是新闻学专业，专注于新闻基础理论研究，2001年毕业后留校任教。正是从步入中国人民大学新闻学院开始，我进入了新闻专业研究领域，开启了具有自身特点和风格的学术研究活动，并逐步形成了自己对研究领域比较系统成型的看法，"新闻十论"便是我在中国人民大学新闻学院 20 多年来学习、教学、科研工作成绩的重要组成部分。

感谢中国人民大学新闻学院的所有同事们，我们一起创造了一个学术环境宽松、人际关系和谐的学院，在这里我感到了难得的温暖和美好。20 多年来，我得到了前辈老师们学术上的指点、扶持和提携，感谢甘惜分先生、方汉奇先生、郑兴东先生、何梓华先生……。20 多年来，我在这里得到了更多老师在教学、科研、生活方面的关心和关照，感谢涂光晋老师、陈力丹老师、张征老师、倪宁老师、郭庆光老师、喻国明老师……。我还要特别感谢在我遇到特殊困难时安慰我帮助我的陈绚老师（她不幸英年早逝）、钟新老师、彭兰老师、赵永华老师、王润泽老师、赵云泽老师……

感谢我曾经工作过的陕西省耀县（今铜川市耀州区）柳林中学（它坐落在深山里，背靠大山，面临小河，如今它已不在了，变成了山中一座像模像样的宾馆），感谢我曾经工作过的西安市第六十六中学，感谢我曾经工作过的陕西日报社。在这些不同的地方、不同的工作岗位上，我能以不同的视野、不同的方式并在不同层次上经验中国社会、了解中国社会、理解中国社会。特别是在陕西日报社近八年的新闻工作中，我真正开始了解中国新闻、经验中国新闻、实践中国新闻、理解中国新闻，并初步思考和研究中国新闻。陕西日报社的工作经历，是我最终走上新闻研究之路的"动力源"。我看到的事实、我亲历的实践、我遇到的问题与困惑，促使我踏上了新闻研究的征程，从一个新闻一线的工作者转变成了一个新闻理论研究者。

在"新闻十论"出版之际，我要再次特别感谢我所在的中国人民大学，正是学校经费的支持，才使"新闻十论"以这样"风光"的形式与读者见面。在此，我要特意感谢中国人民大学科研处的侯新立老师，他不仅为"新闻十论"的出版协调各种关系，还对我如何安排"新闻十论"的结构提出了很好的建议。我要特别感谢我所在的新闻学院前任执行院长胡百精教授（现在为团中央书记处书记），现任院长周勇教授，主管科研工作的副院长王润泽教授。他们为了"新闻十论"的出版，专门与我商谈并在不同场合推介"新闻十论"以扩大它的影响，让我感到特别的欣慰。

我要特别感谢中国人民大学出版社，特别感谢人文分社，感谢人文分社的总编辑翟江虹女士，为了"新闻十论"的顺利出版，她上下左右协调各种关系，不辞劳苦、到处奔波，不厌其烦地回答我的各种问题，耐心细致地指导我如何按照相关规范修订、编辑书稿，组织编辑力量保证出版工作顺利进行。我要特别感谢"新闻十论"的责任编辑田淑香、李颜、汤慧芸、黄超、徐德霞、陈希。

我要特别感谢中国人民大学新闻学院十多位博士研究生，他们组成了一个工作团队，帮助我解决书稿编辑中的技术问题，他们是樊攀（他是这个博士生团队的组织者、协调者）、杜辉、王敏、刘泽溪、孙新、潘璐、张博、曾林浩、刘少白、余跃宏、李静、吴洁等，感谢他们帮助我调整、订正注释和参考文献的编排方式，感谢他们帮我查阅一些文献的新版表述，有些文献经斟酌还要保留旧版表述，这都是琐细繁杂、劳心费力又很费时的工作，要是没有他们的倾力相助，"新闻十论"的出版速度就会大大放慢。需要特别感谢的是我的博士生樊攀和刘泽溪两位，在校订书稿的过程中，他们随时都在帮助我解决遇到的各种技术问题。

"新闻十论"的出版，让我再次深切感受到一个学者的成长，一个研究者和思想者的学术成果的传播，绝不仅仅是一个学者、研究者、思想者自己可以单打独斗的事情，而是需要各种组织、机构的支持，需要个人的努力和别人的帮助。其实，所有的精神产品都不可能是某一个人独立的产品，而是一些组织、一些机构、一些人共同努力的结果。

最后，我要特别感谢自己的亲人们。感谢我的父母、岳父母，老人家们其实并不完全知道我整天为什么要读那么多书、要写那么多文字，但他们似乎都知道我在做"大事"。因而，每每与他们通话或见面时，总是要我做好自己的事，不要太挂念他们。天底下的父母，最爱的就是他们的孩子，孩子们好了，他们就觉得一切都好了。感谢我的兄弟姐妹，他们大都在父母身边或离得比较近，在赡养、关照父母的事情上付出了更多的辛劳。每次通电话，他们也总是让我放心，老人们有他们照顾。其实，我总感问心有愧，没有抽出更多的时间看望父母、陪伴父母。

对于她来说，"感谢"一词就过于轻淡了，即使给前面加上各种各样的修饰词，也增加不了任何分量。语言的能量其实太有限了，只能表达能表达的，却表达不了不能表达的，而那些不能表达的、难以表达的，才往往是最深沉的东西。

我从学物理转到学哲学，从学哲学转到学法律，再转到学新闻，这一转再转，需要读书，需要思考，需要时间，需要安静……我从这个学校的中学老师转成那个学校的中学老师，又从中学老师转成研究生，又从研究生转成新闻工作者，又从新闻工作者转成博士研究生，又从博士研究生转成大学教师，这一转再转，越来越需要时间，越来越需要读书、思考、写作，越来越需要更多比较安静的时间……

给我时间的，让我安心的，有许多人，但所有的其他人，都不能胜过她，所有的其他人，都不能代替她，因为所有的其他人，都不是她。她是唯一的。她就是那个平凡得不能再平凡、朴素得不能再朴素的人——我的爱人——成茹。不需要说她为我、为父母、为孩子、为兄弟姐妹、为亲朋好友、为我的老师、为我的学生做了什么，因为太多、太琐细、太婆婆妈妈，我说不完，更说不过来，但所有这一切却是我行走的背景，而没有背景又哪来的前景呢？谢谢你，成茹，辛苦了！

杨保军

2023 年 10 月 9 日

于北京世纪城

目　录

第四章　新闻传播主体与新闻信源主体

第五章　新闻传播主体与新闻控制主体

第六章　新闻传播主体与新闻影响主体

第七章　全球共同新闻传播主体的形成

导论：新闻活动主体——新闻研究的出发点与归宿

新闻史就是人类长期以来为了传播而进行斗争，即发掘和解释新闻并在观点的市场上提出明智的见解和引人入胜的思想的历史。

——［美］迈克尔·埃默里

传播的起源及最高境界，并不是指智力信息的传递，而是建构并维系一个有秩序、有意义、能够用来支配和容纳人类行为的文化世界。

——［美］道格拉斯·凯尔纳

今天新闻生产所面临的根本性挑战不是经济方面的，而在于生产模式和结构上的改变。

——［美］罗伯特·皮卡德

新闻活动是人的活动，是与生俱来的活动，是人与人之间的信息分享（共享）活动、精神交流活动、文化交往活动，是几乎贯穿在人类所有其他生活活动和社会实践活动中的一种前提性活动、基础性活动、中介性活动。研究新闻活动，就是研究人在社会场域中开展的新闻活动中的角色与相互关系，研究新闻活动作为人的活动、作为主体的活动的基本特征与可能规律，研究在新闻活动与其他社会领域活动的关系中，新闻活动者或新闻活动主体到底有着怎样的具体角色或身份，发挥着什么样的功能作用，有着怎样的动机，又为着怎样的目标。因而，新闻活动者或新闻活动主体（简称新闻主体）及其相互关系，才是新闻研究的真正出发点与归宿。"新闻主体论"理应成为新闻理论系统的核心内容。

其一，新闻活动是人的活动。人类因群居而传播，因传播而群居；由传播而传承①，由传承而延续；人类是传播动物，人类在传播中存在；传播"构成了人之所以为人的必要条件"②；传播塑造了人类特有的人化（社会化）或文化世界，"传播的起源及最高境界，并不是指智力信息的传递，而是建构并维系一个有秩序、有意义、能够用来支配和容纳人类行为的文化世界"③。传播内容、传播方式、传播关系的历史演进，始终是人类整体演进的一个重要基础维度，人类"通过传播构成各种关系，并在关系和交往中发展自身；传播活动贯穿人类的全部历史，人类借助媒介得到延伸或'管理'的过程延绵不断"④。

新闻活动是传播活动中的一种，贯穿人类存在的始终。新闻现象既是自然自发自在的人类活动现象，又是不断自觉自愿自为的发明创造过程；

---

① 法国媒介学家雷吉斯·德布雷区分了传播与传承的基本关系，他说："传播是在空间中传递信息，也就是说在同一个时空范围内进行。而传承指的是在时间中传递信息，确切地说，是在不同的时空范围内进行的。传播是属于社会学的范畴，它是以个体之间的心理学研究作为出发点（在信息发出者和接收者之间，以话语行为所构成的基本经验为基础）。传承是属于历史范畴，它是以技术性能为出发点（即通过媒介载体的使用）。一方面，将这里和那里连接起来，形成网络（也就是社会）；另一方面，将以前的和现在的连接起来，形成延续性（也就是说文化的延续性）。"（德布雷. 媒介学引论 [M]. 刘文玲，译. 北京：中国传媒大学出版社，2014：5.）

② 延森. 媒介融合：网络传播、大众传播和人际传播的三重维度 [M]. 刘君，译. 上海：复旦大学出版社，2012：中文版序言12.

③ 凯尔纳. 媒体文化 [M]. 丁宁，译. 北京：商务印书馆，2004.

④ 殷晓蓉. 传播学历史维度的特点 [J]. 新闻记者，2016（3）：32.

新闻活动是人类的本体性活动，新闻需要是人类的基本需要。在人类存续意义上，新闻活动永存，新闻需要永恒，新闻内容永变，新闻方式永更。一句话，每个时代都有自己的新闻图景，"每个时代都是一个信息时代，每个信息时代都以自己的方式存在着"①。"只有运用历史方法，我们才能发现任何与历史研究的对象有关的事物。"②

对人类来说，人人都是新闻活动者，新闻活动是人类重要的活动方式之一，是其他社会活动的基础；新闻活动是人类作为共在者的活动，是天然向着人类开放的活动，是具有公共属性的活动。新闻活动像人类的其他活动一样，在人类的历史演进中不断获得新的活动方式，不断以新结构和新形式开展，从而形成了壮阔的新闻活动历史画卷。"每个社会（时代）都有自身独特的信息搜求和采集方式；无论是否使用诸如'新闻'或'媒介'这样的概念，每个社会传播信息的方式，就能最大限度地揭示每个社会的独特历史。"③

如今，伴随人类政治、经济、文化特别是技术的整体进步与发展，网络化结构、全球化交往、媒介化生存，已经成为新时代的基本事实，新闻事业格局、新闻媒介生态、新闻信息图景、新闻活动方式正在发生着历史性的变革与转型，新闻领域前所未有的景象正在开辟、塑造、建构之中，人类的生产方式、生活方式、思维方式直至整体的存在方式，再次进入了结构变革的大时代。因此，以"以人为本"为基本取向，以新闻活动主体为核心对象展开相关研究，具有十分重大的理论意义、学术价值和实践

---

① 转引自：詹佳如. 十八世纪中国的新闻与民间传播网络：作为媒介的孙嘉淦伪奏稿 [J]. 新闻与传播研究，2015（12）：31.
② 柯林伍德. 历史的观念 [M]. 尹锐，方红，任晓晋，译. 北京：光明日报出版社，2007：248.
③ 转引自：詹佳如. 十八世纪中国的新闻与民间传播网络：作为媒介的孙嘉淦伪奏稿 [J]. 新闻与传播研究，2015（12）：31.

效用。

其二，对任何对象展开研究，都存在着多种方法论观念或多种可能的致思取向。以何种具体方式进行研究，以何种"写法"进行写作，既取决于对象特征，又取决于研究目的，自然还要看研究者的能力偏向以及写作的语境约束①，有效研究需要这几方面的有机匹配。

在人类新闻活动各种角色的构成中，新闻传播者有着天然优先的"核心"地位，而且人类又在现代文明的展开过程中，创造了新闻业、新闻传媒，创造了大众化、规模化、制度化、标准化的新闻生产传播方式，产生了专门从事新闻生产与传播的职业，并且逐步塑造、建构了与新闻职业相应的一整套新闻专业理念、专业知识和专业技能。职业、专业的新闻现象、新闻活动尽管在以互联网为基础的新技术时代受到了巨大的挑战，但也迎来了前所未有的机遇，一种新的职业、专业时代正在形成之中。因此，"新闻主体论"的基本方法论观念是：以新闻传播主体为核心，特别是以职业新闻传播主体为核心参照，设计、建构整个研究框架，划定主要研究范围，设定核心研究问题。

本研究预设的新闻传播主体取向与视角，决定了"新闻传播主体"在整个"新闻主体论体系"中具有核心地位，其实质内容包括三大部分：一是新闻传播主体自身，二是新闻传播主体与其他新闻活动主体的关系，三是新闻活动主体特别是传播主体与其他社会主体的关系。前两个问题主要着眼于在新闻活动系统内部进行考察，第三个问题则侧重新闻活动与社会环境的关系分析。所有这些内容的具体逻辑结构方式，则既取决于它们之间的客观逻辑，也取决于论者选择的比较方便的叙述逻辑。总体上说，我

————————

① 葛兆光先生在谈思想史的写作时说，写法的背后即写什么和如何写，都拥有权力的支持；写法的改变，意味着秩序、观念、视野的改变；写法的变化，就是思想史的变化。（葛兆光. 中国思想史·导论·思想史的写法 [M]. 上海：复旦大学出版社，2013：142.）其实，人文社科领域的学术写作、写法，都会涉及到这些问题，而且，越是关涉到基本观念的内容，越是如此。

将从新闻传播主体角度切入，把内外两大关系糅合在一起，并以内在关系为主线，展开阐释与叙述。

其三，新闻活动主体，简称新闻主体，是指新闻活动中的主体，包括个体、群体（组织）。从一般原则上说，人类社会中的所有主体都是也都可以成为新闻活动主体。人类是多种活动身份、活动角色的统一体，在不同的活动领域、活动类型、活动方式中，可以把人类界定为不同的活动角色或身份。有些活动角色是人人固然就是的活动角色，而有些活动角色未必如此，新闻活动角色属于前者。

人人都是新闻活动者，这是一个自然自在自发的客观事实，是直接的感性存在，无须论证。欲告知、欲知几乎都是人的生命、生存本能，人的进化、文明化、社会化只是进一步激发、开启和提升了这样的本能。可以说，交流（传播）是人的生命方式、存在方式、生活方式和发展方式，新闻交流不过是人类众多交流方式中的一种；新闻方式，不过是人类认识世界、把握世界并为改造世界提供信息前提条件的一种方式。

人人都是自然而然的新闻活动者，这与有无新闻意识、有无新闻观念、有无技术化的传收媒介或多高程度的技术水平、有无新闻业、有无新闻传媒组织，以及有无新闻职业、专业都没有必然的关系。当然，伴随自觉新闻意识的产生与提升，人类的新闻活动也逐步成为一种自觉的和自觉水平不断提高的活动，从而使人类新闻活动不断开创出新的境界。

在特定的新闻传收情境中，在区分意义上，可以将新闻活动主体分为基本的五类：新闻信源主体（包括报道对象主体）、传播主体、收受主体、控制主体、影响主体，每一类主体都有自身的历史构成方式。不管是在什么样态（职业的与非职业的）的新闻活动中，这几种活动角色或身份在客观上都是存在的；但在职业新闻活动中，这样的角色划分更加明显，不同角色界限相对更加清晰。任何具体新闻活动的实际运行，都是在这些不同角色的互动中展开的。

在新闻学视野中，学术界通常重点研究的新闻主体是新闻传播主体和收受主体，而且，在传统新闻理论①中，尤其是在中国新闻研究的传统理论中，更是把新闻传播主体限定在职业新闻传播主体范围之内，这可以看作是狭义的新闻主体论域；在广义新闻主体意义上，新闻主体论不仅要研究职业新闻传播主体、非职业新闻传播主体，还要研究以其他新闻活动角色呈现的社会主体，以及新闻传播主体与其他角色主体的关系，当然还应该包括其他类型主体之间的复杂关系。

新闻信源主体，就是在新闻活动中充当新闻信息来源的主体，可以简称为新闻源主体或信源主体。以传收新闻信息为核心的新闻活动，实际上就是围绕新闻信息的获取、加工、制作、传播、收受的活动，因而总是要有一个信息源头，然后才是信息的不断流动或扩散，分享和共享。我把客观上生产新闻信息、拥有新闻信息、知道新闻信息并且实际介入或参与到新闻生产与传播中的个体或群体（组织）主体，称为新闻信源主体。"被报道的对象主体"（报道对象主体）是天然拥有新闻信息、充当新闻信源的主体，所以归入信源主体之中。从过程角度看，新闻信源主体是逻辑上在先的新闻活动主体。

新闻传播主体，就是将新闻信源主体（报道对象主体）与新闻收受主体连接、中介起来的主体，是获取、选择、加工、制作、传播新闻信息的主体，是自然的中介性主体；这样的主体可以是个体，也可以是群体或组织，可以是职业新闻传播主体，也可以是非职业新闻传播主体，比如社会

① "传统新闻理论"已经成为学界的一个习惯说法，但直至目前并没有明确统一的界定。我这里所说的传统新闻理论，主要是指以传统三大媒介［报纸（以及新闻报道类杂志）、广播、电视］为主要研究对象的新闻理论，或者说是针对"传统新闻业"的理论；相对而言，所谓"非传统新闻理论""新时代的新闻理论""新兴新闻理论"，是指以互联网为基础的新兴媒介兴起之后的新闻理论，或者说是"后新闻业时代"开启后的新闻理论。

大众个体和其他非职业新闻传播群体（组织）。

新闻收受主体，就是在新闻活动中充当新闻信息收受者角色的主体。关于新闻收受主体，人们依据获取新闻的媒介特征，有多种具体的不同名称，如读者（主要针对报刊文字内容）、听众（主要针对音频传播内容）、观众（主要针对视频传播内容）、用户（主要针对以互联网络为基础的各种新型媒介传播的内容）等；也有根据新闻收受者在新闻收受过程中主动性的强弱，将其命名为"受众"或"用户"或"使用者"等等的。但不管怎样确定收受者的名称，收受新闻信息这一核心活动没有变，也正是在这一意义上，新闻收受者或新闻收受主体，是最直接、最明了的名称界定，"受众"依然是可以接受的、歧义不多的概念。

新闻控制主体[①]，实际上就是控制新闻的主体。本"新闻主体论"中所说的新闻控制，是指从新闻传收系统之外的控制，是指一定社会通过一定方式对新闻传收系统的管理与约束，其重点指向对新闻传播主体传播活动的管理与约束。在一定社会中，这样的控制主体通常由政府和政党来担当。因而，新闻控制主体指的是相对新闻传播主体的"他控主体"，而非新闻传播主体作为"自控主体"的角色。

新闻影响主体（实际上是影响新闻传播的主体，但为了概念上的整齐性，我将其称为影响主体），是指那些从新闻传收系统之外通过各种手段影响新闻传收活动的主体；之所以界定为"影响"主体，是因为，这类主体对新闻传收活动的作用不像控制主体那样，是由相关法律、政策、纪律规范专门赋予的权力，而是通过各种社会资源力量（如权本、资本、知

---

① 在既往的研究中，新闻控制主体具有多重意义：一是指新闻传播主体，他们是新闻生产传播内容的选择者；二是新闻管理者；三是能够对新闻生产传播内容、方式形成实际影响的其他社会主体。这种"一锅煮"的概念内涵或几乎没有边界约束的概念外延，给清晰、准确理解和把握新闻活动中不同角色的关系造成了不少困难，因此，我在新闻主体论中对客观上并不相同的或有差异的角色做了进一步的区分。

本、人情等）对新闻传收活动形成的影响。影响主体在客观逻辑上一定是收受主体，但并不是所有的收受主体都是影响主体。

从主体角度看，新闻活动就是在这些主体间的互动关系中得以开展的。同时，也正是在这样的关系中，不断建构塑造或生产和再生产着这些主体间的历史关系、时代关系。当然，这些关系的生产与再生产不限于新闻活动范围之内，而是存在于社会的各个领域或整个社会系统之中。

关于上述不同新闻主体角色之间的总体性和具体性关系，正是"新闻主体论"的主要内容。整个新闻主体论的展开，实质上就是关于这些主体本身及其关系的展开分析与论述。

其四，新闻传播主体是指生产新闻与传播新闻的主体，既有群体（组织）又有个体。人们通常所说的新闻传播者，就是生产和传播新闻的人；人类的所有个体，都是天生的新闻传播者；人人都是新闻传播者，从来如此，而非今天如此。

新闻传播主体的构成及不同传播主体之间的关系，具有明显的历史性或历史呈现方式。大众化、公共化新闻传播主体①是历史发展的产物，是现代社会的创造；大众化、公共化新闻传播身份的普遍生成，则是互联网络时代开启后的事情，是新兴媒介层出不穷或"后新闻业时代"开启后的新生景象。

传收技术是改变、革新新闻媒介生态结构最有力、最活跃的因素，它从根本上不断改变着人类新闻活动方式。而人类新闻活动方式的每一次革命性变革，都会在一定程度上表现为传播主体结构方式的变化，即表现为不同类型传播主体之间关系的变化。可以说，人类新闻活动演进的一个核

---

① 大众化、公共化新闻传播主体，是相对私人化传播主体而言的，二者之间的主要区别，可以简单解释为：大众化、公共化新闻传播主体的传播是针对开放的社会及其公众进行的，而私人化传播主体的传播则是针对个体或较小的群体进行的。

心维度，就是传播主体的结构变化。事实上，人类新闻现象、新闻活动的变革结果，最终也要体现在传播主体结构变化这一核心维度上。

如果以近现代西方职业新闻传播主体的生成为基本参照，辅之以通贯人类历史的观察，则可以从新闻传播主体角度，大致将截至目前的人类新闻活动划分为三个大的时代：民众新闻传播者为主的时代，职业新闻传播主体占据核心的时代，以及正在生成的职业与非职业新闻传播主体共在（或融合）但仍有"偏向"的时代①。

大众化、公共化新闻传播主体，可分为群体（组织）和个体两大类型。在媒介化社会环境与新的媒介生态结构中，若是针对一定社会范围而言，新闻传播主体"三元类型结构"——职业主体、民众个体、脱媒主体（即非职业、非个体的其他群体或组织）②——业已形成。这一新的结构方式，最具时代特征的表现在于：新的技术激活了民众个体和脱媒主体的新闻生产传播热情与能量，正在改变着传统新闻业时代大众化新闻传播主体结构方式，塑造了前所未有的"微传播"共振或共动现象，塑造着职业新闻传播与非职业新闻传播的新型关系，塑造着人类新闻活动的新景象。

"三元类型结构"的生成，已经使"三元主体"之间的关系，成为当今时代传媒领域重大的实践问题、理论问题；"三元主体"关系的演变发展，必将对新闻图景的整体变化产生重要而深刻的作用与影响。若是放眼新闻与社会发展的整体关系，这种传媒领域、新闻领域的传播主体结构变革，必将对一定社会以至全球政治、经济、文化等各个领域的运行产生不

---

① 所谓"偏向"主要是说，就目前来看，大众化、公共化新闻传播主体仍然是职业新闻主体，而非社会民众或其他群体。人类社会的日常新闻途径依然主要是由职业新闻传播主体建构的、再现的。[杨保军."共"时代的开创：试论新闻传播主体"三元"类型结构形成的新闻学意义 [J]. 新闻记者，2013（12）：32-41.]

② 关于"脱媒主体"的论述，参阅下文：杨保军."脱媒主体"：结构新闻传播图景的新主体 [J]. 国际新闻界，2015（7）：72-84.

可低估的作用与影响。

面向未来，在新闻传播学视野中，我们现在可以做出的初步判断是：职业新闻传播主体的特质将更加职业化、专业化，非职业新闻传播主体的媒介素质、新闻素养会得到不断提高，互动、互补与矛盾博弈始终是不同类型传播主体间的基本关系。对于现代社会而言，需要现代新闻生产方式，也就意味着职业新闻人将会伴随现代性的展开而持续存在，"新闻职业消亡论""职业人消亡论""新闻专业消亡论"等等，基本属于危言耸听，缺乏现实根据，民众新闻传播者、脱媒新闻传播者，不会也不能完全替代职业新闻传播者的角色和职能。人人都是新闻传播者，并不就是说人人都是媒体组织，"机构新闻"与"个体新闻"有着诸多的不同，作为个人的传播主体与作为组织、作为群体的传播主体是不同的，作为职业新闻群体（组织）的新闻生产与作为非职业群体（组织）的新闻生产也是不同的。当然，新闻传播主体结构关系的变革，必将引起新闻生产方式、传播方式的变革，必将导致新闻传媒产业以及其他相关产业的转型与变革。诚如世界著名传媒经济学家罗伯特·皮卡德所说："今天新闻生产所面临的根本性挑战不是经济方面的，而在于生产模式和结构上的改变。"①

除了人们通常关注的职业主体与非职业主体间的关系外，在新闻主体论视野中，还有一个非常重要的关系领域，那就是同类新闻传播主体内部的关系，这实际上是更为复杂的问题。不同职业新闻传播主体间的关系，不同脱媒主体间的关系，不同类型民众个体间的关系，也许是"新闻主体论"中"传播主体论"的核心问题。顺便可以指出的是，最近几年出现的"机器新闻写作"中的"机器"，不能当作"人"意义上的新闻生产主体去对待，只能看作是新闻生产手段的创新。操控新闻"写作机器"的主体依

---

① 李莉，胡冯彬. 新闻业的黄昏还是黎明？：罗伯特·皮卡德谈变化中的新闻生态系统［J］. 新闻记者，2015（3）：15.

然是人，而且终将是作为主体的人，机器写作本质上是人作为主体的写作的延伸。机器写作，本质上改变的是写作的方式，而非写作的主体。扩展开来讲，整个技术系统，无论多么发达，都是人的认识、智慧的物质体现，是人的认知能力、智慧能力、实践能力的体现。我坚信，人性能力总归是技术能力的最终边界，人性能力的可能性是技术能力可能性的基本限度。

其五，传收主体是传播活动中的天然核心角色，传收关系是任何传播活动中的天然核心关系，因而，可以说，传收矛盾是传收活动中的普遍矛盾、基本矛盾、主要矛盾；与此相应，传收规律也是新闻规律系统[①]的核心组成部分或核心内容。进而，不管是什么样态的新闻传收（人际的、小众的还是大众化的），如何解决传收主体之间的矛盾，始终是人类新闻活动中的核心任务。

社会的新闻需要，表现为每一社会成员的新闻需要，表现为不同社会群体、社会组织的新闻需要，这样的需要是人类新闻活动的深层动因，也是新闻活动持续开展的基本动力。人类新闻活动的永恒性，就在于新闻需要的永恒性；人们所说的"新闻不死"，主要是指新闻需要对人类来说，永远存在。人类新闻需要的不断进化，正是新闻活动日日常新的根本源泉。不同收受主体的不同新闻需要或同一收受主体的多样化需要，是造成新闻传播丰富景象的重要主体根源。

新闻收受者的身份，也像新闻传播者的身份一样，在人类新闻活动的历史演进过程中不断变化。每个人都是天然的新闻信息收受者。但在大众

[①] 新闻规律是主体性的规律，属于人类新闻活动的规律；新闻规律是一个规律系统，有不同的类型规律、层次规律、要素运行规律以及它们之间的关系规律；新闻传收规律，是新闻规律系统的核心，所有新闻活动的关键就在于解决传播主体（传播需要）与收受主体（收受需要）的关系问题，新闻传播的诸多原则或伦理诉求，都是新闻传收规律的内在要求和直接表现。[杨保军.再论"新闻规律"[J].新闻大学，2015（6）：1-10.]

化、公共化传播视野中，从总体上看，新闻收受者的角色地位，是一个由被动状态不断向主动状态演进的过程，是一个新闻收受主动性不断增强的过程，是一个新闻收受自由不断扩大的过程，也是一个由相对单一收受角色向传收一体化角色逐步转换的过程。

纵观历史，新闻收受者角色结构演变大致经历了三个粗略的历史时代：传收双重角色自然合一的时代，作为大众新闻传播收受者的单一主导角色时代，新兴媒介背景下的新双重角色主导时代（融合角色时代）。

新闻收受角色属性、特征的历史变化，突出表现为人类主导性收受（消费）新闻方式的变化：从人际（互说）互听方式，到阅读新闻书信方式，到通过传统大众媒介阅读、收听、收看方式，到今天更为自由主动的多媒介、多渠道的融合收受（订阅、订制等）方式和消费方式。先后不同的收受方式之间，总体上是一个历史承继扬弃的关系。先前方式原则上以叠加形式延续下来，但有些新闻收受方式伴随传播方式的改变而被扬弃。这些收受新闻、消费新闻、使用新闻方式的变化，也使新闻收受者在不同的情境中获得了不同的名称，诸如听众（听者）、读者、观众、受众，以及新闻消费者、新闻（媒介）用户，等等；但所有这些名称的历史变化或共时存在，并没有改变人们收受新闻这一最基本的实质内容。尽管新闻传收的"全觉时代"[①] 已经初露端倪，全身心的经验、体验时代已经开启，但就目前来看，人们依然需要在以"视听双觉"为主的方式中接收新闻、阅听新闻，并在知情意的统一中理解新闻。

新闻信息传收关系的形成，是一个自然自发的历史过程。从社会演进角度看，新闻信息传收关系的形成是一个不断进化的历史过程。如果以人

---

① 全觉时代、全觉传收、全觉文化是我在一次研讨会（2015 年 9 月 25 日中国人民大学新闻学院主办的"转型与超越：新媒体环境下的视听信息传播"研讨会）的致辞中提出的系列概念，重点在于说明，随着传收技术的日新月异，信息传收界面正在全觉化（视觉、听觉、触觉等的融合或整合），因而，有必要以这样一个统摄性的概念描述新的信息传收现象和文化现象。

类既有的新闻传收事实为对象，可以发现，新闻信息传收演化的过程是有规律的，是一个传收关系规模不断扩大，传收速度不断加快，传收效率不断提高，传收主体间关系总体上不断走向平等、自由、和谐的历史过程。

站在今天的历史平台上回望历史，审视现实，展望未来，在新闻主体论视野中，传收（主体间）关系大致有这样三个历史时代：自在不分的一体化关系时代（前新闻业时代），分离分立的角色相对清晰关系时代（新闻业时代），传收一体化的新型关系时代（后新闻业时代）。①

新闻传收关系的实质，是以"新闻需要"为基本中介，在传播主体与收受主体之间建构起来的一种信息交流（分享、共享）关系。新闻需要在具体的传收关系层面上，表现为两个基本方面：在传播主体一方，表现为"传播新闻"的需要，即通过传播新闻，实现自己的目标追求；在收受主体一方，则表现为"收受新闻"的需要，即通过收受新闻，实现自己的目的追求。在社会实际生活中，所有社会主体都既是传播者又是收受者，是两种身份的统一体。由于新闻需要是人类的基本需要，新闻是生命、生存、生活得以延续的必需品，因此，不管人类的新闻活动以怎样的方式进行，以"新闻需要"为实质中介的传收关系都会永恒存在下去，直至人类结束自己的历史存在。因而，人类新闻需要的实现方式（生产方式、传播方式和收受方式），是人类新闻活动水平的重要标志，也是衡量人类整体发展水平的重要维度之一。

在新闻传收关系中，并不只是纯粹的新闻信息传收关系，也并非仅仅是新闻需要（传播需要与收受需要）关系，而是包含着大量的、各种各样其他的可能关系；新闻关系（新闻传收关系），很可能只是体现和实现其他关系的桥梁和中介、工具和手段，新闻需要中很可能包含渗透着其他各

---

① 杨保军. 新闻理论教程［M］. 3 版. 北京：中国人民大学出版社，2014：60 - 65.

种需要的期望、目的诉求。这就意味着，对现实新闻活动的理解与把握，不仅需要分析纯粹的新闻关系、新闻需要，同时还必须将新闻传收关系置于复杂的社会系统、社会关系中加以考察与审视。

新闻关系是在其他各种社会关系（政治关系、经济关系、文化关系等）中运行的，新闻关系的实质，是新闻（系统）与社会（整体环境）的关系，新闻需要是在其他各种可能的社会需要（物质需要、精神需要或政治需要、经济需要、文化需要等）中实现的，它们是同时共在的，它们是相互作用、相互影响的。新闻需要很可能是其他需要的表现，也是其他需要实现的手段。

到目前为止，从理论上看，人们通常将新闻传收主体之间的关系模式概括为三种：传播主体为本位的关系模式，收受主体为本位的关系模式，传收共同本位的主体关系模式。但就现实的新闻传收活动看，不管在什么样态的新闻活动（职业新闻、民众个体新闻和脱媒主体新闻）中，传播主体都始终处于事实上的本位状态，传收共同本位是理想的新闻传收主体关系，而收受主体本位（受众本位）仍是一种人们期望的状态、奋斗的目标。

其六，新闻传播过程，特别是职业新闻传播过程，不管在何种媒介形态之中，都是一个相当复杂的运行过程，是一个系统运行中各种要素相互作用、相互影响的展开过程。在新闻主体论视野中，是一个以新闻传播主体为中心，处理各种主体关系的过程。正是在各种主体间的相互影响、相互作用下，形成了实际的新闻生产与传收过程；也正是在各种主体间的合作协商或矛盾斗争中，才形成了结果意义上的新闻图景。因此，新闻活动主体之间的关系探讨，才是新闻主体论的重点和难点所在。

在前一部分，我描述了新闻活动中的核心主体关系——传收主体关系，本部分，我依然以传播主体为基本出发点，简要描述一下传播主体与信源主体、控制主体、影响主体的基本关系框架。

（1）传播主体与信源主体。事实是新闻的本源。自然存在与社会存在的变化状态是新闻的整体信源；每一具体新闻都有自己的具体信源；信源就是新闻的信息源头。任何实际的新闻传播，不管是职业的还是非职业的，逻辑上总是信源在先，从信源开始；新闻传播主体，不管是职业新闻传播主体，还是非职业新闻传播主体，在新闻生产传播过程中，首先需要处理的就是自身与信源的关系（有些情况下，信源主体与传播主体是一体化的，更需要处理好"一身两角"的关系），与信息生产者（创造者、制造者）、拥有者、知情者的关系。新闻传播主体与新闻信源主体间关系的质量，是新闻质量的逻辑在先的保证，因而这也是一对传播过程中逻辑在先的重要关系。这对关系的逻辑在先性，从根本上决定了它对新闻传收的整体过程有着基础性的决定作用。

在新闻主体论视野中，新闻信源主体强调的是新闻信源意义上的"主体"要素，更多的是在"主体"意义上对新闻信源的关注，即把信源看作具有主体性或主观能动性的活动主体。信源主体对新闻信源的"信息释放"（信息公开与信息解释），对整个新闻传收过程具有一定的约束限制或把关作用。现实中，存在着不同类型的新闻信源，存在着不同类型的信源主体。通常情况下，最重要的信源主体是掌控一定社会公共权力的政府和政党，其拥有与公共兴趣、公共利益相关的最多的新闻信息。不同信源主体对新闻信息释放的把控能力与作用是有差别的。正是通过对新闻信源信息释放内容与方式的把控，信源主体可以在一定程度上实现对整个新闻传收活动的作用与影响。所有的新闻信源主体都有自己的需要、利益、立场和倾向，这些要素都会或强或弱地贯穿在他们作为信源主体的新闻活动中。

新闻信源主体与新闻传播主体间的关系，在现象层面上，表现为一种简单的新闻信息源流关系，可一旦深入到具体的信息源流关系背后，就会发现事情并非如此简单。两类主体间的关系，不仅反映了一定社会中不同新闻活动主体间的"新闻话语权利与权力"关系，反映着不同主体间的实际需要与利益关系，也在相当程度上反映和体现着一定社会新闻（信息）公开、新闻（信息）透明的程度，反映和体现着一定社会新闻自由的实际状况与水平。

（2）传播主体与控制主体。新闻系统是社会系统中的一个子系统，是众多社会领域中的一个领域，尽管有自身的相对独立性与自主性，但任何新闻活动主体的言行，都必须遵守维护社会系统正常运行的各种基本规范。尽管世界各国在新闻管控上具有一定的差异性，但新闻管理控制的存在是普遍的。就现实来看，不同国家（地区）新闻业的制度、性质、地位、核心功能、运行机制有所不同，因而其新闻管理控制的主体构成、具体方式、手段方法等都会有所不同。

如果以中国现实社会为参照，可以看到，主要是通过政府、政党对新闻活动主体新闻行为进行管理控制的，即政府、政党是新闻活动的管理控制主体。因而，传播主体与控制主体的核心关系，其实就是传播主体与政府、政党的关系。

新闻控制主体是政府和政党，控制的直接对象是新闻传播主体，包括职业新闻传播主体和非职业新闻传播主体，并将对新闻传播主体的管理控制"传导"到其他活动主体的新闻行为之中。新闻控制直接指向传播主体的传播内容与传播方式，实现对新闻生产与传播的控制。与此同时，控制主体通过对新闻生产与传播的控制，可以间接实现对"社会"的控制。因而，新闻控制实际上有两种具有内在联系的基本含义：控制新闻，运用控制新闻的方式实现对社会的控制；由此新闻能力或新闻管控能力也被看成是一个政府、政党重要的执政能力。在"新闻主体论"的预设中，我是在把"新闻"作为直接控制对象的意义上使用新闻控制这一概念的。因而，简洁明了地讲：新闻控制，就是对新闻的控制；"新闻主体论"讨论的核心论题是传播主体与控制主体之间的关系，而非控制主体与社会主体之间的关系。

控制主体通常通过法律、行政手段管控新闻传播主体的新闻行为，政党通常运用相关宣传路线、方针、政策、纪律等实现新闻控制。这些控制方式、控制手段中，有些是比较长期稳定的，有些可能是比较暂时灵活的；这些方式、手段，通常是以综合并用的形式实现其功能作用的。

新闻控制的深层指向是新闻自由，是对新闻自由的约束和限制。新闻控制存在着合理性、正当性的问题。怎样的控制才是优良的、正当的、合理的控制，需要做出历史的、现实的回答。从原则上说，善的控制是尊重新闻活动规律的控制，符合社会实际情况的控制，有利于新闻业不断进步的控制，有利于社会良性运行与发展的控制；但落实到具体操作上，如何进行合理控制是一个相当复杂困难的问题，需要系统、深入、细致地研究。

（3）传播主体与影响主体。新闻活动是现实社会环境中的活动，因而，从原则上说，除了上面所说的收受主体、信源主体、控制主体之外，社会环境中任何其他主体都可能对新闻传播主体的新闻生产与传播活动产生一定的作用和影响；我把那些能够直接或间接对传播主体新闻行为造成实际影响的主体统一称为"影响主体"。事实上，我们只有弄清楚传播主体与影响主体之间的基本关系，才能更为准确地理解和把握新闻生产传播的真实面目。

作为新闻生产传播实践中的现实主体，传播主体〔包括群体（组织）、个体〕总是处在与不同群体（组织）、个体的各种关系之中，诸如利益关系、组织关系、人事关系、人情关系等等；所有这些关系，在某种特定的情境中，都有可能在不同范围、不同程度上影响传播主体的新闻行为，影响新闻传播的实际（效果）结果。影响主体"影响"传播主体的目的，从根本上说在于他们自身的各种可能利益。

通常情况下，在我国现实环境中，并在一定的情境中，能对职业新闻传播组织主体新闻行为造成比较大的实质性影响的主体主要有两类：一是政治主体，一是经济主体。掌握一定政治权力的主体（组织或个体），往往会动用手中的权力，超越正常的新闻管控范围，"过问"或"干涉"传播主体的新闻生产与传播；拥有一定经济实力的主体（最常见的是广告主体），常常会仰仗自身的经济力量，以各种可能方式影响传播主体的新闻行为。当然，其他不同类型的社会主体，也会在特定情境中，动用自身的各种社会资本或社会关系，影响传播主体的正常新闻活动。在我国环境中，从经验上看，很多"私人关系"（同事、同学、亲戚、朋友等人情关系）对职业新闻传播事实上往往有着更多的影响，但目前对这方面的系统研究还相当缺乏。

在新兴媒介环境中，传播主体与影响主体的关系不仅没有消减淡化，反而变得更加纷繁复杂、扑朔迷离。不同类型新闻传播主体（职业主体、脱媒主体、民众个体），其所处的具体环境、所开展的具体活动是有很大差别的，传播目的也是有所不同的，因而他们与各种可能的影响主体之间有着各种可能的具体关系；所有这些关系都需要展开具体的研究，不可能通过宏大叙事做出统一的、本质论式的结论。

其七，在全球化、网络化、信息化成为人类基本发展趋势的大背景下，国际新闻传播、全球新闻传播已经成为普遍现象、常态现象，信息传播、新闻传播意义上的"地球村"已成基本事实。在全球化演进中，人类作为命运共同体面对的共同问题会越来越多，自然面对的共同新闻也会越来越多；人类拥有共同的事实世界，人类同样拥有共同的符号世界（新闻符号世界）。因此，"新闻主体论"理应包括全球新闻活动意义上的相关内容；事实上，关于国际新闻传播、全球新闻传播的各种论题早已展开。

现代新闻业的产生与发展，使得新闻业成为人类社会领域中的一项事业、一种产业，使得新闻工作成为一种职业，一些人专门从事专业化的新闻工作。尽管在新兴媒介环境中，传统新闻业面临困境，职业新闻受到了前所未有的挑战，职业新闻工作者面对新的抉择，但人们依然有一个基本共识，这就是：对于仍然处在现代化进程中的人类来说，随着现代性的展开，作为现代性产物的现代新闻业、现代职业新闻或专业新闻会继续存在，会继续在新的环境中发挥其特有的专业功能，为人们的社会生活和社会公共利益提供特有的服务。因此，在全球意义上，新闻职业依然是能够继续存在和发展的职业，职业新闻主体依然是可以想象的同时也是具有现实性的共同体，并且是一个不断扩大的共同体。

在新闻主体论视野中，从目前的现实可以看到，全球职业新闻群体实际上已经遵循着一些共同的基本新闻传播原则和操作方法，遵循着一些共同的新闻职业伦理准则，也认可一些共同的新闻职业美德（诚实、智慧、公正、勇敢），信奉一些共同的新闻工作目标（为人民服务，为社会公共利益服务）。也许不同国家、社会在具体内涵上对达成共识的一些原则仍然会有不同的解释和实践，但在抽象意义上的认识是相同的。因而，可以说，全球职业新闻工作者已经形成了一些核心的、共同的新闻价值观念、工作理念和工作方式，事实上已经具备了全球共同体的一些主要特征。因此，在全球职业新闻共同体意义上，展开新闻主体论研究具有一定的客观基础。

除了职业新闻传播共同体问题之外，在国际传播、全球传播视野中，不同新闻活动角色（信源主体、收受主体、控制主体、影响主体）及其之间的关系，自然会有不同的特殊表现；其中的相关问题，会越来越成为新闻实践、新闻传播研究中的紧迫问题。尤其是在互联互通的全新媒介生态环境中，所有传收主体间的互动，所有新闻活动者之间的互动，不仅会影响世界新闻活动图景本身，更会对全球范围内各种人类共同事务的应对产生不可低估的影响。

就目前来看，不同社会、不同国家之间的差距与差异，从根本上决定了全球职业新闻共同体建构主要还是一个面向未来的课题，诚如有人所说："在民族—国家依然主导人类社会基本存在结构的状态下，人类可能达成并真诚承诺的价值共识和文明意义仍十分有限。"[①] 我们面对的主要问题，依然是一定社会范围内、国家范围内的新闻共同体问题，特别是新兴媒介环境中职业新闻共同体的变化与建设问题。但是，如何塑造与建设全球职业新闻共同体，将会日益成为全球新闻领域的重要问题，"我们也不能永远囿于某种形式的'文化特殊主义'或民粹主义，甚至是狭隘的民族主义，从而放弃对人类社会及其文明进步的共同责任和理想"[②]。

---

① 万俊人.人类命运共同体的燧火之光 [N].光明日报，2016 - 08 - 05 (1).
② 万俊人.人类命运共同体的燧火之光 [N].光明日报，2016 - 08 - 05 (1).

第一章　新闻主体

技术最发达或最不发达的社会都渴求新闻。

——［美］米切尔·斯蒂芬斯

我们是以自己的感官来取得信息并根据所取得的信息来行动的。

——［美］维纳

一份报纸只有将许许多多人的共同情感或原则公之于众才能生存。因此一份报纸总是代表一个成员是其定期读者的社团。

——［法］亚利西斯·德·托克维尔

新闻现象是与人类同生的现象，新闻活动是相伴人类而来的活动，属于人类的本体性活动，新闻需要是人类的基本（信息）需要，"没有新闻的社会没有未来"[①]，"我们是以自己的感官来取得信息并根据所取得的信息来行动的"[②]；所有的人从原则上讲都是新闻活动者，总是处在信息与

[①]　彭增军. 新闻的生死劫［J］. 新闻记者，2016（6）：41.

[②]　维纳. 人有人的用处：控制论与社会［M］. 陈步，译. 北京：北京大学出版社，2010：23.

新闻信息的传收状态之中；在具体的新闻活动情境中，人们会结构出不同的新闻活动关系，从而生成不同的新闻（活动）身份或角色。但不管是作为统一抽象意义上的新闻活动者，还是作为担当不同具体角色的新闻活动者，他们都是新闻活动者，在一定条件下，都是新闻活动主体[①]。

一、新闻活动的基本结构

在最直接的现象上，新闻活动是人际新闻信息传收活动。不管这种新闻信息传收活动以怎样古老的或最具当代特色的方式开展，其都有着抽象意义上的稳定的、恒久的基本要素及其结构方式；正是这种稳定而恒久的结构方式，从客观上规定了新闻活动的基本结构或基本样态。新闻活动运行于整体的社会系统之中，与社会环境有着天然的一体化关系，有着客观的和不可避免的相互影响、相互作用、相互渗透关系；正是在这种类似系统与环境的关系中，形成了新闻活动的社会结构方式。认定新闻活动的基本性质，分析新闻活动系统的基本构成，把握新闻活动与社会系统的基本结构关系，是探求新闻活动中主体构成及其关系的基本前提。

（一）新闻活动的性质特征

新闻活动是属人的活动，在本体意义上，新闻活动是人类之间以交流新闻信息为核心的活动，本质上属于人类认识活动的一种具体方式。在功能论、工具论或手段论的意义上，新闻活动是一种具有广泛延伸或多元派

---

① 为了叙述的简洁与方便，简称其为新闻主体。"新闻主体"在应用新闻学中有其特定含义，是指一篇新闻报道的主要部分，即新闻导语以下的展开段落，这样的新闻主体又被称为新闻正文、新闻躯干、新闻展开部分。（童兵，陈绚. 新闻传播学大辞典 [M]. 北京：中国大百科全书出版社，2014：307.）显然，这与本"新闻主体论"从理论新闻学角度所指的新闻主体不是一回事。

生功能的活动，主要表现为，新闻活动是人类以交流新闻信息为中介的精神交往活动、文化交往活动，是贯穿在人类物质交往、精神交往活动中不可缺少的前提性活动、中介活动；而在不同的社会领域视野和学科视野中，新闻活动还可以显示出其他许多人类活动的功能属性。下面，我将对新闻活动这两大方面的基本属性加以有繁（本体意义上）有简（功能论意义上）的阐释。

1. 新闻活动是以交流新闻信息为核心的活动

如果把新闻活动看作是人类整体活动结构系统中的一种活动类型和方式，它的核心便是传播与收受新闻信息。新闻传播活动是反映事实世界最新变动情况的活动，它的直接任务是说明事实世界的变动情况是什么；收受活动则是通过接收理解新闻信息的方式实现对事实世界变动情况的把握。因而，从整体层面上观察，新闻活动本质上属于人类认识事实世界（自然事实与社会事实世界）的活动，是人类对客观世界众多精神把握方式中的一种。从新闻现象的原始产生，到今天高度发达的新闻传媒业，这一点并没有发生根本性的变化，是新闻活动的稳定表现。并且，作为人类本体性的活动方式之一种，新闻活动还会继续成为人类认识世界（自我）、把握世界（自我）的一种有效方式。

由于作为认识活动的新闻活动，不仅是信息交流活动的逻辑前提，也是信息交流活动得以实现的中介手段，因此，在分析作为信息交流活动的新闻活动之前，我先从认识论的角度对新闻活动加以简要的说明。首先，新闻认识活动是人们对环境的一种特殊感知、认识形式，具有自己特殊的内容和方式，并不是一般的认识活动。在最抽象的层次上，新闻认识内容的突出特点就是它的事实性和新鲜性，它关注的是新近或正在发生的变动情况；新闻认识形式上的突出特点就是它的及时性和公开性，它以最快的速度、最广泛的传播范围将环境的变动告知尽可能多的人。作为一种社会认识活动，新闻认识从一开始就是以实用性与休闲性（趣味性、娱乐性）为主的认识活动，它始终追求认识的生活意义和实践价值，追求对日常生活的效用性和参考性，追求新闻给予沉闷生活的兴趣和娱乐，具有强烈的主体目的性和选择性。新闻认识主要不是为知而知的纯粹认识，而是为用而知的功利性认识活动，新闻认识主要不属于科学层次、理论层次的认识活动，而是人类常识水平的认识活动①。其次，作为一种社会认识活动的定位，决定了新闻活动的基本规律和基本精神。这就是新闻认识必须遵循认识活动的一般规律，抓住新闻认识的特点，以求真、求实为基本目的，并在此基础上延伸派生出更多的认知目标或新闻活动目的。最后，新闻认识活动是在与各种社会关系的纠缠中开展的，并不存在纯粹的新闻认识活动，因而，以新闻方式认识到、把握到的事实世界，并不是完整的事实世界，大多数情况下是一个支离破碎的事实世界；世界是风景，新闻认识达到的结果大多数情况下是风景画或风景照。透过新闻认识看到的世界并不是纯粹的事实世界，而是事态世界、情态世界、意态世界的混合体或者统一体。作为一种社会认识活动，新闻活动在总体上必然受到整个社会发展水平的限制，受到社会政治、经济、文化、技术等方面的规范和约束。就人类漫长的新闻活动史看，作为认识活动的新闻活动，会受到各种社会力量的作用和影响，特别会受到社会经济力量、政治力量直接的或间接的约束与控制，常常成为经济力量和政治力量直接影响、控制的宣传手段和舆论工具。

在对作为人类认识世界的一种基本方式的新闻活动有了粗线条的认知

---

① "人类认识的结果在深刻性、系统性和抽象性的程度上有着差异，从而可分为常识和科学知识两类。"［李喜先．科学：定义、特性及科学系统观［J］．科学，2014（4）：12.］在我看来，常态的新闻认识处于常识层次，并没有进入科学认识的层次；当然，有些新闻认识作为知识结果介乎常识与科学认识层次之间。

之后，我再来分析作为以新闻信息传收为核心的新闻活动。

人类的所有活动，都是在自发与自觉中逐步形成的。人类信息活动根源于人类作为信息动物的内在本性，这是自然进化的结果，社会进化则进一步强化了这样的本性；根源于人类共在性或群体性的生存方式，很可能是生命在恶劣环境中出于自保的本能的选择结果；根源于人类生存演进过程中的必然性信息需求和信息交流的需要，一旦共在或群体化共存，交流信息就成为自然，当然交流信息也是共在或群体化共存的机制。以传收新近事实信息为主的新闻活动便是信息交流活动中的一种，并且是日日相伴、永恒相随的一种。当然，将传收新近事实信息为主的活动命名为"新闻活动"，那是新近的事情，并不是远古的自觉，但到底新近到什么时候，本身就是一个学术问题，需要具体的考察。至于什么时候形成了新闻意识、新闻观念、新闻概念，更是需要长期探讨的具体问题①。

对于人类来说，新闻活动作为信息交流活动的一种方式，属于社会性活动，是人们之间的一种社会交往活动、交往方式。新闻活动主要不是个人内向的信息传收活动，即不是人内的信息传播（intra-personal communication）活动②，而是广义的人际信息交流活动③。"新闻活动是群体活动，历来是在社会全体生活中进行的。"④ 新闻活动是人类社会生活的本体性组成部分，是所有人生存、生活中不可缺少的一部分，在人类生活中，新闻活动是结构性的要素和方式。离开人际信息交流，人将不再是人

---

① 事实上，世界各地的新闻学、传播学研究者，都在以各种溯本求源的方式寻求一些基本新闻意识、观念、概念（表现为核心词语）的起源，这种探寻本质上是一个无限的过程，是一个不断产生新发现的历史过程。

② 所谓"人内的信息传播"或"内向的信息传收"，是指个人接收外部信息并在人体内部进行信息处理的活动。（郭庆光. 传播学教程［M］. 北京：中国人民大学出版社，1999：73.）

③ 所谓广义的人际信息交流活动是指各种人际信息交流活动，包括个人之间、个人与群体之间、个人与社会之间以及群体与群体之间的信息交流活动。

④ 刘建明. 宏观新闻学［M］. 北京：中国人民大学出版社，1991：18.

的存在，人的生活将不再是人的生活，人类世界也将失去生气，变得一片死寂。

作为社会交往系统中的新闻交往、新闻信息交流，本性上意味着新闻信息的共享或者分享①。也就是说，以信息交流活动为核心的新闻活动本质上是人们之间共享或分享生存发展所必需的新闻信息的社会交往活动，这一点贯穿人类历史始终。从现代文明社会的角度看，特别是在人类开始步入信息社会后，共享、分享新闻信息是人类每个成员的基本权利，是人类文明程度、一定社会优良程度的重要标志。在当今这样的时代，作为信息交流活动的新闻活动，对于整个社会、对于每个社会成员有着越来越重要的作用与影响、意义与价值。

不论何种层次、何种具体方式的新闻活动，在直接性上，都是人类传收新闻信息方式的具体表现；任何新生方式的发明创造，都难以改变人类共享、分享新闻信息这一基本事实。因而，可以说，任何新方式的发明创造，都是为了更好地满足人类的信息需求、新闻需要。每一种类型的新闻传播方式（比如人际传播方式、组织传播方式、大众传播方式等）、每一种媒介形态（比如印刷媒介形态、网络媒介形态、新兴媒介形态等）的新闻传播、每一种空间范围内的新闻传播（比如地方传播、地域传播、全球传播等），都在一定程度上反映着生活、生命交往和交流方式的不同样式和特点，反映着主体所处的生活、生命状态；每一次新闻传播方式、新闻媒介形态的更新与变革，都会引发一个新的传播时代的到来，而这些变革的实质，乃是人类通过新闻活动（当然不仅仅是新闻活动）实现着生活、生命之间的新的交往方式，也就是实现着一种新的生存发展方式。这足以

---

① 美国传播学家威尔伯·施拉姆把传播（传播就是一种交往）直接界定为与他人共享信息。他的"传播"概念是广义的，既包含传递、传送，也包含收受活动。传播的本义就是双向互动的信息交流、分享活动。

说明作为信息交流活动的新闻活动对于人类生存发展的至关重要性。

作为信息交流活动的新闻活动，信息交流的主要内容就是人们生活世界或社会生活的内容，"人类的社会活动是新闻活动产生的基床，新闻活动的内容也正是社会生活的反映"[1]。原则上说，人类社会生活中的几乎所有内容，都会以一定的方式转化为新闻交流的内容。所有进入新闻交流中的信息，不管以何种具体方式生成和传播，都是社会化了的信息。因此，作为信息交流活动的新闻活动，实质上是人们之间的生活交流、生命交流方式，并且由于新闻传收自身内容上（真实、新鲜）、方式上（及时、公开）的特点[2]，作为信息交流活动的新闻活动成为一种最为鲜活的、生动的人类生活和生命交流方式，这既表现在一定的社会范围中，也表现在全球人类社会范围内。

在理想性上说，以新闻信息传收为核心的新闻活动，应该成为人们之间平等的新闻交流活动，各种新闻媒介应该成为所有社会主体进行新闻交流的工具或平台。平等的新闻交流才可能是民主、自由的新闻交流，才可能是促进社会、政治、经济民主和自由的新闻交流。这也是优良社会的新闻状态。然而，现实世界是一个充满不平等的世界，国家与国家之间、民族与民族之间、社群与社群之间、个人与个人之间，在各个领域都还存在着严重的不平等现象。就新闻领域而言，世界新闻传播的新秩序还没有建立起来（旧秩序首先是一种世界人民不能平等分享新闻信息的秩序）。在一定的社会当中，不同人群、阶层之间的信息不对称现象还十分严重，而且"信息鸿沟"变得越来越宽、越来越深[3]。因而，作为人类本体性活动

---

① 刘建明. 宏观新闻学［M］. 北京：中国人民大学出版社，1991：18.

② 需要注意的是，我们对真实、新鲜、及时、公开这些关于新闻和新闻传播的基本特点，要做历史的理解，不能简单以现代比较成熟的新闻观念、新闻生产传播水平去衡量过往的历史。

③ 关于"知沟"和"信息沟""信息鸿沟"理论，可参阅下书：郭庆光. 传播学教程［M］. 北京：中国人民大学出版社，1999：203-234.

的新闻活动，作为基本需要系统中的新闻需要，其美好的状态还远未成为现实，仍需人类做出巨大的努力。

2. 新闻活动是具有多元化功能的活动

上面，我在本体论的意义上分析了新闻活动的实质，下面，我将从功能论的角度，进一步分析新闻活动的各种面向，以形成对新闻活动比较饱满全面的认知。当然，我不可能也没有必要面面俱到。因而，只是选择了几个在我看来重要的维度，进一步分析阐释新闻活动在相对比较宏观的层面上特有的一些属性或功能。

第一，新闻活动在新闻信息传收、信息交流活动中，蕴含着主体间的精神交往。如上所言，新闻活动是人类认识自身生存发展环境的重要手段之一，新闻活动是主体间实现信息交流的手段之一。但我以为，不可忽视的是，建基于新闻信息交流、分享或共享，不同社会主体间可以进一步实现深层的精神交往。也就是说，新闻活动同时是人类实现深层精神交往的手段之一，是人类用来建构共同精神家园的手段之一。在这一意义上，新闻信息交流具有类似人文、艺术交流的面向。应该承认，实现深层的精神交往，是新闻认识、新闻交流的延伸性追求，或者说，是新闻信息功能的重要延伸。如果在历史长河中观察，我们可以发现，新闻越来越成为人类建构命运共同体的重要手段。

在现象层面，狭义的新闻交流是直接的关于新闻事实信息的交流，广义的新闻交流则包括新闻意见的交流。[①] 新闻传收主体与社会整体环境的不可分离性、人作为主体的整体性，从根本上决定了，在新闻信息、新闻意见交流中，必然贯穿、渗透着一般意见的交流、观念的交流、心理的交

---

① 在新闻界，狭义的新闻仅指关于新闻事实的报道，表现为消息；广义的新闻包括关于新闻的评论，还有介乎新闻消息与新闻评论之间的通讯、特稿等。

流或情感意志的交流。也就是说，新闻中和新闻背后，总是蕴含着、隐藏着甚至呈现着一定主体的价值立场、价值追求与价值理想，总是蕴含着、隐藏着甚至呈现着一定主体的情感、意志、愿望、理想和信仰。新闻传收的交流，因而会以或隐或显的方式，或潜移默化或"昭然若揭"的方式，发生主体间的精神交流。这里稍做一点具体分析：处于传播状态的新闻，是经过人们主观反映、加工的事实信息，是经过诸多程序"包装"了的信息，关于它的传播不仅包含着传播者的态度和价值取向，也包含着传播者所代表的利益群体的追求和取向①，人们收受相关信息时，实质上已经开始与传播者对话交流了，已经开始与新闻中的人或者新闻中关涉到的人开始对话交流了，这不只是简单的信息交流，也是一种精神的对话和交流。人们在收受新闻的过程中，精神世界进行着丰富多彩的活动，人们的感情与理智或者暗暗地活动着，或者以外在的形式表现出来。人是以自己的整个精神世界来面对世界、面对他所面对的新闻的。通常情况下，人们在新闻活动中直接感受到的是对新闻信息的认知和新闻信息的交流，常常体会不到与传播者或与其他人的精神共鸣或者矛盾冲突，但深层的精神交流其实是存在的，只是比较弱，没有那么明显。可在一些特殊情况下，比如，当收受者遇到令自己心灵震撼的新闻报道时，就会强烈感受到自己与传播者的精神交流，与相关当事人的精神碰撞和交流。这时，可以明显地感受到，与新闻的交流，已经超越了简单的新闻认知和新闻信息交流，而进入了更深层次的精神交流。当然，人们应该自觉到，这样的交流并不必然造成新闻交流主体间的相互深层理解，但能够促进精神世界的进一步相互了解、互知是不可否认的，从普遍的、长远的时段看，新闻信息的交流，在

---

① 理想化的新闻中不应该包含非事实信息的其他信息，事实上，职业化的新闻工作者也在努力不带有价值取向，但整体的新闻传播一定是有价值取向的。新闻传播中的价值取向可以说是新闻传播中的一种本体性存在，是不可避免的存在。对此，我在后文还有相关论述。

总体上总是有利于主体间的精神交流，而不是有害于主体间的精神交流。

从表面上观察，新闻活动是一种相对比较简单的关于最新事实信息的交流活动，但透过新闻信息交流活动，人们可以看到一个时代的特点、一个民族的特点、一定社会的精神面貌和普遍的社会心理。如果说哲学是一个时代精神的反映，那就可以说，新闻是一个时代精神的呈现。整体的新闻图景，总是在一定程度上持续呈现着一定时代、一定社会、一定主体深层的和长远的精神追求和价值理想。可以说，新闻传媒的面貌，就是时代面貌的重要表征；新闻传媒的精神，就是时代精神的重要显现；新闻传收的内容，就是时代胸怀的某种呈现。当新闻媒介成为谎言的载体，现实世界必然是撒谎的"天堂"；当新闻媒介充满政治的喧嚣，现实世界中的人们一定深陷政治旋涡之中；当新闻媒介成为煽情消息、黄色新闻的天下，人们的精神世界一定是荒芜空虚的，精神生活一定是百无聊赖的……一个精神错乱的疯狂时代，绝对不会有理智的新闻活动方式。相反，一个思想解放、政治开明、经济繁荣、文化勃发的时代，一定会有繁荣昌盛的新闻传播事业。

就人类的新闻活动而言，经过数百年现代新闻业的风雨历程（在中国，现代新闻业也有一百多年的历史了），新闻活动业已形成了自身的基本精神定位与精神追求。诸如，求实为本的科学精神、正义至上的人文精神、和谐为美的自由精神，就是新闻精神的基本内涵。[1] 以这样的精神追求，实现通过新闻方式的精神交往，是新闻活动的深层目标、延伸功能。尽管我们不能过分夸大新闻活动在人们精神生活中所占的比例和分量，但通过新闻活动，人们确实可以窥探到一个时代、一个社会的整体精神交往水平、精神生活水平，一个时代、一定社会中社会大众的整体精神面貌。

---

[1] 杨保军. 新闻精神论［M］. 北京：中国人民大学出版社，2007.

新闻活动的方式、新闻活动的质量、新闻活动的景象，是一个时代、一个社会以及这个时代主体、这个社会主体精神世界和心灵世界的呈现，而且是一种生动的、鲜活的、及时（实时）而公开的呈现。

如果进一步扩展开来看，在精神世界范围内，新闻活动不仅是人类精神生活的一部分，更是展示人类其他精神活动的重要渠道、媒介或平台。也就是说，新闻活动展现的不仅是新闻活动者的精神面貌，同时也以新闻的中介方式展现着一个时代、一个社会的整体的和不同社会领域的精神面貌与精神追求。一言以蔽之，新闻活动编织的、呈现的不只是新闻信息之网，更重要的是在编织和呈现人们之间进行相互交流的精神之网。从原则上说，每个社会组织、社会群体、每个个人都是这网上的一个节点，任何一个节点的信息震动，都会对整个网络的运行产生或强或弱的影响和作用，都会受到其他节点某种程度的关注或回应。这个网既是有形之网，通过不同的新闻媒介、信息媒介将人们实际连接起来，也是无形之网，通过信息流、精神流将人们沟通起来。通过信息流、精神流，人们感受着事实世界、信息世界、精神世界的变化。毫无疑义，从精神交往层面上看，新闻活动已经成为精神交往的一种手段和方式。这在今天新兴媒介样态不断发明创造的历史进程中，表现得更加强烈明显，人们通过各种社会化媒介的新闻交流，远远超越了纯粹事实信息分享的边界，早已进入精神交流的层次与世界；人类正在从信息的互联互通逐步走向精神世界的互联互通，这也是人类成为命运共同体的必然过程。

第二，新闻活动主体在新闻信息的交流中，不仅实现着新闻的本位或本体功能价值，同时也在运用新闻手段追求其他的社会功能价值①。新闻的本体功能比较简单，就是信息功能，即呈现新闻事实的真实面目，为人

① 对新闻功能系统的阐释，可参阅下书：杨保军.新闻本体论［M］.北京：中国人民大学出版社，2008.

们提供关于世界最新有意义变动的状态信息。但这样的本体功能往往仅仅被当作新闻的"初级"功能，人们更多的是在此本体或本位功能的基础上，将新闻进一步当作其他社会活动的手段，尤其是当作政治活动、经济活动的手段，为自身的政治、经济追求服务，让新闻实现政治功能、经济功能。这也同时说明，在现实社会中，新闻信息交流活动更易受到政治力量、经济力量的作用和影响，新闻传播的自主性、自由性最易受到各种政治力量、经济力量的干扰。

各种新闻传播研究一再表明，几乎现实社会中的所有力量，各个层次、各种类型的社会主体，都会直接地或间接地通过新闻方式、新闻手段，为自己的需要实现、利益追求服务。在当今这样的媒介生态环境中，更是如此。在政治宣传、战争鼓动、外交较量、广告张扬、公关喧嚣、危机化解等信息传播中，人们总能看到新闻的形象和影子。新闻被打扮、装饰成各种面目，或公开或隐蔽地飘散在、渗透在人们的生活、工作、学习、休闲之中。新闻在所有这些社会活动中，不再仅仅发挥着新闻的信息功能，也在同时产生着各种各样的社会功能。我们所处的时代，确实是一个媒介化的时代、新闻化的时代，以政治力量、经济力量、文化力量为代表的各种社会力量，总在想方设法、绞尽脑汁地将自身的正面形象新闻化、负面行为"不闻"化（非新闻化）。新闻的本位功能在很多时候显得无足轻重，仅仅是个"说话办事"的由头，而新闻的延伸功能、派生功能却往往被拼命地增强或放大。

第三，新闻活动在新闻信息的传收交流中，同时实现着文化间的交流，塑造着文化生活或文化世界，正如史蒂文森所说，"许多现代文化是依凭大众传播媒介来传达的"[①]，这是显而易见的事实。首先，在共同文

[①] 史蒂文森. 认识媒介文化：社会理论与大众传播 [M]. 王文斌，译. 北京：商务印书馆，2013：12.

化或同一文化群体内部的新闻传收中，文化力量的凝聚、文化认同的不断
强化、文化群体对所属文化的自觉等等，都会在新闻交流中自然地展开。
其次，也是人们通常更为关注的，发生在不同文化社会、文化群体之间的
新闻传收，同样也在实现着文化间的交流——跨文化交流①。在此情形
中，新闻事实就发生在不同的文化社会、文化群体之中，对不同文化社
会、文化群体中新闻事实的再现与建构，自然而然地渗透着、体现着相关
文化的气息与味道、属性与特征。因而，当新闻在普遍的文化世界中传收
时，便也自然而然地实现着不同文化社会、文化群体之间的交流。不管不
同文化社会、文化群体之间的空间距离和文化距离有多小或有多大，有多
熟悉或有多陌生，在今天这样的媒介生态环境中，跨文化的新闻传播几乎
已无阻隔，也难以阻隔。事实上，人们通过新闻交流实现的不同文化之间
的交流，不仅在一定社会内部或民族国家内部变得越来越容易，即使在全
球新闻传播、国际新闻传播中，也变得越来越容易。进一步说，就当今的
传播景象来看，最为容易的、及时的、常态的跨文化交流方式，恐怕非新
闻交流渠道、交流方式莫属。不同文化社会之间、不同文化群体之间，正
是在日复一日、时时刻刻的新闻传收中，了解、理解、想象着不同文化中
人们的基本状况和生活景象。可以说，不同文化间相互的新闻传收，也就
是不同文化间的文化交流。在文化视野中，新闻交流就是文化交流。

　　在新闻文化与其他文化的关系视野中，我们可以简要地指出，新闻文
化不仅是整个文化系统的有机组成部分，更是其他文化内容、文化新闻得
以传播的重要渠道，因而是文化的中介，是其他文化形式的载体。在这一

---

①　关于跨文化交流，在描述意义上，我赞同萨默瓦等三位研究者的定义："当一种文化的成员
发出的信息（message）为另一种文化的成员所接收（consumption），跨文化交流便产生了。更精确
地说，跨文化交流包括那些来自文化概念和符号系统完全不同的人们之间的互动，这种不同足以导致
整个沟通活动发生改变。"（萨默瓦，波特，麦克丹尼尔. 跨文化传播：第六版 [M]. 闵惠泉，贺文
发，徐培喜，等译. 北京：中国人民大学出版社，2013：6-7.）

意义上，新闻交流就更具文化交流的功能与价值。

第四，新闻活动在新闻信息的传收交流中，不仅为人们的日常生活世界提供着丰富多彩的谈资，也在生产、塑造、建构着日常生活世界的基本知识。在从认识论角度分析新闻的属性特征时，我就已指出，作为一种社会认识活动，新闻认识注重实用性与休闲性（趣味性、娱乐性），注重追求认识的生活意义和实践价值，追求对日常生活的效用性和参考性。新闻认识主要不属于科学层次的认知活动，而是人类常识水平的认识活动。尽管随着一定社会整体文明水平的提升、文化水平的提高，新闻传播的内容变得越来越广泛且专业，但人们依然可以看到，新闻活动中所传收的事实信息，是人们普遍感兴趣的信息，是与人们普遍利益相关度比较高的信息。托克维尔就曾说过，"一份报纸只有将许许多多人的共同情感或原则公之于众才能生存。因此一份报纸总是代表一个成员是其定期读者的社团"[1]；美国新闻史家米切尔·斯蒂芬斯直截了当地指出，"新闻就是社会关心的问题"[2]，也是社会大众能够普遍认知理解的信息，并不需要过多高深的专业知识（即使是专业新闻，也要以社会大众普遍能够理解接受的方式呈现出来）。因而在知识属性上，应该说，新闻内容与人们的日常生活更加接近，与生活世界具有更多的亲近感。在这一意义上可以说，新闻信息的传收，实质上在不断生产、塑造、建构着人们日常生活世界的基本知识。

（二）新闻活动系统的构成

如果相对独立地观察分析新闻活动本身，即把新闻活动从社会环境中

---

① 哈林，曼奇尼.比较媒介体制：媒介与政治的三种模式 [M].陈娟，展江，等译.北京：中国人民大学出版社，2012：154.

② 斯蒂芬斯.新闻的历史：第三版 [M].陈继静，译.北京：北京大学出版社，2014：3.

"分离""端拿"出来，把新闻活动主要看成是人类之间直接的新闻信息传收活动，就会发现，在一定的社会时空条件中，不管什么样式的新闻活动，逻辑上都是在四个相互联系、相互作用的要素中建构的、开展的，它们是：事实（内容）、传播者、媒介、收受者。正是这四要素及其相互关系的历史结构方式与历史展开方式，展现了人类新闻活动史的基本历程，呈现了人类新闻活动的不同历史画面或图景；同时，也从一个侧面或角度反映了人类社会的整体面貌。

以新闻信息传收为主的新闻活动系统，可以呈现为图1-1所示的基本结构。

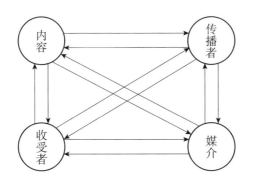

图1-1　新闻活动系统要素结构图

在抽象的普遍意义上，四要素结构图可以描述不同类型的新闻传收系统，也就是说不管是人际新闻传收，还是组织、群体间的新闻传收，抑或是大众传播模式中的新闻传收，或是不同类型融合而成的新闻传收，原则上只要是新闻传收活动，就都可以被描述为这样的基本结构模式。也就是说，不同的传收模式在要素结构上具有同一性，都是由这四个要素以结构图所示的方式联系在一起的，只是在具体的要素表现上、内容上与关系上有所差别。比如，这四个要素的具体表现与内容，在不同时代、不同社会中一定是不一样的。这就是说，这一结构图对人类不同类型的新闻传收活动具有普遍的呈现力和解释力。这也就意味着，就新闻系统本身来说，新闻研究的主要内容，就是这四个要素及其相互关系。

从上述结构图中可以看出，在实际新闻传收系统的展开过程中，逻辑上存在着十分复杂的各种具体矛盾关系。可以说，每个新闻传收主体都是特殊的，因而每个新闻传收主体都处在各自的特殊传收关系中。从主体角度看，新闻传收主体为了实现有效的传收活动，需要面对和处理各种各样或简单或复杂的矛盾。比如：如果从传播主体角度看，要实现传播行为，就得处理自身与内容的关系，与媒介的关系，与收受者的关系；如果从收受者角度看，也得处理自身与内容的关系，与媒介的关系，与传播者的关系。整个人类或任何一个社会新闻活动系统的实际展开运行过程，从新闻活动内部看，其实就是这些关系的历史演进过程，而每个时代都在创造着自己时代的主导性传收关系模式，对此，我将在传播主体与收受主体关系一章展开详细论述。

在这众多的矛盾关系中，最为核心的关系是传播者与收受者的矛盾关系，这一关系是所有其他可能关系的动力关系，也是归宿性的关系。在新闻传收活动系统中，传收关系自然突出表现为传播需要与收受需要之间的矛盾关系，这也可以说是新闻活动中的总矛盾、基本矛盾。不管什么形式、模式的新闻传收活动，本质上都是为了解决这样的总矛盾或基本矛盾。人类新闻活动史在不同时代、不同时期所表现出的差异性，集中表现在解决传收矛盾的不同能力与不同方式上，而不同社会、不同国家在新闻活动中所表现出的差异性，同样集中体现在处理传收矛盾的不同方式之中。

一定社会整体的新闻图景，是在无数具体的新闻传收矛盾中建构的，就像一定的社会是在各种力相互作用形成的合力中呈现自己的面目一样。可以想象，无数不同的具体新闻传收关系之间的矛盾关系，构成了十分复

杂的新闻活动景象。不同的新闻传收关系，都是在各种不同的新闻观念支
配下建构起来的，都是在不同的利益、需求、理想、信念等的驱动下展开的，
不同主体正是在这种复杂的关系中满足自己的新闻传播需要和收受需要的。

（三）社会结构中的新闻活动

如果在社会环境中观察新闻活动，也就是把上述新闻传收系统置放在
社会环境中观察分析，就会发现各种社会要素、各个社会领域都会与新闻
活动系统勾连起来，形成一种相当复杂的社会结构关系。这样的关系，在
新闻学视野中，便是新闻活动的社会结构，也正是在这样的结构中，真实
的新闻活动得以开展并与社会系统一起互动演化。

新闻活动系统是社会大系统中的子系统。新闻系统与社会其他系统有
着千丝万缕的关系，原则上是一种互动关系。这种互动关系可以粗略描述
为图 1 - 2 所示的内容。

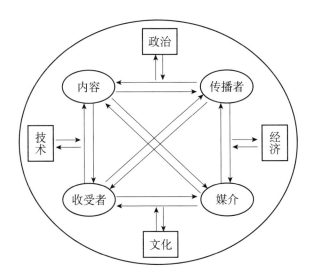

图 1 - 2　社会结构中的新闻活动

新闻活动的本体性、新闻需要的基本性，从根本上决定了新闻活动与社会整体以及社会的每一个子系统都有难以分割的互动互融关系，我在图1-2中只是大致将这种关系呈现出来。正因为新闻系统与社会系统及社会各个子系统间普遍的关系存在，新闻研究、传播研究才有着十分广阔的领域，具有学科之间天然的穿透性或贯通性，即新闻与每一领域之间的关系，都可以成为至少两个学科之间的研究领域，这正是人们今天看到的基本景象，新闻学、传播学以前所未有的速度与力量扩展着自己的研究领域，并与其他学科展开各种嫁接或融合，显示出时代"显学"的味道与气势①。

新闻活动是社会整体结构中的活动，因而，除了对社会形成的主动作用与影响的一面，它也自然要受到社会整体结构的约束与限制，要受到社会中各种可能因素的作用与影响。因此，只有在新闻与社会整体、新闻与社会各个领域的关系视野中，人们才能更为真实、深刻、全面地理解和把握新闻活动。任何将新闻活动纯粹化、孤立化的做法，都不大可能把握到新闻活动的真实面目。

时代的差异性，地域、社会、文化等的差异性，使得一定社会系统以至整个人类社会与其相应的新闻活动系统之间，形成了丰富多彩的时代性、社会性关系，即显现出不同时代、不同社会中新闻活动自身的特色，

---

① 新闻史家方汉奇先生就曾指出："中国的新闻传播学已经由被某些业界人士妄自菲薄的'无学'，变成了'显学'。"（童兵. 童兵自选集［M］. 上海：复旦大学出版社，2004：序1.）另一位新闻传播学学者喻国明则在《传播学何以成为热门学科？》一文中说："传播学日益成为今天社会科学中最为活跃、最受重视和最具影响力的学科之一。"［喻国明. 传播学何以成为热门学科？［N］. 解放日报，2014-02-13（11）.］当然，我们也应该看到，在新闻学成为显学的过程中，伴随新兴媒介的兴起，特别是伴随非职业新闻（民众新闻、脱媒新闻）的勃兴与扩张，一些人认为新闻职业、专业将会消亡，与此相应，新闻教育（大学中的新闻院系）也会消亡。这些笨人听闻的看法，实在是鼠目寸光，十分肤浅。实际上，只要新闻现象存在、新闻活动存在，就需要研究，需要对如何开展有效的新闻活动进行专门的教育和培训。进一步说，在新的媒介环境条件下，不仅职业新闻、专业新闻被提出了更高的要求，同时怎样进行健康的民众新闻、脱媒新闻生产传播也越来越成为重要的问题。因而，应该说新闻研究、新闻教育会更加重要，任务会更加艰巨。这才是符合逻辑的理解。

显现出不同时代、不同社会中新闻活动与社会的特色关系。关注新闻与社会之间的一般、特殊、个别关系，已经成为当今新闻学、传播学以及其他学科重要的研究议题。

在新闻系统与社会系统的整体关系中，新闻系统主要是一种工具性的、手段性的系统，但同时它有自身的目的性。这种总体的关系属性，决定了新闻系统与社会系统关系的总体特征。首先，从目的性角度看，如前面一再指出的，新闻活动是人类的本体性活动，新闻是人类的基本需要，这就意味着新闻本身对人类就有目的性的价值，是美好生活目标的一部分，是良好社会必须拥有的。这正是人们通常所说的拥有"自由新闻"本身就是目的，这样的新闻本身就是价值目标，它本身就意味着社会的正义、民主与自由状态。人们苦苦追求的新闻自由，从狭义的新闻角度看，无非就是能够获取自由的新闻。而新闻自由与自由新闻，本身就是社会的美好目标，就是人们追求的价值。简单一点说，新闻活动系统本身就是一个健全的、良好的社会必有的目标系统。也就是说，健康、良好的新闻系统是一个良性社会的重要标志。其次，新闻活动是与人类其他活动共在的活动，作为一种以信息传收为主的活动，它是为其他活动提供信息基础或决策基础的活动、充当中介手段的活动，因而具有强烈的工具意义和手段意义，这就意味着新闻具有手段价值或工具价值。或者说，新闻活动系统更多的是为社会的良性运行与发展提供新闻信息服务。正是通过新闻手段，新闻活动系统为一定社会的有效交流与沟通、环境监测与社会守望贡献着自身特殊的价值。

二、新闻主体的构成

从新闻活动的内在要素构成中，可以直接看到传播者和收受者是主体维度的核心角色，但还有"隐藏"在内容要素之中的主体角色——新闻信源主体（报道对象主体）；从新闻活动的社会构成中，可以看到在新闻传收活动的开展过程中，存在着新闻控制主体和影响新闻传收活动的其他可能的社会角色。因此，只有将所有这些活动角色聚合在一起，才能揭示完整的新闻活动角色系统或主体系统。

（一）人人都是新闻活动者

在最普遍的意义上，人人都是新闻活动者。对此，我已经做出了反复的说明，就是因为新闻活动是人的本体性活动，新闻需要是人类的基本需要。在新闻学视野中，如果夸张点说，人就是新闻动物。

人人都是新闻活动者，这是一个自然自在自发的客观事实，无须论证。欲告知、欲知几乎都是人的本能，人的进化、文明化、社会化只是进一步激发或开发了这样的本能。可以说，交流（传播）是人的生命方式、存在方式、生活方式和发展方式，新闻交流不过是人类众多交流方式中的一种；人是天生的信息传收者，也自然是新闻信息的传收者。一言以蔽之，人人都是自然的新闻活动者，这与有无新闻意识、有无新闻观念、有无新闻业、有无媒介技术或技术有多高明先进没有关系。

新闻需要的本体性，决定了新闻需要的基础性、普遍性与永恒性。这就是说，任何具体的新闻传收形式、传收方式，都有可能伴随人类的演化发展而式微或兴盛、消亡或生成，但新闻不会消亡，新闻需要不会消亡。人类只要还存在，就一定是新闻活动者，并且，既是传播者，又是收受者，永远处在角色互动与互换之中，原则上是统一的新闻活动者。也就是说，新闻活动的本体性、新闻需要的基础性，从根源上决定了，伴随着人类的演进与发展、技术的发明与提升，人类群体、人类个体在每一个时代都会有不同的新闻活动方式、新闻活动表现；新闻也会在不同的时代、不同的社会中显现出不同的主导性的功能作用。但无论形式、方式如何变化，对新闻的需要是不会发生改变的，具有永恒性。

人人都是新闻活动者，从本质上决定了人与人（也会表现为各种不同的人的群体主体形式）的新闻关系（在新闻活动中形成的关系）具有永恒性，而在新闻关系中生成的主体间关系，就是新闻活动主体间的关系。这种在新闻活动中形成的主体间关系，在不同的时代、不同的社会中会有不同的具体形式，表现为不同时代、不同社会中会生成不同的新闻生产传播方式、不同的新闻关系模式。这正是我在后面各章中将要展开论述的主要内容。

（二）新闻主体的具体活动角色界分

在特定的新闻信息传收情境中，人的信息角色自然天成，有些人（主体）是传播者，有些人（主体）是收受者；而在另一些情境中，凡是参与新闻信息传收活动的人，都既是传播者又是收受者，传收角色会不断互动转换。因而，在区分意义上，我们可以大而化之地将其分为新闻传播者和新闻收受者。信息传收总要传收一定的信息（内容），因而，客观逻辑上，在传收者之先，总是存在着信源主体。但实际的新闻活动并非如此简单，在上面新闻活动的社会构成分析中我们已经看到，在新闻传收系统之外，还有控制主体和影响主体。那么，内外放在一起就有基本的五类主体：新闻信源主体（包括报道对象主体）、传播主体、收受主体、控制主体、影响主体。此处，我只对每类主体加以初步的基本界定，关于他们的具体构成及其内部关系，还有其他的相关问题，将在后面相关章节进行详细讨论。

新闻信源主体，就是在新闻活动中充当新闻信息来源的主体。以传收新闻信息为核心的新闻活动，实际上就是围绕新闻信息的获取、加工、传播、收受的活动，因而总是要有一个信息源头，然后才是信息的不断流动。我把客观上生产新闻信息、拥有新闻信息、知道新闻信息并且实际介入或参与到新闻生产与传播中的个体或群体（组织）主体，称为新闻信源主体。

新闻传播主体，就是将新闻信源主体与新闻收受主体连接、中介起来的主体，是采集或获取、选择、加工、制作、传播新闻信息的主体。这样的主体可以是个体，也可以是群体或组织，可以是职业新闻传播主体，也可以是非职业新闻传播主体。

新闻收受主体，就是在新闻活动中充当新闻信息收受者角色的主体。关于新闻收受主体，人们依据获取新闻的媒介特征，有多种具体的不同名称，如读者（主要针对报刊文字内容）、听众（主要针对音频传播内容）、观众（主要针对视频传播内容）、用户（主要针对以互联网络为基础的各种新型媒介传播的内容）等；也有根据新闻收受者在新闻收受过程中主动性的强弱，将其名为"受众"或"用户"或"使用者"等等的。但不管怎样确定收受者的名称，收受新闻信息这一核心活动没有变，也正是在这一意义上，新闻收受者或新闻收受主体，是最直接、最明了的名称界定。

新闻控制主体，实际上就是控制新闻的主体。这里所说的新闻控制是指从新闻传收系统之外的控制，是指一定社会通过一定方式对新闻传收系统的管理与约束，其重点指向对新闻传播主体传播活动的管理与约束。在一定社会中，这样的控制主体通常由政府和政党来担当。

新闻影响主体，是指那些从新闻传收系统之外通过各种手段影响新闻传收活动的主体。之所以界定为"影响"主体，是因为，这类主体对新闻传收活动的作用不像控制主体那样，是由相关法律、政策、纪律规范专门赋予的权力，而是通过各种社会资源（如资本、人情等）对新闻传收活动形成的影响。

如果把上述五类新闻活动主体的基本关系加以描述，可以分为两个大的视角，其一是新闻传收系统内部的主体关系（见图 1-3），其二是系统内外的整体性主体关系（见图 1-4）。

图 1-3　新闻系统内主体关系结构

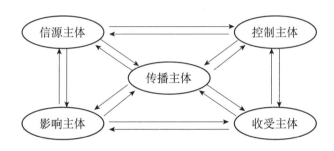

图 1-4　新闻系统整体性主体关系结构

从主体角度看，新闻活动就是在这些主体间的关系中得以开展的，同时，也正是在这样的关系中，不断建构塑造着这些主体间的关系。当然，这些关系的生产与再生产不限于新闻活动范围之内，而是存在于社会的各个领域或整个社会系统之中。

关于这些新闻主体之间的整体性和具体关系，是本书的核心内容，我将在后面各章中逐一展开专门的深入分析。

三、新闻主体的活动逻辑

新闻主体的活动逻辑，自然是指新闻主体的新闻活动逻辑。所谓新闻活动逻辑，主要是指新闻活动何以开展，关涉到新闻活动的主体根据、社会动力、活动的规则、活动的目标。作为共同的新闻活动者，新闻主体应该有共同的新闻活动逻辑；作为不同角色的新闻活动者，他们应该有不同的新闻活动逻辑。这里，我主要是把新闻主体作为共同的新闻活动主体来看待，分析他们共同的新闻活动逻辑，以从宏观层面把握人类作为新闻活动主体的基本行动逻辑。关于不同角色新闻主体的活动逻辑，则在相关具体讨论中进行。

（一）人类共在是新闻活动的本体根源

人类为什么会有信息活动、新闻活动？人类为何会互相交流信息、交流新闻信息？信息活动是生物存在的本然或固有活动，这是整个物质世界演化的结果。在信息论视野中，人就是信息动物，在信息交流中生存演化是生命的必然，也是本然。

人与人的共在性、群体性、共生性，决定了人与人之间合作劳动、合作生活的必然性，而合作的首要中介就是交流，因此，完全可以根据人类存在方式的基本事实做出这样的判断：共在是信息活动（其中蕴含着新闻活动）的本体根源。至于共在的、合作形式的形成根源，或群体生存、生活方式的形成根源，需要诉诸人类起源与演化探索，不是传播学、新闻学能够轻易回答的问题。尽管我们可以推测传播本身就是形成共在、共生的机制，但传播学、新闻学对传播现象和新闻现象的研究，是以共在作为客观事实起点的研究。共在是人类存在的基本事实或状态。[①]

人类共在作为信息活动的本体根源，也就决定了信息交流、新闻交流

① 赵汀阳. 第一哲学的支点 [M]. 北京：三联书店，2013：235–239.

的永恒性，决定了无论人类如何演化发展，信息交流都是其生存发展的贯通性方式。反过来说，只要人类想生存发展，想在社会中行为做事，就不得不展开信息交流、新闻交流，而具体交流什么、通过什么样的方式进行交流，尽管从传播角度标志着人类的演进水平，但与必然要交流比起来，其实并不是什么重要的事情。说到底，不过是人类共在方式的一种表现而已。

由此可以推断的是，不管是从传播学角度看还是从新闻学视野观察，只有那些有利于人类更好共存共在共生的信息交流方式，才能延续下去。换个说法则是：人类信息交流方式的演进与更新，在总体方向上，是一个不断发明创造能够促进人类共在共生交流方式的过程。人类的共在性、共生性，从根源上说明人类属于命运共同体，因而，只有有利于命运共同体发展的信息交流方式、新闻交流方式，才会得到延续和发展。这可能是最为宏观的人类信息交流、新闻交流规律。

（二）新闻需要是新闻活动的主体根据

人的活动，从根本上说是为了满足自身的需要，需要是人类活动的最终动力。被自觉到的需要就是利益，利益因而成为所有自觉活动的根本动力。马克思就曾精辟地指出："人们为之奋斗的一切，都同他们的利益有关。"[①] 人类历史在一定意义上，也就是人类需要不断变化更新发展的历史，是一个基本需要不断以新的方式满足、实现的历史。人是需要的动物，不再需要物质、需要能量、需要信息的人，就是生命完结的人。

人是需要性的生物存在、生命存在，人是进化生成的信息动物，这就

---

① 马克思恩格斯全集：第1卷［M］. 2版. 北京：人民出版社，1995：187.

从生命本体意义上决定了信息需要（新闻信息需要）是人的基本需要。中国科学院院士李衍达说，人类的生存、发展，除了与外界有物质的交换、能量的交换，还必须有信息的交换。"如果没有信息的交换，人脑就不会发达，人类的文明也就不会存在。信息之于人，有时比物质和能量更显重要。"① 中国著名新闻学者童兵认为："人们需要从新闻中获知外界的变化，从而服务于自身的发展。所以，新闻存在的动力不是媒介本身，不是什么'光信号''电信号'还是'纸信号'，而是新闻本身对人的生存发展非常重要，这一点是最根本的。"② "从新闻传播的角度考察人的不同层次的需要，无论是较低层次的生理需要，还是较高层次的自我实现需要，都离不开交往活动，离不开新闻的传播和接受活动。"③ 一言以蔽之，新闻需要是新闻活动最深的主体根据。只要主体人存在，就会有新闻需要。人类生产、传播、收受、使用新闻的方式在不断变化，但从抽象的或本质主义的角度上看，人类对新闻的需要是不变的——永远需要新闻。新闻是人类生存发展的基本资料，对过去的人类如此，对生活在现代媒介社会中的人类更是如此。事实上，马克思早就讲过报纸是工人的必要生活资料之类的话④，这实质上是在一般意义上指出了信息、新闻信息与人们基本生活的关系。

新闻需要的永恒性，使得新闻需要成为新闻活动演进的永恒主体动力。一种不得不有的需要，总会在自在自发的演进过程中，促使人类自觉自愿地不断探索新的满足与实现方式。人类历史，不管是整体演进史，还是一定活动领域史，在需要论的视野中，都是需要演变史的不同呈现。人

---

① 李衍达．信息世界漫谈 [M]．北京：清华大学出版社；广州：暨南大学出版社，2000：2.
② 李蕾，高海珍．童兵：具有现实关怀的新闻理论家 [J]．新闻与写作，2014（9）：27.
③ 童兵．理论新闻传播学导论 [M]．北京：中国人民大学出版社，2000：14-15.
④ 原话为："报纸就包括在英国城市工人的必要生活资料之内。"（马克思恩格斯全集：第38卷 [M]．2版．北京：人民出版社，2019：118.）

类在满足既有需要的过程中会不断产生和创造新的需要，这是一个永不停歇的历史过程。"人的活动在本质上就是为了解决人的需要与需要对象之间的矛盾而出现的。"① 不管是遥远过去的新闻活动，还是今天高度发达的新闻活动，一个不变的现象就是以传收新闻信息为核心，也就是以"新闻需要"的满足与实现为核心。新闻需要是新闻活动不变的灵魂。至于在新闻需要基础上，延伸派生出其他的需要，或者说由其他需要延伸派生出新闻需要，从而形成新闻需要与其他需要之间各种复杂的关系，那是已经超越以新闻需要为目的的问题，需要专门的研究。事实上，在现实社会中，纯粹的新闻需要并不多，不同主体更多的是把新闻需要作为实现其他需要的基础工具和手段。

新闻需要是永恒的、普遍的，人们有着共同的或相似的新闻需要，人类在新闻需要上有着基本的共同的取向。正是因为人类有着基本的新闻信息需要，所以才会在新闻活动的历史进程中逐步形成对新闻的真实、客观、新鲜、及时等属性的共同诉求，才会形成新闻传播的一些共同的基础性原则和要求。也正是新闻需要这一根本性的主体动力，创造了作为主体活动之一种形式的新闻活动的主体性规律。因此，对于各种时代环境、社会环境中的新闻活动，不管具体的新闻活动形式是怎么样的，只有抓住新闻需要这个关键，才能真正理解相关的新闻活动景象。

新闻需要的普遍性是通过新闻需要的具体性或特殊性来体现的，不同时代、不同社会有着不同的具体新闻需要。新闻需要有着历史性的差异、社会性的区别，在不同的主体之间，新闻需要的差异性更是明显的事实，因而新闻需要是多元化的、多样化的。这既源于客观世界的多样性，更源于主体的多样性。人与自然、社会、他人的全面交往关系，决定了新闻需

---

① 张玉堂. 利益论：关于利益冲突与协调问题的研究 [M]. 武汉：武汉大学出版社，2001: 58.

要一定是多元的、多样的，即人们需要以各自的新闻方式，对自然、社会、他人进行尽可能深入全面的了解和把握。客观世界与主体存在的实际差异性、差距性，决定了满足与实现新闻需要的具体方式，对于整个人类社会来说，一定是千变万化、丰富多彩的，而每一个时代方式、社会方式都有其自身的特征与规律。因而，普遍性与特殊性的关系，始终是新闻需要作为新闻活动主体动力的核心问题。

人类的新闻需要也像其他需要一样，有其合理性与真假性的问题，对需要的正确认识或自觉，对于人类群体、个体都不是简单的问题。经验事实告诉人们，主体的需要（need）并不必然都是合理的、正当的，主体的有些"想要"（want）是超越现实的、超越时代的、超越环境条件的[①]，或者是背离时代精神、不利于社会和主体健康发展的。更为严重的是，在很多时候，由于各种条件的约束限制和影响，主体并不知道自己的真实需要是什么，"一个人想要的，并不一定就是对自己好的、有益的，物质的东西如此，精神的东西也一样"[②]。即使一个国家、一个民族，在历史的演进中，也往往认不清自身的真实需要，从而在历史的曲折中受尽磨难。而一定的主体一旦弄错了自身的真实需要，必将走向错位甚至是错误的道路，这正是一定社会或一定社会领域常常出现整体历史倒退或停滞的重要原因，也是历史演变曲折性的重要主体原因。新闻需要是新闻领域演进的直接主体动力，但能否认清真实的需要是更为关键的问题。在现实社会中，"伪新闻""虚假新闻需要"是常见的事实，并不是什么稀有的现象。[③]

新闻需要在社会的需要系统或个体的需要系统中，并不是单一纯粹的需要，而是与其他需要处于交合的关系之中，从而造成了新闻活动极其复

---

① 杨保军. 需要与想要：受众需要标准解析 [J]. 当代传播，2007（5）：6‑9.
② 杨保军. 新闻精神论 [M]. 北京：中国人民大学出版社，2007：144.
③ 杨保军，朱立芳. 伪新闻：虚假新闻的"隐存者"[J]. 新闻记者，2015（8）：11‑12.

杂的面向。新闻需要既可能被当作直接的目的，也可能用作实现其他需要的手段。因而，把新闻当作什么样的事物对待，当作什么样的需要实现，也即让新闻发挥什么样的功能作用，不仅关涉到新闻活动（新闻业、新闻传媒、新闻传播等）自身的发展方式与方向，更关涉到新闻在整个社会系统中的地位问题。可以说，主体的新闻需要观念，是主体新闻观的核心，实际的新闻活动，是在新闻需要观念的支配指导下开展的，因而，新闻需要在本体意义上是客观的新闻活动动力，而在认识论、价值论意义上，则是最重要的精神动力、观念动力。一个国家、一个社会，坚持什么样的新闻需要观，将从根本上决定这个国家、这个社会建设什么样的新闻制度，有什么样的新闻业和什么样具体的新闻传播。

（三）社会演进是新闻活动的根本动力

尽管新闻需要是人类新闻活动的主体动力，但新闻需要本身并不是绝对自足的，新闻需要的历史演进与不断更新，是与整个人类演进史密切相关的，是一个总体上一体化的过程、互动的过程。历史经验事实表明，人类或一定社会发展的整体水平，决定着相应的新闻活动方式和水平，新闻活动不可能离开或超越一定社会整体的运行状态而演变。因而，人类社会演进的动力，才是新闻活动演进的根本动力。

人类社会不是在某种单一力量的作用下演进的，而是在各种可能力量的相互影响、相互作用形成的合力中前行的。但在历史长河中，在历史唯物主义的观察中，在众多力量之中，人类整体的物质生产能力是人类演进中最重要的力量，而最能标志这种能力的便是技术工具，即一定历史时代、历史阶段的技术水平标志着人类的生产能力①。可以说，有什么样的生产

---

① 关于技术在人类整体演进史中的力量，最具典型性的口号是"科学技术是第一生产力"。

能力，才能满足实现什么样的需要。这一点充分展现在人类新闻活动领域。每当人类或一定社会获得社会生产力的整体进步，新闻活动领域就会发生相应的变革，以技术为标志的生产力是新闻活动演进的根本动力。人类既有的历史发展，以客观逻辑的方式呈现了这一点。从技术角度看，印刷技术催生了印刷新闻，使人类新闻活动进入了一个前所未有的新时代——开启了大众传播的可能，广播技术、电视技术都以各自的方式开辟了人类传播史、新闻史上的新时代，而如今风头正劲的互联网技术正在创造着人类传播活动、新闻活动的全新图景。当然，我必须指出的是，即使在技术视野里，人类新闻活动的时代性进步，也并不是由单一的传播技术促成的，而是由整体的技术发展支撑的，因而，我总是用"技术丛"的概念讨论新闻活动演进与技术之间的关系。①

　　人类或一定社会新闻活动的整体水平，当然不仅仅与技术发展相关，更与一定社会的经济、政治、文化等发展高度相关。一定社会新闻活动的方式、水平，既是该社会政治文明、精神文明的重要标志之一，同时也深深地受制于经济文明、政治文明、精神文明的实际状况。可以简单地说，有什么样的经济文明、政治文明、精神文明，就有什么样的新闻活动状态。在新闻与社会的整体关系上，新闻尽管有其独立性，但更多的是依附性的存在，即人类新闻活动在一定社会中具体的展开方式，更多的是受制于该社会的经济、政治、文化或整体的发展状态，而不是相反。

　　人类天然生活在地球的不同地域空间，形成了不同的社会。由于各种各样的原因，这些社会之间的演进发展是不同步的，也是不平衡的，这是一个既在的事实。同时，人们看到的另一个基本事实是：整体社会发展水平高的社会，其新闻活动的水平也高，整体社会发展水平低的社会，其新

---

① 杨保军. 新闻理论教程 [M]. 3 版. 北京：中国人民大学出版社，2014.

闻活动的水平也低，即不同社会之间的新闻活动水平形成了自然的差距与差别。这正好说明，社会演进才是新闻活动的根本动力。一定社会的新闻活动水平，是由社会的整体发展状态决定的。

（四）社会规范是新闻活动的基本边界

现实社会，不管是原始社会还是现代社会，都是一个秩序化、规范化的社会，不管是社会整体还是社会各个领域，都有其在历史自在自觉过程中形成的并不断变化更新的诸多规则或规范。而且，社会中的人，从总体上说，不管生活在怎样的社会，要想相对自由顺利地进行活动，就得遵守一定社会的规范，否则，就有可能受到规范的约束甚至惩罚，从而失去相对自由活动的资格。可以笼统地说，人类是规范性、规则性的存在。并且，越是所谓的文明社会，越是规范化的社会，其规范就越是明晰、细致。

作为交流新闻信息的活动，新闻活动同样是有规则的活动。依据人类新闻活动史，可以看到的是，人类社会或一定具体社会在不同时代、不同时期有不同的规范、规则，但没有无规范、无规则的新闻活动。新闻活动的规范、规则，有些是正式的、明确的，有些是非正式的、习惯的、模糊的。并且，就人类新闻活动的整体历史演进趋势看，新闻活动是一个规范、规则不断正式化、明确化、细致化和多样化的过程，是一个规范意识或规则意识由自发不断走向自觉的过程，是一个自觉制定规范、制定规则的意识不断强化的过程。

由于不同社会之间整体的差异与差距，或者说不同社会在经济水平、政治文明、文化传统等方面的不同，不同社会之间的新闻活动规范、规则，无论是在历时性上相比，还是在共时性上相较，都有一些形式上特别是实质上的区别，体现在现实社会中，形成了不同时代有不同的新闻活动规范、不同社会有不同的新闻活动规范的现象。但与此同时，应该注意到，随着人类社会的整体进步，新闻活动的规范属性越来越一致，越来越相似，有些活动规范至少在形式上已经形成了全球性的基本共识甚或是共同文本。

以现代人的眼光观察，尽管新闻活动规范、规则在历史过程中越来越正式、明确、多样，但人类新闻活动（以新闻信息的传收为核心）却不是越来越严格紧张，而是越来越自在自主、越来越自由宽松。这就意味着，新闻活动规范在本质上是为了保证新闻活动的自由开展，而不是为了限制新闻活动的自由进行。但是，作为活动规范，必然会设定一定时代、一定社会认定的合理边界，这就为新闻自由设立了范围和条件，只有在规范内的新闻活动，才是正当的、合理的、允许的新闻活动。

若以当代社会为基本参照，并以我国社会现实作为直接观察对象，可以看到，人类新闻活动的基本规范大致可以分为这样几种：一是法律规范，包括宪法和其他各种部门或层级的法律、法规等；二是道德规范，包括社会公共道德规范和新闻职业道德规范；三是政策，包括政府和执政党的新闻政策；四是纪律规范，在我国主要体现为中国共产党的新闻宣传纪律；五是新闻业界形成的一些行业规范和习惯等。这些不同类别的规范，共同规定或划定了新闻活动的边界。不管是职业新闻传播者，还是民间新闻传播者，抑或是其他新闻活动角色，都必须或应该遵循这些基本规范或规则。

总而言之，在常态的新闻活动中，不管是职业活动者还是非职业活动者，更多的都是按照既往或现实活动经验开展新闻活动的，这种经验自然是综合的，既会考虑到自己的利益需要，也会顾及各种规范。不管是职业的新闻活动还是非职业的新闻活动，都会受到社会领域和新闻领域各种规范的约束和限制。可以笼统地说，新闻活动规范是新闻活动的基本边界。

（五）和谐相处是新闻活动的终极目标

　　人类共在是新闻活动的本体根源，而更好地共在或和谐相处又是人类新闻活动的终极目标。或者说，尽管有效的新闻交流本身是人类社会良好状态的重要标志之一，但新闻活动对于人类来说，更多的是实现美好社会、美好生活的手段。新闻，更多的是一种手段性的存在。新闻交流对人类社会整体来说，虽具有目标价值的意义，但更多的是手段价值或工具价值。新闻本身在价值项目罗列的意义上具有很多具体的价值，诸如信息价值、知识价值、娱乐价值、文化价值以及在各种新闻与其他对象关系中形成的可能价值，但所有这些价值可以笼统地概括为新闻的手段价值或工具价值。所有这些价值的实现，都是以中介价值的方式，促进人类之间更好地相互了解、理解、同情和相处。

　　任何一个社会群体的和谐相处，都需要众多的条件去保证，诸如优良的社会制度、政治制度、经济制度，以及基本认同的文化价值观念、社会价值观念等。但不可否认的是，和谐相处的一个重要前提是比较充分的信息交流与精神交往。没有相对充分的信息交流，群体间、个体间的相互了解、理解是不大可能的。而要实现相互了解、理解，就得通过各种各样的交流手段，新闻便是众多手段中的一种，而且是使用方便、影响广泛的一种手段，这在今天的媒介化社会时代显得尤为突出。新闻传播在实现其"监测环境、守望社会、服务大众"基本功能的过程中，自然形成了一定社会主体之间及时广泛的相互了解。当然，不可否认，不管是历史上，还是现实中，作为交流工具的新闻，由于各种可能的原因，常常会引发人们之间的误会，甚至会成为激发不同社会群体之间、个体之间矛盾和冲突的工具。这其实并不是难以理解的现象。作为手段的新闻，会被不同的主体以不同的目的加以使用，这是所有工具、手段必然面临的命运。但这是事实，并不是应该。努力使新闻手段成为人们和谐相处的中介，这才是人类对新闻的追求、关于新闻的理想。尽管新闻的负面价值不可能彻底消除，但追求正面价值、实现正面价值却是人类的永恒希望。

在当今全球化的背景下，作为信息交流方式的新闻交流更是具有了特别的意义，它在和谐世界建设的人类历史进程中，具有越来越大的作用与影响。我们的世界充满矛盾，全球化进程中的利益冲突、意识形态冲突、文明冲突、文化冲突等等，并没有减弱，而是在不断升级。但实事求是地看，全球化为人类之间的全球化交流、全球化理解开辟了新的时代，创造了新的机会，而搭建交流平台的一个既重要又有效的手段就是新闻传播，就是新闻信息交流。全球化的世界是一个需要和应该理性对话的世界，是一个需要和应该理性协商的世界。信息交流是对话的途径，也是对话协商的基础，新闻交流是最快捷的信息交流方式，它已经成为地区与地区之间、国家与国家之间重要的对话桥梁。新闻交流，主要是事实信息的交流，尽管很难排除意识形态的干扰和偏见，但其事实性的根本特征，容易形成共同交流、对话、理解的基础。更为重要的是，新闻交流以日积月累的方式为不同国家之间、民族之间的实质性对话奠定基础。普通民众之间的相互理解，一般百姓对世界各国的了解，现实地看，最主要的渠道就是新闻渠道①。而人民之间的相互了解、理解才是真正的交流。进一步说，只有人类的普遍交往，才能形成真正的人类历史，才能形成人类的历史向世界历史的转变。②

---

① 曾经在国外做过较长时期访问的一位学者这样写道："这些普通的居民（美国普通的居民——引者注）其实对美国以外的世界了解很少，对中国的历史、文化、社会、人权以及中国人了解更少。他们通常没有出国的机会，也不愿认认真真地出国，有限的新闻媒体似乎是他们了解和判断外界是非、臧否人物、表达情感的主要渠道。"（夏勇. 中国民权哲学 ［M］. 北京：三联书店，2004：6.）

② 何中华. 马克思的思想建构：哲学与文化 ［N］. 光明日报，2016－04－27（14）.

第二章 新闻传播主体

真正的变化不是大众媒体的终结和新的"自媒体"文化的出现，而是二者融合，共同迈向一种新的认知方式。

——［美］比尔·科瓦奇、汤姆·罗森斯蒂尔

新闻是一种永远无法退却的热情，与现实相遇则能量倍增。没有苦在其中的人无法想象那种世事难料、随时等待的状态；没有生在其中的人无法想象那种玄妙的新闻预感、抢到独家的快意和失魂落魄的沮丧；没有打算为新闻而活的人很难撑起这份辛苦到无法想象的职业，一旦发稿，一切又从头开始，需要你在接下来的一刻付出更大的热情，且无休无止。

——［哥伦比亚］加西亚·马尔克斯

传播是一个涵盖广泛的概念。当时间进入 20 世纪末，技术的进步和实践的日益专业化，又为复调的传播音乐增添了新的华彩乐章，从而使传播成为第三个千年极具象征性的社会现象。

——［法］阿芒·马特拉

新闻传播主体是指生产新闻与传播新闻的主体；新闻传播者就是生产和传播新闻的人。新闻传播主体在类型意义上可分为群体（组织）和个体，群体（组织）与个体之间存在着各种可能关系。新闻传播主体的构成及其关系具有明显的历史性。在当今媒介化社会环境与新的媒介生态结构中，已经生成了新的大众化新闻传播主体结构及其十分复杂的新闻传播主体间关系，对新闻图景的整体演变已经并将继续产生重要的作用与影响。面向未来，职业新闻传播主体的特质是更加职业化、专业化，非职业新闻传播主体的媒介素质、新闻素养将会得到不断提高，互动、互补与博弈始终是不同类型主体间的基本关系。

一、新闻传播主体构成方式的历史演变

新闻传播主体并不是抽象的存在，而是历史的、具体的存在。在不同的历史时代，从社会现象上看，主导性的新闻传播角色在不断演变，从而形成了不同时代主导性的新闻传播模式，呈现出不同时代的人类新闻活动特色。如果以近代西方职业新闻传播主体的生成为基本参照，通贯历史，可以从新闻传播主体角度大致将截至目前的人类新闻活动划分为三个大的时代：民众新闻传播者为主的时代，职业新闻传播主体占据核心的时代，以及正在生成的职业与非职业新闻传播主体共在但仍有"偏向"的时代，而这样的时代如何演变，还有待观察。

（一）民众新闻传播者为主的时代

在展开具体的阐释之前，需要特别说明的是，以人类整体作为主体对象论说人类的新闻活动，其实是非常大而化之的做法，也是相当不准确的做法，因为在人类不同群体（地域、社会）之间，从古至今一直存在着或

大或小的差异与差距（包括历时性和共时性的），诚如美国新闻史家米切尔·斯蒂芬斯所说："信息的收集和传播方式在不同社会发展各有先后。"[1] 我们只有以一定的人类群体、地域、社会为对象，才能对其新闻活动的具体历史演进做出比较准确的描述。人类不同群体的历史演进是"参差不齐"的，永远都难以做到"并驾齐驱"。因此，当我们以人类整体的名义来描述、论说人类的新闻活动演进史时，其实更多关注的是历史的先行者的步伐，或人类整体新闻活动的可能历史趋势，而非人类整体新闻活动的实际的整体进程。也许正是因为我们普遍相信先行者的方向是人类新闻活动的整体趋势，因而，常常把对先行者的观照看作是对人类整体的观照。但必须自觉的是，更多情况下这只具有方法论的意义，并不就是完全的历史事实，特别并不就是每一具体民族、国家或地区人群的现实。对人类新闻活动（其他领域的活动也一样）的整体性予以真实把握，需要观察、分析具体的社会实际，只有了解掌握构成整体的所有部分，我们才能真正"心中有数"地理解整体。

在以印刷新闻为标志的现代新闻业（modern journalism）诞生之前[2]，人类的新闻信息分享、共享活动，尽管还有书写新闻（书信新闻）的形式，但最主要的是通过人际交流的方式得以实现，面对面的直接传收互动是人们之间的主要信息交流方式。在这样的情境中，组成共同体的普通的民众或所有的普通百姓，就是最基本也是规模最为庞大的新闻活动者、新闻传播者。因此，"前新闻业时代"[3] 在传播主体视野里，就是一个以民

---

[1]　斯蒂芬斯. 新闻的历史：第三版［M］. 陈继静，译. 北京：北京大学出版社，2014：3.

[2]　现代新闻业的形成，是一个历史的过程，很难以某一技术、某一报纸甚或某一人物、某一事件作为标志去划分历史时代。

[3]　我以现代新闻业的诞生为标志，将人类新闻活动从纵向上划分为三个大的时代：一是现代新闻业诞生之前的时代，称为"前新闻业时代"；二是从现代报纸诞生以来逐步形成的以报纸、广播、电视为主要媒介形式的"新闻业时代"（人们也习惯称之为传统新闻业时代）；三是互联网诞生特别是移动互联网产生以来形成的不同于传统媒介时代的"后新闻业时代"。（杨保军. 新闻理论教程［M］. 3版. 北京：中国人民大学出版社，2014：19-30.）

众新闻传播者为主的时代。"在现代技术产生和发挥作用之前，共同体的传播活动主要通过直接参与、共同打造互动'空间'而进行。"① 当然，在社会主体的不同群体、不同阶层构成中，不同群体、阶层内部及不同群体、阶层之间的新闻传播存在着内容上、方式上的客观差异。

民众新闻传播者为主的时代是个相当模糊的总体性描述。其实，在印刷新闻诞生之前，民众新闻传播者为主的时代内部本身是十分复杂的。从大的时代上，人们通常将其分为口语新闻时代和文字（或书写）新闻时代。口语新闻时代能够比较好地反映民众新闻传播者为主的时代的特点，但文字新闻时代并不能真实反映民众新闻传播者为主的时代的典型特征。在文字新闻时代，只是说人类有了可以通过书写方式、文字符号方式传收新闻的新形式，出现了不同于单一口语新闻传播方式的新方式，但在现代新闻业形成一定规模之前，由于人类整体的文化与识字水平所限，文字新闻本身并没有占据新闻传收的主导地位，人类交流新闻信息的主导方式依然是面对面的人际交流方式。文字新闻本质上属于社会上层的新闻传收方式。②

在民众新闻传播者为主的时代，存在着两种典型的传播方式：一是横向传播方式，即新闻信息在普通社会民众之间或一定社会群体、社会阶层内部的分享、共享方式；二是不同社会层次或阶层之间的纵向传播方式，即新闻信息从社会上层向下的传输方式，或从社会下层向上的输送方式。而在实际的新闻传播中，可以推断和想象的是这两种方式的交织或融合。在文字传播方式诞生之前，这两种方式只能通过口头语言的方式展开，但在有了文字传播方式之后，文字传播方式与口头传播方式一起，成为民众

---

① 殷晓蓉. 传播学历史维度的特点 [J]. 新闻记者, 2016 (3): 32.
② 郑超然，程曼丽，王泰玄. 外国新闻传播史 [M]. 北京：中国人民大学出版社, 2000: 7 - 10.

新闻传播者为主的时代的传播方式。不管是在口语新闻时代，还是在口语与文字共在的新闻时代，可以肯定的是，由于社会阶层之间的客观差别，常态的口语新闻传播主要发生在同一群体或阶层内部，而不同社会群体、阶层之间的口语新闻传播是相对比较少的，这在社会等级相对比较森严的历史时代是完全可以想象的。

仅就文字传播方式而言，越是向人类新闻活动的前期追溯，越是可能发现，它仅存在于一定社会的狭小范围，仅存在于社会的上层或精英群体内部，或者特殊的群体之中。只有在文字传播发展到一定水平和规模，实质上是说，只有一定社会的整体文明、文化水平进步到一定程度，纵向贯穿式的文字传播才有普遍的可能。这就是说，同一社会阶层，特别是社会层次比较低的阶层，由于文化水平（主要表现为阅读能力）的限制，仍然采用口语传播为主的方式，而文字传播方式主要局限于一定社会的上层或精英范围；因为越是向前追溯，识字范围越是局限于社会的精英阶层、统治者或特殊的人群。

民众新闻传播方式并不限于本节所说的民众新闻传播者为主的前新闻业时代，而是贯穿人类新闻活动始终的一种方式，如今人们所说的"公民新闻"（citizen journalism）不过是民众新闻传播在新时代的表现方式。但需要注意的是，民众新闻传播方式在当今新兴媒介诞生之前，其占主导地位的模式一直是人际方式，是面对面的方式，发生在相对比较狭小的私人圈内。当然，人们也会运用一定的技术中介（书信、电话等）展开人际新闻信息交流。只有在人类整体新闻活动进入网络时代、新兴媒介时代之后，民众新闻传播方式才真正冲破了以人际模式、面对面模式为主的模式的限制，由"直接传收"时代真正进入"间接传收"时代，由人际私人化传播模式为主开始进入大众化、公共化传播时代，民众（公民）个人可以开展大众化的、公共化的、社会化的公开传播，这才是真正的革命性的变化，它从实质上改变了大众化、公共化新闻传播主体的结构方式。对此，我在下文中还要进行专门的讨论。

（二）职业新闻传播主体占据核心的时代

现代新闻业的诞生与演进，使其逐步成长为一个相对独立的行业领域，拥有了自身相对独立的功能与作用，成为人类社会领域中重要的一域。在新闻学视野中，最直接的、最突出的表现之一，就是职业新闻传播者的逐步诞生、自主与相对独立，使得新闻职业成为一种独立的社会职业，进而使职业新闻工作者成为社会新闻图景的主要再现者、塑造者和建构者。因而，如果从传播主体角度看，可以说人类新闻活动进入了一个职业新闻传播主体占据核心的时代。这也就是人们常说的"（传统）新闻业时代"，也是大众新闻传播或职业新闻传播主导的时代，它一直持续到现在，并且还在继续演变。

1. 职业新闻传播主体的一般历史生成

主体是生成性的存在，新闻传播主体的生成不可能超越一定社会的主体化过程。相对独立自主的职业新闻传播主体有一个历史的形成过程，且在不同的具体社会中有着不同的历史形成路径与方式，有着不同的步伐与样态。尽管人类的每一分子可以说都是天然的新闻活动者，但作为职业角色的新闻活动者，却有一个历史的产生演进过程。这一过程与整个近现代新闻业产生发展的过程是基本一致的。

现代新闻业是西方社会现代化过程的产物，同时也是现代化过程的手段。可以说，现代新闻业是整个社会现代化的一部分，是现代性展开的重要标志。现代新闻业的产生是一个漫长的过程，并不是以某个时间节点断然划界的。以怎样的基本标准界定现代新闻业，本身就是一个值得探讨的问题。有学者比较细致地考察了各种关于现代新闻业形成的主要观点和见解，诸如约翰·汤普森的"中介式准互动"的媒介功能理论、詹姆斯·凯利的大众媒体的形成理论、本尼迪克特·安德森的"想象的共同体"理论、比尔·科瓦奇和汤姆·罗森斯蒂尔对咖啡馆和酒吧公共意见的考察、哈贝马斯的公共空间生成理论，以及传播技术与新闻活动的整体演化关系[①]，随后认为："现代新闻业在观念内容和形式结构上萌芽于 17 世纪的英国咖啡馆，而成型于 19 世纪末 20 世纪初。"[②]这一看法是基本符合历史事实的。与此相应，可以说职业新闻工作者也是在这一漫长的过程中逐步成长起来的。像许多职业（occupation）一样，19 世纪晚期，美国新闻界参与了席卷全美的专业主义运动（professionalism movement），伴随报纸社会影响力的增大，一小部分编辑、记者开始自称为专业人员。但在1900 年之前，关于新闻专业的宣称几乎没有。尽管在整个 19 世纪美国报界的不道德受到人们的严厉批评，但直到 20 世纪 20 年代才有专门的新闻

---

①　约翰·汤普森认为，在现代社会中，人们主要有三种互动方式："面对面式互动"（face-to-face interaction），属于直接的个人间互动；"中介式互动"（mediated interaction），属于间接的个人之间的互动；"中介式准互动"（mediated quasi-interaction），属于通过大众媒介形成的个人之间的互动，这也是现代新闻业在现代社会中的地位与作用。詹姆斯·凯利认为，现代媒介形态形成于 19 世纪 90年代到 20 世纪 70 年代，在此期间，全国性杂志（national magazines）、大众化都市类报纸（mass urban newspapers）、广播电视媒体和通讯社新闻传播的发展造就了全国性媒体（national media）和全国性受众（national audience），这些现代传媒使得民族国家内的个体第一次可以直接地与"关于国家的想象共同体"（imaginary community of the nation）联系起来，从而超越了前现代社会（pre-modern society）中传统报业（traditional press）的地域性空间限制。本尼迪克特·安德森的"想象的共同体"理论认为，以报纸为先驱的大众传媒的发展在将现代社会彼此独立的个体（private individuals）转变成公众成员（members of the public）的过程中发挥了重要作用。比尔·科瓦奇和汤姆·罗森斯蒂尔认为，现代新闻业应是起源于 17 世纪初英国的咖啡馆（coffeehouses）和美国的酒吧（public houses）等公共社交场所的谈话。哈贝马斯尽管也着眼于英国的咖啡馆，但他认为现代新闻业的起点是 18 世纪，而非 17 世纪；在他看来，英国咖啡馆的流行是 17 世纪末 18 世纪初的事情，那时在咖啡馆里兴起的关于公共议题的讨论摆脱了政府的审查和社会身份的限制，建立起了讨论的自由空间和理性基础，伴随着的是从早先的文学公共领域到 18 世纪初期带有政治功能和批判色彩的公共领域的出现。[程金福，胡祥杰 . 现代新闻业起于何时［J］. 新闻大学，2014（5）：25–31.]

②　程金福，胡祥杰 . 现代新闻业起于何时［J］. 新闻大学，2014（5）：30.

伦理准则、规范被制定出来，而其他职业早在 19 世纪 50 年代就有了职业伦理准则、规范。有学者认为，新闻专业化是新闻业在现代化（modernization）过程中意识形态调整或适应（ideological adjustment）的必然结果；专业化也是控制当时"黄色新闻"（yellow journalism）泛滥、监督功能（watchdog function）偏废的关键手段。①

在中国语境中讨论职业新闻传播主体的形成，是一个更为复杂的问题，近现代新闻业在中国是一个舶来品，但近现代意义上的职业新闻工作者却是极其复杂的社会背景下的产物，并不是对职业新闻工作者身份的简单模仿。这就是说，中国的新闻工作者，有着特殊的身份特征，即使到了今天，所谓的职业新闻工作者仍然与典型的西方社会中的职业新闻工作者有着很大的不同。对于今日的中国来说，新闻从业者并不是纯粹单一的职业（专业）新闻工作者，而是多重身份合一的"角色"，他们既是新闻传播报道者，又是党和政府的宣传工作者，这些不同角色、身份之间既有统一的一面，也有紧张的一面。② 职业新闻主体在中国的孕育、成长、成型过程，是个专门的课题，需要专门的研究。③

2. 职业新闻传播主体主导的内涵或意味

在一定的社会中，一旦职业新闻传播机构与职业工作者成长为主导性

---

① Cronin M M. Trade Press Roles in Promoting Journalistic Professionalism, 1884 - 1917 [J]. Journal of Mass Media Ethics, 1993, 8 (4): 227 - 238.

② 杨保军，涂凌波. 析社会转型中新闻从业者的角色冲突与紧张 [J]. 江南社会学院学报，2010 (4): 14 - 18.

③ 邓绍根. 跨语际旅行："记者"一词在中国演变历史再考察 [J]. 现代传播（中国传媒大学学报），2016 (4): 39 - 45. 作者认为，"记者"一词在中国的源流演变不仅是从古汉语到新名词再到关键词的概念演变过程，而且是一次由中国传之日本再由日本返传中国并与英文世界对译的跨语际旅行，更是一个在中国新闻业从政论时代向新闻时代过渡中新闻学术话语体系和记者自由职业确立的过程。作者关于"记者"概念演变史的考察，对我们理解职业新闻传播主体在中国的诞生具有重要的方法论启示意义。

的新闻传播主体，那就意味着该社会的新闻活动从整体上进入了职业化的时代，即新闻生产与传播进入了职业新闻传播主体主导的时代。其主要表现就是：

其一，在直接性上观察①，职业新闻传播主体成为再现、塑造、建构一定社会整体新闻图景的主导力量，成为新闻传播内容与方式的直接"把关者"，为人们再现、塑造、建构着日日常新的新闻符号世界，即社会大众能够看到什么样的新闻，看到怎样传播的新闻，主要是由职业新闻传播主体的新闻生产与传播内容及传播方式决定的。这同时意味着，职业新闻传播主体（传媒机构与职业工作者）从此成为重要的、相对独立的社会政治力量、经济力量、文化力量。这一点，自从现代新闻传播方式诞生以来，表现得越来越直接、越来越清楚，以至于演进到今天，新闻业对一定社会各个领域及社会整体的作用与影响越来越大，谁也不敢轻视。

其二，在职业新闻传播主体占据核心的时代，主导性的新闻传收模式显然是"点—面"的大众化模式，具有更为强烈的单向传播特征。这一模式比起前新闻业时代的人际"点—点"传收模式最具革命性的变化是：它使新闻传播进入了可大众化、公共化、社会化的传播时代，冲破了前新闻业时代相对比较狭小的传收范围，使得新闻传播迅速规模化、收受共时化成为可能，从而使新闻活动及新闻真正成长为一种越来越重要的、能够广泛影响社会政治、经济、文化的力量。

其三，由前面两条所决定，在这样的新闻活动时代，职业新闻传播主体具有更大的主动性，而作为新闻收受者的社会大众则相对处于被动状态。也就是说，在职业新闻传播主体占据核心的时代，一定社会的新闻秩

---

① 我之所以使用这样的表达，是因为在一些社会之中，尽管职业新闻传播主体是新闻的生产者、传播者，但他们并不是自由自主的生产者和传播者，他们只是看上去的生产者、传播者，真正决定新闻内容与传播方式的是在他们背后的经济力量或政治力量。对此，我将在"传播主体与控制主体"一章中专门讨论。

序、新闻图景主要是由职业新闻传播主体塑造的，即新闻自由的实质权力、新闻生产与传播中的各种资源更多地掌控在职业新闻传播主体的手里，社会大众的新闻自由主要局限于传播自由之下的收受自由。这同时意味着，不管是在怎样的社会制度中，职业新闻传播主体在整个社会系统运行中都有着特别重要的地位和功能，自然也担当着更为重要的社会责任。

其四，从"新闻传播主体论"所关注的核心问题出发，职业新闻传播主体占据核心的时代，最大的意味就是，普通社会大众还没有足够的有效渠道可以表现为大众化、公共化、社会化的新闻传播者，只有极少数的普通新闻受众通过传统的大众传播媒介（报刊以及传统的广播、电视）偶尔成为可以大众化、公共化、社会化的传播者①。也就是说，在职业新闻传播主体占据核心的时代，普通社会大众的身份在新闻学的视野中表现为：一是依旧为人际新闻传收者，即仍然像前新闻业时代一样，属于民间的私人狭小空间的新闻传收者；二是生成了新的身份角色，收受职业新闻传播主体生产传播的新闻的角色——新闻受众。普通社会大众在人类或一定社会中新闻活动的如此角色（身份）变化，有着历史性的革命意义，这样的意义不限于新闻活动范围，更重要的是扩展到了所有的社会生活领域。这就是：社会大众在一定程度上，可以成为共时性的信息收受者，因而社会大众实质上成了一种新的共同体、新的群体，他们有可能在各种可能的社会活动中得到共时性的组织和动员，从而成为巨大的社会主体力量。

---

① 在传统新闻业时代，作为受众的社会大众中的极少数人，只能偶尔以参与新闻节目的方式（主要是广播电视，但通常能够参与的也是一些所谓的社会精英，以专家或嘉宾的身份出现）、提供新闻线索的方式、给媒体写信反映情况的方式等，介入传媒机构的新闻传播活动，且多限于意见表达而非事实信息的传播。

（三）职业与非职业新闻传播主体共在时代的生成

自从职业新闻传播产生之后，新闻传播者的构成在原则上就已进入职业与非职业共在的时代。但是，如果从能够进行大众化、公共化、社会化新闻传播这个角度看，直至互联网传播、新兴媒介传播发展到一定程度的时候①，人类新闻活动才真正进入一个不同于以往任何时代的新时代，这就是新闻传播主体视野中职业与非职业新闻传播主体共存共在的时代。② 我们看到，自从互联网诞生以来，特别是伴随移动互联网的不断发展与升级，"全球范围内的传统新闻组织面临同一个问题，其作为唯一的新闻提供者的地位已经被撼动……传统新闻组织的性质因此被改变，新闻生产的传统机制受到冲击"③，从人类整体的新闻活动角度看，这正是后新闻业时代开始的时代。

如果将上述三个宏观的传播主体时代变化描绘出来，大致如图 2-1 所示。这一结构图粗略地描述了新闻活动主导性主体时代的演变过程，其中的具体关系我将在下文相关分析中细致阐释。

---

① 到目前为止，学界普遍认为，从媒体和传播的角度，中国互联网发展经历了这样几个阶段：初始阶段，1994 年至 1998 年；互联网 1.0 阶段，1999 年至 2004 年，以门户网站、新闻网站为代表；互联网 2.0 阶段，2005 年至 2009 年，以博客、播客为代表；互联网 3.0 阶段，2010 年至今，以微博、微信、移动客户端为代表。互联网 1.0 阶段奠定了网络媒体的地位，互联网 2.0 阶段造就了自媒体的局面，互联网 3.0 阶段造就了社会化媒体和媒体社会化的局面。互联网传播的每一次"升级"，均是在新技术的引领下出现新的应用、新的业态，进而造成整个格局和市场的变化。互联网进入 3.0 阶段，从更大的技术背景看，是今天已全面进入的光纤宽带时代、移动互联网时代、后个人电脑时代、云计算时代和大数据时代。[闵大洪. 从边缘媒体到主流媒体：中国网络媒体 20 年发展回顾 [J]. 新闻与写作，2014（3）：5-9.] 我此处所说的"一定程度"，是指第二阶段的开启，它标志着"人人都是（大众化、公共化、社会化）传播者"时代的开启。

② 杨保军."共"时代的开创：试论新闻传播主体"三元"类型结构形成的新闻学意义 [J]. 新闻记者，2013（12）：32-41.

③ 转引自：张志安，束开荣. 新媒体与新闻生产研究：语境、范式与问题 [J]. 新闻记者，2015（12）：29-37.

图 2-1 新闻活动主导性主体时代的演变过程

从上面的新闻传播主体演化中可以看出，大众化、公共化、社会化共同主体时代的生成，最大的变化就是：普通社会大众个体以及其他社会组织、群体在原则上可以运用新型媒介形态、新型媒介方式，也就是人们通常所说的社会化媒体①，像职业新闻传播主体一样，向整个社会进行新闻传播，从而使普通大众和新闻媒体以外的其他组织、群体获得了可以不依赖职业新闻传媒组织机构的直接传播新闻、直接表达意见的媒介权利和机会。从媒介角度看，"社会化媒介平台的广泛应用是媒介发展史上最具革命性的变革"②；从传播主体角度看，显然也是一个革命性的变化，完全可以说，它打破了传统媒介时代或新闻业时代新闻传播主体的结构方式，开辟了一个新闻传播主体结构的新时代。而且，这样的趋势似乎势不可当，越来越凶猛，就像有人所描述的那样："通讯系统将像烈火一样蔓延，无法控制，无法预报，就像一颗突然出现的彗星的镜像。每一个男人、每一个妇女不久都将能够成为天空中的一颗星星，并且能够按照自己的意志在想象所允许的范围内传播自己的信息。"③

"共"时代的开启，仅从新闻学的视野看，不只是传播主体结构的形式变革，更为重要的是，它意味着传统新闻业时代那种新闻资源主要由职

---

① 社会化媒体主要包括三类平台：其一为推特、微博等即时信息发布平台；其二为 WhatsApp、微信等即时通信平台；其三为脸书等社交网络平台。[隋岩，常启云. 社会化媒体传播中的主体性崛起与群体性认同 [J]. 新闻记者，2016（2）：48-53.]

② 隋岩，常启云. 社会化媒体传播中的主体性崛起与群体性认同 [J]. 新闻记者，2016（2）：48-53.

③ 转引自：张康之，向玉琼. 网络空间中的政策问题建构 [J]. 中国社会科学，2015（2）：123-138，205.

业新闻传播主体独自垄断、占有、开发、利用的时代已经结束，因而新闻生产方式、传播方式、收受方式都将发生相应的变革，直接的结果则是，一定社会的新闻图景不再是由职业新闻传播主体独自描绘的、决定的，而是由所有的新闻活动者"我们"共同决定的①。如此一来，职业新闻传播主体与非职业新闻传播主体间的关系，将越来越成为今后整个人类新闻活动中的重要关系，对此，我在下文专论。

二、共同主体时代不同类型主体间的关系

从直接现象上看，如上所述，不同新闻传播主体的大众化、公共化传播身份的"共在"，是当今时代人类新闻活动的典型特征，它原则上已经冲破了现代新闻业成型以来单一职业新闻传播主体"独占"大众化、公共化传播身份的主体结构模式。因而，如何看待共同主体时代中不同传播主体间的现实关系与未来走向，是新时代新闻理论研究特别是新闻主体研究的重要课题，它不仅关系到新闻领域的结构变革，同样也关涉到新闻领域与其他社会领域关系的结构变革与功能关系的变化。本节，我将主要讨论职业主体与非职业主体间的各种可能关系，关于职业主体内部和非职业主体内部的各种主体关系将在下两节专门讨论。

（一）职业组织主体与民众个体间的关系

从（传统）新闻业时代到后新闻业时代，职业组织主体的身份、角色并没有发生根本性的变化，依然是大众化、公共化、社会化为主的传播角

---

① 杨保军."共"时代的开创：试论新闻传播主体"三元"类型结构形成的新闻学意义［J］.新闻记者，2013（12）：32－41.

色。可以说，"新媒体并没有改变整个业界"①，也没有在整体上改变职业组织主体的存在，但在这一历史进程中，民众个体在新闻活动中的身份、角色却发生了巨大的变革。仅在作为传播主体的视角里，民众个体已经由新闻业时代的小范围、私人化的传播主体，转化成了后新闻业时代开启后的双重身份（见图 2-2），既保持了以往私人化的传播者角色，同时生成了大众化、公共化、社会化的传播主体的身份、角色，这是一个革命性的身份变化、角色变革，对人类的新闻活动以及其他领域的活动都将产生重要的影响。

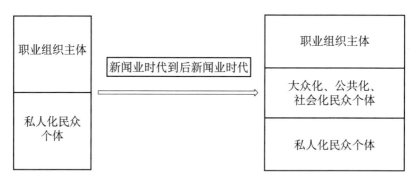

图 2-2　职业组织主体与民众个体关系的结构变化

在新兴媒介环境中，仅从数量来看，民众个体无疑是规模最为庞大的新闻（广义新闻，包括新闻信息与新闻意见）生产主体与传播主体，也是与职业组织主体、职业个体互动关系最为多样频繁的主体。正是民众个体的新闻生产与传播力量，从根本上改变了现实新闻图景的整体建构方式，也在改变着新闻与政治、经济、文化、社会生活等的关系，因此，职业组织主体与民众个体之间的关系成为人们在新兴媒介环境中最为关注的一种关系。顺便可以指出的是，人们在讨论公民新闻与职业新闻之间的关系

---

①　卞清，戴管悦榕．英国新闻学教育与研究的传统与未来：拉尔夫·奈格林教授访谈［J］．新闻记者，2016（3）：56.

时，通常也主要关注职业组织主体与民众个体之间的关系。需要预先说明的是，我这里主要以中国的实际作为考察对象，分析的核心问题是两类主体在新闻生产与传播中的关系，在此关系上延伸或派生的其他关系，不是我这里讨论的问题。

首先，两类主体在新闻生产与传播中，作为社会共同体，具有大致相同的利益追求，同时也有各自的利益偏向。职业主体的职业性、专业性，决定了其在新闻活动中，必须按照职业职责、职业职能开展新闻生产与传播活动，坚持"监测环境、守望社会、服务大众"的普遍原则。在中国，职业组织主体的新闻传播活动，必须坚持为社会主义服务、为人民服务的宗旨，坚持正确的舆论导向，坚持以正面报道为主的基本工作方针。[①] 这一切，从根本上说，都是为了党和国家根本利益的实现，为了社会公共利益的维护和发展。当然，任何一家新闻传媒，都有自身的特殊利益追求，始终都要面对自身利益与社会利益的关系问题。对民众个体新闻传播者来说，尽管每一个体可能都是基于自己的正当利益进行新闻传播的（更不要说基于公共利益的传播），但所有这些个体利益形成的"合力"利益，就是社会共同利益的基本方向。同样，每一个体都有自身的特殊利益诉求，也都有可能运用新闻手段谋求自己的利益，甚至会牟取不正当的利益，从而损害新闻传播正常的信息秩序。但从总体上看，职业组织主体与民众个体在大的利益方向上是一致的。

其次，两类主体的新闻生产与传播观念存在一致性，但就目前的实际

---

① 对此，我国的表述是：党的新闻舆论工作的职责和使命是高举旗帜、引领导向，围绕中心、服务大局，团结人民、鼓舞士气，成风化人、凝心聚力，澄清谬误、明辨是非，连接中外、沟通世界。要承担起这个职责和使命，必须把政治方向摆在第一位，牢牢坚持党性原则，牢牢坚持马克思主义新闻观，牢牢坚持正确舆论导向，牢牢坚持正面宣传为主。［习近平在党的新闻舆论工作座谈会上强调：坚持正确方向创新方法手段，提高新闻舆论传播力引导力［N］．光明日报，2016-02-20（1）．］

来看，更多表现出的是差异性。一定社会中的职业组织主体，不仅拥有一些全球意义上的共同职业观念，更会在通常情况下坚持所在社会的主导新闻意识形态或主导新闻观念，比如，当代中国社会中的职业新闻共同体与全球职业新闻群体有一些共同的或相似的基本新闻观念，诸如对新闻的本质、属性及基本功能，以及新闻传播的基本要求会有一些共同的认知和观念，同时，中国职业新闻共同体在中国语境中有自身主导性的新闻观念，诸如把"新闻工作"当作"新闻宣传工作"或"新闻舆论工作"，把党性和人民性原则作为新闻工作最高原则，把舆论引导当作新闻宣传工作最重要的任务，把人民至上作为新闻宣传工作最重要的目标，等等；而对民众个体来说，他们拥有的新闻观念可能纷繁复杂、五花八门，随他们对新闻的不同感觉、理解、认知而定[①]，因而不同个体间的新闻观念必然具有或大或小的差别，有些人可能拥有与职业观念相近的新闻观念，有些人对新闻可能只有常识性的认知，还有一些人对新闻是什么、应该是什么可能并无基本的观念。但可以指出的是，随着媒介化社会的到来，媒介素养、新闻素养越来越成为社会公众的基本素养，人们在越来越常态的媒介使用中，会不断提高这样的素养，从而促成民众个体新闻观念与职业组织主体新闻观念的接近和相互理解。

再次，在新闻实践中，即在具体的新闻生产与传播活动中，两类主体的新闻生产与传播行为具有一定程度的一致性，但就目前的中国实际来看，更多地表现出的往往是差异性。一般说来，职业组织主体是按照职业要求、专业精神来支配指导自身的新闻生产与传播活动的，其新闻生产有着比较严格的制度性和组织性，有比较明确的新闻规范与新闻标准，要按照一定的程序、原则与方法进行新闻生产与传播，以确保新闻的真实性、

---

① 杨保军. 民众新闻观念的实质及其可能影响 [J]. 编辑之友，2015（10）：5-11.

客观性、全面性、公正性、及时性、公开性等等；职业组织主体生产传播的新闻是组织化、机构化的新闻。但对民众个体来说，并不存在这样的"组织观念、制度观念"，他们是按照自己对新闻的感觉与理解来支配自身的新闻行为的，有着相当大的自主性、自由性和随意性，自然不会按照严格的新闻传播原则和规范进行新闻传播。就当前中国语境中的现实来看，两类新闻生产与传播主体表现出两大方面的基本关系：一是职业组织主体与民众个体新闻传播的合作互补，二是双方的互相消解与解构。就第一方面而言，由于职业新闻与民众新闻与生俱来的各自特点与优势，二者之间能够自然地形成互补作用。职业组织尽管是职业的、专业的，但其对整个事实世界的接触面、覆盖面毕竟是有限的；社会民众分布是天然广泛的，与自然和社会的方方面面、角角落落有着自然而然的"亲密接触"，但民众毕竟是民众，总是缺乏一些专业的眼光、专业的能力，也不大可能专心于新闻的生产与传播。因而，在很多新闻事实的报道上，二者互相借力、互相帮助，形成对新闻事实面目的整体成像或深度揭示。就第二方面来看，在不少新闻事实的报道上，双方表现出相互的不信任，常常互相"拆台"，指出对方新闻报道中的问题，揭露对方新闻报道中的不实现象、遮蔽现象、扭曲现象、造假现象，以及新闻报道背后各种可能的"猫腻""交易""丑恶"现象。

如果站在两类主体新闻生产与传播的外面来观察，似乎可以做出这样的判断：两类主体在新闻生产与传播中，总体关系是互动的关系、博弈的关系。正如一些研究者所言："网络改变了受众与记者的相对位置，形成一种对话式的新闻业，尽管传播的双方并不对称，但也正基于此，新闻生产变成了一种集体协作。"① 这样的关系，在现有的媒介生态环境中，总

---

① 张志安，束开荣．新媒体与新闻生产研究：语境、范式与问题 [J]．新闻记者，2015（12）：33.

体上有利于人们了解和把握一个真实变动的事实世界。

最后，在新闻的价值或意义表现上，两类主体生产传播的新闻虽有共同的价值，但亦有各自的价值特点。简单一点说，在新闻的基本价值或内在价值方面，两类主体生产传播的新闻都具有信息价值，自然也就有信息价值包含的一系列具体价值。但在延伸价值方面或者说从新闻所产生的外在价值效应上看，以中国语境为参照，可以说二者还是有较大区别的。职业组织主体生产传播的新闻，具有重要的宣传价值，甚至具有重要的管理控制整体社会信息秩序的意义，而民众个体生产传播的新闻，更多的是展开公共领域协商讨论的价值，在一定的境遇情境中，也能够产生比较大的舆论监督价值。

（二）职业组织主体与非职业群体（组织）间的关系

相对职业群体（组织）而言，其他组织、群体都可以称为非职业群体（组织），统一称为"脱媒主体"[1]，其新闻生产、传播可以称为非职业群体（组织）的生产与传播。在新兴媒介环境中，职业组织主体之外的各种社会组织、群体（包括非法组织、群体）已经开始建构自身相对独立的信息传播通道、平台，因而，即使在组织、群体传播的视野中，仅仅依赖职业新闻传媒组织传播新闻的时代也已结束，诚如有人所说的："公民在生产新闻内容，同样的，政府、公司以及其他组织也可以绕开媒体直接向公众发布信息。"[2] 非职业组织、群体在新闻生产与传播领域的独立化行为，改变了这两类组织、群体在新闻活动中的传统关系，带来了一系列新的变化。然而，直到目前，新闻理论研究对这两类主体之间的关系变革的关注

① 杨保军. "脱媒主体"：结构新闻传播图景的新主体 [J]. 国际新闻界，2015 (7)：72-84.
② 王天定. 大规模业余化时代，专业新闻何为？[J]. 新闻记者，2015 (10)：44.

仍然不够，这是急需改变的。

在传统新闻业时代，就新闻生产与传播来说，新闻传媒之外的其他组织、群体，主要是以新闻信源主体、控制主体、影响主体、收受主体的身份存在的，但在后新闻业时代开启之后，曾经的新闻信源主体、控制主体、影响主体、收受主体一边继续保持着他们原有的身份角色，一边又获得了类似职业新闻传媒组织的新闻生产与传播者的相对独立的身份角色，即他们不再像传统新闻业时代那样，必须依赖和通过职业传媒组织拥有的大众传播媒介才能传播自身的新闻，而是既可以继续运用（利用）职业新闻传媒的新闻渠道传播关涉自身的新闻、表达自己的意见[①]，也可以运用新兴媒介环境中的各种渠道自己直接面向社会大众生产与传播自身的或与自身利益相关的新闻与意见（当然还有其他类型的信息产品或文化产品）[②]。这样，就在组织或群体层面，改变了大众化、公共化、社会化新闻生产与传播主体的传统构成方式，即原来单一的组织、群体主体形式转变成了如今二元的组织、群体结构形式（见图 2-3）。这样的结构变化，意味着两类传播主体间的关系"登上了历史舞台"，对整个人类或一定社会的新闻活动会带来怎样的结构性的影响，都是值得研究的重要问题。这里先来分析两类主体已经表现出的或一些可能的关系。

第一，最明显的是，职业组织主体与非职业组织、群体在组织或群体的性质、定位、功能上不同。现有的社会结构方式是历史演进的结果，不同社会领域、行业领域、职业领域都是在社会演进过程中逐步形成的，具有各自特殊的性质、地位与功能，承担着不同的社会职能或职责。职业新

---

① 在传统新闻业时代，新闻传媒组织之外的其他一些组织、群体（如政府部门、企业、社会团体等），也可以办一些报刊，但其传播主要限于组织或群体内部，而非大众化的传播。

② 尽管这些组织、群体并不具有面向社会的新闻采访权，但他们可以把组织、群体内部的信息传播出去，把与组织、群体相关的信息编辑组合起来传播出去，在当今的媒介环境中，他们事实上完全可以运用自己的信息渠道向社会大众传播信息、传播新闻。

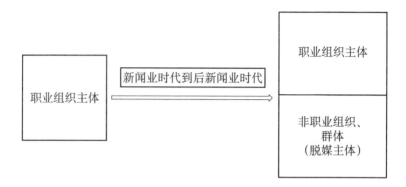

图 2-3　组织、群体新闻传播主体结构方式的变化

闻组织主体是专门进行新闻生产与传播的主体，承担着监测环境、守望社会、服务大众的基本职责，即报道新闻、传播信息、满足社会大众的知情权，是他们的"本职工作"；而其他社会组织、群体具有他们各自的社会性质、地位与功能，承担着各自的行业、职业功能与职责，生产、传播新闻只是他们用来履行自身职责、实现自身利益的信息手段之一，即他们生产传播新闻的主要目的，并不是满足社会大众的知情权，也不是监测环境、守望社会的最新变动情况，本质上是利用新闻手段更好地追求和实现自身（或其所代表的社会群体）的组织利益或群体利益。需要进一步说明的是，在新闻学视野中，职业组织主体之外的其他组织、群体的构成是十分复杂的。极为粗略地说，在一定社会中，有政府机构、政党组织、宗教组织、各种类型的企业，还有大量的民间团体、非政府组织以及一些地下组织、群体等等，从原则上说，在今天这样的媒介环境中，不管什么样的组织、群体，事实上都有机会运用不同媒介形式向社会大众生产传播他们自身的以及他们认为的新闻。如此一来，一定社会能够拥有怎样的不断变换流动的新闻图景或新闻符号世界（世界），仅从社会组织、群体角度看，已不是职业组织主体可以单一左右的，而是由所有社会组织、群体共同的新闻生产与传播来决定的。尽管不同组织、不同群体在整体的新闻图景塑

造建构中分量轻重不同甚或有着重大的差别，但不管是什么样的组织、群体，其新闻生产传播的行为、能量在今天这样的环境中确实都无法轻视忽略。如今的新闻生产传播，本质上是开放的、互动的，互相作用、互相影响，职业组织主体尽管依然占据着新闻生产传播的主导地位，但曾经绝对的垄断地位已经不复存在，这就是结构性的变革。事实上，有学者已经指出："新闻空间不再属于新闻从业者了。报刊媒体无法继续扛起新闻自由的大旗，因为新闻故事抵达读者的主要渠道不再掌握在他们手里。如今，硅谷的少数几家私营公司把持了全球公共信息和舆论空间。"① 这样的传播主体结构变革，将给今后的新闻生产与传播带来怎样的深远影响，仍是有待观察的重大问题，因为新的大幕毕竟才刚刚拉开。

第二，在新的媒介环境中，职业组织主体与非职业组织、群体的新闻生产与传播，正在生成合作、互补的关系，同时也在不断呈现消解与解构的场景。从宏观方面看，职业组织主体拥有的新闻媒介毕竟具有"公共武器""公共领域"的性质，他们生产传播的新闻，必定以满足社会大众共同兴趣、普遍利益为基本目的。也许在新闻实践中不能完全做到这样，但这是社会分工赋予职业新闻传媒的职能。而其他组织、群体生产传播的新闻，基本属于公关新闻、广告新闻、宣传新闻之类，个别组织、群体甚至会制造新闻、捏造新闻，以塑造自己的形象，张扬自己的目标，实现自己的不当利益。看得出，如此生产传播的新闻本质上并不贯彻新闻的公共性，内在并不具有新闻生产传播的公共精神，更多追求的是组织、群体自身的私利或私益。这就从根本上决定了两类主体之间的新闻生产与传播，有着实质的意义差别，二者之间可以说有着"天生"的矛盾与对抗。进一步看，在新的媒介环境中，由于传播渠道自主性、便利性的增强，很多社

---

① 张志安，曾子瑾. 从"媒体平台"到"平台媒体"：海外互联网巨头的新闻创新及启示［J］. 新闻记者，2016（1）：25.

会组织、群体在遇到职业新闻传播主体对其不利的报道时，几乎总是在与职业新闻传播主体及时"沟通"的同时，动用自己手中的传播工具与职业组织主体展开对话、博弈，以消除对自己的不利影响，消解、解构至少是减少相关新闻报道对自身的负面效应。当然，职业组织主体更会动用自己的职业手段、发挥自身的职业特长，揭露一些社会组织、群体信息传播与新闻传播中的不当行为。在博弈、冲突、对抗的另一面，人们也能看到，在新的媒介环境中，一般社会组织、群体运用媒介手段开展关于自身的信息大众化生产传播活动，不仅宣传了自身，也在一定程度上弥补了职业新闻传播主体信息（新闻信息）生产传播的不足，从而形成了实质性的互补合作效应。而在一些具体的新闻事实、新闻事件报道中，二者之间也有在特定条件下形成互动合作的可能。

第三，非新闻传媒组织或群体的社会化、公共化新闻传播，不仅会影响到一定社会整个新闻传播的秩序与格局，也会影响到新闻传媒组织的新闻生产方式以及实际利益。如上所言，在后新闻业时代开启后，非职业组织、群体的新闻生产与传播，不仅从组织、群体主体层面打破了传统新闻业时代新闻生产与传播的结构方式，成为绘制新闻图景的重要力量，而且在这一过程中，也实实在在地影响到了职业新闻组织主体的各种实际利益。试想，当这些组织、群体能够运用自己的媒介渠道进行信息（包括新闻信息）生产传播时，他们就不仅能够在一定程度上实现自我传播，达到自塑形象、自我宣传的目的，同样也能够通过自己的媒介渠道进行产品推介、媒介营销，还可以通过媒介方式应对各种可能的危机事件、社会关切。也就是说，与传统新闻业时代相比，这些社会组织、群体对职业组织主体占有的大众媒介的绝对依赖程度降低；不像在传统新闻业时代，这些组织、群体若是想进行广泛的大众化、社会化的新闻报道或形象宣传，就不得不求助于职业组织主体，如今，他们只有在自己认为不能做、做不好的信息生产传播方面，才会诉之于职业组织主体。当职业组织主体在整个信息生产传播领域的绝对权威地位降低时，其"守株待兔"的获利方式就会变得不再灵验方便，而"找米下锅"会成为其必然的方式，这自然会影响到职业组织主体的实际利益。当这样的情境生成后，职业组织主体之间的利益竞争就会变得越来越激烈、残酷，也会滋生出很多丑恶不堪的事物来。对此，我在后面的相关章节中再做分析。

（三）新闻传播主体构成关系的未来走向

尽管诚如有人所说的，"对于互联网时代'何为记者'这一问题，仍没有清晰的答案"[①]，但在新闻传播主体论视野中，相对传统新闻业时代而言，后新闻业时代开启带来的最大变革，就是能够进行大众化、公共化、社会化新闻传播主体结构方式的变革，即由传统新闻业时代单一的职业新闻传播主体构成方式，转变成了由职业新闻传播主体、民众个体（网民个体）和非职业新闻传播群体（组织）（脱媒主体）共同构成的三元类型结构（见图2-4）。

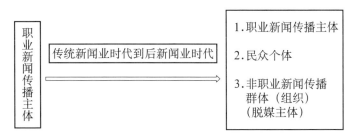

图2-4　传统新闻业时代到后新闻业时代大众化新闻传播主体结构变化

①　郑一卉. 互联网时代：谁是记者？：对记者职业身份的思考［J］. 现代传播（中国传媒大学学报），2014（7）：128.

三元类型结构的形成，使得职业新闻传播主体与非职业新闻传播主体之间的现实关系特别是未来关系成为新闻研究中的一个重要话题。前文中，我主要就职业新闻传播主体与民众个体、非职业新闻传播组织（群体）、其他一般群体的现实关系做了简要分析，本部分，我将就他们之间的未来关系加以分析预测。由于人们特别关注职业新闻传播主体（职业新闻）与民众个体（民众新闻或网民新闻、公民新闻）之间的未来可能关系，因此，我先就这一关系的未来走向加以考察，随后，我再就三类主体间的关系做出分析。

1. 职业新闻传播主体与民众个体作为大众化新闻传播主体的关系走向

关于职业新闻传播主体与民众个体作为大众化新闻传播主体的关系及其未来可能的走向，已经有了大量的讨论，人们也已发表了大量的观点和看法。这些看法大致可以分为三类：

其一，认为职业新闻将会逐步退出历史舞台，被民众新闻替代，即民众新闻将会取代职业新闻、专业新闻，成为未来人类社会新闻活动的基本存在方式，"民众化转向最主要的受害者就是新闻的专业化生产"[①]；或弱一点讲，专业化新闻生产方式将失去前媒介化社会的"中心"地位。比如，一些比较激进的倡导"未来新闻学"（future-of-news）理念的人认为[②]，随着新媒体的进一步发展，"新闻将由受众生产，新闻机构再无存在的必要"，"未来的新闻将不再以传统的方式被采集和传播，新闻业将由

---

① 特纳.普通人与媒介：民众化转向［M］.许静，译.北京：北京大学出版社，2011：60.
② "未来新闻学"最著名的倡导者主要有：杰夫·贾维斯，代表作是《Google将带来什么？》；克莱·舍基，代表作是《未来是湿的：无组织的组织力量》；杰伊·罗森，代表作是《记者的使命》；丹·吉尔摩，代表作是《草根新闻》。［王侠. "未来新闻学"的理念及争论［J］.新闻记者，2012（10）：17-20.］

互联网驱动，由见多识广的受众聚合、共享，甚至搜集"①。这些人相信互联网具有革命性的变革力量，不仅能够改变新闻业的面貌，而且能够改变世界的面貌，他们趋向于认为网络社会是一个完全不同的社会，是一个更少等级、更多民主、更多合作、更自由，甚至更真实的社会。在新闻领域，他们相信民众的智慧，相信传统的新闻机构会逐渐消失，为互联网让路。② 中国新闻学者喻国明认为，"目前的新闻信息生产方式由传统的专业组织生产转变为社会化大生产形式，社会性媒体让'人人是记者'变成可能，促使组织化的新闻生产逐渐'去中心化'"，"'话语平权'成为一种可能性，传统大众媒体在传统社会中所拥有的风光在社会化网络时代已经不复存在"③；在"后媒体时代，新闻生产开始向'全民制造'转变，相关技术提供了这种制造的便利并丰富其报道的样态"④，因而，"随着公众参与在专业新闻生产中的角色日益重要，记者已经无法保持他们对这一职业的排他性管辖，新闻进入了'去专业化'的过程"⑤。

其二，认为职业新闻将继续存在，并且越来越重要，相反，民众新闻在"热闹"过后，会逐渐冷却。比如，有人针对民众新闻现象指出，喧嚣多年的民众记者，不过是"植根于人性的乌托邦，并违背社会分工"⑥。有人针对"两种新闻业"⑦的未来可能关系指出："在公民新闻兴起的时代，只有一点是可以肯定的，新闻业将变得更加专业化和组织化，而且社

---

① 王侠．"未来新闻学"的理念及争论［J］．新闻记者，2012（10）：17．
② 王侠．"未来新闻学"的理念及争论［J］．新闻记者，2012（10）：17-20．
③ 喻国明．现阶段传播格局的改变与门户网站未来发展的走势［J］．新闻与写作，2012（12）：54．
④ 栾轶玫．后媒体时代的新闻生产：2012新媒体年度盘点［J］．新闻与写作，2012（12）：22．
⑤ 白红义．塑造新闻权威：互联网时代中国新闻职业再审视［J］．新闻与传播研究，2013（1）：34．
⑥ 张立伟．公民记者乌托邦［J］．新闻与写作，2013（3）：48．
⑦ 有人将职业新闻与民众新闻（公民新闻）定性为两种类型的新闻业，并按照以往的逻辑（三权分立中的三权——立法、行政、司法之外，传媒为"第四权力"），将公民新闻称为"第五种权力"。

会将越来越需要专业的新闻信息提供机构。"在民众新闻现象面前，"专业门槛在新媒体时代并没有消失，而是更强化了"，"专业记者的角色被全民记者取代这件事情不会发生"①。曼纽尔·卡斯特等著名学者也表达了类似的看法，他们认为，新工具和新实践的出现，创造了信息生产的新方式，重新定义了专业新闻在新的信息系统中的地位；尽管很多人对此怀有一种恐惧，认为新技术的发展对新闻业和新闻记者的职业生存有破坏性影响，但事实上目前的发展或许能为更好的新闻业和独立新闻记者的发展铺平道路。② 而且，就当前的实际来看，诚如有的学者所说，尽管网络技术造成的社会变革是"革命性"的，但互联网并未造成新闻业的普遍复兴。③

其三，认为职业新闻与民众新闻将会长期共存互动，形成人类新闻活动新的结构方式；在新的结构方式中，职业新闻会更加职业，或专业新闻会更加专业，而民众新闻会更加民众，即更加广泛，有越来越多的民众参与新闻的生产与传播，而且会有越来越多的民众新闻越来越像职业新闻，越来越遵守新闻生产与传播的基本原则。我更倾向于第三种看法。

对于上述前两种典型观念或看法，我以为，前一种看法本质上具有技术决定主义的色彩，也不乏乌托邦的气息，缺少整体的社会系统论的考量，也缺乏对现代新闻业在整体社会结构中功能作用的深入思考，对新闻专业性的轻视也同样是不切实际的。常态的、可靠的、有深度的、持续的，尤其是那些重大的、特殊的新闻事件的传播活动恐怕只能依赖建制性

---

① 卞清，戴管悦榕. 英国新闻学教育与研究的传统与未来：拉尔夫·奈格林教授访谈 [J]. 新闻记者，2016（3）：57.

② 哈克，帕克斯，卡斯特，等. 新闻业的未来：网络新闻 [J]. 国际新闻界，2013（1）：53-66.

③ 王辰瑶，喻贤璐. 编辑部创新机制研究：以三份日报的"微新闻生产"为考察对象 [J]. 新闻记者，2016（3）：10-20.

的、专业性的新闻组织及其职业工作者去完成，没有哪个民众个人拥有这样的能力和时间；民众个人作为准新闻生产者、传播者大多只能报道"那些已经展现为动态事件的新闻事实的表象"，而关于事实的来龙去脉、前因后果、深层原因等需要专门采访和调查的内容，不是民众新闻人能够轻易胜任的。因而，过分看低甚或贬低新闻职业的专业性并不符合新闻生产与传播的实际要求，确实有"新闻民粹主义"的嫌疑。美国新闻社会学家舒德森1995年就曾描述过新闻业的未来发展图景，他写道："想象一个世界，在那里，政府、商界、议员、教会、社会运动者都可以直接通过自家电脑向公众发送信息，新闻业顷刻间被废弃。但经过了最初的欢快、混乱和权力转移，值得信赖的人将不得不将新闻分类，并以可理解的方式表述出来。新闻业将重新被发明，专业的传媒集团将再度出现……"① 这实际上表明专业新闻生产与传播方式在现代社会是不可能消失的，民众化的新闻生产传播方式不可能替代建制性的新闻业。因而，第三种观念在我看来更加理性，更具有说服力，不仅符合当下的实际，而且在可预见的未来，也是恰切的。

依据我的观察分析，职业主体与非职业主体之间，或职业新闻与民众新闻之间的关系大致有两种基本样式或模式：极化模式和融合模式。下面简要述之。

所谓"极化"，是指职业新闻与民众新闻始终保持适当的距离甚或分离、分立，民众的就是民众的，职业的就是职业的，二者不可能无条件地混为一体。直截了当地说：民众的保持本色，职业的则更为职业。一方面，媒介化社会中的民众新闻，具有当代"技术丛"支持下天然生成的普遍性、全时性、微生产性与微传播性、（移动性中的）互动性、共动性等

---

① 转引自：王侠．"未来新闻学"的理念及争论［J］．新闻记者，2012（10）：20．

特性，以及由这些特性造成的传播方式、传播效果上随时由"微"而"宏"的聚合性、"蝴蝶效应"性特征。民众新闻同样有着天然的自由自主性特征，具有天然的"民本主义"甚至是"人本主义"色彩，可以说，民众新闻是带着体温的新闻。① 同时，与职业新闻相比，民众新闻不像职业新闻那样，容易受到商业新闻主义和宣传新闻主义等观念的或严格或宽松的限制与约束、干涉或影响，民众新闻天然地弱化了政治逻辑、经济逻辑、专业新闻逻辑对新闻生产与传播的作用和影响，传播"技术丛"支持下的民众新闻，使新闻生产与传播的权力、权利"普撒"在每个民众个体身上，从而使新闻生产与传播的自由有了更广阔的天地。当然，民众新闻也同样存在着天然的自发性、非严谨性以及难以消除的非理性现象，民众新闻传播者更易于滥用新闻自由，这是现实反复证明的，无须赘述。也正因为如此，民众新闻的可信度、真实性也带着天然的令人怀疑的属性。另一方面，媒介化社会中的职业新闻领域，同样正在进入一个前所未有的后新闻业时代，面临着严峻的挑战和难得的历史机遇，新旧媒体的扬弃，各种媒介的融合，显现出当今时代新闻行业领域的最大特征。职业新闻经过一百多年的演变与发展，不管人们对其专业水平有着怎样的认识与评价，但它确实已经形成了相对比较成熟的专业观念体系、专业知识体系、专业技能体系、专业自治体系等②，这是难以否认的事实。这种专业性是民众新闻不可能随意替代的。因此，在职业新闻与民众新闻关系视野中，职业新闻要想获得生存和发展，恐怕只有一条路，那就是只能以更为专业的理

---

① 有人说，在"媒介融合时代（这个时代在媒介社会学视野中就是媒介化社会时代——引者注），用户通过直接参与新闻生产而'自我赋权'，最大限度地把人本主义理想变成现实，各种自媒体和'带着体温的媒体'，更是直接让'新闻成为人体的延伸'"。[郜书锴. 媒介融合视域下新闻学研究的 8 个新议题：基于国外新闻学研究者的文献综述 [J]. 新闻记者，2012（7）：20—24.]

② 需要说明的是，这样的体系在不同国家、不同地区的发展水平是不一样的，成熟度也是不一样的；同时，还应注意到，作为建制性的新闻存在，职业新闻在世界不同国家与地区的性质、地位、功能等也是存在差别的，但不可否认的事实是，它们都拥有各自的体系性。

念、更为专业的方式、更为专业的精神——诸如坚持新闻传媒的相对自主与独立，坚持为公共利益服务，坚持真实客观、公正公开、及时快速的传播理念与方式，坚守新闻伦理准则与新闻职业道德——进行新闻生产与传播，而不是将自己降低到民众新闻生产的水平，迎合民众新闻的口味。也许在新的媒介背景下，一些专业新闻工作人员，会脱离传统媒体组织或新兴媒体组织，以更为独立自主的方式，更符合新环境的方式（诸如新的同人新闻、众筹新闻等），同时也是更专业的方式，进行新闻生产传播。正如有人所观察到的："一种全新的新闻实践方式正在孕育，一批真正热爱新闻传播的专业新闻人正在重新集结，人类的新闻传播不会走反专业化的路线，专业传播机构、专业新闻工作者都不会消亡，公众对其专业能力、专业操守要求可能会更高。"[①]　其实，唯有如此，专业新闻才有可能在新闻生产与传播中获得自身的权威性——新闻权威[②]，进而以自己独特的方式和功能为社会的良性运行与发展做出贡献。因而，"极化"观念的核心是：在媒介化社会中，民众新闻与职业新闻各有自身的特征、自身的功能，不可能互相替代，它们都有自身存在的根据和理由。

所谓"融合"，是指职业新闻与民众新闻经过长期互动，有可能形成一种新的新闻生产与传播现象。也就是说，职业新闻与民众新闻有可能走出"第三条道路"，即互动融合的道路，实际上，这一点在目前已经有所显现，民众新闻与职业新闻的共存，已经在一定程度上产生了这样的现象。人们看到，如今，一方面是非专业人士参与到新闻生产传播领域中，另一方面是专业人士通过更专业的手段来确立自身的存在感，以及专业人士用非专业、大众化的手段来拓展自己的专业影响力。[③]　但需要注意的

---

① 王天定. 大规模业余化时代，专业新闻何为？[J]. 新闻记者，2015（10）：48.

② 这是指新闻记者和新闻组织获得了准确、真实、客观地解释社会现实的权力，它主要来源于新闻记者和新闻组织在文化生产场域中所处的专家位置。[白红义. 塑造新闻权威：互联网时代中国新闻职业再审视[J]. 新闻与传播研究，2013（1）：26-36，126.]

③ 栾轶玫. 后媒体时代的新闻生产：2012新媒体年度盘点[J]. 新闻与写作，2012（12）：22-24.

是："第三条道路"并不是完全独立的一条道路，它存在于纯粹的职业新闻、纯粹的民众新闻之间，它比职业新闻的专业水平、专业程度弱一些，但又比常态的、一般的民众新闻具有更多的专业色彩和专业气息。这实质上是对民众新闻的宏观性再分，也是对职业新闻中那些普通民众化现象的包容。在当下的现实中人们已经看到，民众中媒介素养、新闻素养比较高的，愿意并有能力按照新闻传播原则传播新闻的人，以及职业新闻人或专业新闻人士中以民众身份，用非专业、大众化的手段来拓展自己的专业影响力传播新闻的人生产传播的新闻，可以说既与绝大多数"率性而为"的民众新闻不一样，也与绝大多数"专心致志"的职业新闻有所不同，我把此类新闻现象看成是民众新闻与职业新闻互动融合建构出的"第三条道路"。有学者指出："无论是从特性取向还是权力取向来看，公民记者或微博记者都与受雇于正式媒体组织的职业记者没有实质性区别。"但在现实性上，我以为，恐怕只能在我们此处所说的"第三条道路"的意义上这样说。民众新闻能否成为长久的重要的新闻力量，有赖于多种条件，但从主体角度看，只有大众具备了基本的公民素质，社会具有了基本的公民文化氛围，公共领域才能成为真实的公共领域，才能真正展开公共利益问题的讨论。这就像"只有在公民文化占主导地位的时候，民主才可能出现。因为在这种文化下，人们才对自己充满自信，对他人愿意宽容，对政府有很多期待，知道自己不满意的时候可以抗议，也知道自己可以选择自己的政治领袖，对政治决策施加影响"①。

2. 三元类型结构的总体走向

在新闻传播主体三元类型结构已然形成的情况下，如何看待他们之间

---

① 王绍光. 民主四讲［M］. 北京：三联书店，2008：98.

关系的未来变化，或者说如何看待这一结构的未来可能走向，当然是"新闻主体论"应该关注的重要问题。我认为，这一结构的变化大致有以下几点可能：

其一，三元类型结构将在新闻生产传播中长期存在。不同于传统新闻业时代单一大众化新闻传播主体结构方式，新的三元类型结构方式一旦形成，就会有一定的历史稳定性或持续性，就会长期存在下去。其主要根据在于：一是有传播技术的支持，并且就发展趋势看，会有越来越方便人们使用的技术支持。不断更新的信息、新闻生产传播技术，使所有有能力、有愿望的主体，能够及时传播自己掌控的信息，这可以说是三元类型结构能够相对稳定演进的重要"硬性"基础，具有人们所说的技术赋权、赋能的意义。二是对于现代社会来说，不管什么类型的主体，都有自由自主传播的愿望与需要；这既可以说是生存、生活的自然，也可以说是一种基本的社会需要，尤其是在人类社会已经整体进入信息社会的状态下，所有主体更是需要运用先进的传媒手段实现和维护自身利益。事实上，只要社会主体获得了某种有利于自身生存发展的能力，就不会轻易放弃，这可以说是三元类型结构稳定的内在主体根据。三是现代社会的总体走向是越来越民主、越来越自由，也越来越平等公正，这是不可逆转的历史潮流。在如此整体趋势下，人们有更多的机会能够面对社会大众公开传播信息、表达意见，展开公开的对话与交流。因而，三元类型结构形成后，就目前来看，尽管可能不会彻底改变职业新闻传播主体主导一定社会整体新闻图景的局面，但新的可大众化、公共化传播的两类主体（民众个体与非职业组织、群体）的传播力量不可小觑，他们不再是简单的影响性传播力量，而是结构性的力量。我们应该充分认识到，当今世界，"一切事物都在互联网中被重新存在"，"今天的一切都在媒体化，一切都在以媒体化的形式存在"[1]。传媒经济学家皮卡德就说："我们正在进入一个由公众认知新闻业的时代，新闻的重要性不再只受到商业新闻机构、编辑以及在职记者的重视。这是一种健康的发展，因为新闻业本来就不属于记者和新闻机构，而是属于全社会。"[2] 这可以说是三元类型结构能够稳定存在的社会根据或社会环境条件。

其二，就目前人类新闻活动的整体格局来看，职业新闻传播主体在新闻生产传播中的核心地位很难动摇，一定社会的常态新闻图景，整体上还是由职业新闻传播主体的专业新闻工作方式再现、塑造、建构的，而其他两类主体在新闻生产与传播系统的总体格局中，特别是在常态情况下，更多的是发挥补充作用。只是在一些偶然的事件中，由于特殊情境，可能居于临时性的中心地位，发挥主导作用。如果从更为长远的历史来看，非职业新闻传播主体的新闻生产与传播地位和影响可能并不必然会越来越重要。人们应该明白，由社会分工造成的现代新闻业，毕竟是专门从事新闻生产传播的行业，新闻职业毕竟是专门从事新闻生产传播的职业，人类还远未完成现代化的任务，现代性的内涵还远未完全释放，因而，作为现代性重要产物、现代化重要手段的现代新闻业还远未完成它的历史使命。进一步说，尽管新闻职业、新闻工作的专业性不时受到一些人的质疑，被认为职业程度不高、专业性不强，但从发展的眼光看，对于一个信息化、媒介化程度越来越高的人类社会来说，新闻工作的职业性、专业性总体走向，只能是越来越强，而不是越来越弱。伴随信息社会的不断发展，社会大众越来越需要真实、准确、全面、客观、公正、及时、公开的新闻，而不是严肃性比较低、随意性比较强的新闻（这正是民众新闻的重要局限，

---

① 李极冰. 哲学视域下的社交媒体：对网络文化现象的新思考 [N]. 光明日报，2016 - 04 - 16 (8).

② 李莉，胡冯彬. 新闻业的黄昏还是黎明?：罗伯特·皮卡德谈变化中的新闻生态系统 [J]. 新闻记者，2015 (3)：19.

而且难以克服）；社会大众越来越需要能够公开对社会负责、能够公开承担道德责任的新闻传播者，而不是自以为是、不顾道德责任的新闻传播者。因而，职业新闻传播主体在三元类型结构中的核心地位不可动摇；即使其他两个主体的力量越来越大，也不大可能在未来的演变中替代职业新闻传播主体的位置。

其三，就民众个体与非职业新闻传播组织、群体（脱媒主体）在整个新闻生产与传播中的影响来看，组织主体和其他一般群体的作用与影响可能会不断上升、增强，民众个体的新闻影响力则很难做出统一性的判断。之所以说脱媒主体的影响可能会越来越大，主要基于这样的实际与推测：第一，脱媒主体的数量远比职业主体的数量大，在信息化、网络化、媒介化社会中，所有的组织、群体都需要运用新闻方式、新闻手段塑造和维护自身的形象，实现自身的利益，因而其生产传播的一般信息产品、新闻产品可能会越来越多，质量也有可能越来越高。第二，之所以说民众个体的新闻影响力难以做出统一的判断，是因为这取决于一定社会的环境特征。现在的基本经验表明，从原则上说，政治自由、社会自由度越大的社会，人们对网络传播的热情越小，而越是缺乏自由的社会，人们越是会寻找各种机会传播信息、表达意见；而且，越是自由、民主的社会，人们的网络行为越是比较理性，相反，则表现得越来越非理性、无理性、反理性。因而，很可能随着政治民主、社会自由的发展，普通社会大众越来越相信和依赖专业新闻报道，而不是过度地"自己动手，丰衣足食"。但到底如何演进，最终只能通过历史事实去说明，而不是通过推理和想象去证实。

三、职业新闻传播主体内部的构成及其关系

上文我主要是从新闻传播主体历史演变的社会构成角度，描述和分析

了不同类型新闻传播主体之间的基本关系，这可以看作是在比较宏观或中观层面上的一种把握。但就现实新闻活动来看，职业新闻生产与传播活动依然主导着新闻图景的常态表现，因此，很有必要就职业新闻传播主体的内部构成及其关系做出进一步的分析。这里，我依然主要以中国新闻领域为对象展开讨论。

（一）职业新闻传播主体的行业组织构成

尽管系统化、整体化发展成为当今社会一种重要的趋势，但现代社会是高度领域化、分工化的社会，形成了不同的专门从事某种属性活动的领域和行业；而每一行业内部又在历史过程中形成了各自的组织、人员构成方式以及习惯与规范。此处，我先主要以一定社会范围为参照，在行业意义上分析新闻传播主体的构成情况。

首先，在行业整体或宏观层面上，可以把一定社会中的整个新闻业称为新闻行业主体，它是一定社会进行新闻生产传播的专门领域——新闻职业领域或者新闻行业领域。作为行业主体，职业新闻传播主体是与其他行业主体共在的社会主体，他们以各自的特殊方式，共同创造和支持着社会的整体运行。作为一个社会行业，现代新闻业在不同社会拥有不同的历史生成方式与演变轨迹。① 作为一种行业主体，新闻业有自身的历史，有自

---

① 比如，仅以现代报业的全球演变为例，历史提供了这样的基本线索：15世纪中叶印刷技术的发明和在德国出现的印刷新闻纸，是近代报刊产生的第一个环节；16世纪，西班牙、葡萄牙、荷兰等商业民族在全球的经商活动中，无意中传播了欧式印刷技术和简单的公报式报纸，构成了近代报业产生的第二个环节；从17世纪开始，英国面向全球的殖民过程，将近代报纸移植到世界各地，出现了近代报纸的准"全球化"现象；18—19世纪，近代报纸遍及世界各个角落，在世界范围内完成了近代报纸的起源过程；到了19世纪三四十年代，欧美一些资本主义国家的报业，适应自由市场经济的发展，进入了大众化时期，可以说是近代报纸走向成熟的基本标志。（陈力丹. 世界新闻传播史[M]. 上海：上海交通大学出版社，2002：12.）

身的定位与功能，当然也有属于自身特殊的行业习惯、行业规范与伦理准则，更有自身的行业理念与基本精神。[①] 在现实性上，不同社会中的新闻业尽管有着共同的和相似的基本属性、职能与作用，但不同社会中的新闻业亦有各自特殊的属性地位、功能作用[②]。因此，新闻行业主体的总体状态，总与一定社会的政治、经济、文化属性与特征高度相关，与一定社会整体奉行的意识形态、基本价值观念密切联系。

其次，在新闻行业内部，历史地形成了不同媒介形态领域，形成了以不同媒介形态为主的具体新闻传媒行业，诸如印刷新闻业（报刊业或报业），广播新闻业、电视新闻业（二者通常合称为广播电视新闻业），网络新闻业、新兴媒体新闻业（二者通常合称为网络新闻业），融合新闻业（以媒介形态的融合为背景），因而，也就相应形成了具体的媒介形态行业主体。事实上，人们可以看到，在整体新闻行业内部，这些具体的媒介形态行业都已形成了以媒介形态特征为核心的行业共同体——报业共同体、广播电视业共同体、网络或新兴媒体业共同体，因此，完全可以说，新闻传播主体在中观层面上是由不同媒介形态领域的具体新闻行业主体构成的。实践中，不同媒介行业主体之间的互补合作、竞争冲突，既展现为历史的过程，又表现为当今时代同一平台上的共舞与博弈。因而，不同媒介行业主体之间的关系，始终是新闻理论、传媒理论关注的重要问题。比如，就当前而言，传统新闻业（印刷新闻业、广播电视新闻业）与新兴媒

---

① 关于这些基本问题，可参阅以下三书：杨保军. 新闻精神论［M］. 北京：中国人民大学出版社，2007；杨保军. 新闻道德论［M］. 北京：中国人民大学出版社，2010；杨保军. 新闻观念论［M］. 上海：复旦大学出版社，2014.

② 比如，在当代中国，新闻业是社会主义事业的有机构成部分，新闻业是党、政府和人民的事业，是党、政府和人民的耳目喉舌。中国的新闻业在新闻资产上实行相对单一的国家所有制，主导观念上坚持宣传新闻主义，行业属性上是意识形态与产业属性并举，传播功能上以宣传引导与报道新闻并重，发展逻辑上则在多元力量的相互制衡中前行。（杨保军. 新闻理论教程［M］. 3版. 北京：中国人民大学出版社，2014：173-177.）

体新闻业的关系，无论在实践领域还是在理论范围，都是整个新闻界关注的热门问题。这些新闻领域中具体行业的此消彼长，生动地呈现了新闻业的发展状态与整体趋势。同时，新闻业的历史发展早已表明，在新闻业内部，不同媒介形态行业之间，形成了跨媒介形态的行业；在新闻行业与非新闻行业之间，也早已形成了跨行业领域的交叉行业、综合行业。所有这些新的行业形态，造就了新的行业主体，也使行业主体的构成变得越来越复杂。仅就媒体行业来说，未来的趋势很可能是形成越来越多的跨媒介形态的全媒体行业主体或整合（融合）型行业主体，这对新的新闻行业共同体的形成一定会形成新的影响。而跨越新闻传媒行业主体的跨界主体、复合主体的形成，将进一步影响新闻传播主体的实质构成方式。当然，更重要的是，这种新的行业主体构成方式将会影响整体的职业新闻传播活动。

再次，在新闻行业的微观层面上，行业主体就是由新闻传媒组织主体共同构成的，所有的新闻传媒组织构成了行业共同体。具体说，凡是在新闻行业领域内运行的传媒组织、传媒机构，原则上都是组织性的新闻活动主体。也就是说，构成新闻行业的所有传媒实体组织都是新闻传播主体，它们不仅以新闻生产与传播标示自己的身份和社会组织角色，而且在客观上，不管它们实际从事多少种非新闻生产传播领域的业务工作，新闻生产传播始终是它们的核心业务，它们始终以为社会大众报道新闻、提供信息为基本职能。新闻传媒组织主体，是实际进行新闻生产传播的主体，因此，人们通常所说的新闻主体，主要是指这一层面的主体。一定社会新闻图景的再现、塑造、建构，就是由众多的新闻传媒组织主体共同完成的。不同社会的新闻传媒组织，都有自身的构成特点。就我国目前的情况来说，基本上是按照国家行政层级结构来规定新闻传媒组织、机构的层级的，从而形成了中央级传媒（全国性新闻传媒组织）和省级传媒、地市级传媒、县级传媒（地方性新闻组织）。在每一传媒层级上，都存在着不同类型、不同属性的传媒组织，它们在纵向的不同层面上构成了我国新闻传媒具体的层级结构。每一层级的新闻传媒组织主体，承担着性质上相似但具体内容不同的职责。不同层级的所有新闻传媒主体，共同建构起我国新闻传媒的基本生态结构。而任何一家具体新闻传媒组织内部，又都有自己具体的主体要素构成方式，我将在下文中就传媒组织主体内部的构成及其关系再加详细分析。

如果以我国新闻行业为参照，上述宏观、中观、微观三个层次的新闻行业主体构成情况如图 2-5 所示。

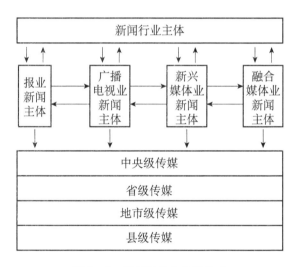

图 2-5　新闻行业主体的构成

（二）职业新闻传媒组织内部的主体构成及基本关系

人们通常所说的职业新闻传播主体，是指职业新闻工作者；但实际上，所有的职业新闻工作者个体都工作于职业新闻传媒组织之中，他们不过是职业新闻传媒组织最为重要的活的主体要素。一个职业新闻传媒组织主体内部，像行业主体内部一样，存在着相当复杂的具体构成关系，需要加以具体的解剖，才能看清楚其内部的构成方式。职业新闻传媒组织内部的主体构成分析，近乎专业角度的人员结构关系分析。这样的分析可以使我们看清楚新闻工作开展过程的具体主体关系，从而能够比较真实而精细地理解新闻生产与传播背后的复杂过程。我将主要从两个角度展开考察：一是组织内部的主体层级结构关系；二是组织内部主要工作角色的结构关系。由于现代新闻传媒组织类型多样，有"巨无霸"式的新闻传媒集团，也有袖珍式的新闻网站，如果针对每一种具体新闻传媒组织主体类型展开结构分析，则过于烦琐。因此，我将选择最为典型的中间形态——具体的相对完整的基层性新闻生产传播组织（比如一家报社、电台、电视台、网站）——加以分析。

1. 职业新闻传媒组织内部的主体层级结构及其关系

需要再次说明的是，我这里所做的职业新闻传媒组织内部层级结构分析，是从新闻传播主体角度进行的。因而，在一家职业新闻传媒组织中，凡是对其新闻生产传播构成"实际或实质性"影响作用的人员，都被我看成是新闻传播主体。但是，有些实际上"是"的组织人员，并不"应该"是，对此，我将会在分析中加以说明。

首先，对一家职业新闻传媒机构来说，新闻传媒资产所有者，是实质性的新闻传播主体，因为所有者是新闻传媒方针的制定者，是媒体立场的确立者，对整个新闻传媒的实际业务开展方向有着根本性的决定作用。但在不同时代、不同国家、不同社会中，新闻传媒资产所有者参与新闻生产传播的方式有所不同：有些是直接参与，即新闻资产所有者就是直接的新闻业务主持人；有些则是间接参与，即新闻传媒所有者将新闻业务工作委托给代理人去做（如聘任总编辑或指派主编负责新闻生产传播业务工作），而所有者不直接参与到新闻业务工作中。

其次，就是在职业角色上不是也不应该是，但在实际上却常常是、常常对新闻业务工作构成实质影响的媒介经营管理者；尤其是在经营与业务还远未实质性分开的新闻体制中，职业新闻传媒组织中的这部分人员，在很多时候，对新闻业务工作的实际影响往往超过普通记者、一般编辑。因此，如何将这两部分人员的职能实质性地分开，始终是新闻实践与理论研究中的难题。从新闻专业角度看，当然是将二者在制度上加以分离最为合适，但经营与业务对一家新闻传媒来说，有着内在的不可分割的联系。可以说，没有良好的新闻业务，很难有好的经营条件，而没有好的经营，又很难有做好业务的物质基础。因而，经营与业务本质上是应该统一的，而不是矛盾与对立的。也因此，问题就不再那么简单。比较合适可行的观念与做法：一是在制度设计上使经营与业务分开；二是经营者、管理者与新闻生产传播者，需要互相了解对方的工作原则与工作内容，在不伤害新闻传播专业要求、基本职业伦理准则的情况下，力求二者和谐相处，为一家新闻传媒的整体发展共同努力。

再次，就是真正承担新闻生产传播业务工作的人员，大致由三个层级构成：最上端是总编辑层次，由总编辑、副总编辑构成；中间是业务工作中的中层领导，由各个部门的业务领导构成；最下端是普通的记者与编辑。三个层次的业务主体，相对新闻传媒资产所有者这个"高位主体"来说，可以称作职业新闻传媒组织中的"本位主体"；而"新闻业务主体"与"经营管理主体"对于一家职业传媒组织整体来说，是平等的主体关系，他们共同支撑着一家新闻传媒的整体运行，而新闻业务主体自然是新闻生产传播的核心主体。[①]

---

① 杨保军. 新闻理论教程［M］. 3 版. 北京：中国人民大学出版社，2014：47-70. 我在该书以及以前的相关分析中，把新闻传媒组织或媒介的经营管理主体定位为高位主体，主要是针对中国的实际情况而言的，因为我国新闻传媒资产的直接管理者、经营者是党和政府委托或指派的社长、台长等，他们担负着资产所有者的职责。但在普遍意义上看，这样的归属存在一定的逻辑问题。因此，本书中我将业务主体与经营管理主体并列，看成是一个媒体组织中平等的主体，而对新闻资产所有主体做具体的说明。

如果把上述几个层级关系描述出来，就如图 2-6 所示。

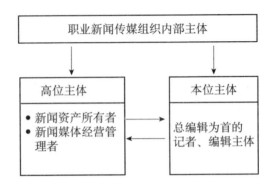

图 2-6　职业新闻传媒组织内部主体构成

2. 职业新闻传媒组织内部主要新闻业务工作角色的结构及其关系

职业新闻传媒组织内部主要业务工作角色可大致分为两类：记者和编辑。但具体的业务角色很多，而且不同媒介形态中的角色差别也不小。我这里不准备对此展开细致的分类罗列与分析，而是按照通常的习惯，只是针对职业新闻传媒组织中最重要的两类角色——记者和编辑——以及他们之间的基本关系加以考察。

其一，在不同记者之间，尽管存在着职称上、具体工作领域（俗称"分口"）上以及实际工作水平上等的差别，但一家职业新闻传媒组织内部不同记者，基本处在同一工作层面上，属于"平行关系"。也就是说，在不同记者之间，基本没有层级（上下级）关系，只是不同的记者，由于具体目标报道领域的不同，分布在工作领域横断面的不同点上。就是说，一家职业新闻传媒组织的所有记者，分布在媒体整体目标报道领域①的不同

① 任何一家职业新闻传媒组织，都有自己的内容定位、主要报道领域或报道对象的定位。我把职业新闻传媒组织在自己媒体方针或编辑方针中所确立的报道领域称为目标报道领域，而把构成目标报道领域的具体的分领域称为具体目标报道领域。

点（不同的具体目标报道领域）上，他们之间的工作关系是相对独立自主的，面对的具体工作对象也是不一样的。但从结果上看，所有的记者却共同编织着所在媒体整体目标报道领域的草稿图景；他们属于组织内部一个小的共同体——记者共同体，也是传媒新闻业务得以正常开展的中坚力量。

其二，在不同编辑之间，有着明显的平行结构与层级结构关系。与记者之间的关系相比，编辑关系有着明显的不同，不同编辑之间不仅有相对平行的结构关系，也有着明确的上下层级结构关系。具体说，在同一工作层面上工作的编辑之间，构成了平行结构关系，比如，同一编辑部门同为一般编辑的工作者之间就属于平行关系；而处在不同层面之间的编辑则形成了纵向的层级结构关系，比如，从一般编辑到部门（领导）编辑再到总编辑（或相关报道领域的终审编辑）之间，就有相对稳定的、明确的层级结构。通常情况下，稿件是不可随意逾越编辑层级的。每一层级的编辑，就是一道关口，而且一般情况下，稿件是否可以继续按照编辑程序流动，是由相对高层级的编辑决定的，这便是编辑部门内部的基本业务把关方式，也可以说是编辑部门内部的业务权力关系。一家职业传媒组织内部的所有编辑，构成了另一个小的业务共同体——编辑业务共同体。

其三，在记者与编辑之间，最基本的关系有两种：第一，原则上的工作流程先后关系。在这样的编辑、记者关系中，不存在谁领导谁的关系问题，主要是一种新闻生产程序或流程环节间的关系；通常是记者在先，编辑在后，但在实际工作开展过程中，记者与编辑之间总是不断往来互动的。第二，编辑负责制的编辑—记者关系。在这种关系中，编辑的实际权力要大于记者，编辑对记者有一定的领导关系。记者准备报道什么，要及时与相关编辑沟通，原则上，只有征得编辑同意的报道才能最终和受众见面。这也可以看成是编辑部门内部的一种业务权力关系。在很多职业新闻传媒组织中，还有一种常见的工作方式——"编采合一"。在此情况下，记者与编辑角色是一体化的，外出采访是记者，回到编辑部门便转换为编辑。但为了保证新闻报道的质量，大多数媒体规定自己不能编发自己的稿件，而是要通过其他编辑按照一定的工作流程进行编发。

上述记者之间、编辑之间、记者与编辑之间的基本关系，决定了记者共同体与编辑共同体构成了职业传媒组织内部的统一新闻共同体，当然他们也是实际利益的共同体。或者说，正是因为他们在同一传媒组织，属于一个共同体，有着共同的利益与基本一致的追求，所以他们才会有上述内在的基本关系。在一般意义上说，一家职业新闻传媒组织，就是一个小的相对封闭统一的共同体，共同体成员拥有共同的媒介、共同的媒体方针、共同的编辑方针，按照共同的新闻观念开展工作。通过上面的分析，我们也能够看出，在职业新闻传媒组织内部，不仅存在着组织意义上的人事结构方式，也存在着实际的权力结构关系，整个新闻业务是在记者、编辑的各种业务权力结构关系中运行的。

（三）职业新闻传播主体的变化趋势

后新闻业时代的开启，使得职业新闻传播主体未来如何发展甚至是存是亡问题，成为一个经常被人们讨论的问题。对此，我在前文实际上已经表达了自己的大致看法，此处，我在前述论说的基础上，再集中加以阐释。

首先，作为行业主体的新闻业，不会退出历史舞台，甚至可以说，伴随媒介化社会的到来、信息社会的展开，新闻业的黄金时代才真正开始，新闻业的"全面功能"时代才真正到来，它在政治、经济、文化、社会生活领域的作用与影响才真正立体化地生长起来。新闻活动是人类的本体性活动，新闻需要是人类的基本需要，新闻业作为专门从事新闻生产传播的行业，是现代社会分工的结果，而人类社会的现代性展开或现代化过程还远未结束，作为现代性或现代化一部分的现代新闻业，只会在未来的发展中越来越专业化、越来越职业化，而不是非专业化、非职业化。人们对新闻的质量与品质要求只会越来越高，而不是越来越低，诚如美国学者比尔·科瓦奇和汤姆·罗森斯蒂尔所说："我们需要新闻维持生活、保护自己、联络他人、区分敌友。新闻事业就是为了提供新闻而产生的系统。这就是我们关心新闻和新闻事业品质的原因：它们影响了我们的生活质量、思想和文化。"① 在一定意义上，我们甚至可以说，没有高品质的新闻业，就没有人类社会高品质的生活。

其次，构成新闻行业主体的具体媒介形态领域，就社会历史、新闻历史的大的演变趋势来看，总体上是互补互进，不断叠加、不断扬弃的过程，如今又表现出分中有合、合中有分的特征；但面向未来，整合、融合、全媒体化，很可能是新闻行业的基本趋势，像以往那样泾渭分明的媒介形态界分状态将很难继续存在下去，行业主体的结构方式将继续调整和变化。但是，相对独立的媒介形态行业在可见的未来不可能消失，不同媒介形态及相应行业之间的互补仍是基本的客观事实，媒介生态的整体结构尚未进化到一种媒介形态可以"大包大揽"的程度，不同媒介形态行业之间的辨识度依旧是清晰的，人们拥有不同的媒介形态偏好也是现实。当然，现在的传统媒介形态行业（印刷新闻业或报业、广播电视新闻业），与以往的行业状态相比已经发生了巨大的变革，原则上说，传统的新闻业已经在后新闻业时代获得了新的存在方式，纯粹的传统印刷新闻业、广播电视新闻业已经不存在了，新的技术已经改变了它们的面貌，改变了它们的新闻生产传播方式。但是，印刷新闻业、广播电视新闻业所创造的大众

---

① 科瓦奇，罗森斯蒂尔. 新闻的十大基本原则 [M]. 刘海龙，连晓东，译. 北京：北京大学出版社，2011：2.

化传播模式——点到面的模式，具有任何其他传播模式不可替代的优势，它的规模性、广泛性、收受的共时性特征，是其他传播模式难以替代的。也许正是这种不可替代性，从根本上决定了以网络媒介为基础的新兴媒介平台不可能彻底代替传统媒介形态新闻业的实质性存在。印刷新闻业、广播电视新闻业、网络新闻业的共同存在将是长期的。

再次，就具体的新闻传媒组织来说，其实体结构方式一定会伴随时代的演进特别是传媒技术的进步而不断变化。单一媒介形态的、多种媒介形态的、融合媒介形态的新闻传媒组织，一定会以多元的方式共同存在、共同发展；也许后两种媒介组织会越来越多，而前一种媒介组织会越来越少。毫无疑问，新闻传媒组织内部结构方式与传统新闻业时代相比，也会继续变化调整，但作为整体的新闻传媒组织主体，以及构成新闻媒体组织主体的灵魂的职业工作者主体的基本职能、职责不会弱化，只会加强。生产传播新闻的方式可以随着时代的变化而变化，但人们对新闻的需要不会变化。人们对专业的或职业的新闻生产传播方式依然会长期需要，任何非职业的新闻生产传播主体、生产传播方式都难以替代职业主体的地位与功能。我认可这样的判断："媒体是新闻传播的载体和基础，离开媒体，新闻将不存在。因此，只有真正懂得媒体，才能确切了解新闻。"[①]

四、非职业主体的构成及其不同主体间的关系

后新闻业时代的开启，使得大众化、公共化的新闻传播者，不再局限于职业新闻传播主体，普通的民众与一般的社会组织、机构、群体等都可以用类似职业新闻传播主体那样的方式传播新闻，这就使得人们不得不关

---

① 辜晓进. 当代中外新闻传媒［M］. 北京：中国人民大学出版社，2012：自序 2.

注新闻的非职业生产与传播。而这样的新闻生产传播主体规模是异常庞大的，其构成方式也是十分复杂的，其内部到底是一种怎样的基本关系呢？我想在此做出一些初步的分析。

（一）不同民众个体间的关系

凡是民众，凡是网民①，从原则上说，都可以通过网络平台以及以网络为基础的各种媒介渠道传播（包括转发）、收受新闻，共享、分享新闻，从而在以网络空间为主的公共空间中建构起多种模式的民众个体间的新闻关系方式（当然还有其他关系方式）。与现实世界中大致一样，在网络空间中，个体之间的客观差异性，从根本上决定了网民之间不同关系模式、关系方式的形成。

第一，从最为普遍的意义上看，在同一网络新闻空间，新闻民众之间的关系是"节点性关系"，任何节点之间原则上是平等的关系、普遍联系的共在关系，是一种典型的互联互通（connectivity）关系，是一种节点间的网状关系。所有新闻民众都在同一巨大的网络空间中，而每一新闻民众个体，不管充当什么样具体的新闻活动角色，都是网络新闻世界中的一个节点，就像是网上的一个纽结；每个新闻民众所处的节点不一样，但所有节点之间都可以直接地或间接地产生互动关系，形成交互式传收的整体共动景象，即"在网络中，每个人都是一个节点，每一个节点都可以与其他节点之间进行多渠道、多方位的信息交流，从而打破了信息的单向传输，进而摧毁了所有的信息中心"②。因而，网络新闻世界是一个可以普遍联

---

① 我所使用的网络民众、新闻民众、新闻网民属于一个概念群，它们之间没有实质的区别，所指都是社会大众（个体），都是运用网络工具（具体表现为各种各样的新型传收媒介、传收技术）进行新闻生产、传播、转发、收受的社会民众。

② 张康之，向玉琼. 网络空间中的政策问题建构［J］. 中国社会科学，2015（2）：129.

系、普遍互动的新闻世界。从理论上说，任何一个民众节点生产传播的新闻，都有可能引起所有其他节点民众的关注、回应，从而形成互动和共动关系，形成新闻传收广泛的、规模化的效应。如果仅从新闻传播维度看，就是人们已经形成的一个普遍说法："人人都是传播者"。需要做出重要补充的是：人人都是可以"公共化"的传播者。这可以说是新闻活动在传播报道主体面向上前所未有的革命性变化，也是传播自由、新闻自由截至目前最伟大的一次变革，终于在人类新闻活动史上开启甚至初步实现了人人可以自由传播信息、表达意见的美好理想，使以往停留在字面上的新闻自由权利、言论自由权利，包含在法律条文中的权利，获得了现实化的普遍机会。从这一意义上说，人人都是公共化的新闻传播主体，在整个人类进程中具有巨大的精神解放意义，可以说，这使整个人类在自由发展的道路上，迈出了新的一步。

第二，就现实来看，网络新闻民众之间的关系，更多时候是一种"中心—边缘"关系，即有一些民众新闻生产者、传播者、转发者居于一定新闻民众群体的中心，而其他新闻民众则处于相对边缘的位置。中心—边缘关系大致有两种基本形式：

一是相对稳定的中心—边缘关系，主要是精英网民与普通网民之间建构的比较稳定的结构关系。精英网民与普通网民之间的关系，常常表现为所谓的"大 V"（重要的网民）与一般网民之间的关系、网上舆论领袖与一般网民之间的关系。就像在现实社会中一样，在网络空间，不同网民由于各种各样的差别与差距①，存在着实际传播影响力的或大或小的不同。因而，尽管每个新闻民众都是网络空间上的一个节点，但不同节点的大

———————————

① 实际上，网络空间的精英、舆论领袖，往往也是现实世界中的相应人物。或者更准确的逻辑是，由于一些人在现实世界中属于所谓的精英、舆论领袖，他们才成了网络空间中的相应人物。当然，二者之间并不是简单的对应关系，因为一些在网络空间之外活跃的、有影响力的人，并不热心于网络活动，相反的情况同样存在。

小、力量、强度是不一样的。那些活跃的、力量大的节点，会逐步将自己塑造建构为传播中心，吸引一批网民的关注，从而形成比较稳定的中心—边缘关系。

二是普通网民因为偶然事件，迅速将自己塑造成信息传播或意见表达的中心，在短时间内吸引到大批网民的关注或追随，从而建构起临时性的中心—边缘关系。这种临时性的中心—边缘关系，往往更具有新闻现象的典型特征。一些人之所以能够迅速成为传播中心，就是因为他们在一定的新闻事件中处于特殊的地位，能够占有独具新闻价值的信息，从而成为信息传播的源头或中心。但等相关事件影响消退，如此情境塑造起来的中心化传播者也就相应销声匿迹了。不过，也有个别例外情况，个别人也许凭借某些特别的新闻事件，不仅"一炮打响"，而且会将自己塑造成具有长久影响力的大 V 式的"中心"人物。

在这两种关系中，都会在客观上形成一种信息传播或意见传播的层级关系，或由中心不断向边缘扩散的"涟漪关系"。仅从传播角度看，则是一种具有明显层级结构的关系，具有多级传播、扩散性传播的典型特征。处于相对边缘的新闻民众之间则形成一种网状的节点平行关系。不管上述哪种中心—边缘关系，都具有这样的特征。

第三，相对封闭的"圈子关系"。圈子共同体是伴随新媒介技术兴起而产生的一种传播现象、社会现象、文化现象，就目前来看，微信信息圈、微信新闻圈是最典型的表现形式。微信圈子中的新闻关系，近乎私人关系，但它与传统的私人关系又有很大的不同，尤其是在新闻传播活动中。大部分微信圈实际上不是封闭的，本质上是开放的，因此，其中的新闻传播近乎大众传播，其中的传播主体也就近乎大众化传播主体了。但在一定的相对封闭的圈子中，是基本的熟人关系，于是形成了圈子主体间关系的状态。在圈子内部的新闻信息传播中，不同个体之间的关系，大致可以按照活跃度或主动（积极性）程度分为高、中、低三类。活跃度高的是那些积极传播信息的人，活跃度居中者是那些转发信息的人，而活跃度低的基本属于仅仅浏览信息的人。

（二）脱媒主体间的关系

如前所说，脱媒主体是指那些非民众个体，亦非职业新闻传播组织主体的组织性、群体性新闻传播主体。"之所以使用'脱媒'一词，意在说明这样的组织或群体，曾经主要依赖职业新闻传播组织主体实现自己的新闻传播需求，而在后新闻业时代开启后，却自建媒体特别是自建以互联网为基础的新媒体，超越了原来完全依赖职业新闻组织主体的状态，开始实现比较自由自主的、以自身为核心内容对象的新闻生产与传播，从而也使自身成为新媒介环境中一类新的面向社会公众进行新闻传播的主体。"① 脱媒主体的普遍生成，正在以不可小觑的力量改变着传统新闻领域的整体结构。②

现实社会中，存在着不同属性或类型的脱媒主体。如果以中国语境为参照，"大致可以把脱媒主体粗略地分为三大类：一是以政府机构、党委组织（主要是中国共产党）为主自建的媒体；二是以一般企事业单位为根源的自建媒体；三是以其他社会群体（如各种社会民间团体、非政府组织等）为依靠的自建媒体"③。这些脱媒主体千差万别，在新闻生产传播方面，存在着十分复杂的具体关系。但从总体关系上分析，主要存在以下一

---

① 杨保军．"脱媒主体"：结构新闻传播图景的新主体 [J]．国际新闻界，2015（7）：73．
② 关于脱媒主体与职业主体之间的关系，我在《"脱媒主体"：结构新闻传播图景的新主体》一文中做了系统的分析，此处只分析脱媒主体间的主要可能关系。[杨保军．"脱媒主体"：结构新闻传播图景的新主体 [J]．国际新闻界，2015（7）：72—84．]
③ 杨保军．"脱媒主体"：结构新闻传播图景的新主体 [J]．国际新闻界，2015（7）：79．

些基本关系。

其一，作为相对自主独立的组织或群体主体，所有脱媒主体在新闻生产传播中有一点是共同的，那就是他们都会首先站在自己的立场上、利益需求上、价值取向上开展各自的新闻生产传播活动。一般说来，脱媒主体的新闻生产传播，在新闻意义上大都有名无实，他们追求的主要是宣传效果、广告效果、公关效果或特殊境遇中的危机应对效果。应该说他们"骨子里奉行的乃是宣传传播、广告传播、公关传播的观念"，他们"采用的更多的是偏向宣传、广告、公关的手段和方法"，他们"期望的也是自身组织内部、群体内部的认同以及受传对象对脱媒主体所根源的组织或群体的认同"[①]。一言以蔽之，他们讲的是自己的故事，传播的是自己的声音，追求的是自己的利益。当然，我不会否认，一些脱媒主体的新闻生产传播也会直接指向或服务于公众兴趣和公共利益。

其二，在不同脱媒主体之间，特别是在同一领域中的不同脱媒主体之间，既有可能进行合作性的新闻传播，也有可能进行竞争性的新闻传播，有时还难免产生矛盾冲突性的新闻关系状态。当不同脱媒主体所根源或依托的组织、群体之间处于合作关系时，不同脱媒主体就会充分利用各自的媒体平台、媒介通道建构桥梁、提供信息，促进交流、形成合作。当不同脱媒主体所根源或依托的组织、群体之间处于竞争关系时，脱媒主体及其生产传播的信息、新闻等，就会首先成为竞争手段，从而使不同脱媒主体之间表现为竞争关系。除了正常的合作与竞争关系，不同脱媒主体之间也会存在矛盾冲突。不同脱媒主体及其所根源或依托的组织、群体，都是相对自主独立的组织或群体，他们拥有各自的利益需要、价值取向、目标追求和现实处境，而他们又往往处于同样的利益时空，面对有限的资源展开

---

① 杨保军．"脱媒主体"：结构新闻传播图景的新主体［J］．国际新闻界，2015（7）：77．

竞争，因而，不同脱媒主体之间就难免出现矛盾冲突。例如，"生产同类产品的不同企业之间，经常会利用各自的'脱媒'平台展开新闻、宣传、广告博弈；当出现恶性信息博弈时，不仅影响了优良信息环境的形成，还会对簿公堂，散发出你死我活的气息"①。

事实上，诚如我在《"脱媒主体"：结构新闻传播图景的新主体》一文中所说的："'脱媒主体'时代的到来，已经将不同'脱媒主体'及其根源的组织、群体之间的各种可能关系，在很大程度上置于信息空间、新闻场域之中，这样的空间、场域已经成为他们展开博弈的新场所、新战场。"②

其三，在一定的特殊情境或非常态情况下，不同脱媒主体之间，既可能成为"临时朋友"，也可能成为"即刻对手"。这其实是上述（其二）关系的特殊表现。在现实社会中，人们不难发现，当一些具有广泛社会影响的公共事件发生时，各种类型的传播主体往往都会争先恐后地传播信息、发表意见，不同类型的传播主体包括脱媒主体也会迅速"站队"，常常会形成"临时朋友"或"即刻对手"现象。更为突出的情况是，一定行业、职业领域的脱媒主体面对本行业、职业或本领域内发生的新闻事件，特别是关涉到自身利益的事件时，要么立即形成"临时朋友"状态一致应对民众主体和职业主体③，要么迅速形成"即刻对手"状态，做出"幸灾乐祸"或"落井下石"的反应④。

其四，不同脱媒主体在社会领域和各自所在领域的新闻传播力、影响

---

① 杨保军．"脱媒主体"：结构新闻传播图景的新主体 [J]．国际新闻界，2015（7）：81.
② 杨保军．"脱媒主体"：结构新闻传播图景的新主体 [J]．国际新闻界，2015（7）：81.
③ 比如，一些职业领域（如警察、医生等）发生公共事件后，本领域的脱媒主体往往形成"统一战线"进行信息传播和意见表达。从原则上看，有些是合理的，有些则是不合理的，需要具体事件具体分析，不可一概而论。
④ 比如，同一行业内部不同企业之间，特别是在竞争对手之间，一旦有的企业出了事情，作为竞争对手的企业就会"抓住时机"利用自己的媒体进行"充分传播"，以形成不利于竞争企业的信息环境。

力存在大小强弱的差别。就像民众个体间的新闻关系一样，在脱媒主体之间同样存在着领袖媒体与普通媒体的关系或中心—边缘关系。

在整体的脱媒主体阵营中，最强劲的就是以信息产品为核心的互联网企业，在一般意义上说，它们近乎"媒体中的媒体，领袖中的领袖"，它们的演变、发展将给新闻业以及人类新闻活动带来怎样的影响，只能在历史进程中不断观察。作为脱媒主体，它们远远超越了一般脱媒主体的能力，建构起了自身的领袖地位，有着最为广泛的社会影响力和最为强劲的传播能力。

一定行业领域、职业领域的脱媒主体，有着明显的中心—边缘关系甚至是特殊的上下层级关系。比如，在一个行业领域，根源于或依托于那些大型的、实力强的公司和企业的脱媒主体，在本领域、本行业的新闻生产传播中，几乎天然占据着中心地位，而其他小公司、小企业所属的脱媒主体只能处在边缘位置；至于某公司与子公司之间的脱媒主体，则自然形成了上下层级关系。至于根源于或依托于政府机构、政党组织以及其他社会群体的脱媒主体，同样存在着这样的中心—边缘或上下层级关系。

（三）民众个体与非职业群体（组织）间的关系

同民众个体与职业新闻传播主体之间的关系相比，在新闻生产与传播领域，民众个体与非职业群体（组织）之间的关系更为纷繁复杂。民众个体的社会角色多种多样，并不是绝对独立自主的存在，因而在所谓"自由自主"的个人化新闻传播活动中，总有或隐或显的其他群体（组织）的身影在闪动。可以说，正是个体与群体（组织）的互相作用、互相影响，共同塑造着非职业新闻的整体图景。

首先，任何个体，不管归属于怎样的群体、组织，作为独立的个体，都是相对自主的存在，可以按照自己的意愿、兴趣、需要、利益进行信息传播和意见表达。这在可以匿名传播的环境中，表现得更为常态化和突出。很多人在传播信息和表达意见中往往会"肆无忌惮""为所欲为"，理性在很多人身上变成了非理性的工具，这也是造成网络喧嚣、垃圾横飞的重要原因之一。个体的自由自主，尽管存在着各种缺乏尺度的表现，但在整体上呈现了社会实际的基本情绪状态，也在一定程度上再现了比较真实的社会景象。与此同时，应该看到，在现实社会中，人们在传播信息、发表意见时，通常会对自身的群体或组织身份、角色有所"顾忌"，个体总会多多少少、自觉或不自觉地考虑到传播的后果。网民个体并不是纯粹的孤立的个体，而总是某种群体、组织中的个体，总要受到所属组织、群体有形无形的影响。社会中的人，网络中的人，很难以某种纯粹的身份或角色开展自己的活动。

其次，个体的网络行为，在一定程度上会受制于所在群体、组织的相关规范、纪律，尤其是在有关网民自己所在群体、组织的信息传播和意见表达中，特别是在具有社会化新闻价值的信息传播中，会受到群体、组织的制约，这种约束可能是有形的，也可能是无形的。事实上，媒介化社会的到来，使得所有群体、组织都会关注到媒介环境的作用与影响，都会注意到本群体、本组织信息输入与输出的把关问题，自然也会对本群体、本组织成员的信息行为、新闻行为做出某种规范性的要求，尤其是会对事关群体或组织声誉、形象、利益的信息传播行为做出一些比较明确的要求。就新闻传播范围通常的、总体的情况来说，在新的媒介环境中，群体或组织一方面会利用和鼓励个体的信息行为、新闻行为，以传播有利于群体或组织自身声誉、形象、利益的信息和意见，另一方面则是尽可能约束限制个体生产传播那些不利于、有害于本群体或本组织的信息和意见。显然，群体或组织会充分利用群体压力与组织权力，对群体或组织中的个体信息行为、新闻行为加以控制。

与此同时，人们也会在新的媒介环境中看到另一种景象，这就是：在某些特殊情境中，群体或组织中的一些个体，也会利用网络或各种新兴媒介手段，通过信息力量或借用社会舆论的力量，与自己所在的群体或组织展开博弈甚至抗争，以维护和实现自身正当的（也可能是不正当的）利益。而这种个体与群体或组织间的信息博弈行为，本身常常会成为社会关注的新闻。与传统新闻业时代相比，新的媒介环境在一定程度上使个体获得了更多争取和维护自身声誉、形象、利益的渠道与方式。

再次，个体尽管是相对独立的、自主的，但个体也是可操控的、可利用的信息传播者、扩散者。在现实社会中，人们已经看到，众多的网民个体，常常被一定的群体或组织操控、利用，并被组织成一定的群体或组织——网络水军，成为纯粹工具性的存在。其实，在这样的关系中，群体、组织与个体之间互为利用的工具或手段，只是各自的利益目标有所差别而已。但受害的是范围更为广泛的社会大众和整个社会环境，特别是信息环境的健康发展。尽管建构网络水军的主体也可以是个人，但就实际情况来看，多是一些群体或组织，这些群体或组织多是经济性的、商业性的，也有可能是政治性的，其目的就是获取经济利益和政治利益。这些群体或组织借用网络民众的信息传播、新闻传播、意见表达行为，扩大自身的影响、塑造自身的形象，在一定程度上属于"公关行为"。但这种作为宣传手段、公关手段的信息或新闻操控行为，在何种范围、何种程度上是合法的，还是值得深入研究的问题。仅就道德维度而言，这是信息景象的制造行为，是对社会公众的欺骗，显然是不道德的，是不能提倡的。就此处的论题而言，人们能够看到，作为民众个体的新闻传播者与非职业的群体或组织的新闻传播者，在特定情境中也会"合谋作恶"，制造虚假的信息景象或新闻图景，从而破坏一定社会整体的正常的信息秩序、新闻秩序，这在新媒介环境中是必须关注的重要问题。

第三章　新闻传播主体与收受主体*

> 人民的信任是报刊赖以生存的条件，没有这种条件，报刊就会完全萎靡不振。
>
> ——［德］马克思

> 永远不要欺骗你的受众。告诉受众你所知道的和你不知道的。
>
> ——［美］比尔·科瓦奇、汤姆·罗森斯蒂尔

在信息迅速传播、无孔不入的年代，"我不知道"这种类型的借口加重了罪恶，它不会导致罪恶的赦免。它要表达的意思是，"为了我心灵的平静，我自私地拒绝受到打扰"，而不是说"我被隐瞒了真

---

* 就现有的学术研究情况看，人们用不同的概念（词汇）指称收受新闻的主体。比如，在超越具体媒介形态的整体意义上有受众、新闻收受者、接受者、接收者、新闻消费者、新闻用户等等；而在具体媒介形态或不同媒介符号特征的意义上有读者（主要针对文字传播）、听众（主要针对声音传播）、观众（主要针对图像传播）、浏览者（主要针对网络符号——融合符号传播）。而且，人们对不同概念之间的关系都有相关的讨论与阐释，但就实际对象所指，本质上都是同一的。因此，我在本书中如果没有特别的说明，则是在同等意义上使用这些概念；当然，在不同的语境中，我会注意选择更为恰当的概念形式。

相"。在坦白的年代，当公共领域越来越成为展示隐私的展台时，任何信息的任何隐瞒都被视为一种过错，都会引起怨恨。换言之，关注现存的信息，"做到信息灵通"，加入最近的街谈巷议，所有这些都变成了美德。另一方面，缺少对信息的兴趣，忽视最近的传言，不关注新闻的走向，所有这些都成了耻辱的原因。如今，几乎任何一次谈话都会变成街谈巷议，而且，几乎任何一次街谈巷议都不会在这种谈话中被忽视。显然，"我不知道"并不符合时代的精神。

——〔英〕齐格蒙特·鲍曼

传收者是传播活动中的天然核心角色，传收关系是任何信息传播活动中的核心关系，传收矛盾因而是传收活动中的基本矛盾，传收规律自然是新闻活动规律系统中的核心规律。在人类新闻活动史的视野中，传收角色关系经历了不同的历史时代、历史时期，在主体维度上展现了人类新闻活动的基本面目；目前，一个全新的传收时代已经开启，正在创造着不同于以往任何时代的传收主体关系。毋庸置疑，在新闻主体论视野中，关于传播主体与收受主体关系的分析和阐释，应该是最为重要的内容。本章，我将主要在职业新闻范围讨论这两类主体间的关系，当然也会时刻关注民众新闻现象中二者的关系。

一、新闻收受主体的构成与演变

在具体讨论传收主体关系之前，逻辑上应该先分析清楚两类主体本身的构成及其特征。关于传播主体，我在前一章已经做了专门论述，因而此处仅对收受主体做出分析阐释。然后再比较深入详细地讨论两类主体之间的具体关系。

（一）收受角色构成的历史演变

在新闻现象或新闻活动中，作为接收、接受新闻信息的一方，收受者的角色结构方式或特征是历史性的，是不断变化的。伴随人类新闻活动方式的演进与展开，在与传播主体角色关系的视角中①，新闻收受角色属性、特征的历史变化，突出表现为人类主导性收受（消费）新闻方式的变化：从人际（互说）互听方式，到阅读新闻书信方式，到通过传统大众媒介阅读、收听、收看方式，到今天更为自由主动的多媒介、多渠道的融合收受（订阅、订制等）、消费方式②。这些收受新闻、消费新闻、使用新闻方式的变化，也使新闻收受者在不同的情境中获得了不同的名称，诸如受众、新闻消费者、新闻（媒介）用户等等；但这些名称的变化，并没有改变人们收受新闻这一最基本的事实。总体上看，收受者角色结构演变大致经历了这样三个粗略的历史时代：传收双重角色自然合一的时代，单一主导角色时代，新双重角色主导时代（融合角色时代）。

第一，传收双重角色自然合一的时代。作为群居动物，互相交流对人类来说是自然的事情。群居促成了交流，交流建构了人群；交往、传播即是人类生存的方式。在自在的信息交流状态中，人自然既是传播者也是收受者，是双重角色的统一体。这种双重角色的统一状态贯穿人类信息活动的始终，同样也贯穿人类新闻活动的始终。尽管人类作为传收角色统一体统贯新闻活动、信息活动，但在实际的人类社会中，由于社会阶层利益结

① 我在此之所以特意强调"在与传播主体角色关系的视角中"的收受角色构成演变，是因为在不同的新闻活动主体视角中，可以发现同一角色的不同变化。比如，如果从新闻信源主体角度观察新闻收受主体角色的历史变化，我们就会更强调收受者不仅是收受者，也会在不同的新闻历史时代显现出不同的信源角色特征。

② 人类收受信息的方式是叠加演进的，后世总是继承扬弃之前已有的方式，并不是简单的有了新方式就抛弃旧方式的更替过程。

构的区别，不同的人处于不同的社会权力结构之中，处于不同的文化层次结构之中，处于不同的基本人群之中，这也就意味着不同的人在社会的信息秩序、信息交流中处于不同的层次和地位，拥有不同的角色地位。

从历史向度上看，在人们现在所说的大众传播模式诞生之前，或者说在大众化媒介诞生之前，人类的信息交流主要依赖的是面对面的传收方式或点对点的传收模式。在这样的传收结构中，传播者和收受者的角色是不断互换的，也是同一的、统一的。人们并没有关于传播者与收受者的明确区分。谁是传播者、谁是收受者，只能依赖具体的情境而定，并没有社会分工意义上的稳定角色。

第二，职业传播塑造的单一主导角色时代。当以印刷新闻为标志的规模化的、周期性的新闻生产与传播方式诞生之后，在人类的新闻活动领域，逐步产生了专门从事新闻采集、制作、传递工作的社会职业角色，新闻生产与传播也逐渐演进为社会的一个行业领域。当这样的新闻行业、新闻职业发展到一定程度，社会大众获取新闻的主流渠道也就逐步稳定化、专门化，这就是大众媒介（mass media）渠道。正是这样的渠道的出现，使得新闻传播者处于一端，而新闻收受者处于另一端。与此相应，社会大众在新闻活动中的角色，也就不再是现代新闻业诞生之前的传收角色统一体，而是以单一主导角色显现出来的收受者。

在现代新闻业、现代新闻概念诞生之后，那些与社会大众具有普遍兴趣关系、利益关系的新闻主要是由新闻传媒机构生产传播的，这些传媒机构是稳定的新闻生产主体、传播主体，而社会大众逐步演变成了稳定的新闻收受者。这是现代社会分工的结果。

需要说明的是，现代新闻业的产生演变是一个历史的过程，在世界不同地区（国家、民族）的具体发展过程是有很大差异的，总体上是一个由欧美地区向全球持续不断扩散的过程。从结果上看，只有在一定社会范围内、一定时空范围内生成了比较成型的现代新闻业、现代职业新闻工作者群体，社会大众成为相对单一的新闻收受主体角色才有可能。

还必须说明的是，即使现代新闻业形成，相对单一的新闻收受主体角色生成，也并不意味着社会大众统一的新闻传收角色状态消失，只是说在人类的新闻活动进入大众传播时代之后，新闻行业、新闻职业的产生，使得社会大众除了人际传收的渠道与方式外，有了新的更为方便的、有效的渠道获取新闻，并通过这样的渠道以新的收受角色——大众收受角色——出现在新闻活动之中。当然，这只是在新闻传收意义上的角色分析，如果在其他视野中考察现代新闻业、现代新闻职业诞生的意义与效应，那完全需要做出另外的分析和解释。现代新闻业的诞生给人类整个政治、经济、文化及社会生活带来了深远的作用和影响，这可不是三言两语就可说得清楚的。

自从现代新闻生产与传播方式逐步产生以来，社会大众作为新闻收受者的角色一直延续至今。即使目前人类的新闻活动在整体上正在进入一个新的时代——后新闻业时代，这种基本角色依然存在。即使传收技术、方式日新月异，收受者的自主性不断增强，社会大众在新闻行业主体、职业主体面前依旧是相对被动的存在，依旧是以收受者的身份或面目出现的。① 现代新闻业、新闻职业所创造的新闻传收大众化结构并没有发生根本性的变化，更不要说终结或消亡②，尽管革命的大门似乎已经开启，一个新的时代似乎已经到来。

----

① 比如，即使在目前看来最为新潮的虚拟现实（virtual reality，VR）和增强现实（augmented reality，AR）技术面前，"真正的生产者并非受众本人，而是记者、编辑和技术人员"，"受众依然是被动的存在"，"运用 VR 和 AR 进行新闻生产的合理性和风险性仍要接受批判学派'技术操控论'的严格审视"。[史安斌，张耀钟. 虚拟/增强现实技术的兴起与传统新闻业的转向 [J]. 新闻记者，2016（1）：34 - 41.]

② 一些人对互联网引发的传播结构变革做了夸张的描述。事实上，直到今天，传统的三大媒介（报纸、广播、电视）依然稳定存在，传统大众化传收结构并未受到根本性的动摇。时代转换（结构更新）是需要时间的。

第三，新兴媒介背景下的新双重角色主导时代。当人类新闻活动演进到 20 世纪末特别是进入 21 世纪，传播技术发生了翻天覆地的革命性变化，表现在新闻领域的最大变革就是互联网、移动互联网的普遍使用。人们看到，一个互联互通的普遍联系的世界正在形成，人人可以成为大众化的、公共化的新闻生产者和传播者的新的新闻活动结构方式正在形成；传统媒介时代的大众化的新闻收受者，一方面继续保持自身作为大众传收结构中新闻收受者的角色，另一方面正在转变成可以进行大众化新闻生产传播的收受者，这是新时代新闻活动领域最大的角色变革。

如果仅仅从形式上看，人类在新闻活动中的传收角色，似乎又回归到了现代新闻业诞生之前的状态——传收统一角色。但这只是形式上的相似，实质内涵却发生了根本性的变化：在现代新闻业诞生之前的角色统一，是未经分化的自然统一，而如今的统一则是在媒介高度发达状态下的统一，是在现代新闻业中角色分离后的再统一、再度一体化。无论是作为传播者还是作为收受者，其实质内涵都已经发生了革命性的变化。作为收受者，如今的社会大众从原则上说，不仅可以进行私人范围内的传收，也可以继续作为大众传播对象中的新闻受众，还可以充当准大众化身份的新闻生产者和传播者，可以说已经进入了多种身份融合的时代。

综合上述三个方面，我们大致可以看出收受者的历史演变趋势或规律，这就是收受主体身份、角色经历了否定之否定的历史轨迹。可以进一步从两个大的方面做出说明：一是，收受者的身份特点从前新闻业时代双重角色（传收）混沌不分，演进到传统新闻业时代的传收分离分立，又进化到后新闻业时代的双重身份角色的新统一，这可以看作一个维度上的否定之否定；二是，收受者的主动性与被动性关系的历史演变，似乎也是一个否定之否定的历史过程，由最初自在自发的主动性与被动性的统一状态，演变到传统新闻业时代大众传播模式中被动性比较强、主动性比较弱的状态，再演进到今天媒介环境中自觉的主动性与被动性相统一的状态。

（二）收受主体的构成及特征

如我一再强调的，新闻活动的本体性与新闻需要的基本性，从根本上决定了人人都是新闻活动者。因而从新闻收受角度看，自然人人都是收受者。既然人人都是，那就意味着对收受主体的构成分析将会变得十分复杂。我准备从这样几个方面具体分析把握新闻收受者的构成：一是作为完整的个体存在形式，新闻收受者通常以什么样的社会角色或社会活动角色（方式）接触新闻、收受新闻；二是在群体主体类型上，对作为社会大众的新闻收受主体做出几种主要的划分；三是在主体层次上，对新闻收受者的构成做出大致的区分。这些不同方面、不同角度的分析，同时也就揭示了收受主体的基本特征。

1. 作为新闻收受者的个体主体的角色构成

一个人，作为新闻收受者，是一个完整的个体主体，也是具有各种社会身份、社会角色、社会功能属性的主体。因而，在收受新闻的活动中，人们可以从不同角度、不同视野对其作为新闻收受者的特性进行把握。

第一，任何个体在新闻收受活动中，不管通过什么样的媒介或"端口"① 收受新闻，首先都应该被看作纯粹的新闻信息的接收者，其基本目

① 所谓"新闻端口"，是指"根植于终端设备的与受众进行新闻信息交流的出口"，终端其实就是媒介。在移动互联网时代，"广义的新闻终端泛指一切可以接入网络的电子设备"，也就是受众接收和交换新闻信息的应用接口，例如新闻客户端、新闻门户网站、搜索引擎、论坛、BBS、视频、贴吧、QQ空间和微博、微信等，当然也应包括具体的电视台、电视新闻频道、电视新闻栏目、报纸、广播及互联网的各种新闻媒介形态，甚至包括各种自媒体形态和可穿戴设备的新闻端口。［沈浩，王宇飞，姜智勇．理解与选择：融媒时代的新闻终端与新闻端口［J］．新闻与写作，2016（3）：9-16．］

的就是以新闻方式了解环境的最新变动情况。在这一意义上，新闻收受者就是一个以新闻方式（以传播态新闻为中介①）认识了解自然、社会最新变化的认识主体。这是新闻收受者作为任何其他主体身份、形式、角色的基础。进一步说，在新闻传收活动中，理应把新闻信息收受一方首先看作纯粹的事实信息需求者，看作有能力准确理解把握新闻报道内容的新闻认识主体，这是"以新闻为本位"的新闻传播活动在受众观念上的基本出发点，偏离这一基本受众观念的任何其他观念，在源头上都有可能偏离新闻传播的基本精神与原则。新闻传播者所宣称的受众本位观念，因而首先也应该是把受众看作纯粹事实信息需求者的观念，这是在新闻活动中分析新闻收受者的首要一条。

第二，在其他社会领域视野中，新闻收受者可以被看作和描述为其他社会身份或社会角色的活动者。② 比如，在经济、商业或市场经济的视野中，新闻收受者可以被定性为新闻消费者和其他可能的延伸消费主体，或者说收受者可以被描述为"作为市场的受众"。这实质上是说，新闻收受者的新闻收受行为在商业或经济视野中，具有商业或经济价值。又如，在政治活动视野中，新闻收受者可以被描述为公民，是享有各种信息权利、新闻权利或政治权利、社会权利（实际上都是公民权利，诸如知情权、媒介使用权等）的主体。这实质上是说，作为新闻收受者的社会大众，同时也是一定社会中的政治活动者、政治主体，他们收受新闻的行为具有政治意义和政治价值。再如，在社会舆论视野中，新闻收受主体会被看作社会

---

① 我在新闻信息传收的过程性上将新闻分为三态：作为本源态的新闻时事、作为传播态的新闻报道、作为收受态的"新闻理解状态"。（杨保军. 新闻理论教程［M］. 3 版. 北京：中国人民大学出版社，2014.）

② 参阅郭庆光《传播学教程》（北京：中国人民大学出版社，1999）第十章"作为大众传播的受众"或刘海龙《大众传播理论：范式与流派》（北京：中国人民大学出版社，2008）第八章"大众传播的影响：受众使用与依赖取向"。这两本著作分析论述了作为大众的受众，作为人民的受众，作为消费者的受众，作为群众的受众，作为公众的受众，作为受害者的受众。

舆论主体，并且在不同的社会情境中，发挥不同的舆论作用与影响。显然，人们可以在更多元的视野中解析新闻收受主体的角色构成及其特征。总而言之，多维社会领域视野的受众观念或受众构成分析，实质上是把新闻收受者看作现实的人，看作现实社会关系中的人，其前提是把新闻收受活动本身看作复杂社会关系中的活动，看作具有多重社会意义与价值的活动，而不再是单纯的认知新闻事实信息的纯粹新闻认识活动。这不仅是对新闻收受主体更为真实立体的把握，也是对新闻收受活动更为真实全面的认识。新闻收受者，在实际的收受活动中会显现出不同的社会面向，从而使新闻收受活动不再那么单纯，而是纠缠于各种需要、利益、追求等之中。

第三，如果从个体新闻收受者在新闻收受活动中的身份特征出发，个体新闻收受者可以被描述为大众构成中的分子（作为大众的收受者）、小众构成中的分子（作为小众或分众的收受者）、相对独立的个体受众分子（作为富有个性色彩的新闻收受者）。新闻收受者的新闻信息需要是多层次的、多样化的。首先，作为新闻收受者，不同个体具有一些大致相同的新闻需要，是大众构成中的一分子；新闻传播针对的也主要是不同收受者的共同需要，因而现代新闻主要被定义为与社会大众共同兴趣、共同利益相关的事实信息。其次，个体也是一定群体中的一分子，由于基本相似或相同的需要，人群是可以圈子化、分众化或小众化的。在新兴媒介兴起之后，这一点表现得更加明显，比如，微信新闻圈就具有典型的小众化特征。而新闻市场的分众化目标受众的选择与确立，同样是以一定受众群体的共同需要为根据的。再次，互联网传播的兴起，使得新闻的目标推送消费或个人定制使用（消费）成为现实，这就在一定意义上形成了一种不同于以往的个体身份。但在现实的新闻收受活动中，从原则上说，每个人其实都是这几种身份的统一体。显然，个体收受者诸多身份的共在性——体化，与受众整体上可以分为群体与个体是不一样的，对此，我将在下面受众层次分析中加以说明。

第四，如果从个体在新闻收受活动中的主动性表现出发，则可将个体新闻收受者描述为主动的收受者与被动的收受者。前者是媒介和新闻的主动寻求者、选择者、使用者（最新的表述则是媒介或新闻用户），后者则是信息的被灌输者，意见或思想（舆论）的被引导者。不同个体在新闻收受活动中的主动性是不一样的，同一个体在收受不同新闻或在不同收受情境中的主动性表现也是有差别的。因此，并不存在绝对的主动受众或绝对的被动受众；只是有些人的主动性强一些，有些人弱一些，或者同一受众，在有些新闻信息收受中主动性强一些，而在另外一些新闻信息收受中主动性弱一些。从人类新闻活动的总体趋势上看，由于社会环境的整体宽松化和媒介传收技术的整体进步，人们接触新闻媒介、收受新闻信息的行为变得越来越方便、越来越主动。

2. 收受主体的主要群体类型构成

在今天这样的媒介环境、信息社会中，所有社会大众个体原则上说都是新闻媒介的接触者和使用者，"新闻媒介在总体上对全社会开放，全社会成员均可作为其争取的受众对象"①。因此，从理论逻辑上，我们可以把所有的社会成员当作新闻收受主体来研究。为了对作为新闻收受者的社会大众有一个比较清晰准确的把握，我将依据既有的成果，对其做出新闻学视野中的主要类型划分。由于收受主体从原则上说涵盖所有的社会成员，因此对其类型的研究，从宏观上可以从多种角度出发进行。但对新闻收受主体的类型划分，主要应该从主体的新闻收受特征出发，从主体接触

---

① 李良荣. 新闻学导论［M］. 北京：高等教育出版社，1999：120.

和对待新闻媒介的态度或方式等特征出发①。基于这样的考虑，可以将新闻收受主体做如下的基本类型划分。

其一，在最直观的意义上，依据收受者接触新闻媒介类型的多少，可以将收受主体划分为单一型收受主体与复合型收受主体。所谓单一型收受主体，是指只接触一种类型的新闻传播媒介，比如只读报纸或只看电视或只听广播甚至只通过网络浏览新闻的人；而复合型收受主体是指同时接触多种类型的新闻媒介的人，即他可能既是报纸的读者，同时又是广播电视或网络新闻的视听者、浏览者。一个愿意接触新闻媒介的人，将会成为单一型还是复合型收受者，既取决于传播环境提供的客观条件，也取决于自身的素质。人的好奇心和人的需要的多样性，决定了作为信息收受者的人，原则上不会拒绝任何一种接收信息的渠道。因而，从总体上说，随着社会的发展，越来越多的人会成为复合型收受主体。但是，在互联网传播、新兴媒介传播日益强大起来的媒介生态结构中，已经生成了新的情况，这就是越来越多的年轻人倾向于只通过各种各样新兴的媒介方式获取新闻，他们与传统新闻媒介的距离变得越来越远，逐渐成为具有时代特点的新的单一型收受主体。需要注意的是，当人们说有些人是单一型收受主体时，其实是说他们主要通过某一种新闻媒介来收受信息，并不是说他们绝对拒绝接触其他媒介。

其二，依据对一定新闻媒介接触的现实程度可以把收受主体划分为现实型收受主体与潜在型收受主体。现实型收受主体是指已经接触和运用新闻媒介的人；潜在型收受主体是指具备正常接触媒介的能力，但还没有开始接触和使用新闻媒介的人。对这种划分方法，应该特别注意"现实"与"潜在"的具体含义，注意现实与潜在的相对性。个体对一种（一家）媒

---

① 注意：这里实质上已经把新闻媒体抽象化了，即把所有具体的新闻媒体看成了一个传送新闻信息的整体。

介而言是现实型收受主体，对另一种（另一家）媒介而言有可能是潜在型收受主体；反之亦然。对那些从来没有接触过任何类别的新闻媒介的人，可以称为绝对意义上的潜在型收受主体。实际上，每个人都有一个从潜在型收受主体向现实型收受主体转化的过程，这一过程正是人的社会化过程，也是进入媒介环境的过程。对于今天的人们来说，有机会和能力接触使用新闻媒介，是成为信息社会、媒介社会一分子的重要条件之一，诚如美国未来学家阿尔文·托夫勒所说："21世纪的文盲不会是那些不能读不能写的人，而是那些没有能力学习和不断更新知识的人。"[①] 对任何新闻媒体来说，维系和稳定现实型收受主体群体，发现和开发潜在型收受主体群体，都是长期的重要任务。从受众角度看，新闻媒体的发展过程，就是不断赢得更多收受主体信赖的过程。

其三，依据新闻传媒组织确立或形成的新闻服务对象特征，可以将收受主体划分为目标型收受主体（目标受众）与边缘型收受主体（非目标受众）。所谓目标型收受主体，是指新闻媒体指向的主要收受者或核心收受者，也就是媒体的定位收受者（任何新闻传媒都有自身的受众定位）。李良荣在其《新闻学导论》中写道："各个单独的媒体和媒体上设置的各类栏目，都有着不同的传播内容和个性风格，这些内容和风格是针对并满足某些相对比较固定、明确的传播对象的，这部分收受者就是媒体和媒体特定栏目的核心收受者。"[②] 不同类别、不同层次的新闻媒体，在其新闻传播中，会有不同的追求或目标，因而在传播内容、栏目设置、传播方式、报道风格等方面也会表现出不同的特点。每一具有个性特点的媒体都会吸引喜爱这一特点的人来接触自己的媒介，而这种接触又会进一步强化媒体对自身个性特点的张扬。正是在这样的互动中，媒介稳定了自己的受众定

---

① 转引自：袁博. 他的预言激动了整个八十年代 [N]. 文汇报，2016 - 07 - 02 (5).
② 李良荣. 新闻学导论 [M]. 北京：高等教育出版社，1999：120.

位，收受者则选定了喜爱的媒介（频道、栏目甚至是个别的作者），成为一定媒介的目标型收受主体。目标收受者的确立，意味着一家媒体独立性的形成，风格的形成，特色的形成，因此，"它（目标收受者——引者注）是媒体需要稳定和竭力争取的最重要的对象，也是媒体的生命线"①。所有的新闻传媒事实上都在想方设法把目标受众培养成忠实的受众，以维护和稳固自己的持续影响力。所谓边缘型收受主体，是指目标型收受主体之外的收受主体。这些收受者对一定新闻媒介具有不稳定的、偶然的接触和兴趣。对一家确定的媒体来说，它的目标收受者和非目标收受者是相对稳定的，但两种类型的收受者会随着媒体自身的变化而变化，也会因收受者自身的变化而变化，即目标收受者会转化成非目标收受者，反之亦然。因而，对于一定的媒介或栏目来说，如何使自己确定的目标收受者真正成为长期的、稳定的目标收受者，如何使非目标收受者逐渐转化为目标收受者，是必须始终探索的问题。对于一家媒体来说，不管媒介形态如何变化，不管自身拥有的媒介结构如何变化（是单一媒介，还是全媒介，抑或是融合媒介平台），拥有足够规模的目标收受者，并且能够及时发现、吸引非目标收受者，开发新的受众资源，始终是媒体生存和发展的根本。

其四，依照收受者接触新闻媒介的频率，或者说按照接触新闻媒介的稳定程度，可以把收受主体划分为稳定型收受主体和偶然型或变动型（不稳定型）收受主体。稳定型收受主体是指"比较习惯地、固定地接触和使用一定媒介的受众"②。对这种类型的收受主体来说，收受新闻已经构成了生活的基本方式，"接收新闻已成为他们一种经常性、稳定性的行为，已内化为每天生活中所不可缺少的内容，而且在可能的情况下，会通过不

① 李良荣. 新闻学导论［M］. 北京：高等教育出版社，1999：120.
② 李良荣. 新闻学导论［M］. 北京：高等教育出版社，1999：119-120.

同媒介接收大量新闻"①。人们看到，在今天这样的媒介化社会中，人们对媒介的依赖度越来越高，新闻也越来越成为人们的"基本生活资料"。②在超越具体媒体组织的意义上，完全可以说，稳定的新闻受众越来越多。很容易发现，越来越多的人（特别是年轻人）会通过多种媒介形式、多个媒介渠道（各种媒介形态，各种终端方式）获取新闻。偶然型或变动型收受主体是指没有固定习惯，只是偶尔接触新闻媒体的人。这种类型的收受主体"对新闻无太大兴趣"，"接收新闻仅仅是一种附带的、随机的或偶然的行为"③。在现实生活中，尽管新闻越来越成为人们基本的信息生活资料，但仍有很多人并不真正把收受新闻作为生活"必修课"，他们对新闻媒介的接触是偶然的、不稳定的。④ 人们对新闻（媒介）关注程度的变化，本身已经成为新闻学研究的重要课题。如何使稳定型收受主体进一步成为忠实型收受主体，如何使偶然型收受主体转化成为稳定型收受主体，始终是传播主体关注的核心问题之一。

除了以上几种对收受主体类型的主要划分方法外，还可以按照其他标准进行划分。比如，"按照人口统计学原理，受众群体内部可以按照性别、年龄、职业、地域、教育水平等再划分成不同的次属群体"⑤；可以按照社会关系意义上的群体，诸如家庭、单位、团体、政治、经济和文化的归属阶层甚至宗教信仰等进行分类；可以按照对一定媒体的忠实程度，把收受主体分为忠实型收受主体和随意型收受主体；可以按照收受主体新闻需

① 黄旦. 新闻传播学［M］. 杭州：杭州大学出版社，1997：224.
② 童兵先生在其《理论新闻传播学导论》中写道："从新闻传播的角度考察人的不同层次的需要，无论是较低层次的生理需要，还是较高层次的自我实现需要，都离不开交往活动，离不开新闻的传播和接受活动。"（童兵. 理论新闻传播学导论［M］. 北京：中国人民大学出版社，2000：14-15.）
③ 黄旦. 新闻传播学［M］. 杭州：杭州大学出版社，1997：224.
④ 人们的媒介使用，并不等于媒介的新闻使用。对很多人来说，媒介作为中介、平台，主要用途不在新闻，而在其他信息的使用和消费。
⑤ 李良荣. 新闻学导论［M］. 北京：高等教育出版社，1999：119.

求的特征，将其分为一般型收受主体和专门型收受主体；可以按照新闻传播对收受主体实际影响的程度，将其划分为有效收受主体和无效收受主体等。每一种划分标准或方法，都能提供一种新的视角，使人们对收受者有一种新的认识，也可以帮助传播者发现新的问题，开阔新的思路。对于任何一家新闻媒体来说，为了了解自己的受众情况，都应该从多种角度进行研究，这样才能比较全面地把握收受者的外在构成情况和内在素质特征。

需要指出的是，上述关于新闻收受主体的各种类型划分，都包含一定的交叉性，每一种划分方法，只是从不同侧面对收受主体的描述。比如稳定型收受主体大多是复合型收受主体，也必然是现实型收受主体；而现实型收受主体既可能是稳定型收受主体，也可能是偶然型收受主体，既可能是单一型收受主体，也可能是复合型收受主体。这样，我们就可以在多种标准构成的综合参照系下，对收受主体做出更为细致的描述，这已属于"受众学"要研究的专门问题，在此就不做展开了。另外，每一标准下划分出的不同类型在实际当中并非固定不变的，它们之间是可以在一定条件下相互转换的。比如，原来属于稳定型收受主体的人，如果在长期的媒介接触中实现不了自己的新闻需求，就有可能逐渐放弃对一定新闻媒介稳定的、习惯的接触，而转化为偶然的接触，从而成为偶然型收受主体。同样，在环境发生变化或主体认识、态度等发生改变的情况下，原来的偶然型收受主体也会改变成为在一定时期稳定的甚至是长期稳定的收受主体。又如，对一定的媒介而言，现实型收受主体可能由于各种各样的原因放弃对它的接触，从而转化为潜在型收受主体，而潜在型收受主体也可能转化为现实型收受主体。其中的道理是容易理解的，就不再多言了。

3. 收受主体的层次构成

研究收受主体的层次性，就是从收受主体构成的横断面出发，对收受主体做出分析。新闻收受者作为主体性的存在，是一种多元化、多样化的存在，因此对收受主体层次构成进行描述，首先要从宏观上对多元、多样存在的收受主体做出层次定位，然后针对不同层次的收受主体进行相对微观的内部层次分析。有了这样一个出发点，我将主要从三个方面对收受主体的层次性加以说明。

第一，按照收受主体的社会存在规模或社会存在方式可以分为这样几个层次：一是社会化层次，即把特定社会作为整体的新闻收受主体来看待，这个社会一般是指整个人类社会和一定民族国家构成的社会，比如可以把整个人类社会看作国际新闻传播的收受主体，可以把中国社会看作中国新闻传播的收受主体；二是群体化层次，即把特定的群体或群体组织作为新闻传播的收受主体，比如把一个政治集团、经济团体、社会团体甚至一个村落、一个社区、一个单位、一个家庭看作新闻传播的收受主体；三是个体化层次，即把每一个具体存在的人作为新闻传播的收受主体。显然，要想真实、全面地把握收受主体的具体构成状况，就必须从各个层次出发来研究收受主体，每个层次的收受主体都有自身的特点，固守于任何一个层次的研究都是片面的，都不能完整反映收受主体的真实面目。

在现有的受众研究中，人们一般注重从个体层次上研究收受者，不大重视宏观层面的研究。[1] 这种"只见树木，不见森林"的做法，是有一定偏误的。在我看来，追求有效的新闻传播，首先要从宏观层次上研究一定收受主体的总体构成情况和特征。一定的社会成员之所以能够形成一定的主体群体，必然有一些他们共同的特征，从而使形成的这个群体和另一个群体区别开来。比如，一定的民族总是具有不同于其他民族的一些特点，

---

[1] 美国新闻传播学界特别关注的效果理论，其针对的核心对象就是作为信息收受者的个体，研究的主要问题是信息传播对个体的作用和影响。欧洲的批判学派则比较注重传播对整体社会的作用与影响，可以说更侧重从社会结构方面或从宏观层次讨论新闻传播与社会大众之间的关系。

他们拥有自己共同的历史和传统文化，拥有相似的心理特征和思维方式，拥有大致相似的生活态度和生活方式，具有某种共同的民族精神和价值理念，特别是在这些前提下，他们可能具有大致相同的新闻理念，以及新闻收受方式、新闻收受习惯等。又如，不同的社会阶级、阶层、群体（农民群体、工人群体、知识分子群体等）具有一些明显的能够将他们与他者区别开来的特点。这些特点主要不在于那些外在的可识别的现象，而在于内在的精神特质。仅从新闻活动现象来说，不同民族、不同群体的新闻观念之间总有一定的差别，新闻报道应该着重于什么，应该以怎样的方式进行，应该追求什么样的价值取向、什么样的传播效果，诸如此类的问题，尽管随着人们之间和不同人群之间的交流对话增多，答案越来越趋于相似或一致，但他们之间的差异还是十分明显的，甚至存在着各种各样的矛盾和冲突。从新闻传播主体的角度说，新闻报道总是指向一定的目标人群，而不是个别的人，因而，只有首先把握住了媒介目标收受者的整体特征，把握住了一定群体整体的心理特点、思维方式，把握住了他们新闻信息需要的总体特征等，才有可能在适应与引导中，在与收受主体的平等互动中，取得良好的新闻报道效果。

第二，每一层次内部也有自身的层次结构，这种内部的层次结构在较为严格的组织性群体中表现得尤为明显。在一定的群体内部，首要的是群体作为一个整体与构成群体的个体间的层次差别，对待新闻传播的态度、接受的程度和方式首先依赖于群体的整体利益，而不是构成群体的个体的特殊利益，即对于一定的群体主体来讲，其利益具有相对于个体的优先性。另外，群体内部不同的个体之间也有层次上的差别，这是群体结构的必然性要求。处于群体内部不同层次的个体主体，由于其在群体中地位和作用的不同，对以群体名义进行的新闻收受行为必然具有不同的作用和影响。比如在一定群体中担当主导或领导角色的个体，就往往发挥着类似

"舆论领袖"的作用，对新闻传播的内容有着特别的解释权和评价权。即使在一个小小的家庭之中，当一家人共同获知一条重要新闻时（比如围坐在一起收看电视新闻时），家庭中的某个成员往往拥有一定的、实质性的权威性解释权。因而所有家庭成员对某条新闻的理解，常常变成了某个成员的理解。这样，这一家庭成员与其他成员相比，就成了"高位"的或"高层次"的成员，而其他成员则成了"低位"的或"低层次"的成员。

第三，无论是社会性收受主体还是群体性收受主体，都是由个体收受主体构成的。新闻收受行为，首先是以个体方式进行的，新闻传播效果，最终也要体现在个体收受主体身上，因此，只有把握了个体的素质、能力、需要等层次结构，才有可能真正把握收受者的层次性。这也正是收受者研究大都以个体收受主体为主要研究对象的根本原因。在个体层次上，从新闻主体论的角度看，最需要关注的问题是，新闻收受者的新闻需要是有层次差别的。这可以从以下两个方面加以理解：

其一，不同收受者的新闻需要层次是不一样的。收受主体各方面的差异性，诸如社会地位、政治立场、社会职业（角色）、基本文化素质等等①，都会导致不同的收受者具有不同类型、不同层次的新闻需要。比如，在类别上，有人喜欢政治新闻、军事新闻，有人喜欢经济新闻，而有人可能喜欢社会新闻、体育新闻、娱乐新闻；在层次结构上，有人爱好严肃新闻，有人则喜好煽情八卦新闻。尽管每一个体化的收受主体从角色上说都是收受主体，但他们在新闻收受活动中的表现是千差万别的。需要注意的是，任何个体都有多样化、多层次的新闻需要，因此不能以某一类、

① 收受主体的素质构成本身就是一个相当复杂的问题，包括个体作为各种社会角色的素质，作为一般社会成员的素质，这些素质整合形成了个体的整体素质，整体素质的差别使收受主体处于不同的素质层次。就新闻收受活动而言，个体各种素质整合形成的个体素质层次，最终表现出来的是他的新闻需要的质量和层次。从原则上说，一个人具有什么样的素质，就有什么样的需要，就会追寻什么样的新闻。

某一层次的新闻需要来划定个体素质的层次，而应该从主体比较稳定的、占主导地位的新闻需要方面来划分其层次。人们通常将收受主体分为大众层次、精英层次等等，这正是从总体素质构成上对收受主体的层次定位。其实，如我在前文的相关分析中所说的那样，不管是普通大众，还是社会精英，作为人，必然有着共同的兴趣，有一些共同的或者说差别不大的新闻需要。依据生活经验提供的事实，我们可以大胆断论，几乎所有的人都喜欢一些轻松的新闻（比如社会新闻、趣味新闻、体育新闻、文化娱乐新闻等）。差别在于，有些人只喜欢视听轻松的新闻，有些人甚至只喜欢媚俗、低俗的新闻，而有些人不仅愿意接触轻松的新闻，更愿意投入时间和精力收受严肃的新闻。这就显示出不同收受者之间层次的差别、素质的不同。了解、把握收受者素质的层次，即了解、把握收受者新闻需要的层次，这正是新闻媒体进行内容定位、水准定位、风格定位的重要根据。

其二，同一收受者，有不同层次的新闻需要，也可以说有不同类型的新闻需要。从原则上说，一个人的新闻需要大多不是单一的，而是丰富的、多样的、多层次的。同一新闻收受者，既可以喜欢政治新闻、经济新闻、科技新闻等比较严肃的新闻，也可以喜好社会新闻、体育新闻、文艺新闻等比较轻松的新闻。每一个体可以根据自身需要的层次，去寻求、接触、收受不同层次、不同特征、不同水准的新闻信息。在现实的收受行为中，个体新闻收受主体的具体收受方式是变幻莫测的，所处的层次也会在不同的时空条件下发生各种各样的变化和交叉，我们不能以形而上学的方式对待收受主体的层次，而应该以发展变化的眼光分析收受主体层次的实际构成情况。

（三）新兴媒介时代收受主体的新特征

上文中，我只是在历史的大尺度上初步描述了收受角色或身份的变化轨迹，在一般意义上分析了收受主体的基本类型构成。然而，当以互联网为基础的新兴媒介时代到来后，特别是在媒介环境学派在新时代的代表人物保罗·莱文森所说的"新新媒介"（new new media）时代已经基本成型后[①]，以往所谓大众角色的新闻收受者显示出了前所未有的新特征，可以说已经发生了具有一定革命性的身份转换，对人类整个新闻活动的结构方式带来了巨大的冲击，一种新的身份和角色结构方式正在形成。因此，很有必要在上文相关论述的基础上，对新兴媒介时代中的新闻收受主体变化做出进一步的专门分析。

首先，融合身份、融合角色已成事实。如我在前文的相关分析中所说，在当今媒介环境中，新闻收受者多重身份的融合共在已成事实，即大众角色、小众角色（分众角色）、个体受众角色的共在融合已成事实。在新兴媒介环境形成之前，社会大众基本上只能以共同的方式收受新闻，人们的新闻需要似乎是被抹平了的一致性需要，缺乏应有的特殊性或个性；但在今天这样的媒介环境中，个人的新闻定制或者说传播主体的目标化新闻信息推送[②]已成常态。这种新时代的收受身份角色的融合，使收受者的主动性不再是以往的理论设想，而成为现实，使收受中的主动性与被动性达到了新的统一。融合收受身份角色形成的更为重要的意义在于：它使新闻收受自由的实现，进入了一个新的历史时期，人们的知情权在新闻传播中不仅可以得到一般性的普遍满足，而且有可能、有机会达到特殊性、个

---

① 美国学者保罗·莱文森将媒介变迁史分为三大阶段：第一阶段是互联网之前的所有媒介，属于老媒介或传统媒介；第二阶段是初级阶段的互联网媒介；第三阶段是新互联网时代及其之后的所有媒介。（莱文森. 新新媒介 [M]. 何道宽，译. 上海：复旦大学出版社，2011.）中国学者方兴东等人则把"基于网络空间的媒体叫新媒体，基于现实空间的媒体叫旧媒体或者传统媒体"。[方兴东，胡智锋，潘可武. 媒介融合与网络强国：互联网改变中国：2015《现代传播》年度对话 [J]. 现代传播（中国传媒大学学报），2015（1）：1-12.]

② 作为信息或新闻收受者（消费者）的人，其在网络世界的新闻收受行为是可计算的。因此，从原则上说，传播主体可以根据收受者的新闻收受特征，及时推送相关信息。

性化的满足，从而使每个人的个性能够通过新闻方式得到比较充分的展现，进而也使新闻的一些延伸功能有了实现的可能。①

其次，前所未有的双重角色功能已经形成。新兴媒介时代对传统新闻业时代新闻收受者角色的最具革命性的变革是：把单一的大众化新闻收受者角色转变成了大众化的传收双重角色。这还需要做一点具体的解释。一是，传统上仅仅作为新闻收受者的角色，转变成了新环境中既可收受又可传播的角色；二是，准确地讲，新环境不仅保持了传统收受者的收受角色和私人范围内的传播者角色，而且把传统新闻业时代只能局限在一定私人范围的新闻传播者，转变成了大众化、公共化的新闻传播者。因此，在今天的媒介生态环境中，人们才可以说，新兴媒介时代的收受者，原则上都是新闻生产者、传播者和收受者的融合，他们可以发挥大众化、公共化新闻传播者的作用，同时又始终保持新闻收受者的角色。身份角色的传收双重化，不仅改变了收受者的结构方式，更重要的是改变了传统的新闻生产与传播结构，特别是改变了传统新闻业时代的新闻生产与传播方式，使得职业新闻与民众新闻的关系进入了一个新的时代。从此开始，一定社会再现、塑造、建构新闻图景的方式也开始进入一个新的历史时代，新闻自由正在开辟新的境界。但是，当人人都是大众化传播者的时代到来，这样的传播结构将给人类社会（一定社会）的信息秩序、新闻秩序以及与此密切相关的社会秩序带来怎样的作用和影响？我们面临的恐怕不只是简单的欢呼景象，而是有待研究的重大课题。

---

① 我把新闻的信息功能界定为新闻的本位或本体功能，而把建立在本体功能基础之上的政治功能、经济功能、文化功能、舆论功能、教育引导功能等称为延伸或派生功能。（杨保军. 新闻理论教程 [M]. 3 版. 北京：中国人民大学出版社，2014.）

二、传收关系是新闻活动的核心关系

在最为基本的意义上说，新闻现象就是人类传收新闻信息的现象，新闻活动就是人类传收新闻信息的活动；新闻现象、新闻活动就是人类分享、共享新闻信息的现象和活动。毋庸置疑，传（者）与收（者）构成了新闻活动最为重要的两端，不管是传收角色的分化，还是传收角色的一体化，都不会改变传收关系是新闻活动中最重要的关系这一基本事实。可以说，新闻现象、新闻活动总是围绕着传收活动开展的。

（一）新闻传收关系的实质

在感性直观上，新闻传收现象表现为一些人（主体）在一定时空中担当生产传播新闻信息的角色，另一些人（主体）担当收受信息的角色，从而建构起传收关系系统。这种现象得以产生的动力根源，其基本内容、根本目的就是传收活动的实质。信息交流（新闻信息交流）是人类生存生活的必然，根源于人类的群居性与社会性生存演进方式。"知情"与"表情"（表达情况）是人类正常生存生活的基本条件，也是基本表现。"欲知"与"欲告知"近乎人类的本能，人类是典型的传播动物和交往、交流动物。一言以蔽之，传播需要与收受需要，是人类的基本需要。这种传收需要构成了人类新闻活动也可以说是人类新闻传收关系最重要的实质。

从发生学的角度看，新闻信息传收关系的形成是一个自然自发的历史过程；从社会演进角度看，新闻信息传收关系的形成是一个不断进化的历史过程，人类的新闻信息传收方式会不断进化。如果以人类既有的新闻传收事实为对象，可以发现，新闻信息传收演化的过程是有规律的，是一个传收规模不断扩大、传收速度不断加快、传收效率不断提高、传收主体间关系总体不断走向自由和谐的历史过程。对此，我将在下文中再做阐释。这里重点要做的是，进一步分析新闻传收关系的实质——新闻传收需要的内涵。

新闻传收关系的实质，在感性的表面层次上，是以"新闻需要"为基本中介，在传播主体与收受主体之间建构起的一种信息交流（分享）关系。新闻需要在具体的传收关系层面上，表现为两个基本方面：在传播主体一方，表现为"传播新闻"的需要，在收受主体一方，则表现为"收受新闻"的需要；而所有人既是传播者又是收受者，是两种身份的统一体。由于新闻需要是人类的基本需要，即不可不有或不可或缺的需要，是生命、生存、生活得以延续的必需品，因此，不管人类的新闻活动以怎样的方式进行，以"新闻需要"为实质中介的传收关系都会永恒存在。因而，人类新闻需要的实现方式（生产方式、传播方式和收受方式）是人类新闻活动水平的重要标志。

需要注意的是，在新闻传收关系中，并不只是纯粹的新闻信息传收关系，也并非仅仅是新闻需要（传播需要与收受需要）关系，而是包含着大量的其他各种各样的可能关系；新闻关系（新闻传收关系）很可能是体现和实现其他关系的桥梁和中介、工具和手段，新闻需要中很可能包含渗透着其他各种需要期望、目的诉求。这就意味着，对现实新闻活动的理解与把握，不仅需要分析纯粹的新闻关系、新闻需要，同时还必须将新闻传收关系置于复杂的社会系统、社会关系中加以考察与审视。新闻关系是在其他各种社会关系（政治关系、经济关系、文化关系等等）中运行的，新闻需要是在其他各种可能的社会需要（包括物质需要、精神需要，或政治需要、经济需要、文化需要等）中实现的，它们是同时共在的，它们是相互作用、相互影响的，其中的具体关系需要专门的研究。

在不同的历史时代、不同的社会当中，新闻传收关系到底会成为一种怎样的实质意义上的关系，是需要具体专门分析的，没有统一结论。每一时代、每一社会，在新闻传收关系的核心——新闻需要——的定位上，都会有各自的时代偏向、社会偏向。有些时代、有些历史时期、有些社会，会把政治新闻作为新闻需要的核心，而另一些时代、另一些历史时期、另一些社会，则会把经济新闻作为新闻需要的核心。当然，对一个发展已经比较平衡、制度比较健全的现代社会来说，人们的新闻需要也是全面的、平衡的，从自然到社会的最新现象，从政治、经济到文化、社会各个领域的最新事实，从国内到国际的最新事件，都会成为新闻需要的内容。① 透过新闻需要的历史呈现，人们能够大致看到一定社会整体的历史演变特征。人是需要的动物，在新闻学视野中，人是新闻需要的动物，因而，新闻是历史的记录，同时，新闻现象是人类历史客观的重要表征中介或方式。

在现代意义上，理想的新闻活动应该是以新闻为本的信息活动；理想的新闻传收关系应该以传收新闻为直接目的，以满足和实现新闻需要为直接目标，其他目的应该以此为基础或前提。如果一开始就将新闻传收关系当作实现其他关系的手段和工具，新闻就有可能被扭曲，新闻需要就有可能难以真实地满足。新闻活动的相对独立性，是以新闻需要本身能够成为目的存在为基础的。

---

① 比如，中华人民共和国成立以来的新闻，在整体的内容结构上，就呈现出典型的时代特征。可以说，在改革开放之前，政治新闻始终占据着绝对的中心地位；但从改革开放开始，伴随以经济建设为中心的发展战略的确立，经济新闻越来越成为整个新闻内容系统的核心，与政治新闻并驾齐驱，构成了新闻需要的核心；而随着改革开放的深入、社会的全面发展，人们的新闻需要越来越丰富多彩，如今，凡是人们在现实社会（不限于中国境内）中能够看到的、感受到的新变化，都能在新闻传媒的新闻报道内容中寻找到相应的信息，人们的新闻需要不再指向某一社会领域的最新变化，而是指向整个社会方方面面的新现象、新事物、新人物。

（二）传收矛盾是新闻活动的基本矛盾

我在第一章分析新闻活动系统的构成时，已经指出新闻活动系统中最重要的关系就是传收（主体间）关系，最基本的矛盾就是传收（主体间）矛盾。这里，我将对此展开进一步的分析与解释。

如果把人类新闻活动看成一个系统，可以发现这一系统是由几个基本要素——内容、传者、媒介、收者——构成的。[①] 若暂不考虑传收环境因素，新闻活动就是在这几个基本要素的相互作用中生成、开展的。在所有基本要素构成的可能关系中，传收关系是基本关系，传收矛盾是新闻活动的基本矛盾；所有其他关系、其他矛盾的生成与解决都会围绕这对基本关系、基本矛盾而展开。因此，也可以说，传收矛盾是新闻活动的总矛盾；任何一个层次的新闻景象，呈现的主要就是传收关系的图景。

传收矛盾（传播主体与收受主体间的矛盾）的实质，如上所说，就是传收需要之间的矛盾，这一矛盾是新闻传收活动得以持续开展的根本动力机制。或者说，新闻活动的历史开展过程，就是人类不断探索有效解决传收（需要）矛盾的过程。在新闻学视野中，可以说，正是在具体的历史性的新闻需要提升过程中，人类不断创造出解决传播需要与收受需要矛盾的各种方式方法，从而塑造出人类新闻活动的丰富历史图景。对此，我将在下文中进行专门分析。

传收矛盾的运行与解决自然发生在一定的社会环境中，因而，新闻活动系统内部的传收矛盾与社会环境之间有着极为复杂的关系或矛盾。如果

---

① 对新闻活动系统的要素构成问题，学术界有不同的要素构成说，如三要素说——事实、传者、收者，五要素说——内容、传者、媒介、收者、反馈。我这里采用四要素说——内容、传者、媒介、收者。有关具体根据与理由分析，请参阅下书：杨保军. 新闻活动论 [M]. 北京：中国人民大学出版社，2006：82-90.

我们把新闻系统内部的传收矛盾称为内部矛盾，那就可以把新闻系统与社会环境之间的矛盾称为外部矛盾，而真实的新闻活动就是在内部矛盾与外部矛盾之间的矛盾关系中开展的。看得出，像我在上文所说的，新闻传收关系绝对不是简单而纯粹的关于新闻信息的传收关系，也不只是在纯粹的新闻需要的动力作用下实现的，而是掺杂渗透着各种社会关系、利益关系。我们只有比较全面地把握这种复杂的关系或矛盾系统，才能真正理解现实社会中的新闻传收关系。而从实践角度看，一定社会中新闻传收矛盾的解决，也绝不单单是新闻领域的事情，而是整个社会的事情。大而化之地讲，有怎样的社会，才会有怎样的新闻，才会有怎样的新闻传收关系、新闻景象。

互联网时代（后新闻业时代）确实改变了新闻业时代和前新闻业时代新闻传收（主体间）关系的表现方式、实现方式，但并没有改变传收关系本身的抽象形式，因而，我们依然可以将传收关系看作是互联网时代新闻活动的基本矛盾。在这样的时代，从媒介形态角度看，人们已经提出用"互联网思维"处理解决新闻传收矛盾，这是时代的要求，也是时代的自然选择。但到底何为互联网思维，怎样才是互联网思维指导下的新闻实践，还是远未解决的问题。人类的新闻活动以及其他社会活动，应该说才刚刚进入互联网时代。

（三）传收规律是新闻活动的基本规律

抓住了人类新闻活动的基本矛盾，也就能够进一步探索分析人类新闻活动的基本规律。由于传收（需要）关系、传收矛盾是新闻活动中的基本关系、基本矛盾，因而人类新闻活动的基本规律——传收规律——就蕴含于其中。所谓传收规律，就是存在并运行于传收关系中那些内在的、稳定的、恒久的基本关系。

新闻活动的核心是新闻信息的传收活动，因而新闻活动的基本规律就是传收规律，它是整个新闻规律系统的核心或灵魂；新闻活动系统的其他规律，可以说都是新闻传收规律的不同体现或表现形式。根据既有的研究成果，新闻传收规律主要包括以下内容[①]：

第一，新闻传收选择律。任何完整的新闻传收过程，都是新闻活动双重主体选择的过程和选择的结果。新闻传收行为，从总体上说是一种主动的、自觉的行为，选择机制支配着新闻传收过程。新闻活动作为主体性的活动，选择者应该是参与新闻活动过程的所有主体，但核心主体是传播主体和收受主体。其他主体的影响和作用最终都会体现在传播主体和收受主体身上。凡是发生新闻传收的时候，凡是发生新闻传收的地方，都存在着传播者与收受者之间的互相选择行为，这是一种双重主体间的互动选择。当然，不可否认的是，在不同的新闻活动时代，在不同的传收模式中，在不同的传收情境中，传收者之间的互动选择能动性在传收主体身上的表现是有差异性的。通常看来，在现象层面，传播者几乎总是表现出更强的能动性，但从根本上看，传收互动的有效性关键还在于收受者的能动性。

第二，新闻传收效用律。传收主体利用新闻传收媒介追求传收效用。传播者通过处理事实与新闻选择标准、事实与媒介、事实与收受者、媒介与收受者（以及自身与传播环境）等诸多具体矛盾，追求新闻传播目标，实现新闻传播意图，争取预期效果；而收受者则主要通过处理自身与媒介、与新闻文本（与收受环境）的诸多关系，获取有用、有趣的新闻信息，以实现自己的新闻需要。完整的新闻传收过程就是在传播者追求传播

---

① 对新闻规律的专门论述，可参阅下书：杨保军. 新闻理论教程 [M]. 3 版. 北京：中国人民大学出版社，2014：185 - 195. 另外，可参阅以下二文：杨保军. 再论"新闻规律" [J]. 新闻大学，2015（6）：1 - 10；杨保军，张成良. 论新兴媒介形态演进规律 [J]. 编辑之友，2016（8）：5 - 11.

效果、收受者追求新闻满足的互动中进行的。

第三，新闻传收接近律。新闻传收过程，直接表现为传收主体间关于事实信息、意见信息的交流、分享或共享过程；而达到传播主体与收受主体之间的精神交流与接近，进而产生行为上的某种一致，是新闻传收的深层目的和理想境界，也是新闻传收过程遵循的一条重要法则。

新闻传收选择律、效用律和接近律，是对同一现象、同一活动、同一过程规律的揭示，因而必然有着内在的联系。选择律会受到效用律、接近律的制约，而效用律、接近律又在选择中得以实现；效用律是选择律的动力，是接近律的途径；接近律规定着选择律的方向和效用律的范围。这三大规律构成了人类新闻活动规律系统的核心，媒介形态演变规律、新闻业演变规律等，都是这三大规律的某种表现和延伸。①

三、传收关系的历史演变

如前所述，新闻传收关系是人类新闻活动的基本关系，新闻传收矛盾是人类新闻活动的基本矛盾，这一基本矛盾的历史展开，呈现了人类新闻活动的历史主线。站在今天的历史平台上回望历史，在主体视野中，传收（主体间）关系大致经历了三个历史时代：自在不分的一体化关系时代、分离分立的角色清晰关系时代、传收一体化的新型关系时代。需要说明的是，我在前文对收受角色历史演变的描述，已经实质性地揭示了传收角色关系的一个侧面，但前文的角度毕竟是收受者的角度，而不是传收主体关

---

① 新闻规律是一个系统，是由不同规律构成的。在新闻学视野中，新闻传收规律是核心；而在新闻传收规律的自在自为作用下，人类新闻活动形成了壮阔的历史进程，最典型的表现就是新闻业的诞生与演进，从而使传收关系通过新闻业这个中介得以体现，也就使得新闻规律表现在新闻业的各个方面，以及新闻业与社会的关系之中。因此，新闻规律研究是一个十分复杂的课题，需要专门的系统探讨。

系的角度。应该说，这里对新闻传收主体关系历史演变的描述，建立在我在第二章关于传播主体构成方式历史演变与本章第一节关于收受主体角色构成的历史演变的基础之上。

（一）自在不分的一体化关系

新闻活动属于人类本体性活动，在起源上属于自在自发自然的活动；有了人类，就有了现在人们所说的新闻现象、新闻活动（传收信息，包括新闻信息的现象或活动），就有了客观存在的传者和收者，以及传者与收者的自在自发关系。这应该是一种自然的历史现象、历史事实。我把人类缺乏传收自觉意识，特别是还没有传收角色区分自觉意识的时代，从传收者关系意义上，称为自在不分的一体化关系时代，由于人类没有自觉的传收角色意识，这种传收关系总体上处于一种混沌的状态。

传收一体化的混沌关系，可以推测是一个十分漫长的历史过程，但在不同的历史时代，传收一体化的具体表现是不一样的，传收关系的"混沌"程度是有很大差别的。从原则上说，越是遥远的过去，传收角色不分的混沌性越强，越是靠近现代新闻业的诞生时代，传收角色不分的混沌性越弱。可以想象，当人类不断创造出图画传播、游吟诗人式传播、文字传播（书信传播，如新闻信、新闻书等）等形式时，传播者与收受者的角色意识逐步觉醒，传收关系的分离分立逐步诞生。[①] 因而，我们所说的传收一体化关系，其实是一个十分粗糙的定性描述。我们只能在过程性上去理解这种一体化的混沌关系。人类新闻传收是在什么时间节点从一体化的混

---

① 美国著名新闻史家米切尔·斯蒂芬斯对印刷新闻诞生之前人类新闻传收的各种方式做了详细描述，参阅《新闻的历史》第一章"口头新闻"和第二章"手抄新闻"。（斯蒂芬斯. 新闻的历史：第三版［M］. 陈继静，译. 北京：北京大学出版社，2014.）

沌关系转向了分离分立的角色清晰关系，其实是很难说清的问题，但我们确实可以根据人类的文明化过程，做出这样的历史划界。至于人类不同具体人群社会在新闻传收角色意识上的演化情况则更是复杂的问题。[①] 此处，我是多少有点武断地把近代新闻业的诞生起点（近代新闻业的产生本身也是一个漫长的过程）作为划界标准，即把近代印刷新闻业诞生之前的新闻传收关系归于传收不分的一体化关系，而对之后的传收关系做出了新的定性描述。

传收一体化的混沌关系，也意味着传收者是相互不分彼此的信息共同体，他们在相对狭小的时空中共享着彼此传收的信息。但是，可以想象，即使在新闻传收一体化的历史时代，特别是在人类文明发展到一定程度，在一定的社会中，由于社会阶层的客观存在，一体化的新闻传收关系也通常存在于一定的阶层范围，而不同阶层之间的信息传收很难达到共享的状态。

（二）分离分立的角色清晰关系

人类的生存演进过程，是一个主体意识不断觉醒、主体性不断提升的过程，这样的过程表现在人类活动的各个领域或各种具体活动形式中。伴随整体文明化进程，人类的新闻活动方式也在不断变化，传收角色之间的关系也在发生着相应的变化，一些近于专门从事信息采集、加工、制作、传播（必然包含着新闻信息的传播）"工作"的社会角色逐步出现，从而使信息传播者与信息收受者的区分关系一步一步明晰起来，也为人类传收

---

① 在人类整体意义上，学界通常把最能代表人类文明先进水平的人群、社会作为描述各个领域发展程度的标志，而在具体人群或一定社会范围内，自然是以该人群、社会的实际演化情况描述其历史发展过程。

角色意识的产生创造着实践基础与根据。相关研究表明，实践活动是意识诞生最重要的动力根源，因而新的实践活动内容与方式，迟早会促成新的意识的产生；实际社会活动中的角色分工，总会促成观念世界中的角色概念、角色自觉与角色区分。

当人类新闻现象、新闻活动演进到近代，专门从事信息（新闻信息）生产传播的机构出现了[①]，一种具有社会领域划分、社会角色分工意义的现代新闻业诞生了，相应的新闻信息采集、加工、制作、传播角色出现了，这是历史性的变革，也是人类传播史上、新闻活动史上革命性的变化。在新闻传收主体关系视野中，这种革命性变革的标志就是传播者与收受者的相对分离分立，或者说传播者与收受者有了各自相对独立的但又谁也离不开谁的角色关系。总而言之，现代新闻业的诞生，开启了新闻传收方式、传收关系的新时代，它逐步建构起人类新闻生产、新闻传播的新方式、新结构，也逐步建构起新闻传收主体之间新的结构方式，使新闻传收角色之间的关系从原则上进入了一个自觉分离、分立的"对应化""对象化"的新时代。与此相应，新闻传播者与新闻收受者（新闻受众）的自觉意识、观念也就慢慢地诞生了。

就历史事实看，现代新闻业的诞生与演进，在时空结构上，是一个以西方（主要指欧美）为中心不断向全球扩散的过程[②]；在技术或媒介形态上，是一个新的传收技术或新的媒介形态不断发明创造的过程［报刊（电报）—广播—电视］；而在新闻信息的传收关系上，则是一个传播者与收受者越来越明确分离分立的过程，也是传播学意义上大众化传播模式形成

---

① 起初这样的"机构"当然是十分简陋的作坊式机构。关于现代新闻业的酝酿、诞生、发展过程，以及新闻业产生过程与社会政治、经济、文化特别是印刷技术的关系，参阅《新闻的历史》第三章"印刷新闻"。（斯蒂芬斯.新闻的历史：第三版［M］.陈继静，译.北京：北京大学出版社，2014.）也可参阅一般的新闻史教材。

② 陈力丹.世界新闻传播史［M］.上海：上海交通大学出版社，2002.

并越来越稳定的过程。其最终结果就是，在新闻传收主体关系的视野中，形成了独立的职业新闻传播主体（传媒组织、职业新闻工作者），以及与其相对的作为社会大众的新闻收受者（受众）。

新闻传收者的自觉分离、分立，不仅在人类新闻活动史上具有特别的意义，而且在整个人类演进史上也有着特别的作用和影响。它意味着新闻传播主体（行业、传媒、职业工作者）作为一种相对独立的社会力量登上了历史舞台，成为重要的社会角色。作为行业主体，新闻行业（事业、产业）越来越成为重要的社会经济力量、政治力量、文化力量、舆论力量；作为传媒组织主体，新闻传播主体不仅是行业力量的具体体现者和实现者，也是极为重要的社会认知、反映、建构者和社会宣传、鼓动、组织力量；作为新闻职业主体，每个职业工作者不仅是新闻的生产者、传播者、社会新闻图景的再现者、塑造者、建构者，也是社会舆论的实际反映者、制造者、引导者。整个新闻传播主体越来越成为一定社会重要的中介力量，实际影响着一定社会整体的运行方式与基本秩序。

在新闻主体论的视野中，新闻传播者与新闻收受者之间的关系，伴随着近现代新闻业本身的发展，演变成越来越重要的一种社会主体间关系。

进一步说，传播主体与收受主体之间的关系，不单单是新闻传收关系。人们能够看到，新闻传收主体之间，既有统一的关系，也有矛盾对立的关系。因而，传收双方在一定意义上分离成为不同的（利益）共同体，特别是职业新闻工作者因为有了相对稳定的、独立的工作方式，有了一定范围、程度的专门知识与技能要求，有了逐步形成的职业伦理准则与职业道德规范，从而成为职业共同体，与作为新闻收受者的普通社会大众有了进一步的分离。我们看到，在职业新闻传播主体的基本观念中，传播者占有明显的高于收受者的地位，他们之间的基本关系由一体化的混沌关系时代的"混沌平等"关系，演变成了一种"主—客"关系——传播者是主体，收受者是客体。在这样的关系中，借用哲学性的描述就是，"人与人的关系必然是一种'我'与'他'的互为对象性的关系，而不可能是一种对等的'我'与'你'的关系，社会生活中的成员们于是被分为两个等级：一个是代表'生命、道路和真理'的'神圣家族'，另一个是如迷途羔羊般等待救赎的凡夫俗子；一个是为社会生活现实和未来设定规范和道路的'主体'，另一个是接受和服从规范的'客体'"①。总而言之，新闻传收者的分离分立结构成型，有着特别的社会结构意义，使新闻传播主体与社会的关系、新闻与社会的关系，凸显为越来越重要的社会关系。

（三）传收一体化的新型关系

印刷新闻业的诞生，标志着人类规模化新闻生产与传播局面的开启；而20世纪二三十年代相继新生的广播新闻业、电视新闻业与印刷新闻业一并，建构起了被人们称为"三足鼎立"（报纸、广播、电视）的媒介形态结构、新闻业结构，形成了"传统新闻业"的兴盛时期。然而，随着互联网时代的到来与不断更新升级，传统的媒介形态结构正在改变，传统的新闻业结构正在改变，传统的新闻观念正在改变，这一系列带有某种根本性的变革，也明显地体现在新闻传收主体的关系上。就目前来看，可以说已经开启了一个新的时代，并且显现出新的传收关系的样态，这就是传收一体化的新型关系时代。

新闻传收一体化的新型关系，是相对前新闻业时代的旧的、老的、混沌的一体化关系而言的，因而，并不是前新闻业时代传收混沌不分状态的重复，正如有人所说的，"由于网络的兴起，新闻传播出现大规模业余化

---

① 贺来．"主体性"的当代哲学视域 [M]．北京：北京师范大学出版社，2013：15.

现象，这当然不可能是人类传播重回传受双方混沌不分的时代，而是人类在从'大众传播'走向'大众自传播'过程中，告别传播者与受众机械分离，构建新型传受关系，重建传播过程中受众主体地位，营造更有效率、更富有人文关怀、更有公信力的传播文明"①。就目前来看，新闻传收主体一体化的新型关系的突出表现，主要有这样几点：

其一，在传收主体的整体结构上，在整体社会人群的意义上，如今的人们已经基本形成了这样的传收（主体）观念："我们"是共同的新闻活动者，是统一的、一体化的新闻活动主体，但并不是混沌的传收不分、传收意识不明的统一化或一体化关系，而是清晰的一体化关系。一方面，职业新闻传播者与作为传播对象的新闻收受者是可明确区分的，传者就是传者，收者就是收者；即使是在所谓人人都是大众化传播者的今天，职业新闻传播者的身份角色依旧是非常清晰的，社会分工意义上的新闻生产传播方式仍然是今天主导性的方式，普通社会大众依旧是职业新闻传播的收受者，这种景象与传统新闻业时代相比，并没有发生根本性的变化。另一方面，在新的媒介生态环境中，在普通民众的新闻行为中，作为传播者（包括转发者、多级传播者中的某级传播者）与收受者的角色及其角色意识是清晰的。也就是说，普通社会大众在其具体的新闻行为中，能够明确自觉到自己的新闻行为角色定位，即什么情境中是传播者、什么情境中是转发者、什么情境中是收受者。传收角色的清晰化，意味着在今天的媒介环境中，在普遍意义上，人们基本明白自己新闻行为的社会责任，其新闻行为是自主自由的行为，明白自己是应该自律的，是应该担当道德责任与社会责任的。

其二，在新闻传播主体的构成上，如我在上一章已经指出的，职业新

---

① 王天定．大规模业余化时代，专业新闻何为？［J］．新闻记者，2015（10）：47.

闻传播主体与民众作为新闻传播主体构成了新的新闻传播主体结构方式，但这两种不同类型的新闻传播主体界限是明晰的，不管是从身份角色上，还是从社会职能上都是可区分的。收受主体的传播主体化变化，是新兴媒介环境中最深刻的变革之一，也是传收主体一体化最典型的一种表现方式。也就是说，在形式表现上，传统媒介时代仅是受众角色的普通社会大众，终于有了像职业新闻传播主体一样的角色功能（因此有人将民众的公共化、社会化新闻传播行为称为"准"职业化新闻传播行为）①，至少在形式上多多少少可以像职业新闻传播主体那样进行新闻传播或意见表达了，从而使新闻自由、表达自由进入一个前所未有的更为现实可能的时代，使新闻自由（传播自由与收受自由）获得了更加完整的现实结构与现实表现②，也在一定程度上冲破了新闻传播权力实际上被职业新闻传播者直接独自享有的传统垄断状态，使新闻传播主体在结构上开始进入一种"共同主体"的状态，使得一定社会拥有的不断变换更新的新闻符号世界（新闻信息环境）成为"我们"的共同产品，而非一些人为另一些人创制的偏向性或带有比较强烈选择性的图景。但是，我们也必须清醒地看到，职业新闻传播主体与普通社会大众作为新闻传播主体毕竟是不一样的，两种类型的主体间的身份角色是可清晰区分的，前者是社会分工意义上的专业的、职业的角色，后者则是非专业的、非职业的"业余"角色，他们之间是不能完全互相替代的。职业新闻传播主体必须按照严格的行业规范、

---

① 民众或公民新闻传播主体准职业化、专业化到何种程度，其实是个很难衡量的问题，也没有多少必要去要求民众新闻传播主体像职业新闻传播者那样生产传播新闻；民众就是民众，他们的新闻生产与传播本身就是自在的、自然的、原生态的，只有保持这样的特点，也许才能更为真实全面地反映和呈现社会现实的变动状态。当然，社会大众要适应时代的要求，自觉提高自身的媒介素养和新闻素养，这样有利于创造一个真实的新闻信息环境。

② 传统新闻业时代，民众的新闻自由主要表现为收受自由，并且是传播自由限制范围内的收受自由，而新闻传播自由基本上属于停留在法律规范条文中的权利；但在后新闻业时代开启后，新闻传播自由有了真正的、真实的实现机会，与此同时，收受自由也得到了真正自主与扩展的可能。

专业要求（精神与原则）、职业道德进行新闻生产传播，必须担当其作为现代社会建制机构角色的特殊职能：作为行业主体，新闻业应是一个公共行业；作为新闻传播媒体（媒介），它应该是社会公共平台，创建社会公共领域；作为职业新闻工作者，他们必须成为整个社会的"信息公仆"，以提供公共化新闻产品的方式，为社会的公共利益服务。但对民众新闻传播主体来说，就没有这样严格的职业性的义务与职责。而且，必须进一步明确指出的是，无论普通民众在新的媒介生态环境中能够成为怎样的新闻传播者，他们都依然是作为社会大众的相对职业新闻传播者而存在的新闻收受者，他们自身传收角色的一体化、他们与职业新闻传播主体角色功能的一体化，并没有使他们消减或抛却大众化新闻收受者这一基本身份与角色；在可见的未来，他们也不可能完全替代职业新闻传播者的地位与作用。也就是说，传统意义上的职业新闻传播主体与社会大众化受众之间的基本结构方式、结构模式依然存在并将长期存在；新闻传播领域的革命是渐进式的革命，并不是爆发式的革命，传统意义上的传收结构的改变需要一个长期的过程。

其三，传统意义上受众身份、角色在新的环境中的"传播者化"变革，使得职业新闻传播主体与民众新闻传播主体进入一个互为对方新闻收受者的状态，但两种身份、角色仍然是可明确区分的。普通社会大众（民众）的传播主体化，使得传统意义上的职业新闻传播者，在特定的情境中转化成了民众传播主体的收受角色，从而使整体的传收主体关系真正进入一个传收互动、传收角色不断互换的新时代，这就使得传收互动（合作互补、对抗矛盾和互相建构消解等关系）真正成为塑造一定社会新闻图景的常态模式，从而使一定社会的新闻图景在整体上有可能变得更加周全真实。但是，就目前的总体情况来看，职业新闻传播主体依旧是新闻生产传播的主导性主体，他们对民众新闻的获取，核心仍然是为了更好地生产和传播职业新闻，而不只是为了收受新闻，以满足自己新闻收受的需要。一句话：职业新闻传播主体的收受需要是为了传播需要。而从社会大众一方看，他们在如今媒介环境中收受的新闻，有自身之外的其他大众生产传播的新闻（可以表现为各种具体样式的新闻，如互联网上普遍传播的新闻，一定互联互通圈子中的新闻等），但更主要的是职业新闻传媒机构生产传播的新闻，这样的新闻中可能渗透着社会大众自身为媒体提供的信息；如果进一步从社会大众作为新闻生产传播者的角度看，他们生产传播的不仅仅是自身的新闻（发现），更多时候依赖的是自身之外的其他大众，依赖的是职业新闻传播机构，即很多民众个体的所谓新闻生产传播，不过是建立在这两者基础上的再生产与再传播。若宏观一些说，如今的新闻生产传播，作为一种社会现象，是在一种社会主体互动中，特别是职业传播者与非职业传播者互为传收主体的互动中的传播与再传播的持续展开过程。

以上几点表明，传收主体的一体化新型关系正在形成，一个新的传收主体关系时代正在到来——一种传收角色清晰可分、职责分明的时代，一个功能效应既清晰又模糊的时代。这种关系带来的可预期的结果是：

第一，近乎全民都是公共化新闻传播者这一现象的形成，使得新闻生产传播更加自由、民主，即新闻自由在形式上、实质上都将获得更大空间的时代已经到来。从历史向度上观察，人类传播技术的每一次革命性进步，或迟或早都会引发社会整体自由度的提升；传播技术以其与传播自由、收受自由天然的内在关系，决定了在以其为核心动力而创造的新的媒介环境中，每一个个体的新闻权利能够获得更大的实现可能，从而使新闻的自由与新闻的民主提升到一个新的层次，进入一个新的时代。

第二，新闻传收关系更加平等，传收主体之间更加互相尊重。有学者在一般意义上指出：在互联网世界，"活动主体的扩大化、多样化冲破了传统主体由社会职务、地位、职业等阶层形成的社会秩序结构，形成了'电子人'之间话语权上的相对平等"①。在新闻学、传播学视野中，"人人可传、人人可收"时代的实质性到来，使"我们的新闻世界我们塑造"的时代逐步成为可能，以客观的社会力量与历史发展趋势，填补着传统新闻业时代传收主体之间的沟壑，特别是"垫高"了社会大众在整个新闻活动中的地位，使那种在传统新闻业时代总是作为"受众"的"低位"或"客体"状态有所改变，一个可以与职业新闻传播主体平等对话，共同生产传播新闻的时代成为可欲。甚至可以说，一个由职业传播者（传者）和非职业传播者（传统意义上的受众）通过对话生成新闻的"对话新闻"时代开始到来。②"互联网传播思维，首先不明确主动性和被动性，大家既是传播者又是被传播者，这意味着共享，既然是共享、分享，大家就是平等的，还是相对自由的，因为互联网技术本身的特点，导致在海量的信息中主导者的消失或者大家互为主导。"③因而，新的时代以其时代的力量改变着职业新闻传播者"唯我独尊"的感觉与认知，使其真正开始认识到传收主体之间的统一性与同一性，以及需要互相尊重、本质上谁也离不开谁的关系。

但是，在自由与平等现象上，我们必须看到，每一次技术革命尽管给人类社会整体带来了更为自由的时代，但并不是人人都能够享有平等的自由，并不是不同人类具体社会之间可以分享平等的自由。在不同社会、不同群体、不同阶层、不同社会个体之间，不仅存在着信息沟、知识沟，同样也存在着自由沟、平等沟。如果以一定的社会为观察对象，不难发现，

①　转引自：伍俊斌. 论互联网与协商民主的契合 [J]. 理论与改革，2014 (4)：19.

②　史安斌，张耀钟. 虚拟/增强现实技术的兴起与传统新闻业的转向 [J]. 新闻记者，2016 (1)：34 - 41.

③　方兴东，胡智锋，潘可武. 媒介融合与网络强国：互联网改变中国：2015《现代传播》年度对话 [J]. 现代传播（中国传媒大学学报），2015 (1)：12.

在现实技术支持下的媒介环境中，不同个体间的传播自由与收受自由更多的是形式上的平等，而非实质上的平等；人们在现实空间与网络虚拟空间的存在与活动，都是有差别的①，并不是所有的人都可以自由平等地进入网络空间。自由、民主、平等的传收景象，其实是人类永远的梦想，也是需要永恒努力实现的境界。

第三，新闻图景有可能更加真实全面。新的一体化关系的初现，特别是传统收受主体向传收一体化身份角色的转变，使得新闻生产传播的整体格局发生了一定的变化，生产与传播方式发生了一定的变化，在客观上形成了一种前所未有的景象，那就是不管是在怎样的现实社会中（主要是不管是在怎样的政治制度、意识形态社会中），新闻图景的再现、塑造、建构力量都不再单一，而是多元，不再仅仅宏观，而是有了原则上的无限微观。这样的结构生成，意味着一定社会中的人们，可能会获得越来越真实的新闻符号世界，越来越真实而全面的社会图景。当然，相反的情况也是可能的，因为人们运用媒介手段传播新闻、表达意见的理性水平和参与程度，必定是不平衡的。

总而言之，相对传统新闻业时代传收主体之间的"主—客"为主的关系模式来说，新时代的传收主体关系会越来越成为"主—主"模式的关系，成为"主体间"的关系。这自然是一个美好的关系模式，也是人们向往的关系模式，但它的全面实现还是任重而道远的事情。就当下的现实情况来看，传收者之间的关系更多的是一种"主体性"的关系，而非"主体间"的关系。不管是在职业新闻传播中，还是在民众新闻传播中，传播的一方总是自觉不自觉地将自身看作是主动的、强势的一方，而把收受的一方看作是被动的、弱势的一方，互为目的、互为手段的传收共同主体观念

---

① 关于人们在现实社会、网络社会中的各种空间差别，可参阅下文：谢俊贵. 空间分割叠加与社会治理创新 [J]. 广东社会科学，2014（4）：178-185.

还远未从根本上建构起来。

四、传收主体关系的可能模式

模式大致可以分为两个层次或方面：一是本体论意义上的模式，主要是指客观事物存在、运行的机制和结构方式，它是事物存在、运行的一种样式。这样的模式既是相对稳定的客观存在，也会在事物演变过程中不断变化。这样的模式属于客观模式。二是认识论、方法论意义上的模式，主要是指主体描述、阐释认识对象的一种方式方法。① 通常它是对客体对象的一种程式化的、简明化的把握，人们可以用不同的符号方式呈现一定对象的模式。这样的模式属于主观模式。我这里所说的新闻传收主体关系的各种可能模式，既从客观的传收实际出发，又从理论认知出发，将几种可能的关系模式加以描述、分析和阐释，目的在于进一步把握传收主体间的基本关系。②

（一）以传播主体为本位的传收主体关系模式

本位，顾名思义就是根本的地位或位置。在传收活动中，从主体角度看，以谁为本位，就是以谁的需要、谁的立场、谁的利益为根本。在新闻活动中，所谓以传播主体为本位的模式，是指新闻传播活动，从根本上说

---

① 模式"是科学研究中以图形或程式的方式阐释对象事物的一种方法"。（郭庆光．传播学教程［M］．2 版．北京：中国人民大学出版社，2011：50.）

② 在传播学研究中，已经形成了大量反映和描述传播过程（实质也就是传收过程）的模式。可参阅下书：麦奎尔，温德尔．大众传播模式论［M］．上海：上海译文出版社，1997．我这里所说的传收模式，并不侧重于新闻信息传收的具体过程，而是站在更为宏观的层次上，观照在各种各样的新闻传收过程中，传播者与收受者之间的实质关系，并将这种实质关系的不同样式揭示出来，这种传收主体间的实质关系就是他们之间的关系模式。

是从传播者的需要、立场、利益出发的，传播的内容、传播的方式是由传播者根据自己的传播需要选择决定的。在这样的模式中，传播者自视是新闻活动中的主体，而新闻收受者、使用者不过是传播的对象，属于客体。因此，以传播主体为本位的传收主体关系模式，可以描述为"主—客"关系模式。

传收者之间的"主—客"关系模式，是典型的精英主义的传收模式。在这样的传收模式中，传播者居于权威的、中心的位置，他们自视为先知先觉者，主导着新闻传收过程；他们充当着传收关系中的引导者、启蒙者、教育者、灌输者等主动角色，而收受者则处于相对被动的传播对象地位，是被引导者、被启蒙者、受教育者、受灌输者。在这样的传收模式中，传播者常常被看作是理性的、自觉的、有足够认知能力与判断力的主体，而作为收受者的大众往往被看作是非理性的、盲目的、缺乏足够认知能力与评判能力的客体对象；在这种精英主义的传收模式中，传播者是新闻信息的实际选择者、把关者，收受者能够知道什么、应该知道什么、以什么样的方式获知新闻，主要是由传播者决定的。可以看出，在这样的传收模式中，传播者与收受者尽管在现象上是"共在"的主体，但实际上是分裂性的"共在"，而非平等和谐的"共在"，他们并不是新闻活动中真正的共同体，他们之间的关系不是"主体间"关系。

在新闻活动中，传收者之间的"主—客"关系模式，典型地体现在新闻传收的大众化模式形态中。在由传统新闻业所支持的新闻大众化传收活动中，传收模式通常被描述为"点—面"模式，"点"指的是传播者一方，"面"指的是收受者一方，传收关系实质上是由传到收的单线、单向关系，即缺乏传收之间的双向实质互动、缺少由收到传的足够有效反馈，因此，传收之间主要是一种"传播者写收受者读（报纸）、传播者说收受者听（广播）、传播者播收受者看（电视）"的关系状态。这样的传收模式，是典型的"只顾传播需要，不顾收受需要"的模式，很难形成传收新闻需要之间的有效契合。

新闻传收者之间的"主—客"关系模式，实际上是传收者之间缺乏实质平等、互相尊重的关系模式。在这种实质的不平等关系模式中，传播者在客观上成为新闻资源特别是新闻信息资源相当程度的控制者或垄断者，成为享有更大更多实际新闻自由权利（采写编评制播新闻的权利）的主体，成为实际拥有更多新闻权力的主体，可以说，传播者在很大程度上掌控着收受者的新闻收受自由，对收受者新闻的实际获知（知情权）与意见表达（表达权）具有直接的内容控制作用。因而，在现实社会中，这样的新闻传收模式常常成为那些集权政治、专制政治所支持的模式，它们通过掌控新闻传播主体（组织、机构）实现对新闻传播的控制，进而把控制新闻（即控制信息、控制思想资源的方式）作为重要的管理控制社会（大众）的手段。对此，我将在后文相关章节中专门论述。

如果对传播主体本位模式展开进一步的分析，就可发现，在这样的模式中，传播主体的本位地位其实也常常是徒有虚名，只是形式上的表现。因为，在这样的新闻传收模式中，由于传播者并不真正尊重收受者、平等对待收受者，并不真正把收受者的需要当作传播的需要，因而，传播者的传播往往只是传了出去，而效果到底如何，不得而知，他们也并不关心。如此一来，大部分传播都变成了半途而废的"半传播"——传播出去了，但没有落地，没有被收受者收受，没有被收受者认知和认同。毫无疑问，传播主体本位模式不是一种好的、有效的传收模式。

（二）以收受主体为本位的传收主体关系模式

从理论逻辑上说，以收受主体（收受者）为本位的传收主体关系模式，就是把收受者作为新闻活动的出发点；在直接性上，就是把收受者的新闻需要作为新闻活动最重要的根据，也就是说，传播者对新闻传播内容与传播方式的选择，都是以最能满足收受者真实、合理的新闻需要为根据的。① 一言以蔽之，满足收受者的需要才是新闻传播的真正目的，这是收受者本位模式的实质所在。

在目前的媒介生态环境中，特别是在传媒运行市场经济逻辑的支配下，人们很容易看到，大大小小几乎所有的新闻传媒组织，都会宣称自己坚持的是"收受者（受众）本位"模式。"受众是上帝""受众是朋友""受众是衣食父母""受众是情人"等夸张而肉麻的诸多表达，至少在形式上说明这种传收关系模式观念的风行。这样的观念果真能够比较好地落实在新闻实践中，那当然是好事，是一定社会健康优良新闻活动的重要标志。

但在现实的新闻传收主体关系中，以收受者为本位的传收主体关系到底是否存在、是否可以现实化，不是简单的宣称就能了事的。我以为，对其进行理论分析与阐释，需要以新闻实践为根据，然后才可能做出实事求是的回答。

在现实新闻活动中，任何传播者都既是新闻认识主体，又是一定的价值主体或利益主体，因而从根本上说，任何传播主体，其新闻传播行为原则上都不会背离自身的利益，都会从自己的立场出发选择传播内容，以自己认为最好的方式传播给收受者。因而，任何"受众本位"或"受众至上"观念的真正落实，在常态情况下，都一定是在受众（收受者）利益与

---

① 在中国，受众本位论早在 20 世纪 90 年代已经提出。1992 年，在全国第二届受众研究学术研讨会上，陈崇山提出，所谓受众本位，就是指"大众传媒在新闻信息的传播活动中，应以最大限度地维护受众的根本利益为出发点，以满足受众获取多方面的传播活动需要为己任，以帮助受众提高思想素质、政治素质、道德素质和科学文化素质为目标，全心全意为受众服务"。（陈崇山. 受众本位论 [M]. 北京：社会科学文献出版社，2008：114.）

传者利益一致的状态中才有可能。但如此"受众本位"或"受众至上"，实质上是传者与收受者利益的双赢，如此可能状态中的传收主体关系模式也是我在下文将要讨论的"传收共同本位"的传收关系模式，而非以收受主体为本位的传收主体关系模式。因此，我们可以说，以收受主体为本位的传收主体关系模式，尽管是受众期望的模式，但从新闻传播主体角度看，更多的是一种形式化、口号化、宣传化的模式，并不是传播者真正能够长期奉行实践的模式。当然，也应该看到在现实新闻传播中，尽管比较纯粹真实的此模式是不大可能的，但此模式作为一种观念是可能的，在一定条件下也是可行的。然而我依然认为，这样的新闻传收主体关系模式，不会成为一种"强"模式，只能成为一种"弱"模式。

所谓"弱"模式，是说在新闻传收活动中，尽管传播主体不会放弃自己的利益或以损害自己的利益的方式坚守收受主体的新闻立场与新闻需要，但会在一定程度上减损（减少）自己的一部分利益（包括物质利益与精神利益或其他各种可能利益），以充分甚至最大限度地满足和实现收受主体的利益。弱收受主体本位模式的实现，通常是在各种条件的共同作用下形成的，但就现在看，最重要的是两种力量：一是客观环境的力量。比如，市场经济体制下的新闻业，其新闻市场的竞争也是激烈的，这就迫使新闻传播组织主体不得不充分了解和掌握"作为市场的受众"的新闻需要，进而设计和不断更新新闻传播机制，以保证新闻传媒的正常生存与发展，这也可以看作是一种规律性的力量。二是传收主体的共同努力，特别是新闻传播主体的努力。这种努力也主要体现在两大方面：第一，真正从新闻传播的价值观层面确立受众本位的观念，把新闻传媒本身当作社会公共平台，把新闻传播当作维护社会公共利益的重要手段；第二，在具体的新闻传播实践中，把社会大众共同的新闻需要、新闻兴趣放在新闻内容选择和新闻传播方式选择的核心地位。

（三）传收共同本位的传收主体关系模式

按照前述逻辑，所谓传收共同本位，是指新闻活动是从传收主体双方共同需要、共同利益、共同兴趣出发的活动，传收双方是真实的现实共同体。在目前的新闻传播环境中，传收共同本位模式，不仅具有一定的技术支持与社会条件，也是比较理想和现实的模式。

第一，传收共同本位模式属于比较理想的模式，也是实践上可行的关系模式，并且可能是传收双方共同认可的唯一的可行模式。首先，现实社会中，传收双方本质上是统一的大的社会共同体，具有共同的利益需求，需要一个共同的真实的新闻信息环境和良好的新闻信息秩序，新闻传收本身就是实现这种共同利益追求的重要手段之一，这就从根本的大方向上决定了传收共同本位模式的可能性。其次，传收共同本位模式是传播主体的最佳选择。以传播者自身为本位的模式选择，新闻传播实践已经反复证明，不可能赢得收受者的长期信赖，也不可能获得作为市场主体的受众，这就意味着传播者难以通过传播者本位模式实现自己新闻传播的政治需要、经济需要、文化需要。因此，以传播者为本位的传收模式迟早会被放弃。再次，传收共同本位模式更是新闻收受主体期望的优良的现实模式。如我在上文中分析的那样，在新闻传播活动中，特别是在职业新闻传播活动中，收受主体本位模式大多是传播者的一种理念，很难成为新闻生产者、传播者选择的现实模式，只有传收双方成为真实的利益共同体，收受主体本位模式才是可能的、可行的，而这时的收受主体本位模式其实也就是传播者本位模式，合在一起，就是传收共同本位模式。总而言之，传收共同本位模式，是比较稳定而又有效的模式。

第二，传收共同本位模式是能够适应新的传播环境、新的媒介生态结构的模式（事实上，这种模式就是新的媒介生态结构的产物），新兴媒介环境中的民众新闻传收现象，在客观上为人们塑造出了传收共同本位的大致状态。在民众新闻传收中，我们看到，每个网络节点上的新闻传收者，都是相对自由自主的，也是相对开放平等的，他们都可以按照自己的意志、意愿传收信息或发表意见，不同节点在互联互通中可以展开相对平等的自由传播与交流，所有节点能够以共在的方式建构共同的信息平台与交流渠道，从而维护和实现自身的与共同的利益。这至少在形式上是一种天然的传收共同本位状态，不同主体之间至少在形式上表现为主体间的关系，而非"主—客"关系。进一步说，新兴媒介环境中的传播者、收受者（可以笼统地称为网民或用户），本身就是传收身份、传收角色的一体化存在，本身就具有天然的共同本位结构基础。因此，可以说，传收共同本位模式就是新兴媒介环境中的自然模式。但自然模式并不是自然良好的模式，如何使这种具有自然基础的传收共同本位模式成为保证良好新闻传收秩序、实现共同新闻需要与共同利益的模式，是当前互联网传播中的重大问题，需要专门的不断的探索和研究。

第三，超越新闻领域范围来看，在现代媒介化社会中，新闻活动中的传收共同本位模式，也是一个自由、民主、平等、公正社会所诉求的新闻传收主体关系模式。首先，只有真正实现了传收共同本位，新闻信息垄断才有可能被打破，新闻信息才有可能在整个社会大众之间自由地流动，得到人们的共享和分享，从而使公民的知情权得到真实的实现，也使表达权、监督权、参与权有实现的信息前提或基础。其次，如果传收共同本位模式能够得到较好实现，那就意味着新闻自由不仅在形式上也将在实质上成为社会大众普遍可以运用的权利。事实上，人们已经看到，正是新兴媒介创造的具有天然传收共同本位基础的传播环境，使得曾经偏向职业新闻传播者的新闻自由权利，终于转变成了社会大众能够普遍享有的实际权利，而不再是仅仅停留在宪法条文中的权利。再次，还须进一步指出的是，具有理想性的传收共同本位模式，其实现是需要众多条件的，不只是新闻领域范围的事情。一定社会只有在政治、经济、文化、技术等方方面面达致一定的发展水平，这种新闻传收中的共同本位模式的较好实现才是可能的。只有在一定社会中，全体社会成员真正成为真实的利益共同体、命运共同体、理想共同体，真正开放的、透明的、公正的、自由的新闻传收才是可能的。

通过对上面三种模式的分析，可以看出，尽管在理论逻辑上存在着多种传播主体关系结构模式，但就实践来看，在直接性上，在职业新闻传播活动中，始终是传播主体为中心的结构关系，从理想性或现实合理性出发，最优的新闻传收模式，就是传收共同本位模式。

第四章　新闻传播主体与新闻信源主体

　　对于记者来说，任何一次成功的采访，最基本的问题是和新闻信源（主体）确立起相互信任的关系。

　　　　　　　　——美国密苏里新闻学院《新闻报道与写作》写作组

　　新闻记者应具有高度的责任感，对新闻来源进行严格把关，从而避免把新闻报道变成虚假的宣传。

　　　　　　　　　　　　　　　　　　——［英］卡伦·桑德斯

　　在记者和信息源之间有一种天然的交换关系。而且，越是记者本身无法亲自观察的新闻事件，或新闻事件本身很复杂很专业化时，记者对信息源的依赖程度就越高，并为此承担职业风险。

　　　　　　　　　　　　　　　　　　　　　　——陈卫星

　　自然存在与社会存在的变化是新闻的整体信源，每一具体新闻都有自己的信源；信源就是新闻的信息源头。任何实际的新闻传播，在逻辑上总是从信源开始；新闻传播主体，在新闻生产传播过程中，首先需要处理的就是自身与信源的关系，与信息生产者（创造者、制造者）、拥有者、知情者的关系。新闻传播主体与新闻信源主体间关系的质量，是新闻质量的逻辑在先的保证，因而这也是传播过程中一种逻辑在先的关系。像前一章的结构方式一样，下面我先对新闻信源主体本身做出分析，然后再讨论传播主体与信源主体的关系。

一、新闻信源主体

在新闻本体论视野中，事实是新闻的本源。[①] 在事实的构成要素中，可以没有人的要素；但任何事实，要想成为新闻认识中的事实，能被新闻报道反映传播的事实（信息），就得至少是被人发现的事实，是进入新闻经验的事实。我把客观上创生（创造、生产）新闻信息、拥有新闻信息、知道新闻信息并且实际介入或参与到新闻生产与传播中的个体或群体（组织），称为新闻信源主体，简称为新闻源主体或信源主体。需要进一步说明的是，我这里所说的新闻源主体主要是相对新闻传播主体而言的，即源主体是相对传播主体这个"流"主体而存在的。从原则上说，只要能够充当新闻传播主体新闻报道（生产与传播）信息来源的主体（群体和个体）就是新闻源主体，它强调的是主体要素，不是其他要素。因而，新闻源主体与从新闻业务角度所说的"新闻来源"还是有差异的，新闻来源在新闻业务意义上通常是指新闻稿的来源。[②] 另外，还有几个与新闻源主体相近的概念需要注意：一是"新闻资源"，它是内涵比较丰富的一个概念，包

---

① 关于新闻的本源，通常有两种理论解释：一种是事实论解释，即客观事实是新闻的本源；另一种是信息论解释，即自然信息是新闻的本源。由于信息是对事实的表征，因而这两种解释是统一的，在逻辑上，事实论解释相对于信息论解释具有更为根本的意义。参阅杨保军《新闻本体论》中的相关阐释。

② 童兵，陈绚. 新闻传播学大辞典［M］. 北京：中国大百科全书出版社，2014：7.

括新闻生产与传播中的人力资源、财力资源、社会资源、广告资源、受众资源、信息资源等，只是在"信息资源"意义上，与新闻源主体有相重合的部分；二是"新闻信息源"，通常是指新闻线索、新闻材料的出处和供应新闻材料的个人或媒介，它与"新闻资源""新闻来源"的含义都比较接近[①]；三是新闻"报道对象主体"，即作为被报道对象的人，这是自然的新闻信源主体，但并不是所有的信源主体都会必然成为新闻报道的对象，二者之间并不是完全重合的，这也是两个概念具有相对独立性的根据[②]。需要反复说明的是，在新闻主体论视野中，新闻信源主体强调的是新闻信源意义上的"主体"要素，更多的是在"人"的意义上对新闻信源的关注。当然，在新的技术环境中，特别是在"物联网"技术支持下，各种事物正在表面上无主体作为中介的情境中成为直接的信源（客体）。对此，我在下面的相关分析中也会给予足够的关注。

（一）新闻信源主体的构成

如果把上面关于新闻信源主体的界定简化一下，就可以说，所谓信源主体，实质上就是以各种身份、各种方式拥有新闻信息资源的主体，即在一定程度上了解、掌握一定新闻事实的主体。这样的主体可以是个体，也可以是群体（组织）；这样的主体，可以是直接的人类主体形式，也可以是一定技术支持下延伸性的存在形式，比如主体按照一定规则、方式安置的各种传感器，就可以充当一定意义上的延伸性的信源主体（工具），可以直接发送相关信息。即使是在一定的社会范围内，新闻信源主体的分布

---

① 关于"新闻资源""新闻信息源"两个概念的解释，可参阅下书：童兵，陈绚．新闻传播学大辞典［M］．北京：中国大百科全书出版社，2014：67，69．

② 由于新闻信源主体的外延大于报道对象主体，因此，在我关于传播主体与信源主体关系的讨论中，自然包括了传播主体与报道对象主体之间的关系。

也是十分广泛的，并且是随机的、不平衡的（对新闻信源主体的特征我将在下文专门分析），因此，它的构成也是相当复杂的。分析新闻信源主体的构成，就是按照不同标准对信源主体的类型进行划分，目的在于比较深入地把握信源主体的内涵。我不准备罗列一大串这样那样的标准，进行细致而琐碎的划分，而是仅从新闻实践的角度，提供几种比较重要的类型划分。

第一，根据信源主体的身份存在特征，新闻信源主体可以粗略地分为群体（组织）主体和非群体（组织）主体。在一定社会范围内，群体（组织）主体主要包括政府组织、政党组织、企业组织、宗教团体以及其他各种各样的社会组织、团体等；非群体（组织）主体主要指以个体形式存在的各种主体。从原则上说，由于人人都是新闻活动者，都可以担当不同的新闻活动角色，因而也就意味着现实社会中的所有主体，都有可能在一定的情境中充当新闻信源主体。因此，在当今的媒介化社会中，成为怎样的新闻信源主体，是整个社会的问题，而不仅仅是某个组织、某一个体的事情；每个人都有可能在信息源头上影响到一定范围内、一定情境中的信息秩序和信息传播景象。

组织主体或群体拥有的新闻信息，一般也是通过组织成员中的一些个体（代理人）在形式上直接"占有"或"知道"的方式与外界进行交流的。比如，各个群体（组织）一般都有自己的新闻发言人或类似新闻发言人的对外信息交流角色。记者或准记者的传播主体，在获取新闻信息的过程中，尽管得到的新闻信息可能为一定的群体（组织）所有，但直接面对的仍然是实实在在的充当一定群体（组织）代理人的个体，而非整个群体（组织）。因此，如果仅仅从操作层面上看，新闻信源主体主要是以个体"出场"形式表现的。因而，我在后文中仍在"人"的意义上讨论传播主体与信源主体的关系。

第二，按照新闻信源主体在职业新闻领域常态新闻生产传播中的重要程度划分，可以说，有些信源主体是必然重要的，这样的信源主体是新闻传播主体必须时时关注的，因为它是重要新闻信息天然的、经常性的"创造者或生产者"；而有些信源主体是偶然形成的，其拥有的新闻信息的重要程度也是偶然形成的，即这样的信源主体，是在自然或社会变动中偶然形成的①，而相关事实信息又是与公众兴趣或公共利益高度相关的。根据常态新闻实践来看，最为重要的信源主体是一定社会的政府和执政党（包括其各级机构、组织），次等重要的是那些影响整体社会生活基础的经济组织和其他各种社会组织、群体，剩下的各种信源主体可以笼统归属于重要程度一般的信源主体范围。需要说明的是，这只是一个依据新闻实践经验的粗略划分，并不是严格的逻辑归类。同时，不管是哪一类型的信源主体，在具体的新闻活动中，其重要程度都是有个别性或例外情况的，即在一些特定情形下，任何一种类型的信源主体都可能成为特别重要的信源主体。另外，即使在某一类型的信源主体范围内，成为现实的信源主体的概率也是不一样的，比如，不同的政府部门成为信源主体的概率是不同的，至于个体就更是如此（影视明星、社会名流易于成为信源主体，而普通人就可能性较小）。因而，我在这里的划分，只是一种常态的一般情况的划分，并不能包容所有具体的新闻情境。

就不同信源主体对一定社会新闻生产传播的整体影响大小而言，在众多的信源主体中，政府、政党（特别是执政党）是最重要的和最经常的信源主体，这是由社会的政治、经济、文化结构决定的。人们知道，在现代社会中，新闻业是一种典型的公共事业，新闻领域是典型的公共领域，新闻媒介是典型的公共平台，新闻作品是典型的公共产品。② 这一切实质性

---

① 关于信源主体的形成的偶然性，不可做绝对化的理解。因为，客观世界或事实世界的必然变动性决定了新闻事实的产生是必然的，但新闻事实产生在哪个主体身上则具有一定的偶然性。

② 当然，这些所谓的典型性并不就是完美的客观现实性，更多的是一种应该。实际上，这些典型性本身是具有历史性和社会性的，在不同的历史时代和不同的社会中有着不同的具体表现，人们不能理想化地加以理解。

的指向就是社会公众的公共利益，而政府、政党是一定社会中天然的拥有最重要、最多关涉公共利益信息资源的机构和组织，它们掌握着最重要也最多的公共权力。因此，从新闻传播的角度看，政府、政党无疑是最重要和最经常的新闻信息来源主体。社会大众通过新闻传媒能够得到的知情满足程度或知情权的实现水平，实际上是与政府信息公开、政党信息公开的程度高度相关的。因而，有学者指出："知情权作为范围最广、共同利益范围最大，也是最难以实现的共同利益，更应该给予特别保护。"① 另外，一个开放、透明的政府，是世界公认的国家治理现代化的标志之一，也是一个国家向世界证明制度自信的说明书。②

第三，就信源主体身份的公开性或公开程度来看，在实际的新闻活动中，有些信源主体的身份是公开的，有些是隐蔽的，还有一些则处于模糊的状态。那些由于各种原因或理由将自身作为信源主体的身份隐匿起来的主体，就是人们通常所说的匿名信源（主体）；而那些不管是否情愿但最终将自身信源身份公示于社会大众的信源主体，便是公开的信源主体。然而人们在现实中常常看到，很多时候（几乎是常态）很多新闻报道中的信源主体身份介乎公开与非公开之间，其身份是模糊的、不清晰的，人们对其准确身份只能猜测，难以断定，即收受者从新闻报道中只能大致知道却不能确切知道新闻信息到底是谁透露的或谁公开的。

公开性或公开程度不同的信源主体，对新闻传收的真实性、可信度、影响力等都有着实质性的不同作用与影响，自然对新闻传播主体的形象也会有不同的作用和影响。通常而言，公开程度越高的信源主体，仅从信源角度说，对新闻传播的真实性、可信度、影响力的正面效应越大，反之，负面效应越大。在信源主体身份公开与否、公开程度的背后，存在着各种

---

① 王敬波. 政府信息公开中的公共利益衡量 [J]. 中国社会科学，2014（9）：124.
② 王敬波. 政府信息公开中的公共利益衡量 [J]. 中国社会科学，2014（9）：124.

各样纷繁复杂的原因，存在着各种各样的利益纠缠和道德较量，不是我这里简单几句话可以说明白的，需要专门的研究。① 但是，人们应该清楚的是，对于以社会公共利益为基本目标的职业新闻传播来说，公开信息来源和信源主体是其内在要求。因而，对信源主体在新闻传收活动中的基本诉求是："公开是常态，匿名是例外。"只有在一些特殊情况下，即在既为了公共利益，又为了保护信源主体的正当权益，也为了新闻传播主体后续工作能够顺利开展的情况下，信源主体匿名化的做法才是可使用的。正如英国学者卡伦·桑德斯所言："记者必须要经过深思熟虑才能做出保密的承诺，而且履行承诺的条件和理由的说明也必须清晰无误。这种承诺往往应该是一种特例，而不是成为一种普遍原则，否则，记者很容易就会被指控为虚伪。"②

第四，在后新闻业时代开启之后，如果以职业新闻传播主体和民众新闻传播主体为参照，似乎应该对两类不同传播主体主要依赖的信源主体做出一定的区分。从原则上说，不管什么类型的社会化、公共化新闻传播主体，其依赖的信源主体都是共同的，也就是我在上文从不同角度说明的那些信源主体。但就现实情况来看，不同新闻传播主体所依赖的信源主体是所有偏向或有所侧重的。

就职业新闻传播主体来说，其依赖的信源主体是全面的，包括所有类型的信源主体，而作为信源主体的政党、政府组织或机构则是偏向职业新闻传播主体的，这既是新闻活动传统的结果，更是社会治理结构的必然；就非职业新闻传播主体来说，其依赖的信源主体从理论上说也是全面的，分布在一定社会的所有领域，但客观上，非职业新闻传播主体依赖的信源

---

① 参阅下书：桑德斯.道德与新闻：第九章"危险的联盟：记者与新闻源"[M]. 洪伟，高蕊，钟文倩，译.上海：复旦大学出版社，2007.关于新闻信源主体的公开性问题，可参阅下书：杨保军.新闻道德论 [M].北京：中国人民大学出版社，2010：312-366.

② 桑德斯.道德与新闻 [M].洪伟，高蕊，钟文倩，译.上海：复旦大学出版社，2007：156.

主体主要分布在自然世界和日常生活世界中，发生在如此世界中的新闻事实以及拥有事实信息的人们天然偏向非职业的传播主体，这是自然而然的结果。日常生活世界中的新闻事实，通常是普通大众首先得知；一般社会组织、社会群体领域中发生的新闻事实，也自然是自身先知的。

第五，如果从微观的层面观察，就不同的新闻传播组织主体而言，可以发现，它们各自拥有侧重不同的信源主体（主体群）；而且，在其信源主体群内部，同样存在着各种纷繁复杂的关系。在具体的新闻媒介生态环境中，不同的新闻媒体由于其性质、地位、定位、风格以及媒介形态等的差异，会拥有侧重不同的信源主体资源，即拥有不同的信源主体构成。比如，一家国际化的大型新闻媒体（集团）与一家地方报社相比，它的信源主体的实际构成情况一定会有巨大的差别，二者信源主体资源的质与量都会明显不同。[1]

在常态情况下，一家新闻媒体（以报纸媒介形态为例）的信源主体主要由两部分构成：一是组织化和群体化的主体，比如通讯社、政府机构、政党组织、企业组织、民间团体等；二是个体性的主体，比如各种类型的公众人物，偶然事件造就的各种类型、各种层次的新闻人物，以及其他新闻事实的当事人、知情者或目击者等。如果从新闻报道活动的直接性上看，新闻媒体（仍以报纸为例）拥有的信源主体主要是由通讯社组织主体和通讯员、各种类型的宣传人员、新闻公关人员以及一般社会自由新闻作

---

① 对于任何一家新闻媒体来说，搞清和把握自己主要的信源主体，具有十分重要的意义，它直接关系到媒体的生存与发展问题，关系到媒体能否开展正常的新闻传播活动。媒体之间的竞争，从直接的表现上来看，是新闻传播内容、传播方式的竞争，而如果再进一步，就会立即发现，媒体之间新闻竞争的"后方战场"其实是对信源主体的争夺。"前方战场"表现为对受众的争夺，但前方战场的胜败，显然有赖于后方战场的战况。"内容为王"的实质，就是对新闻信息资源的发现和开发。在一般意义上说，谁拥有高质量的信源主体，谁就可以报道高质量的新闻、有影响力的新闻，从而在新闻竞争中取得相对优势地位。因此，对于那些想有所作为的新闻媒体来说，积极建构和维护自己有效的信源主体网络，是始终应该重视的大事。只有后方稳固，前方才能勇往直前。

者构成的。从可操作性上看，新闻信源主体最终要落实到个体身上，因此，任何一家新闻媒体，在建构自己的常态的信源主体网络时，确定的网络节点都应该是随时可以"询问"或者"传唤"的个人，是随时可以为媒体直接提供新闻信息或新闻稿件的个人。可见，信源主体是一个非常实在的问题，任何一家新闻媒体的新闻报道活动都会直接受制于信源主体的质量情况。

对很多新闻媒体来说，总会不时出现一些特殊的信源主体，其中最典型的现象就是有一些信源主体不愿透露自己的身份。对待这类信源主体，从媒体角度说，首先要充分认识到他们是宝贵的、特殊的信源主体资源，可能会提供一些特别具有新闻价值和社会价值的新闻信息，因而不可轻易忽视或放弃他们的特殊作用。其次，要慎重对待匿名信源主体提供的各种信息。匿名信源主体提供的信息在绝大多数情况下属于"话语新闻"，其话语背后到底有没有客观事实根据，是需要媒体进一步去证明的。如果没有充分的事实根据，就将所谓的新闻话语信息加以报道，那是很危险的，完全有可能给报道对象和媒体自身带来难以预料的伤害。

（二）新闻信源主体的特征

作为新闻活动主体的新闻信源主体，在整体的新闻传收活动中处在"源头"的位置，毫无疑问扮演着极为重要的角色。可以说，不管是在什么类型的新闻传收活动中，信源主体都是整个新闻传收活动流程的第一道关口。因此，认真分析并把握信源主体的特征，对于提高新闻传收活动的整体质量与效应具有重要的意义。下面，我主要依据新闻活动的实际情况，分析、总结、概括信源主体的几个核心特征。

第一，信源主体的自然生成性。信源主体主要是自然运行特别是社会运行过程和社会生活过程自然造就、自然生成的，而不是由新闻传播主体造就的。某一社会主体能否成为或充当信源主体，成为或充当何种性质的信源主体，主要不取决于新闻传播主体，而取决于社会运行的复杂机制。一些政府机构、部门，一些政党组织，一些企事业单位，一些社会民间团体等，之所以能够充当信源主体，并不是由于新闻传播主体的有意塑造，而是由于社会运行、社会生活过程的需要，是由于它们的组织和群体行为关涉公共利益、引发了公众兴趣。一些信息发布机构的有意建立，主要的动机不是发布新闻，而是为了相关工作的顺利进行，成为信源主体和发布新闻不是目的，而是手段。一些事件的偶然发生，会使一些当事人、知情人、旁观者充当信源主体，介入和参与到新闻传收活动之中。当然，如我在前文所说，由于不同社会主体，不管是组织、群体还是个体，在整体的社会结构中有着差异化的存在方式，处在不同的地位层次，发挥着不同的功能作用，因而，不同主体成为信源主体的概率是不一样的。

尽管信源主体是在一定自然运行中特别是在一定社会运行机制中自然形成的，但是人们应当充分注意到，在今天这样的媒介生态环境和媒介化社会中，人为制造的新闻现象、新闻人物、"新闻事实"越来越多，人为制造的信源主体自然也越来越多。新闻传播特有的社会功能、社会影响力，使得制造、塑造甚至捏造信源主体成为一种相当普遍的社会现象。人们不难发现，在各种不同类型的社会主体中，都会存在一些将自身或与自身利益相关的他者塑造为某种类型信源主体的现象。比如，一些组织、群体为了吸引新闻媒体或社会公众的注意力，故意制造一些吸引眼球的新闻事件（通常被认定为公关事件），有些常常还属于带有一定公益性的新闻事件（至少表面上如此），职业新闻传媒似乎不得不关注，不得不报道。这样的组织、群体往往以较小的投入"创造"生产出新闻事实，以形成对自身产品的宣传或形象的塑造。又如，一些个体主体也会为了自己的名利，故意制造一些新闻（如演艺圈中的绯闻、家长里短等），制造各种怪异、反常现象，吸引人们的关注；还有一些人，则干脆自己既做信源主体，又做传播主体，自导自演，制造新闻表演现象。[①] 再如，一些职业新闻媒体或职业新闻工作者背离基本的职业伦理准则、职业道德规范，有意制造新闻事件、新闻事实、信源主体，或者与一些社会主体合谋策划新闻、创造新闻，制造虚假失实新闻，牟求自己的名利目标。人为信源主体的制造、新闻事件的策划，本质上都背离了新闻规律，等于制造了不少虚假的新闻传播、新闻需要，不同程度上损害了正常的新闻秩序。

第二，信源主体空间分布的广泛性。在普遍意义上，广泛性是说信源主体广泛地生成和存在于社会各个领域，生成和存在于社会生活的方方面面、角角落落。信源主体存在的空间范围与整个社会主体存在的空间范围是重合的。在人们的生活世界中，哪里都有可能产生新闻，哪里都有可能出现信源主体。信源主体出现在哪里，新闻传播主体的眼光就会追随到哪里，社会大众的注意力也就会被吸引到哪里。正因为信源主体空间分布的广泛性，新闻传媒、新闻传播者（包括职业的和非职业的）必须眼观六路、耳听八方，从而实现监测环境、守望社会、服务大众的基本目标。在现代社会，新闻认识之所以能够成为人类及时把握环境变化的必要而重要的方式，其重要根源之一在于信源主体在空间分布上的广泛性。

但是，也应该注意到，在现代新闻业领域，对具体的新闻传媒组织来说，其信源主体的空间分布应该是有限的。考虑到不同新闻媒体都有自己的媒体方针、编辑方针，都有各自的定位、标准与风格，拥有特殊的和相

---

① 在这些现象中，有一些可能属于纯粹的搞笑娱乐行为，并没有特别的名利追求，也可以不归属于新闻现象。

对稳定的目标报道领域[①]，可以说，每一家新闻媒体之信源主体的可能出现，都有自己相对比较稳定的生成和存在领域。任何一家新闻传媒，首先关注的都是自身目标报道领域的新闻事实，因而自然首先关注的是自身目标报道领域的信源主体。了解这一点其实是很重要的事情，传播者要确定从哪里发现新闻、从哪里寻找新闻信息拥有者，首先得明确本媒体的目标报道领域。目标报道领域中的活动主体更容易在一定条件下转化为信源主体。新闻报道之所以要贴近实际、贴近生活、贴近群众，就是因为这些贴近的根本就是贴近人，贴近活动主体；新闻传播关注事，但更关注与人相关的事。新闻报道者只有贴近目标报道领域中的活动主体，才能发现真正的新闻事实，发现真正的信源主体。

第三，信源主体身份的随机性或偶然性。社会主体成为信源主体是随机的，具有一定的偶然性，不是确定不变的；没有永恒的信源主体。信源主体不过是社会主体偶尔为之的一种临时主体身份或角色。就像演员一样，只有在台上表演的时候才是剧中的角色，走下舞台便成了生活中的角色。这就是说，社会主体成为信源主体是"随时""随地""随事"而变的，身份是偶然的。从现实性上看，只有在具体新闻报道活动中充当了新闻源的主体才是现实的信源主体；从潜在性上看，存在于一定社会中的所有组织、群体和个体，都是可能的信源主体。一个组织、一个个体，能够成为信源主体，是偶然的，不是必然的。

但是，必须指出的是，对于不同的社会主体来说，成为信源主体所具有的必然性和偶然性是有差别的，具有概率高和概率低的不同。不同主体

[①] 所谓目标报道领域，就是新闻媒体编辑方针确定的主要报道范围或内容。比如，《人民日报》的一个主要目标报道领域或内容就是党和政府的路线、方针、政策；《经济日报》的主要目标报道领域或内容就是中国的经济发展、变化的宏观情况。一家新闻媒体的主要目标报道领域通常是单一的，但对一些比较大的综合性媒体来说，新闻报道范围常常是多领域的。相对报道的目标领域来说，新闻媒体的报道范围也会包括一些非目标的领域，对非目标领域的报道，通常是偶然的和零碎的。

成为信源主体的基本素质和机会也是不一样的。有些社会主体作为信源主体几乎是稳定的，甚至可以说是必然的，而有些社会主体只能说在理论上、逻辑上存在着成为信源主体的可能性。比如，一定社会政府的重要部门、一些比较著名的公众人物，就是稳定的信源主体，因为他们的所言所行，不是与公共利益相关，就是与公众兴趣相关；而那些生活在社会底层的芸芸众生、普通民众，只有在偶然的特殊情境中才有可能成为报道对象（主体），成为信源主体，他们的言行很难引起公众的兴趣，这是基本事实，并不是应该不应该的问题。

第四，信源主体在社会领域生成、分布的不平衡性。这一点与上一点密切相关，但侧重点不一样，所以我单列一条加以阐释。一定社会的客观结构（包括社会领域结构、社会政治和经济等具体制度结构、社会主体层次、类型结构等）从根本上决定了信源主体的结构一定是不平衡的、有偏向的。也就是说，有些领域能够生出更多的新闻事实、出现更多的信源主体，有些组织、群体能有更多的机会成为信源主体，有些人能有更多的可能成为信源主体，而另一些领域、组织、个体却少有甚或没有可能性，那是社会的结构性安排形成的，不是由主体的新闻愿望决定的。在现实世界中，有些地方本就是新闻的富矿区域，有些则是贫矿区域[①]，这是客观结构造成的不平衡，并不存在新闻的公正、平等之类的所谓新闻正义问题。当然，作为新闻传播者特别是职业新闻传播主体，应该注意新闻资源的发现、开发与利用，努力达成人们通过新闻方式对整个社会的平衡性、全面性了解。

对于新闻媒体来说，觉知到信源主体结构的不平衡这种现象是非常重

---

① 人们看到，不同地域（国家、地区）、不同组织机构、不同个人身上产生新闻（事实、信息）的概率是有差别的，我把那些容易生成新闻事实、新闻信息的地方和主体称为新闻的富矿区域，相反，则称为贫矿区域，这仅仅是个比喻性的说法，划分并没有那么严格。

要的。充当信源主体，表面上看来只是充当了新闻信息的提供者，但同时它也意味着一种（新闻）话语权利主体的形成。总是充当信源主体的主体，就有比较充分的机会反映自己所关注的事实，或者反映自身所处的状态，表达自己认为重要的看法或意见；相反，那些不易成为信源主体的人，就很难有机会反映他们所关注的事实、他们自身所处的状态，表达他们对事实世界中各种现象的看法和意见。信源主体结构上的不平衡性，本质上意味着新闻报道范围的不平衡性，也意味着新闻整体真实的偏向性，深层上则反映了一个社会或新闻传播者对待不同社会主体的态度。这也正是一些不合理的新闻传播现象（比如歧视新闻、片面新闻等）形成的重要原因。比如，在精英化新闻传播观念中，就不大关注平民百姓，这自然会造成新闻话语的精英化偏向；同样，那种民粹主义新闻传播观念，则很可能造成新闻话语的盲目混乱，造成民粹化的偏向。因此，从社会责任意义上说，职业新闻传播者有职责关注新闻话语能力比较弱小的社会群体，从而使一定社会不同群体的典型形象、典型状态能够得到比较均衡的呈现，以保证新闻的平衡性和公正性。

第五，信源主体在新兴媒介环境中的身份角色及功能出现了多元化的现象。上面关于信源主体特点的分析，可以说主要针对的还是传统新闻业时代的基本情况，但如今的传媒环境已经发生了变化，新的媒介生态结构已经有了自身的特殊表现和状态，因而需要做出一些新的分析。

与传统新闻业时代相比，在后新闻业时代开启后的今天，信源主体的最大变化，可能是身份角色及功能的变化，从而显示出不同于以往的一些特征。其一，在身份角色上，如今那些潜在的信源主体，一旦觉得时机合适，就会自行转换身份，充当传播者角色，将信源主体的身份与传播主体身份统一起来，将新闻信息传播出去，即不再单一依赖媒介组织或职业新闻传播主体；事实上，将两种或多种新闻活动者身份一体化或统一化已经成为常态。一些掌握重要新闻信息的主体，只有觉得自己直接充当传播者角色"不合适"的时候，才会寻求其他传播者。其二，与身份角色的变化相一致，信源主体的功能，不再仅仅是向传播者提供相关的新闻信息或简单参与新闻传播活动，而是直接传播信息、发表意见。这种功能转换，等于开辟了直接传播新闻的通道，使得新闻对于社会大众有了"直销"的意味，从而使新闻展现出"原生态"的景象，感觉上似乎也更加真实可信。但这种没有经过专业新闻传播者把关处理的"新闻毛坯"，也会引来诸多的问题，特别会牵涉到一些职业道德甚至是法律问题。对此，已有不少的相关分析，我不拟在此论述。其三，信源主体身份角色及功能的变化，使得不同信源主体之间的关系变得更加复杂。新的媒介环境，在信源主体问题上，改变的不仅是不同身份角色在同一主体身上的构成问题，同时也改变了不同信源主体之间的关系（对此，我在下文还要单列一节加以讨论）。比如，在同一新闻事实中，可能有不同的信源主体，如果他们面对采访，把各自所掌握的信息提供给同一个传播者（传统新闻业时代就是这样），那最终再现反映或塑造建构出来的新闻图景，主要就是由他们作为信源主体与传播者之间的互动所决定的；但如果他们各自既充当信源主体同时又担当新闻传播者角色，并从各自的角度（其中包含着丰富的内容，既有认识论的，也有价值论的、利益论的，当然也会有方法论的）出发，将新闻信息传播出去，那一定是另一番新闻图景。总而言之，一旦曾经的信息提供者转变成了直接的新闻传播者，那就在大的原则上意味着，统一的垄断的新闻时代已经结束；不同的信源主体，不再是从不同角度提供信息的角色，而是成为"新闻场域"中实实在在直接的相互博弈、竞争的角色。其四，在新的技术条件下，信源主体正在延伸自身的存在形式或活动方式，他们借用各种传感技术，直接获取自然状态的信息、占有信息、发布或传播信息，从而有可能形成新的"无传播主体中介"的新闻传播景象。"物联网时代，万物将成为新闻源，且'物—人'间的直接信息交互将变成常态。由'物'所监测或感知的某些信息，如对某个用户或某个群体具有重要价值的信息，也许通过"物—人"信息系统，就能直接到达目标受众，甚至在未来，'今日头条'这样的角色都不需要了。"①

（三）不同新闻信源主体间的基本关系

实际上，在前面分析新闻信源主体的构成及特征时，已经部分论及了不同信源主体间的关系。这里，我将从不同角度，专门分析阐释不同信源主体之间的基本关系，目的在于进一步认清信源主体的结构，为后文关于传播主体与信源主体关系的讨论奠定基础。

其一，不同信源主体在社会结构中的实际地位是不同的，因而对新闻传播的客观影响也是有差异的。在常态情况下，如前所言，一定国家的政府和执政党是最重要的信源主体，也是稳定的信源主体，它们每天都在不断"生产"和提供着人们关注的各种公共信息或公共话题；而分布在社会各个领域的社会主体只是潜在的信源主体，只有在一定的情境中才会转换为现实的信源主体。在特定的新闻事件中，毫无疑问，不同信源主体在整体的信息结构地位上也是不同的。新闻事件当事主体、参与主体以及不同角色、不同方式的知情主体，都是信源主体，但他们在占有新闻信息的质量上是有差异的，对新闻生产传播的实际影响大小也是不一样的。通常情况下，当事主体、参与主体是最重要的信源主体，处于信源主体结构的核心地位，其他信源主体则依据掌握信息的多少处于周围地带。因而，可以形象点说，不同信源主体实际上存在或建构了一个"由中心而外围"不断扩散的信源主体圈层结构。对于新闻报道者来说，只有比较全面地与整个

---

① 彭兰. 移动化、智能化技术趋势下新闻生产的再定义 [J]. 新闻记者，2016 (1)：32.

圈层结构中的不同信源主体建立起有效信息关系，才能比较好地呈现一个新闻事件的真实面貌。

其二，不同信源主体拥有的新闻信息在质与量上是有差别的。从一般意义上讲，那些在社会（主体）结构、信息结构中处于重要地位的组织群体、个体所拥有的具有新闻价值的信息质量高、信息数量多，另外一些处于不重要地位的组织群体、个体所拥有的信息质量相对较低、信息数量相对较少。这是一种客观事实，也是一定社会必然的结构、运行方式。同时，就一定社会来说，在最普遍的范围内，不同层次、不同类型的信源主体在新闻信息的占有上，由于其自然时空分布，构成了必然的互补关系；从原则上看，只有这些互补的新闻信息得到比较好的呈现，人们才能以新闻方式看到一个比较真实的自然与社会变动景象。如果针对具体的新闻事实或新闻事件来看，信源主体在拥有新闻信息质量、信息数量上的差别大致可能表现为两种情况：第一，不同信源主体拥有的信息之间可能是互补的，具有实质的同一性和统一性。面对同一新闻事实，由于各种可能的主客观原因，能够充当新闻信源的主体对相关信息的掌握一定是有差异的，但不同信源主体拥有的信息聚合在一起，却能呈现一个同一的、统一的形象，揭示一个同一的、统一的真相。在这种情况中，我把不同信源主体之间的关系界定为互补性主体间关系。第二，不同信源主体拥有的信息之间可能是矛盾的、冲突的，可能形成不同信息之间的互相拆解或解构关系。比如，一方信源主体说"白"，另一方信源主体说"黑"，一方说是这样，另一方说是那样，如此等等，这就使新闻事实在不同信源主体眼中呈现出对立的形象或面目。在这种情况中，我把不同信源主体之间的关系界定为矛盾性主体间关系。但需要说明的是，对完整了解把握一个新闻事实、事件来说，这样的信息质量差异仍然具有统一性，即对立的、矛盾的、冲突的信息使人们能够从不同角度把握事实，只是问题会变得比较复杂；人们

（比如传播者）需要通过进一步的调查研究，在不同性质信息的比较中确定真正能够表征事实本来面目的信息。事实上，传媒组织或职业记者的新闻报道内容，往往就是在采集到的各种可能新闻信息（包括性质上对立、冲突的信息）的基础上，做出的比较、鉴别、评判与选择。在综合意义上，不管属于互补性的，还是矛盾性的信息，对于人们从新闻角度了解、理解、把握一定的新闻报道对象（新闻事实）都具有同等的价值与意义。不同性质的信息（指对同一事实的对立性信息）不只是信源主体不同角度、不同眼光、不同立场的问题，它能够提示人们从更多元的视野观照新闻事实，以更加全面的方式方法把握新闻事实。掌握或拥有不同性质新闻信息的信源主体，也许对实际的新闻报道的作用大小不一样，但他们都是有价值的信源主体，也是应该得到平等对待的信源主体。

其三，不同信源主体之间可能存在着互为信源的关系。在很多情境中，信源主体之间不仅是互动的，也存在着纵向或横向的层级结构关系、信息传递关系，因而谁是谁的信源也是有相对性的。比如，了解和掌握客观世界中的事实变动信息的主体是通讯社的信源主体，而通讯社又是其他各种可能新闻用户（报社、电台、电视台等）的信源主体。又如，传统媒体的信源主体通常是政府、政党和存在于社会中的各种可能主体，而传统媒体又成为很多新兴媒体的直接新闻来源（主体）；当然，在传统媒体与新兴媒体之间，相反的情况也越来越普遍。再如，即使在新闻传媒场域内部，很多媒体的新闻报道、新闻评论也会充当另一些媒体新闻报道的信源主体角色。人们会看到，一些有实力、有影响的媒体，常常成为媒体中的媒体、舆论领袖中的舆论领袖，一些媒体人也会成为记者中的记者、编辑中的编辑，一旦他们报道了一些新闻、发表了一些评论，很多相对较小的（主要是新闻采制能力不足、影响力小）媒体便会转载转发；同样，有时也存在着相反的信息传递路径，一些名不见经传的媒体刊发、播放的新闻或评论，也会成为一些大媒体的新信源（主体）。信息传收本身就是一个过程，任何一个"前在"信息拥有者、创制者，都是相对传播者而言的信源主体。即使那些并不以传播为业的组织、群体、个体，他们作为不同新闻信息的拥有者、创制者，也会互通信息，互为传播主体，互为信源主体。

其四，不同信源主体之间存在着合作关系，但更多的是竞争关系。即使是在如今这样的媒介生态环境中，竞争依然存在：高效的新闻市场空间仍然是有限的，传媒的注意力资源是有限的，受众的注意力资源是有限的。在信源主体的新闻竞争关系背后，既可能牵涉到信源主体的形象、声誉问题，也可能牵涉到实实在在的利益关系。可以说，不同信源主体之间的信息传播主动权竞争，直接表现为新闻话语权（主要不是权力而是影响力竞争）的竞争，实质上则是利益竞争。

在传统新闻业时代，不同的信源主体之间，往往会竞争报纸新闻版面，竞争广播电视的新闻刊播时段；在后新闻业时代开启之后，信源主体之间则会竞争网络传播中的最佳平台或空间（包括网站、页面、频道、专栏、微博、微信等渠道）。不管是在现实社会空间还是在带有一定虚拟性的网络空间，一个直观的现象是，针对同一新闻事实、事件，不同信源主体之间，通常是谁的声音大、谁的声音强，谁就有可能引起传媒更多的关注，引起社会大众更多的关注。不同信源主体之间的明争暗斗，很多时候并不是为了合作互补、呈现新闻事实全面客观的面目，而是为了传播更加有利于自身形象、自身利益的信息。因而，不同信源主体之间常常会"吵架"，会"打口水战"，会从自身立场、利益出发互相攻击，否认对方发布信息的真实性、全面性。但在另一些情形中，人们则会看到相反的情况：尽管有的信源主体"大喊大叫"，但一些真正掌握实质性新闻信息的主体，却会故意保持沉默，一言不发，他们会想尽办法以"无可奉告"的方式躲避传媒、逃避社会公众的关注。总而言之，在新闻学视野中，不同信源主体会以信息手段展开竞争或博弈，从而使他们作为信源主体的关系，呈现为一种竞争性的、博弈性的关系。

在信源主体的竞争关系中，有一种现象特别值得关注，这就是在新兴媒介环境中，在不少新闻报道中，人们能够或直接或间接地看到官方（政府）信源主体与非官方信源主体之间的博弈与对抗，能够看到官方不同信源主体之间或非官方不同信源主体之间的互相指责和论辩。[①] 凡此种种都表明，不仅不同信源主体拥有的信息质量有差别，更重要的是，不同信源主体对同样信息的意义与价值解读也可能不一样，从而使新闻传播变得更加复杂。正因如此，对于职业新闻传播来说，传播新闻信息越来越成为基本的职能，而解读新闻、探究新闻的意义域价值越来越成为更加重要的职能。

（四）新闻信源主体的地位与作用

新闻信源主体，是新闻信息之源，是新闻信息的拥有者和提供者。这一简单的顾名思义的解释，就足以说明信源主体在整个新闻传收活动中具有不可替代、不可忽视的重要地位与作用。在这一总的判断之下，我将做出以下一些具体的解释。

首先，信源主体处在新闻传收活动过程主体系统的起源地位。信源主体对整体新闻传收过程的主体构成来说，是"生在头，长在先"的主体，是新闻传收活动过程中具有起点地位的"主体"。通常情况下，人们看到

---

① 在传统新闻业时代，也存在着信源主体之间的矛盾冲突与博弈对抗，但大都得经过新闻传播主体这个中介表现出来；而在后新闻业时代已经开启的媒介环境中，不同信源主体之间常常是公开的矛盾对抗，表现为传播者角色的矛盾与对抗，这自然是新的媒介平台支撑的结果。

新闻传播活动是由传播者直接发起的，因而似乎传播者是新闻传收活动逻辑上的"主体"起点。其实，"事实在先，新闻在后""新闻是对事实的反映和报道"的唯物主义新闻本源观、认识论明确告诉人们，新闻传收活动逻辑上的起点是新闻事实，而能够将"死"的事实变成"活"的事实的人，就是对新闻事实有所知情的信源主体。在大多数情况下，真正能够将新闻事实与新闻报道者连接起来的中介主体首先是信源主体，而不是新闻报道者自己。就新闻传播实践来看，不管是职业新闻传播还是民众新闻传播，不通过任何信源主体的新闻报道都是不存在的（有些情况中信源主体与传播主体是重合的同一主体）。因此，将信源主体视为新闻传收活动实际上的逻辑起点"主体"是有充分的实践根据的。

其次，信源主体处于新闻传收过程最先把关人的地位，同时对新闻传播内容也具有最先的把关作用。尽管如今的媒介环境发生了巨大的变化，但就新闻传播来说，把关现象依然是普遍的也是必然的，只是把关人和把关方式与传统新闻业时代相比发生了变化而已。[①] 信源主体所提供的新闻信息，在一定程度上约束和限制了新闻报道与收受的内容范围。在常态的新闻采访活动中，信源主体就是记者的新闻信息之源，信源主体就是信息源泉。没有信息之"源"，就没有信息之"流"。记者能否及时获得新闻信息，能否获得真实、全面的新闻信息，主要依赖于信源主体的告知。"在记者和信息源之间有一种天然的交换关系。而且，越是记者本身无法亲自观察的新闻事件，或新闻事件本身很复杂很专业化时，记者对信息源的依

---

①　传统新闻业时代的把关理论，侧重的是职业新闻传媒组织、职业新闻工作者的把关行为，这样的把关依旧存在；新兴媒介环境中，对职业新闻传播主体的把关行为其实提出了更高的要求。而在民众新闻传播现象中，似乎每个传播者都是自由的，但这样的自由是有责任的自由，每个传播者必须为自己的新闻传播、信息传播承担法律责任，每个理性的传播者也必然是自己信息行为的把关者，只有真正自律的传播者才能获得真正的新闻传播自由。那些做出传统把关理论失效判断的研究，一定要设定必要的前提，不能一概而论。

赖程度就越高，并为此承担职业风险。"① 新闻报道者与信源主体的这种基本关系，直接约束和限制着新闻报道内容的实际构成。新闻报道者可以超越某一具体信源主体的约束与限制，但不可能超越所有信源主体的约束与限制。因此，很多新闻内容实际上的"第一把关人"或内容决定者，就是信源主体，而非新闻报道者。这种第一把关人的地位与作用，使得社会结构中一些特殊的信源主体常常能够左右一些新闻的实际传播，左右一些新闻事实的实际面目。可以说，信源的品质在很大程度上决定着新闻报道的内容品质。对此，我在后文将进一步分析论述。

此处需要进一步指出的是，新闻报道者与信源主体的这种关系及其产生的效应，可以延伸到新闻收受者的收受行为中，即收受者能够收受到什么样的新闻内容，同样要受到信源主体的间接约束与限制，这是一种连续的、连环的传递关系。信源主体、传播主体、收受主体之间的关系，是贯通性的、环环相扣的关系。这三者之间的关系，也是最重要、最基本的新闻活动主体关系。② 这也充分说明，新闻本质上是一种过程性的存在、过程性的产物，只有从"源"到"宿"，才能系统理解、把握新闻的要义。③

再次，信源主体的前述地位与作用，直接决定着它是影响新闻内容诸多基本属性的主体。简而言之，新闻（传播）的诸多主要特性，都会受到信源主体的影响，即新闻内容的客观性、真实性、全面性、公正性、及时性、公开性等，会受到信源主体直接而深刻的影响。关于新闻报道的客观性、真实性、全面性、公正性、及时性、公开性等，人们易于把眼光投注到传播者身上，也容易理解这些特征与传播环境中各种可能要素（政治

---

① 陈卫星. 传播的观念 [M]. 北京：人民出版社，2004：203.

② 就新闻传收的内在过程而言，只有三类主体：信源主体、传播主体、收受主体。他们可以构成完整的新闻传播过程。因而，就纯粹的新闻主体论而言，最重要的主体间关系，也就是这三类主体之间的关系。

③ 杨保军. 新闻形态论 [J]. 国际新闻界，2004（4）：61-65.

的、经济的、文化的等等）的关系，但实际上，这些属性实现的程度，不仅取决于传播者与环境因素，也在很大程度上受到信源主体的媒介素养、新闻素养的影响，更受到信源主体自身的利益取向的影响。信源主体与新闻事实的实际关系状况，往往决定着什么样的信息能够被透露出来，什么样的信息能够得到比较充分的揭示。总而言之，关于一定新闻事实的报道，最终能够以怎样的内容与社会大众见面，很大一部分主动权是掌握在信源主体手中的。

二、新闻传播主体与信源主体间的关系

从新闻主体论的角度看，一定社会中传收的各种新闻，乃是不同新闻活动主体相互影响、相互作用的产物。新闻图景也在一定程度上反映和体现着新闻活动主体间的关系情况。尽管后新闻业时代开启之后，传统的新闻生产、传播、收受结构和方式发生了一些前所未有的变化和变革，但新闻活动中一些基本结构关系还是稳定的。就新闻传播主体与新闻信源主体之间的关系来说，有传统的稳定的一面，也有发生了巨大变革的一面。我们需要在观照传统、注重现实、展望未来的视野中观照二者之间的关系。本节，我将主要针对职业新闻传播活动分析两类主体间的关系。

（一）传播主体与信源主体关系的实质

从新闻传收活动的过程性上考察，信源主体与传播主体间的关系，直接表现为一种简单的新闻信息源流关系，可一旦深入具体的信息源流关系背后，就会发现事情并非如此简单。两类主体间的关系，不仅反映了一定

社会中不同新闻活动主体间的"新闻话语权利与权力"关系，反映着不同主体间的实际需要与利益关系，也在相当程度上反映和体现着一定社会新闻（信息）公开、新闻（信息）透明的程度，反映和体现着一定社会新闻自由的实际状况与水平。

首先，传播主体与信源主体间的信息源流关系，在一定程度上就是他们之间的"新闻话语权"关系。这些年来，"话语权"已经成为学术研究与日常交流的热门词，它既与"权利"相连，也与"权力"有关，"话语权一分为二：话语权利，即获得表达的机会和资格；话语权力，即通过话语行使权力，构建自我和世界"①。或者说，在权利意义上，话语权主要是指一定社会主体拥有与其他主体一样的传播信息、表达看法（意见、观念）的平等资格，既是道德权利，也是法律权利；在权力或力量意义上，主要是指表达出来的话语具有公信力、影响力，能够实际引起他人的注意甚至认可、认同，这显然与话语主体本身的地位、力量、素质及其话语本身的质量高度相关。有人概括更简洁，话语权"就是既有发言权，又有说服力、影响力"②。

在信息时代、媒介化社会中，新闻话语是一种普遍而且十分重要的话语实践方式，成为人们实现知情需要、表达需要、参与需要和监督需要的基本话语。与此相应，"新闻权利、新闻权力"已经成为重要的"话语权"。各种社会主体，都试图通过运用新闻话语传播信息、表达自我、参与公共事务、监督社会运行。在这样的大背景下，传播主体与信源主体之间的关系，实质上是一种十分重要的新闻话语权关系。新闻话语权利（新闻权利）是现代文明社会中每一公民的基本权利，也是职业新闻传媒组

① 胡百精. 说服与认同［M］. 北京：中国传媒大学出版社，2014：157.
② 韩庆祥. 全球化背景下"中国话语体系"建设与"中国话语权"［J］. 中共中央党校学报，2014（5）：49.

织、职业新闻工作者的基本职业权利，实质上就是新闻自由权利中的新闻传播权利。但如何实现这样的权利，不是一纸规定就可决定的。在传统新闻业时代，仅就信源主体与职业新闻传播主体的关系来说，这样的权利主要掌控在职业新闻传播主体的手里。当然，面对不同的信源主体，传播主体实际拥有的自由新闻话语权利多少是不一样的。另外，由于不同社会拥有不同的政治、经济、社会、文化制度，拥有不同的新闻制度或性质、功能等都有一定差异的新闻业，因而，职业新闻传播主体与不同类型信源主体的实际关系表现也是各具特色的。

就一般情况来说，在当今时代的任何一个社会、任何一个国家，作为信源主体的政党（尤其是执政党）与政府，都常常能够以掌控重要公共新闻信息资源的方式，控制新闻信息的流动，从而实际上约束和限制新闻传播主体的新闻话语权[①]；作为信源主体的各种社会组织、群体、个人，同样能够在一定程度上以控制新闻信息资源的方式，掌控自己的新闻话语权，约束和限制传播主体的新闻话语权。反过来说，在传统新闻业时代，任何拥有新闻信息资源的主体，如果想使自己掌握的新闻信息得到社会化、大众化的公开传播，就不得不诉诸职业新闻传播主体，而职业新闻传播主体有能力和机会借助自身直接掌握的媒介通道，约束和限制信源主体的新闻话语权；即使在今天这样更为自由的新兴媒介环境中，如果某一信源主体试图将自己拥有的（新闻）信息通过专业新闻媒介公布于天下，也依然会受到职业新闻传播主体的新闻话语把关，其话语权同样会被职业新闻传播主体放大或克减。至于新兴媒介环境里民众新闻活动中信源主体与传播主体的具体关系特征，由于与传统新闻业时代相比，确实发生了诸多变化，因而需要专门论述，我将在后文进行分析。

----

① 关于新闻传播主体与新闻控制主体的关系，我将在后文专章论述。

其次，传播主体与信源主体的新闻话语关系，更为实质的是一种利益关系。在一定社会中，从一般意义上说，所有主体都首先是利益共同体；但不同主体又是相对独立的，拥有各自独立的利益追求。在现实新闻活动中，信源主体与传播主体通过对各自新闻话语的管理控制，通过相互之间的合作斗争（博弈），实际追求的是各自的传播目标、利益需要，当然，他们也有共同的利益诉求。通常来说，职业新闻传播主体由于特定的公共职能定位，在对待和处理与信源主体的利益关系时，通常会把公共利益置于优先位置；但也不可否认，新闻传播主体同样会利用自身得天独厚的条件，运用信源主体提供的新闻信息，维护和发展自身的利益。有些职业新闻传媒组织主体在一些情况下，甚至会采取不正当的手段（比如有偿新闻、有偿不闻、与一些信源主体合谋），利用与一些信源主体的特殊关系，获取不正当的利益。在这样的过程中，也有可能会损害一些信源主体的正当利益。一言以蔽之，传播主体与信源主体既有可能成为利益共同体，也有可能成为利益矛盾体，其中的利益关系，有些可能是正当的，有些则可能是不正当的。而对信源主体来说，他们与职业新闻传播主体建立新闻信息关系的动机是多样的。[①] 但不管是怎样的动机，或不管是被动卷入的还是主动自塑的，根据经验事实，社会主体一旦成为事实上的信源主体，他们就会自觉维护自身的利益、追求自身的利益，他们会以自身的利益观念、利益立场对待和处理与新闻传播主体的关系，这在今天利益多元化、价值观念多元化的社会中，表现得尤为突出。在很多情形中，只要新闻传播主体的新闻生产与传播在客观上减损了信源主体各种可能的利益（可以笼统地包括物质利益和精神利益），哪怕这种减损是为了更大范围的公共利益，信源主体也会通过各种软硬手段（经济利益手段、公共关系手段，

---

① 有些情况下是不得不成为信源主体，比如新闻事件（不管是好事还是坏事）就发生在自己身上；有些情况下则是自己有意成为甚至是把自己故意塑造、"制造"成信源主体。

甚至会想方设法运用行政手段等）进行操作，以最大限度保全自身利益，而不大顾及公共利益。总而言之，不管是在传统媒介环境中，还是在新兴媒介环境中，各种社会主体在充当信源主体时，都在试图以自己的方式再现、塑造、建构有利于自身兴趣、观念、需要的新闻图景，以维护和发展自己的实际利益；差别在于，有些信源主体"直来直去"，新闻手段就是其利益实现的直接手段之一，而有些信源主体"转弯抹角"，但最终依然是把新闻手段作为自身利益的实现方法。当然，不可否认，很多充当新闻信源的主体，之所以积极向职业新闻传播主体提供有意义、有价值的公共信息，很多情况下并不单单是为了自身的利益，更多的是为了公共利益、公众利益。话说回来，任何充当新闻信源的主体，追求自身的目标、维护自身的利益，都是应该的、正当的，只要他们的利益追求合法、合乎社会公共道德，就没有什么可非议的。

再次，传播主体与信源主体关系的实际状况，在很大程度上反映和体现着一定社会信息的透明程度、公开程度，也比较真实地反映和体现着一定社会新闻自由的水平。人们通过新闻媒介能够看到怎样一种社会面目，很多情况下并不是由传播主体决定的，而是由实际拥有和控制社会主要公共信息资源的信源主体（往往也是实际上的新闻控制主体）决定的。"媒体在信息产制过程中，不得不依附于'可靠'、'权威'和精英的消息来源，不得不向统治阶级靠拢。"[①]

因此，在一个社会中，只有公共信息资源是公开的，只有公共权力的运行是透明的，新闻传播主体——不管是职业的还是民众的——才有机会与可能传播信息。如果掌控公共信息资源的政府信息不透明、不公开，传播主体一定是"干着急，没办法"，社会大众也就无法获知社会运行的真

---

① 胡百精.说服与认同［M］.北京：中国传媒大学出版社，2014：160.

实状况。因而，从我这里论述的主题角度看，如果在一定社会中，相对自主独立的新闻传播主体与社会主要的信源主体（政府）存在着良好的互动关系，那就可以说这个社会的信息系统是透明的、公开的。公开、透明本身就是信息自由传播、新闻自由传播的基础。如果拥有信息特别是与公众利益、公众兴趣相关信息的主体，能够比较自由地与传媒沟通，如果新闻传播主体能够相对自主地传播报道具有新闻价值的信息，那么该社会中的新闻自由的实际水平一定是比较高的。在如今信源主体与传播主体可以基本一体化的媒介环境中，如果没有不正当、不合理、不合法的约束与限制，新闻自由是完全可以提升到一个新的高度的。

（二）传播主体与信源主体关系的表现样式

新闻信源主体是拥有新闻信息的主体，新闻传播主体是采集、加工、制作、传递新闻信息的主体，显而易见，要使新闻活动得以发动开启，二者必须建立有效的互动关系。而且，如前所说，对于整体的新闻传收活动过程而言，由于传播主体与信源主体的关系是新闻生产与传播中客观上、逻辑上居先的基本关系，因而也就意味着，两类主体之间的关系水平和质量，会对新闻传收活动后续的水平和质量产生实质性的影响。但这样的描述和判断过于笼统。事实上，在现实的新闻活动中，这两类主体之间的关系有着丰富多彩或纷繁复杂的具体样式。常见的有合作关系样式、对抗关系样式、博弈关系样式。下面，我就这些基本关系样式加以进一步的分析。

第一，合作关系样式。不管是在何种类型的新闻活动（职业新闻传播与民众新闻传播）中，在客观逻辑上，信源主体与传播主体之间首先都是一种新闻信息上的"予""取"关系，即信源主体与传播主体之间首先表现为"提供信息"和"索取信息"的关系，信源主体是新闻信息的拥有者、给予者，传播主体是新闻信息的索求者、获取者。因此，无论是在普遍意义上还是在特殊的、个别的意义上，新闻传收活动得以正常开展的前提条件都是，两类主体之间必须建立起某种样式的信息互动关系。

所谓信源主体与传播主体间的合作关系样式，就是说两类主体在信息予取互动中建立或形成了一种相互尊重、相互信任、相互积极配合的关系，从而使新闻传收活动的整体过程能够顺利进行。从信源主体一方说，主要是指信源主体能够主动配合记者的采访活动，能够真诚地把所知的各种事实信息和可能的信息渠道告知记者；从传播主体一方说，主要是指传播主体能够积极主动寻求信源主体，尊重信任信源主体，并最大限度地从信源主体那里获取新闻信息。两类主体间的合作关系样式，是实现高质量新闻传播的重要保证。美国密苏里新闻学院《新闻报道与写作》一书的作者们反复强调：对于记者来说，任何一次成功的采访，最基本的问题是和新闻信源（主体）确立起相互信任的关系。[①] 可以说，合作关系样式的灵魂就是信源主体与传播主体之间的相互信任。

合作关系样式在新闻实践中会由于具体新闻事实、事件的不同，具体采访情境的不同，具体信源主体个性及其所处环境的不同等，表现出不同的具体样式。比如，有些信源主体会以公开的身份、公开的方式配合记者的采访活动，从而形成公开的合作关系；有些信源主体会以隐蔽的身份或不公开的匿名方式（如一些重大新闻事件背后的"深喉"角色）配合记者的采访活动，从而形成相对比较隐蔽的合作方式。但不管哪种形式的相互配合，都是双方共同愿意接受的方式，都是从根本上有利于新闻事实信息得到及时传播、真相得到及时公正揭示的方式。

---

① The Missouri Group, Brooks B S, et al. News Reporting and Writing [M]. New York: St. Martin's Press, 2005: 50.

对于职业新闻来说，传播主体不仅代表自己，也在代表作为社会主体的收受者与信源主体展开交流、对话。诚如《创造性的采访》一书的作者肯·梅茨勒所说，采访就是记者代表看不见的受众从信源那里探究信息的谈话。[①] 因而，信源主体与传播主体之间的良好合作关系，也是信源主体、传播主体、收受主体之间确立良好信息关系的保证。

需要特别注意的是，在现实新闻活动中，传播主体与信源主体之间存在着一些不可否认的极为不正当的信息合作关系。例如，有些社会主体会有意创造出一些新闻事实（俗称策划新闻），然后再充当信源主体，与传播主体主动合作，为实现二者的共同利益服务，而这样的利益与公共利益没有多大关系，往往是把公众的注意力当作实现二者私利的工具或手段。更为恶劣的是，个别职业新闻传播主体会主动与一些社会主体合谋，制造一些虚假的新闻事件，以吸引人们的眼球，从中渔利。那些"有偿新闻""有偿不闻"现象，本质上都可以看作是信源主体与传播主体的"丑恶"合谋与合作。

第二，对抗关系样式。对抗关系样式也可以称为矛盾样式或对立关系样式。顾名思义，在这种关系样式中，双方处于对立关系，即传播主体一方想得到信息，而信源主体一方不愿提供所知信息，从而无法形成新闻信息的有效"予—取"关系。对抗关系的实质，乃是双方互不信任，往往特别表现为信源主体一方不信任传播主体，从而不愿意为其提供自己掌握的、拥有的新闻信息。背后更为深层的原因可能是，信源主体一方担心自己的信息透露有可能给自己带来不必要的麻烦，甚至损害自己的利益。对职业新闻传播主体来说，通常不存在与信源主体的故意对抗。从原则上说，怀疑或质疑任何信源主体所提供信息的真实性，是职业传播者职业精

---

① Metzler K. Creative Interviewing：The Writer's Guide to Gathering Information by Asking Questions [M]. 影印版. 北京：中国人民大学出版社，2003：9.

神、职业习惯和职业责任的应有表现。对抗或对立关系在职业新闻传播主体身上的表现，主要是对一些信源主体的轻视或不尊重，有时也会出于各种可能原因，对不同信源主体在人格上不能平等对待[①]，从而形成采访过程中与信源主体情绪、情感上的对立。

新闻实践中，两类主体之间的对抗关系有不同的"级别"或有不同强烈程度的表现。有些情况下，信源主体对传播主体获取信息的目的持有怀疑态度，担心传播主体并不是为了公正报道新闻，而是为一些可能的利益主体服务，因而在提供相关信息时有所迟疑和保留；有些情况下，信源主体根本不信任传播主体，不愿意接受采访，更不可能主动提供掌握的信息；个别情况下，一些信源主体出于某种利益诉求，甚至会有意误导传播主体，提供一些虚虚实实、真假难辨的模糊信息。

信源主体与传播主体之间的对抗关系样式，不管因为什么原因，最终导致的结果是双方形成一种矛盾对立状态，使新闻采访难以顺利进行下去，整体的新闻传收过程难以顺利展开。在对抗性的信息互动关系中，通常来看，信源主体相对传播主体具有更大的主动性，占有优势地位，因为信源主体掌控着新闻信息，直接制约着新闻传播者的报道内容。作为天然的信息渠道上的"最先把关人"，信源主体事实上在很大程度上决定着新闻报道的基本面貌——是否真实、全面、客观等，也决定着收受者的收受结果。新闻界有一个形象的比喻：信源（主体）是传播主体最直接的"衣食父母"。因此，如何消除与信源主体的对立的、矛盾的、对抗的关系，获得信源主体的信任与积极配合，常常是传播主体必须解决的首要问题。一旦出现了对抗关系，职业新闻传播者必须首先调整自己的心理、改变自己的采访态度和方式，以赢得信源主体的信赖。作为职业新闻传播者，要

[①]　如对同一新闻事件中的有些信源主体采访态度亲切良好，采访过程中几乎总是友好交谈，而对另一些信源主体却表现得冷峻严厉，采访过程似乎具有审问的味道。

始终明白一个朴素的道理，即在常态的信源主体与传播主体关系中，传播者是"买方"，是"有求于人"的一方，而信源主体是"卖方"，是"等人上门"的一方。因而，主动消除对抗情绪，积极缓和二者紧张关系，甚至可以说是职业传播主体的职责。

第三，博弈关系样式，也就是既有合作又有对抗、矛盾或对立的关系样式。可以说，这是信源主体与传播主体之间最常见、最常态的信息互动关系，也是需要我们花更多篇幅仔细深入讨论的关系。在前面关于信源主体与传播主体关系的实质分析中，我已经指出，两类主体首先是大的社会利益共同体，但他们各自又是独立的利益主体，具有各自的利益追求和利益目标；何况，一旦面对社会现实，就很容易发现，不同的新闻信源主体、传播主体，在属性特征、地位功能、作用影响上也是千差万别的。这就从根本上决定了他们之间的关系一定是既有合作又有矛盾的关系，整体上则表现为一种互相博弈的关系样式。

在一般意义上，当信源主体与传播主体在一些新闻事件中具有共同利益或至少不存在利益矛盾时，他们的合作就比较容易；如果面对同一新闻事件，信源主体与传播主体各自的利益取向不同，他们就很难形成合作关系；如果在一些新闻事件中或在一些新闻报道活动中，信源主体与传播主体"各怀鬼胎"，都想通过新闻手段牟取自身的私利，他们之间的关系就会表现出更为多变的博弈关系。

再具体一些说，如果传播主体采访的是正面事实、中性事实，报道的是正面新闻、中性新闻，或者传播主体采访的负面事实中的信源主体不是相关新闻事实、新闻事件的直接利益相关者，那么，信源主体与传播主体间就容易形成良性互动的合作关系。[①] 相反，如果传播主体采访的信源主

---

① 关于正面新闻事实、负面新闻事实、中性新闻事实的划分，可参阅下书：杨保军. 新闻事实论 [M]. 北京：新华出版社，2001：41-42.

体是负面事实的当事者、参与者，特别是当采访的是"丑恶事实、事件"的制造者时，两类主体之间就很难形成良好的配合关系，更多时候形成的是"较量"关系、矛盾关系、对立关系。在绝大多数情况下，传播主体必须有足够的耐心和智慧，足够的真诚、公正和勇敢，足够的专业精神和职业责任感，才有可能挖掘出真实、客观、全面的信息。我在上文已经指出，信源主体的"先在"或"前在"地位，决定了其至少在形式上具有"最先把关人"或"第一把关人"的作用。信源主体在新闻传播流程中的这种特殊地位与作用，提醒新闻传播者应该特别注意信源主体对新闻信息的可能遮蔽、隐瞒和歪曲①。新闻采访过程，尽管要努力争取信源主体与传播主体之间的和谐信任关系，但更多的现实情况是：传播主体与信源主体既有"配合"又有"较量"，往往处于一种"斗智斗勇"的状态。传播主体要想比较及时地获得全面的、真实的、客观的新闻信息，就必须能够发现和揭露信源主体的种种遮蔽、隐瞒和歪曲事实的行为。

在信源主体与传播主体的博弈关系中，特别是在"不合作""难合作"的矛盾状态中，信源主体通常有这样几种可能的具体表现样式：其一，信源主体躲避或逃避记者的采访，利用各种各样的借口延迟或取消采访；其二，掩盖、歪曲甚至破坏新闻事件、新闻事实的真实面目（如破坏一些新闻现场），以干扰、阻止记者的正常采访活动；其三，威胁新闻记者，如打威胁电话、发威胁信件（邮件）等；其四，直接以暴力方式危害记者的人身安全，破坏正常的采访活动。在这些具有直接对立、对抗意味的手段之外，从信源主体一方看，还有诸多比较"软"的或"柔中有刚"的与传播主体展开博弈的手段与方式，比如，施加政治压力（让手中有权的人给传媒组织领导或记者打招呼等）、采用经济手段（金钱贿赂、送礼上门

---

① 一般情况下，当信源主体有意遮蔽有关新闻信息时，其本身也是被报道的对象，或者是与报道对象具有一定利益关系的对象。

等）、利用人情方式（通过同事、同学、朋友甚至亲戚等关系收买）等。所有这些手段与方式，根本目的或直接结果只有一个，就是影响甚或阻止信源主体与传播主体正常新闻信息关系的展开，以保障和维护信源主体不正当的私利。

除了前面两种带有不与传播主体进行实质"合作"的手段外，更多的情况是直接面对面的具有"博弈"意味的方式：在接受采访中，不少信源主体会根据自己的利益、立场、偏好、认知水平过滤有关的新闻信息。从根本上说，只有那些在信源主体看来不会损害自身利益的信息，才会透过他们的信息网眼，流到记者那里。新闻实践一再告诉人们：如果记者以第一手资料，也就是自己直接观察获得的信息为根据进行报道，失实的危险性是存在的，但毕竟是比较低的；如果记者获得的有关新闻事实的信息，是经过其他信源主体过滤的，那就要格外小心，因为经过过滤的信息变形失真的可能性比较大，并且，过滤的环节越多，失真的可能性就越大。因此，记者对获得的任何间接性的新闻信息，都要采取一定的方法加以核实，尽量提高新闻的可靠性。对于任何经过过滤的信息，都要力求以溯源的方式加以证实。如果受各种条件制约，记者无法在截稿时间内证实，那就至少要使用写作技巧清楚地交代间接信息的来源，即说明新闻信息的提供者是谁。只有这样，才能增加新闻的可信度，新闻收受者也才有机会根据记者提供的信源的权威性、可信度，决定自己是否相信某条新闻。在记者需要专门证实某些信息的采访中，信源主体可能会变得更加谨慎小心，对有关信息的准确性、真实性更是闪烁其词、遮遮掩掩。一些极度敏感的组织性的信源主体，甚至会预先做好各种各样"迎接"记者采访的准备，让记者看到的、听到的一律变成信源主体想让记者看到的和听到的。这无疑给记者全面真实把握有关事情的本来面目带来极大的困难。越是新闻价值高的事实，越是涉及社会公共利益的事情，越是矛盾重重的事情，越是撞击到社会丑恶、腐败的事情，采访的难度越大，证实的难度也越大。美国著名新闻人普利策曾说过这样的话：没有一桩罪行、没有一次逃税、没有一个诡计、没有一起诈骗不是靠秘而不宣才得以存活的。秘而不宣者常常就是新闻事实信息的拥有者，这些拥有者总是千方百计掩盖事实信息，不可能主动告诉记者有关的信息。即使在万不得已的情况下，这类信源主体也会绞尽脑汁来遮蔽、歪曲事情的本来面目，他们会以捏造、撒谎的伎俩欺骗媒体和记者。这时，记者与信源主体之间实质上在进行着一场"信息博弈"：一方在挖掘信息，证实信息；另一方则在掩盖信息，扰乱视线。如何识破信源主体对有关信息的遮蔽，永远是记者的一项艰巨任务。①

在信源主体与传播主体的博弈关系中，传播主体也并不总是"正义"的一方，并不总是以职业精神、职业方式处理与信源主体的信息关系，他们也会从传媒组织甚或记者个人的私利出发，也会采取一些不正当的方式和手段从信源主体那里获取信息②，或封闭过滤信源主体提供的信息，从而要么使一些新闻报道与事实对象相比面目全非，要么使一些值得报道的对象丧失，甚至还会出现一些压着不报道、不传播的现象。就现实来看，针对信源主体特别是针对一般社会主体作为信源主体的情况，一些新闻传

① 证实、证明信源主体提供的信息的真实性，识破其对真实信息的有意遮蔽，这对媒体或记者提出了很高的要求。一些暗访方法的使用，往往就是迫于这样的情境。从客观结果上说，信源主体对真实信息的有意遮蔽或故意歪曲，增加了记者获取真实信息和证实新闻信息的难度。并且，这种难度将伴随新闻传播的存在而存在，伴随新闻职业的存在而存在。信源主体遮蔽事实、歪曲事实的具体动机可能多种多样，但信源主体遮蔽、掩盖真实信息，总的来说是基于自己各种利益的考虑。一些别有用心的信源主体会故意说谎、造假，迷惑传播者。一旦传播者不能及时识破信源主体说的假话、制造的假象，虚假新闻就有可能传布天下。信源主体构建假象的手段从大的方面看可以归为两种：一是掩饰。把"有"的东西隐蔽、遮盖起来，目的在于不让人发现或看到事实。掩饰所用的"遮盖物"就是假象，因为由此"遮盖物"分析不出被遮盖的东西，分析出的应该有的那个本质实际上却不存在。二是假装。假装就是把"没有"的东西装扮成"有"，目的在于使人形成错觉，把没有的东西推想为有。假装出来的现象自然也是假象。

② 关于传播主体与信源主体之间的一些伦理或道德困境问题，我将在下文专门讨论。

媒组织主体仍然会采取"新闻、旧闻和不闻"的策略指导自己的新闻传播行为，造成一些新闻信息的阻隔，也自然造成信源主体对传播主体的不满与失望。①

以上，我分析了信源主体与传播主体之间的三类基本关系样式。需要进一步简要指出的是，尽管我一再说明，信源主体与传播主体之间信息关系的总体质量，在一定程度上决定着整个社会的新闻信息流通水平与整体新闻图景的质量②，但信源主体与传播主体之间的实际关系，并不纯粹是由这两类新闻活动主体自身决定的，它是由整个社会塑造的，是由一定社会塑造的整体传播环境决定的。所有的传播主体、所有的信源主体都存在和活动在现实社会之中，我们只有用整体的观念、整体的思维、整体的方法，才有可能真实全面地理解和把握二者之间的关系。③ 试想，如果一个社会在整体上缺乏良好的道德氛围，缺少良好的道德风尚，人们信口就是假话，缺乏基本的社会责任感和道义感，缺乏基本的相互信任，那么，即使传播者具有高尚的新闻职业道德品质，他们也很难获得真实的新闻信息；如果社会大众缺乏最基本的媒介素养、新闻素养，对新闻的特点缺乏最基本的了解④，那么，传播者要想获得客观的事实信息谈何容易。因

---

① 尽管在当今新的媒介环境中，传播主体想要做到这一点比较困难，但这样的现象依然存在，实际上也影响了人们对一些事实的知情权利。事实上，"能做到"与"是否应该做"是完全不同的两回事。职业传播主体做了自己不应该做的，至少应该受到道德谴责。尽管如今的传播技术发达、传播媒介便利，使每个具有上网能力的人可以比较自由地发布信息，但权威性的新闻媒介、具有巨大社会影响力的新闻媒介，都是组织化的存在、制度性的建设，要想使新闻传播获得普遍的社会效应，取得预期的传播效果，很多情况下还是需要媒体组织以专业化的方式进行。因此，职业传播主体的任何有意过滤与遮蔽，依然会在很大程度上损害公共利益，损害公众知情权。

② 如何衡量一个社会的新闻报道或新闻信息流通的水平，是一个很有意义的学术问题和实际问题，值得深入的、专门的探讨和研究。在一般意义上说，一定社会的新闻信息的流通水平，关键要看其新闻自由的程度，其次要看在自由的新闻传播中新闻报道本身的质量。

③ 关于整体或总体方法论的观念，可参阅下文：胡承槐. 马克思主义的总体方法论及其现实意义 [J]. 浙江社会科学，2014 (7): 4-12, 156.

④ 需要顺便指出的是，社会大众媒介素养、新闻素养的培育和获得，并不纯粹是他们自己的事情，也是政府的职责。政府有责任通过各种途径培养和提高社会大众的媒介素养。新闻媒体和其他大众媒介亦有责任和义务通过媒介本身向人们传播有关媒介的基本知识。

此，一个社会能够提供的整体传播环境质量，对新闻传播的整体质量有着重要的影响，但这已经是另一个论题，关涉到新闻与社会整体及社会各个领域的关系，限于篇幅，此处难以展开论述。

本节最后，我想特别指出，由于如我在前文一再强调的，传播主体与信源主体是整个新闻传收过程中逻辑上在先的两类主体，他们之间的信息关系质量直接决定着新闻传收活动的整体质量。在更为普遍的意义上说，他们之间的信息关系质量影响着一定社会整体新闻图景的质量。因而，我想就作为信源主体的主体道德责任问题再做一些阐述。

从应然的角度讲，不管是一定的组织主体还是个人主体，如果拥有的新闻信息与社会公共利益相关（是否相关，在实践上必须通过一定的法律法规进行界定），并且不属于国家法律禁止公开传播的信息，那么，任何组织和个人都有向担当社会公共平台、充当社会公共领域的新闻传媒（媒介）及时告知（准确讲是向社会告知）新闻信息的义务，更不能以"无可奉告"的方式简单拒绝职业新闻记者的采访。

由公民通过一定法律程序授权的政府机构、社会组织，则必须向社会真实告知与公共利益相关的信息，这是一个公开透明的社会的内在要求。对于现代文明社会来说，信息公开不仅是保障公民知情权的基础，也是保证社会文明进步的基础，更是一个社会文明程度的重要标志。信息公开，并不是要公开公民拥有的与社会公共利益无关或没有什么重要关系的私人信息，而是指有关社会组织，特别是政府组织、执政的政党组织要向社会及时公布公共信息。对于一定国家的公民来说，可以说这是公民的义务，是公民道德的内在要求①。作为公民，就应该有公共精神，应该承担自己

---

① 公民道德，就是作为公民的道德，就是公民在公共生活中的道德。[李兰芬. 国家认同视域下的公民道德建设 [J]. 中国社会科学，2014（12）：4-21，205.] 新闻活动本质上是公共活动的一部分，新闻领域是公共领域的一部分，因而，作为公民应该在这样的公共生活中承担公共道德责任。

作为一个公民的道德责任。作为公民，应该遵守社会公德，以诚实的品质对待新闻记者的采访，至少不对新闻媒体（社会公众）讲假话。信源主体一旦有意欺骗新闻媒体，就不仅应该承担道德责任，一定条件下还要承担法律责任。一般社会主体一旦充当了信源主体，就意味着他直接介入或参与了新闻传播活动，这时，他理应承担道德责任和法律责任。

人们需要知道，信源主体真实告知新闻信息，是在履行公正对待其他社会成员的义务，也是自己获得相应对待的前提条件，即任何其他社会成员在充当信源主体时，也应该向你（通过新闻媒体）真实告知有关事实信息。这既是一种道德权利，也可能是一种法律权利。只有在别人能够对新闻媒体讲真话、告实情的情况下，你才有可能通过新闻媒体的报道得到获得真实信息的好处。如果你在充当信源主体时不讲真话、不告实情，那么显然对别人是不公正的、不道德的。因此，作为社会成员的每一个公民都有讲真话、告实情的道德义务。这样做是应该的，是实现和保持社会公正所必需的。

由上面的论述可以清楚地看到，媒体、记者是否能够获得真实的、全面的事实信息，是否能够证实已经获得的信息，相当程度上依赖于信源主体道德上的真诚（当然还依赖于其他一些必要的条件），即讲真话、告实情的道德品质。信源主体说到底其实就是所有的社会成员，以及由社会成员组成的各种群体或组织。一个国家、一个民族能够为整个世界、整个人类提供怎样的新闻，能够给自己的历史和世界的历史留下怎样的基本材料，从宏观上看，最主要的已经不在于这个国家、民族拥有怎样的新闻职业队伍，而在于这个国家拥有什么样的国民，拥有什么样的社会制度和新闻制度。

三、民众新闻中的"源—传"关系特征分析

在职业新闻活动中，职业新闻传播主体相对信源主体的身份角色是清晰的、明确的，通常是职业新闻传播主体之外的其他社会主体。[①] 但在后新闻业时代开启后的民众新闻活动中，尽管信源主体与传播主体的关系结构模式依然存在，新闻信息的流动总有"源—传"关系，但这种关系已经在新兴媒介环境中发生了很大的变化。与传统新闻业时代传播主体与信源主体的关系相比，新兴媒介环境中的关系变得更为复杂。因此，我将就民众新闻现象中的信源主体与传播主体的关系特征加以专门分析。这种分析主要包括两大方面：一是从民众新闻与职业新闻关系的角度考察"源—传"关系在历史变化中呈现出来的新特征，也就是分析传统"源—传"主体结构关系的重构；二是从传统新闻业时代没有的新的民众新闻现象内部考察"源—传"关系特征，也就是对民众新闻现象的典型特征"源—传"主体一体化结构进行分析。

（一）传统"源—传"主体结构关系的重构

民众新闻，简单说，就是由普通社会大众（主要是网民）创制传播的新闻。像职业新闻一样，在现代社会，民众新闻依然强调新闻本身的社会性、大众性和公共性，那些只限于狭小范围的私人化的信息传收不属于新闻的范围。也就是说，我依然是在现代新闻的意义上界定新闻，依然把民

---

① 在一些特殊情况下，职业传播主体的同行可能充当信源主体角色。主要有两种情况：一是新闻事件发生在职业新闻传播主体身上；二是一些职业新闻传播主体把另一些职业新闻传播主体当作信源主体来对待。

众新闻中的"新闻"理解为与社会公共利益相关、与公众普遍兴趣相关的新闻，小圈子中自娱自乐的信息不是我这里所说的民众新闻。如今，民众新闻传播已经成为普遍现象，人们可以通过当代信息技术开展广泛的社会化、公共化新闻传收活动。这也是我们能够专门在民众新闻视野中讨论信源主体与传播主体关系的重要客观根据。

在当今新的媒介生态环境中，大众化、公共化、社会化民众新闻现象的普遍生成，使得传统的信源主体与传播主体结构关系发生了变化，因而，需要在民众新闻与职业新闻的关系视野中，考察民众新闻现象中"源—传"主体结构关系的不同表现样式。

传统新闻业时代，作为社会主体的广大民众，在新闻活动中主要充当的是大众化的受众角色，只能偶尔充当信源主体，几乎不大可能充当能够自主自由进行大众化、公共化、社会化传播的新闻传播主体角色。但在如今的民众新闻传播中，传统意义上的信源主体与传播主体结构关系已经发生了再建构或重构现象，在既往结构的基础上也生成了一些新的主体结构关系样式。

其一，在民众新闻现象中，依然保留着传统新闻业时代的"源—传"主体结构样式。在有些新闻事件中，尽管一些民众参与到新闻事件之中，知道一些新闻事实信息，自己也可以将所知道的新闻信息主动传播出去，但他们没有这样做，而是仍然像传统新闻业时代一样，将自己知道的信息在受访中告知职业新闻传播主体。就目前来看，这依然是相当普遍的现象。事实上，普通社会大众对与自身利益没有直接关系的新闻事实，没有强烈的报道欲望。只有那些具有较强新闻欲望、传播能力的民众，才会积极主动地传播身边的新闻，关注其他地方的新闻。因而，传统新闻业时代的"源—传"主体结构方式依然具有相当的稳定性；常态的新闻图景依旧是在这样一种"源—传"主体结构关系中塑造的，这也是职业新闻依然占据一定社会新闻领域核心地位的"源—传"主体结构基础。

其二，在一些民众新闻活动中，传统的"源—传"主体结构关系，常常被重构为"传—传"主体结构样式，即传统新闻业时代只能充当信源主体的民众，在如今的民众新闻中，转变成了与职业新闻传播主体相似的传播主体，也可以担当类似职业新闻传播主体的传播者角色，从而与职业新闻传播主体共同构成了一定新闻事件中的"二元共在"的传播主体结构方式，这才是真正不同于传统新闻业时代的结构样式。人们不难发现，在越来越多的新闻事件中，职业传播主体与相关民众传播主体共同担当着呈现新闻事实真相的角色，他们从各自的立场、角度、方式出发，关注事实，报道新闻，能够呈现出新闻事实、新闻事件不同的面向；而充当民众传播主体的那些人，主要是直接参与新闻事件的人，在传统意义上是可以充当信源主体的人。

其三，在很多民众新闻现象中，形成了将上面两种样式相融合的样式，即既不是单一的"源—传"主体结构样式，也不是单一的"传—传"主体结构样式，而是"源（传）—传"主体结构样式。在这样的主体结构样式中，民众是信源主体与传播主体同一化、一体化的主体（对此，我将在下文专论），职业新闻传播主体依然是单一的传播主体角色。也就是说，身在新闻事实、新闻事件中的民众，既向职业新闻传播者提供新闻信息，同时他们自己也会通过自己的渠道与方式向大众传播新闻。这种可以称为"单源双传播"的现象，在传统新闻业时代是没有的，它在客观上增加了新闻传播的不同维度，大大强化了新闻传播的影响方式或效应方式。民众新闻现象造成的这种新景象，在客观上形成了民众新闻传播与职业新闻传播之间的合作与竞争关系，也有可能是矛盾对抗关系、互相监督关系。因而，从根本上说，这样的主体结构样式，有利于新闻事实真实面目的多样化、多面向呈现，有利于在民众新闻与职业新闻之间形成有效的互动关系。当然，在一些新闻事实和新闻事件的冲突性、矛盾性甚至对抗性报道中，一定会产生受众到底应该相信谁的问题。我以为，只要有足够的新闻自由时空，真相总是可以得到最终呈现的。人们既要相信群众的眼睛是雪亮的，也要信任专业者的眼光，不同新闻话语的对话与交流，总能产生真相大白于天下的结果。

其四，在民众新闻现象中，传统的"源—传"主体结构关系，很多情况下转变成了"互为信源主体"结构关系，即不仅拥有新闻信息的民众能够成为职业新闻传播主体的信源主体，而且职业新闻传播主体在一些新闻情境中也能够成为民众作为传播主体的信源主体。与传统新闻业时代的"源—传"主体结构关系相比，后一种情况可以说是"源—传"主体结构关系的"倒置"。人们看到，在民众新闻传播现象中，民众不仅担当了传播主体的角色，还会经常性地把新闻传媒组织的新闻报道作为他们特殊的一类信息来源，实际上就是把新闻传媒组织主体或职业新闻传播主体当作特殊的一类信源主体。

与社会大众作为信源主体的传播主体化相对应，职业新闻（传播主体）的信源（主体）化，使得普通社会大众可以用公开的方式直接挑战职业新闻的权威性、可信性，与职业新闻传播主体展开直接的相对比较平等的对话，从而使新闻事件的真实面目有更大的可能与机会得到比较完整的呈现。诚如有人所说："从已经发生的网络舆情事件来看，更多时候是业余的网民在围观的过程中指导专业的媒体记者如何更好地呈现真相、完善新闻事件呈现的基本逻辑链条。"[①] 毫无疑问，在众多网民中，能够对相关事实真相的呈现发挥真正核心作用的，当然是身在事件之中的那些能够充当信源主体的网民，一旦他们担当起传播主体的角色，职业新闻传播主

---

① 朱春阳，刘心怡，杨海. 如何塑造媒体融合时代的新型主流媒体与现代传播体系？[J]. 新闻大学，2014（6）：9-15.

体也就不得不减色。人们在中国新闻传播的现实中不难看到，一些拥有新闻信息资源的民众传播主体，经常会把传媒组织的新闻报道作为嘲讽解构的对象，会在不少针对同一新闻事件的生产传播中，创制出与职业新闻传播组织差别很大甚至完全对立的新闻，往往会造成一种极具"悖谬"意味的现象，即职业新闻传播者在民众信源主体作为传播主体的"逼迫"下不得不说真话，不得不修正自己的错误或有漏洞的报道。① 在这样的情境中，传统意义上的职业新闻传播主体充当的更多是回应式的信源主体的角色，而民众作为信源主体对职业新闻传播主体新闻报道的批评与挑战，也不再可以简单归类为对新闻报道的"反馈"。

（二）普遍的"源—传"主体一体化结构

本部分，我将主要从民众新闻现象内部出发，分析"源—传"主体结构关系。而所谓民众新闻内部的"源—传"结构关系分析，即不考虑民众作为信源主体与职业新闻传播主体的关系，只分析民众新闻内部信源主体与传播主体之间的关系。需要做点预先说明的是，以往新闻传播研究更多关注的是"受众身份二重化"（受众传播主体化或受者与传者的一体化）现象，但透过这一二重化现象，做一些更为细致的观察，就会发现，所谓受众身份二重化，很重要的一部分实际上属于我这里所讨论的信源主体与传播主体的二重化或一体化。事实上，在民众新闻现象中，很多情况下，都是信源主体（报道对象主体）、传播主体、收受主体一体化的现象，但他们之间的身份在逻辑上仍然是可区分的、清晰的。这样的一体化现象也

---

① 有学者在相关研究中得出了很有意思的结论：中国民众对新媒体的期盼之一便是，新媒体能够促进中国媒体"说真话"。［陈青文，张国良. 新媒体促进传统媒体"说真话"：上海居民新媒体使用状况焦点小组访谈报告［J］. 新闻记者，2013（4）：69-74.］

只能在普遍意义上论说。就具体的新闻事件而言，信源主体与传播主体常常是真正统一的、一体化的存在，而收受主体与他们是分离的。

就当前民众新闻现象来看，信源主体与传播主体的结构关系在抽象意义上与传统新闻业时代似乎没有多大区别，但在具体表现上却有了根本性的变化。所谓抽象意义上没有多大变化，是说在民众新闻传播活动中，依然存在着"源—传"二分的二元主体结构方式，在逻辑上是稳定的、清晰的。所谓具体表现上有了根本性的变化，是说与职业新闻传播活动中"源—传"主体结构关系相比，在民众新闻传播活动中，信源主体与传播主体的典型关系样式发生了变化。这种变化就是信源主体与传播主体的普遍一体化现象，即传播主体在大多数情况下就是信源主体自身，而不像在职业新闻传播中，信源主体与传播主体的非一体化才是常态。

需要注意的是，我只是说与传统新闻业时代相比，信源主体与传播主体一体化结构关系是民众新闻现象的典型特征，并不是说只有这样的结构关系。事实上，如前文分析的那样，在很多民众新闻传播活动中，信源主体与传播主体在结构上是分离的，分属于不同的主体，即一些民众充当了传播者，另一些则是信源主体或报道对象主体；那些充当信源主体的民众并没有直接传播发生在自己身上的新闻信息，仅是向其他人提供了相关信息。在这样的情境中，信源主体与传播主体的结构关系跟职业新闻传播现象中的没有什么区别。但要注意的是，在职业新闻传播活动中，传播主体是职业化的主体，而在此处所说的民众新闻传播活动中，传播主体是普通的社会大众。这种传播主体身份之间的差别，很可能会形成不同的信息交流方式，产生不同的信息交流结果。而作为信源主体的普通民众是更相信职业新闻传播主体，还是更信任与自身一样的作为传播者的民众，恐怕不是我们可以简单进行理论推断或想象的，需要展开实证研究。但就常态而言，民众传播者与民众信源主体有着天然的一体关系、亲近关系，更容易从作为信源主体的民众那里获得真实的信息；职业传播主体要想从民众信源主体那里获得有价值的信息，首先得与民众确立相互信任的关系，这无疑增加了获取新闻信息的难度。

在信源主体与传播主体一体化结构中，又有两类基本情况：其一是单一信源主体与传播主体的同一化或一体化，即新闻传播中只有一个信源主体及相应的传播主体；其二是在同一新闻事件中，存在着多元信源主体及相应的多元传播主体，这就形成了"多元主体共在"的现象。在单一信源主体与传播主体同一化或一体化的情境中，主体的一元化使得关于新闻事实的陈述与呈现只有一种眼光、一种声音，因而，新闻事实的面目能否得到真实反映，很大程度上有赖于这一元主体的认识能力与道德能力。在多元信源主体同时充当多元传播主体的情境中，从理论上说，似乎能够更为全面立体化地呈现新闻事实，但不可避免的是，也会出现不同主体之间的矛盾传播现象，新闻事实恐怕只能通过多元主体之间的不断互相订正、纠错、协商对话得到最终的揭示。

总体来看，民众新闻传播现象中信源主体与传播主体的一体化结构关系，对新闻传播可能会形成两个方面的效应：一方面，至少在理论上，由于信源主体与传播主体的直接同一性，直接体验、经历、认知、反映、报道新闻事件成为现实，因而有可能使新闻信息更多地保持自身的原生态特征，更逼近新闻事实的本相；这样的同一化或一体化关系，客观上减少了新闻信息采集传播的中间环节，避免了新闻信息的可能减损，以特有的直接性和体验性保持了新闻信息的新鲜性和生动性。另一方面，可以推断和想象的更为重要的效应是：它使新闻的生产与传播有可能在最大限度上减少甚至避免各种传播主体之外的社会力量的介入、约束与限制。比如，在常态的民众新闻传播中，各种政治力量、经济力量等，既无足够的时间，也无特别有效的渠道对相关新闻信息进行及时的控制或影响。如此一来，新闻报道就有可能更为"纯粹"和"干净"，人们有可能有更多的机会看到事件原原本本的样子。但是，我们还必须考虑到另一种可能：信源主体传播自己参与其中的事件信息，如果事件与自身的利益相关，那么往往难以保证信息的客观性和全面性；人们一般易于相信与传播者自身价值无涉的传播，不易相信与传播者自身价值纠缠的传播（人们会怀疑传播者用自身的利益取向剪裁事实、过滤信息）。如果再考虑到民众新闻普遍存在的非专业性特点，这种一体化的结构关系，既可能导致新闻价值判断的偏误（看不到新闻事件中真正有新闻价值的一面），也可能导致一些无意的遮蔽、放大或缩小。正是这些基本原因，导致人们对民众新闻的真实性一直没有足够的信心，这也可以说是民众新闻的致命伤。

四、民众新闻"源—传"结构关系产生的影响

民众新闻中"源—传"结构关系的各种样式，特别是信源主体与传播主体一体化造成的公共化、社会化新闻传播现象的普遍生成或出现，不仅改变了传统新闻业时代信源主体与传播主体的结构关系，也改变了新闻生产与传播的结构关系，同时改变着人类新闻生产与传播的整体构成方式，这在人类新闻活动史上是前所未有的变化，具有一定程度的革命意义。在新闻主体论视野中，最重要的是，它实质性地改变了不同新闻活动主体间的关系，特别是改变了职业主体与社会大众的新闻关系，在某种程度上正在生成一定社会建构信息秩序、新闻秩序的新路径、新模式、新机制、新方法。当然，民众新闻"源—传"主体关系变革的影响不会局限于新闻领域。在当今媒介化社会，新闻生产与传播的结构性变革，一定会对整个社会的政治、经济、文化、外交、军事等各个领域的运行产生影响，会给人们日常生活世界中的物质交往、精神交往带来不可低估的作用和影响。但

我在这里不准备将讨论的问题延伸扩展至如此广泛的程度，仍然主要限定在新闻传播领域，分析一下民众新闻"源—传"结构关系变革所产生的一些可能效应与结果。

(一) 开创了信源主体自我呈现的新方式

民众新闻"源—传"主体结构关系的变革，在一定程度上改变了传统新闻业时代新闻事实信息的流动方式。传统新闻业时代，由于职业新闻传媒组织及职业新闻工作者基本垄断了大众化、公共化的新闻生产与传播权利，并在一定程度上将其转化成了独占性的传播权力或新闻权力，因而形成了新闻信息流动传播的具有强烈权威性的"中心化传播模式"，即新闻信息是以新闻传媒为中心而单向传布到整个社会范围的。这显然也是一种"由上到下"的信息流动方式，带有强烈的灌输与引导色彩。[①] 但在新的民众新闻"源—传"主体结构关系形成后，传统的中心化新闻生产传播方式受到了冲击甚至被打破，"由上到下"的信息流动方式开始转变，新闻信息的"平行流动"方式已被创造出来，即在民众新闻中，新闻信息是由普通民众流向普通民众的，信息可以在普通民众之间自由流动。如此一来，传统方式与非传统方式交融在一起，便产生了新的生产与传播方式、信息流动方式，这就是，除了依然在一定程度上保持传统新闻业时代的中心化、由上至下的传播模式外，职业传播主体与民众传播主体的各自中心化、相对平行化传播方式正在形成，他们都在网络化的传播进程中转化成至少在形式上相似的传播者，成为互联网上不同节点上的传播者，他们是整个网络的共同编织者、塑造者。也许网络上不同节点的大小、

---

① 传统新闻业时代"由上到下"的信息流动方式几乎就是固定的模式，教育、引导社会大众也就自然成为职业新闻传播主体的主要任务。

力量、能量不同，但在具体的新闻事件中，由民众主体造成的信源主体与传播主体一体化、同一化的新闻景象，常常能与职业传播主体的新闻传播相媲美，在有些情境中，民众的传播影响力还会盖过职业传播的话语影响力。

传统新闻业时代"中心化"或"由上到下"新闻信息流动方式的改变，或新时代互联网传播中"节点性"多中心化、平行化新闻信息流动方式的生成，最基本的整体性影响是：加快了新闻传播的速度，扩大了新闻传播的范围，提高了新闻传播的效率，增强了新闻传播的效应，增进了大众之间的相互了解、互动影响。因而，无疑有利于发挥新闻监测环境、守望社会、服务大众的基本功能，这自然是一个新时代的开创。

但我想在新闻主体论意义上进一步指出，这种结构性变化更为深层的影响是：已经并将继续改变作为信源主体的社会民众自身的社会状态，已经并将继续改变信源主体与职业新闻传播主体的关系性质。具体表现为以下几点：

第一，"源—传"主体结构关系变革中的民众信源主体"传播主体化"事实，彻底改变了传统新闻业时代新闻传播中的"民众沉默或沉默民众"现象，使"沉默的大多数"终于获得了自我反映、自我呈现的机会与可能；民众不再自我遮蔽，也难以被他人简单遮蔽，一个自我敞开、自我敞亮的时代已经到来。

在传统新闻业时代，社会民众（包括每一个具体的群体类型）的媒体形象主要不是由他们自身决定、呈现的，而是由职业新闻传播主体定义、形塑的。但在后新闻业时代开启后的今天，在民众信源主体普遍地传播主体化的媒介环境中，自我呈现已经成为普遍事实，这在很大程度上直接冲破了传统新闻业时代职业新闻传播主体对新闻传播权的垄断，大大增强了普通社会大众在新闻活动中的主动性与积极性。在传统新闻业时代，他们即使拥有新闻信息，也要看职业新闻传播主体的脸色，要等待职业新闻传播主体的采访把关、创制传播。民众信源主体一旦可以转变为主动的传播主体，这种被动的局面便彻底改变了，至少发生在社会大众身上、身边的新闻事实和新闻事件在一定程度上不再依赖职业新闻传播主体的报道了。各种新的新闻生产方式，如众筹新闻、计算机（机器）新闻、数据新闻，在新的媒介时代不再是职业新闻传媒的专属特权，也会以民众新闻的方式出现。这自然也会在一定程度上改变传统新闻生产与传播的整体结构方式，最直接的结果就是"淡化"或"稀释"了职业新闻传播的影响力。因而，可以毫不夸张地说，民众信源主体的传播主体化，是一种具有信息解放、民众主体解放意义的主体关系变革，为社会大众自己把握自己的命运创造了新的可能方式。

进一步说，民众信源主体的传播主体化，已在一定程度上改变了传统新闻业时代新闻事实和新闻事件形象单一职业再现、塑造、建构的局面；更为引人注意也更为重要的是，已在一定程度上改变了民众自身新闻形象单一"他塑"机制，创造了"他塑"与"自塑"互动的新渠道、新方式、新机制。可以说，在新兴媒介时代，人类创造了以信息方式、新闻方式提升社会民众主体性的新途径。这一新的途径对人类的政治活动、经济活动、文化活动以及日常生活领域的各种活动都会产生深远的影响。

第二，民众新闻现象中"源—传"主体关系的结构性变化，开启了精英传播主体、专业（职业）传播主体与民众传播主体展开平等交流、协商对话的新时代。当作为信源主体的普通民众获得了传播主体化的机会，改变的不仅是他们在传统新闻业时代的被动性存在，增强的也不只是他们自身在新兴媒介时代的主体感，同时也在增强社会民众与职业传播主体（及其所代表的社会主体）的"我们感"或"共在感"①，"我们"（民众与职业传播主体）都是相似的传播者，"我们"是共同的社会主体，"我们感"的增强，就是"认同感"的提升。因而，抛开"源—传"主体关系的结构性变化所产生的一般的社会意义、文化意义、政治价值不说，仅就新闻活动而言，"我们"会共同感知到，新闻生产传播不只是新闻职业精英们的事情，也是普通社会大众的事情，新闻权利不只是新闻媒体的权利、职业新闻人的权利，也是社会大众的权利，是所有人应有的权利。新闻权利只有成为社会大众的普遍权利，一个更加全面真实的新闻图景才有可能呈现出来，一个更加美好和谐的新闻图景才有可能真实地塑造出来，人们也才有更多的机会去期盼一个新闻的共产、共绘、共享和共同主体时代的到来。② 由此"新闻传播自由"（新闻传播权利及其实现）进入了一个新的历史阶段，基本实现了"我的信息我做主"。自然，社会大众作为信源主体的传播主体化现象，造成的影响不限于新闻领域，而是存在于整个社会领域，对一定社会的政治、经济、文化以及人们的日常生活世界都会产生影响，这些都需要展开专门的研究。

第三，社会民众不是抽象的乌合之众、群体存在，而是具体的、现实的、生动鲜活的、具有不同个性特征的主体，当不同主体都有机会把自身信源主体的身份转换为传播主体的身份时，就等于创造了更多的不同民众主体之间主动展开信息交流、新闻对话、意见表达的机会，其间渗透着或深或浅的情感交流、精神交流、文化交流和利益对话交流，这对形成不同

---

① 几乎全球的职业新闻传媒（传播主体）都会宣称，他们掌控的传媒是社会公器，他们操控的媒介是公共领域，他们维护的是公众利益，但实际并非完全如此。事实上，凡是被代表的利益都是间接的，而间接的都有可能存在遮蔽，也有可能存在扭曲，只有在直接与间接之间形成有效的互动，社会民众的利益才能得到真正的维护。

② 杨保军. "共"时代的开创：试论新闻传播主体"三元"类型结构形成的新闻学意义 [J]. 新闻记者，2013（12）：32-41.

社会主体之间的相互了解、理解无疑有着重要的基础作用。传统新闻业时代，不同时空、地位、属性之间的民众很大程度上是间接交往、交流的，在新闻学视野中，这种交往、交流是以职业新闻传播主体为中介或渠道的，但在新的媒介生态环境中，民众信源主体的传播主体化，使得民众之间的对话、交流具有了共在、共时的特征，具有了更多的直接互动特征，少了过多的中介，这意味着少了信息流失、意见扭曲的更多可能；那种被"中介化"的交流方式，尽管具有不可否认的沟通功能，但毕竟是被充当中介的职业新闻传播主体按照自身立场、图式过滤过的，很难保证民众之间"原汁原味"的交流对话状态。普通社会民众之间有更多直接的信息共享分享机会，有更多直接的协商对话机会，从大的方向上、趋势上看，应该有利于社会共同观念的形成，有利于和谐社会的建设。

（二）塑造了信息图景呈现的新机制

民众新闻"源—传"主体结构关系的变革，在一定程度上改变了传统新闻业时代广义新闻图景①（即由新闻报道与新闻评论共同塑造、建构的信息图景）的结构方式，即改变了新闻报道与新闻评论的传统结构方式。在这样的改变过程中，已经在一定程度上形成了不同于传统新闻业时代的社会意见（公众舆论）反映、塑造与建构方式。与此同时，也改变了传统新闻业时代社会民众之间不同新闻信息与公共意见（舆论）的交流方式。下面，我对这几点分别加以简要论述。

---

① 我所说的"新闻图景"，是指由新闻报道塑造、建构、再现的新闻符号世界。与此相应，由各种新闻评论所塑造、建构起来的意见性符号世界，可以称之为新闻意见图景或意见图景；而由新闻图景与意见图景共同组建起来的符号世界，可以称之为新闻信息图景，简称为信息图景。这组"图景"概念，既可以针对单一新闻现象、新闻事实、新闻事件、新闻人物的报道与评论，也可以针对一定时空范围整体的新闻报道与新闻评论。

第一，民众新闻"源—传"主体结构关系的变革，在一定程度上改变了传统新闻业时代广义新闻图景的结构方式。在传统新闻业时代，一定社会的新闻图景（新闻符号世界）、舆论图景（由新闻评论塑造、建构起来的意见性符号世界，又称意见图景）主要是由职业新闻传播主体再现、塑造、建构的，新闻传媒基本上是在报道新闻事实的基础上进一步塑造、建构舆论图景的。因而从一般意义上看，狭义的新闻图景（关于新闻事实的图景）是传统新闻业时代"整体（广义）新闻图景"（新闻图景与舆论图景的合一）的主导画面。① 但在大众化、公共化、社会化民众新闻渐成气候的情形下，这样的整体新闻图景结构开始变化了，最典型的表现就是，新闻意见图景或舆论图景的占比越来越大。其中最重要的原因是：在新的媒介环境中，民众新闻传播的占比越来越大，而民众新闻传播现象的核心部分往往不是事实信息的传播，而是新闻意见或其他一般意见的表达。也就是说，在民众新闻中，更多的社会民众是意见表达者，而非事实信息的报道者、传播者。因此，与传统新闻业时代相比，尽管报道新闻仍然是再现、塑造、建构整体新闻图景的基础，但在由职业新闻与民众新闻共同建构的整体新闻图景中，意见表达或社会舆论占有越来越大的比例，在整体新闻图景中越来越占据主导地位。这样一来，在历史比较视野中，在结果表现上，就形成了由偏向新闻报道为主的结构方式转变成了偏向新闻意见（舆论、民意）为主的结构方式。大概正是因为这样的缘由，今天的时代才被人们称为意见表达时代、言论时代。进一步说，可能正是因为民众新闻现象的兴起，相对自由自主表达局面的形成，意见表达时代才

---

① 通常所说的新闻，仅指关于新闻事实的报道，被称为狭义的新闻；广义新闻则既包括新闻报道，也包括新闻意见——对新闻事实、新闻现象、新闻人物等的评论或看法，即新闻报道与新闻评论合在一起被称为广义的新闻。

最终到来，由此职业新闻传播主体对新闻意见表达才更加重视。[①]

第二，在上述第一点的基础上深入一步，就可以看到，民众新闻"源—传"主体结构关系的变革，导致社会公众意见（公众舆论）反映、塑造与建构方式的变革。在传统新闻业时代，新闻是由职业新闻传播主体生产、传播的，社会舆论也主要是由职业新闻传播主体反映、塑造、引导的，广大的社会民众基本上是收受新闻的角色，是被传输、被教育、被引导的角色，因而，普通社会民众几乎没有通过大众媒介表达自己意见的可能，更不要说通过大众媒介形成相对独立的社会舆论场了。所谓社会舆论至多是依赖人际传播方式逐步形成的具有一定规模的舆论形态。但在后新闻业时代开启后，整体新闻图景的建构方式发生了近乎翻天覆地的变化，作为收受者、信源主体的社会民众自身不仅成为再现、塑造、建构狭义新闻符号世界的重要力量，更成为塑造一定社会"舆论图景"的主导性力量，民众针对公共事件或关涉公共利益现象的意见表达，很多情况下已经超过了职业新闻传播主体意见表达的强度。作为信源主体的民众，他们的新闻传播与意见表达具有极其重要的作用和影响，这是因为只有他们才是新闻事实、新闻事件的真正亲历者，只有他们占据了"眼见为实""事实胜于雄辩"的独特优势地位。尽管作为亲历者的信源主体的身份角色，并不能保证新闻传播的绝对真实、意见表达的天然公正合理，但其得天独厚的身份角色是不可轻视的，也是不可否认的。

民众新闻"源—传"主体结构关系的变革，加上传统传收主体关系的变革，在舆论图景塑造方面造成的最根本的变化有两点：一是带来了塑造公共舆论的多元主体时代，二是带来了多元舆论结构的新时代。从宏观层面看，形成了职业主体与民众主体的二元主体结构方式，相应地也就形成

---

① 人们看到，正是在网络传播、新兴媒体传播勃兴后，报纸、广播、电视才越来越重视新闻意见的表达，纷纷开办起各种各样的新闻评论栏目或节目，形成了意见表达的新时代。

了以职业新闻传播主体为中介塑造的"官方舆论场"与社会民众作为主体所塑造的"民间舆论场"。① 如果中观或微观一点看，在职业新闻传播主体内部特别是在社会民众主体范围，由于不同民众群体和个人的不同地位、立场、价值观念和利益取向，形成了更为多元的公共意见表达群体，从而激活了整体的公共意见领域。因此，与传统新闻业时代相比，尽管人们对舆论环境的宽松程度仍然有着各种各样的看法甚至抱怨，但不能否认的是，当今时代总体上是一个更为自由的意见表达时代，也是一个各种不同意见可以初步展开理性对话、理性交流的时代。

第三，在上述第二点的基础上，再进一步，可以发现，民众新闻"源—传"主体结构关系的变革，不仅改变了社会公众意见（公众舆论）反映、塑造与建构的方式，也改变着传统新闻业时代社会民众之间不同公共意见的交流方式。在传统新闻业时代，人们关于公共事务、公共事件的议论和讨论，大致有两种可能：一是局限于现实社会的私人空间，以面对面的交流方式自在自发地展开，很难对社会公共事务、社会公共利益形成实质性的作用与影响。可以说，本质上是不存在公共领域的。二是只能通过职业新闻媒介这个中介来展开，讨论的公共问题只能以职业新闻报道的事实为参照，而能够最终通过职业新闻媒介真实表达的民众意见则少之又少。可以说，控制在职业新闻传媒组织手里的媒介本质上并不是社会民众可以展开意见交流的公共平台或公共领域，而是传播主体用来展开议题设置、观念宣传的渠道。但在后新闻业时代开启后，新兴媒介为社会民众创造了新的中介、提供了前所未有的公共平台，民众可以直接呈现事实景象，直接表达意见，可以通过不同渠道、共同平台对所关心的现象、问

① 官方舆论场，又称为传统媒体舆论场，这是因为传统媒体是党和政府掌控的直接的耳目喉舌，因此，它所再现、塑造、建构的舆论被人们认定为官方舆论；民间舆论场，又被称为新媒体舆论场或网络舆论场，这是因为新兴媒体是相对比较自由的媒体，是没有像传统媒体一样受到严格控制的媒体，民众可以比较自主自由地表达意见，从而形成不同于传统媒体舆论的舆论。

题、事件展开协商与进行辩论。如此一来，就形成了新的不同于以往的公共意见交流方式，典型地表现为以下两种大的样式。

一是职业新闻传播主体与社会民众之间的对话方式。如上所说，后新闻业时代开启后，在我国语境的意见图景中，很快造就了两个界限相对分明的舆论场：一个是由作为党和政府耳目喉舌的新闻传媒（职业新闻传播主体）塑造的官方舆论场（人们也称之为传统媒体舆论场），另一个是主要由社会民众塑造的民间舆论场（人们也称之为新兴媒体舆论场）。人们看到，每当社会上产生了热点问题、公共事件，依赖两类不同媒介（传统媒介与新兴媒介）的传播主体便会站在各自的立场上，传递情绪、表达意见，形成比较热烈的意见交流场面。就目前的实际情况而言，我们无须遮掩，更多时候表现为两种舆论场的矛盾和冲突，甚至是对立与对抗，还远未形成理性的对话氛围与良好的意见交流机制。两种舆论场的舆论差异或不同的意见取向，恰好在一定程度上反映和呈现了两类主体对相关对象的不同态度与看法，也在相当程度上反映和呈现了两类主体之间的真实关系。但如何改善两大舆论场之间的关系，并不是这里要讨论的问题。我想着重指出的是，新的媒介环境造就了新的"源—传"结构关系、新的"传—收"结构关系，从而造就了新的公共意见表达方式和交流方式，彻底改变了传统新闻业时代由职业新闻宣传工作者操作的单向的舆论引导方式，广大社会民众获得了相对独立自主表达自己意见看法的机会与平台，形成了新的"官—民"对话交流方式。这对变革我国社会整体舆论图景，呈现真实的舆情、民意状况①，无疑是有巨大的促进作用的，也使言论自由和表达自由的宪法权利、政治权利，真正获得了更多的实现机会与更大的实现可能。进一步说，"官—民"之间意见交流"对话"结构样

---

① 关于舆情、舆论与民意之间的关系，可参阅下文：杨斌艳. 舆情、舆论、民意：词的定义与变迁 [J]. 新闻与传播研究，2014（12）：112-118.

式的生成，对改善我国民主政治的传统状态，增强政府、政党与社会民众之间真实的、有效的交流与互动，有着重要的历史性的推动作用和影响。

二是社会民众内部的对话交流方式。如前所述，传统新闻业时代，在社会舆论场中，广大民众主要不是意见表达者、对话者和交流者，而是被呈现者、被教育者和被引导者。但在新兴媒介时代，尽管民众仍然不可避免同时也是理所应当地受到职业新闻传播主体的反映、呈现和舆论引导，但他们不再是简单的被动的被反映者、被引导者，而是同时成为积极主动的意见表达者、交流者，已经开始成长为真正的舆论场域的建构者、舆论图景的塑造者。与传统新闻业时代更为不同的是：新兴媒介点燃了广大民众的意见表达热情，激活了整体民间舆论状态，催生并不断延展、延伸着民间舆论时空，并带来了社会民众之间对话、交流、协商、博弈、碰撞、对抗的热烈场面，为公民意识的觉醒、公民精神的培养、公民身份的自觉、公共理性的塑造、公共领域的成型、公共利益的追求，创造了新的机会与条件。人们看到，传统新闻业时代相对冷清的民众意见交流情形，在新的媒介环境中变为近乎狂欢的状态。每当出现热点问题、公共事件，就会迅速激起民众意见表达的欲望与热情，各种意见、观点、见解丰富多彩、纷繁复杂，往往都会形成异常热烈的交流场面。传统新闻业时代民众难以通过媒介平台展开广泛对话交流、辩论交锋的状态一去不复返了，民众终于可以相对自由自主地通过网络空间，通过微博、微信以及各种社会化媒介形式表达自我、与他人对话，一种具有时代媒介特征的社会民众内部的对话交流机制正在形成。处于不同社会地位、社会阶层、社会领域的群体，具有不同素养、特点、个性的所有个体，都可以通过新兴媒介渠道和平台畅所欲言、对话交流，这对不同群体之间、个体之间的相互了解和理解，对一定社会达成共识、形成共同体无疑会有很大的促进作用。当然，不管什么样的意见交流方式、舆论形成机制，都有其可能的负面效应，对此，我将在下文再论。

（三）新结构产生了新问题

民众新闻"源—传"主体结构关系的变革，如上所述，为建构一定社会的信息秩序、新闻秩序带来了新动力和新机制，生成了有利于呈现事实世界真实面目与舆论领域真实情况的新气象，但与此同时，我们也应该注意到，新的"源—传"主体结构关系，不仅给新闻领域带来了新问题、新矛盾，也给不同社会主体之间的相互关系带来了新挑战。主要表现在以下两点上。

第一，民众信源主体的传播主体化，加上我在前文讨论的收受主体的传播主体化，与职业新闻传播主体一起形成了新闻生产、传播多元主体共在的新现象，这势必造成不同传播主体之间的矛盾问题。就本章的主题来说，其主要表现为两个大的方面：一方面是职业传播主体与民众信源主体传播主体化之间的矛盾。另一方面是民众传播主体内部的矛盾，具体又表现为：不同信源主体作为传播主体之间的矛盾，信源主体作为传播主体与"围观"性传播主体之间的矛盾。

先看职业传播主体与民众信源主体传播主体化之间的矛盾。在传统新闻业时代，一定社会的新闻秩序主要是由职业新闻传播主体塑造、建构的，人们就生活在职业新闻传播主体所呈现的信息环境与新闻符号世界中。面对整体的事实世界或具体的某一新闻事件，由于各种社会条件及信息传收技术的限制，往往是职业新闻传播主体说是什么人们就以为是什么。很多情况下，人们即使明知或怀疑职业新闻的真实性，也无法将自己亲眼所见或心中的怀疑传播出去，至多是小道传播或街巷议论。这样一来，在新闻活动中，即使在职业新闻传播主体与民众信源主体及收受主体之间有什么矛盾，也常常被遮蔽掩盖起来了，没有充分的机会得到呈现。但现在，民众信源主体可以通过新兴媒介渠道、平台直接"现身说法"，自我呈现，自己为自己塑造、建构新闻图景和新闻信息秩序。如果职业新闻传播主体或其他社会主体所传播的信息与他们自己看到的、体验感受到的信息不相一致，民众信源主体就会与这些主体展开信息对质或博弈，直至澄清事情的真相。因而，当有人这样说时，似乎具有一定的道理："网络围观与公民记者的实践并不是对我国传统媒体记者既有专业空间的侵蚀，而是官方力量与民间力量之间的合谋，为真相呈现拓展了更为广阔的空间，进一步推动了专业理念作为新闻业整合力量的功能发挥。"①

从一般意义上说，作为认识事实世界的一种方式，不同主体新闻认识的结果不会完全相同；同一事实世界、同一新闻事件，在不同新闻传播主体的新闻眼光中一定是有差别的。进一步说，在现实社会中，新闻认识并不是纯粹的新闻事实认识活动，传统"源—传"主体结构关系本就不是一种纯粹或单纯的新闻关系，其背后存在着相应的政治关系、经济关系、社会关系以及各种利益关系，这些新闻背后的关系，在传统新闻活动环境中已经形成了一定的稳定结构，比如我在上文中已经揭示的：职业新闻传播主体处于整个社会新闻领域的权威地位、中心地位、上端地位，正是这样的传播主体，代表着社会的政治权力系统再现、塑造、建构着他们自己想看到的，同时也是想让社会大众看到的新闻景象，而普通社会大众在这样的结构中只是被动的信息接收者。但如今新的"源—传"主体结构关系一旦生成，就意味着要改变传统新闻业时代的稳定结构关系，改变新闻信息秩序，即要改变传统新闻业时代确立的那些新闻活动中的政治关系、经济

① 朱春阳，刘心怡，杨海. 如何塑造媒体融合时代的新型主流媒体与现代传播体系？[J]. 新闻大学，2014（6）：12.

关系、社会关系以及各种利益关系。这自然会引发新闻领域内外一系列的矛盾冲突与利益博弈，最典型的便是职业新闻与民众新闻之间的互相解构与对抗，其中以民众对职业新闻传播的不信任为突出表现。这在新闻传播中则具体表现为：民众信源主体以自己的视角与方式报道相关事实，揭露、讽刺、嘲笑职业新闻不实、虚假或避重就轻的报道。解构与对抗的背后，当然不仅仅是新闻话语权的争夺，更是新闻价值取向以及相关利益追求的较量。不管人们对新的"源—传"主体结构关系造成的如此景象做出怎样的原因分析，其造成的客观效应都是不可否认的：职业新闻公信力、影响力、亲和力不断下降，人们对支配指导如此职业新闻的新闻观念、新闻制度、新闻政策及新闻工作方针、方式方法等越来越表现出强烈的批评与不满。

　　再说民众传播主体内部的矛盾。新兴媒介环境中，针对共同事实世界及同一新闻事件的多源民众传播主体现象已成事实。在宏观面向上，不同社会（阶层）群体作为民众信源传播主体所关注的主要新闻现象、新闻事实是不同的，对待整体社会生活世界的态度也是不同的，因而不同社会群体再现、塑造、建构出不同的社会事实景象，有的看起来更为光明，有的看起来更为阴暗，有的似乎充满希望，有的似乎让人绝望。把多元民众信源主体作为传播主体所呈现的画面拼合在一起，尽管有点光怪陆离，不怎么和谐美好，但这样的图景可能更为立体、全面地呈现了现实事实景象。其中的矛盾、对立、断裂、分离本质上却是一种别样的统一。这也正属于我所说的网络呈现、新兴媒介呈现可能比传统媒介的单一呈现更为真实可信的重要主体根据。① 在微观面向上，针对同一

---

　　① 杨保军. 新闻真实图景的重构：新闻传播主体"三元类型结构"形成的影响分析［J］. 新闻与写作，2014（8）：23－27；杨保军. 新媒介环境下新闻真实论视野中的几个新问题［J］. 新闻记者，2014（10）：33－41.

新闻事实、新闻事件，不同信源主体或围观主体①关注的角度、视野、重点也是不同的。它的客观效应也有两个方面：一方面是因为多立场、多视野、多角度的存在，同一事实、同一事件能够得到更为充分和更为全面的观察与反映，从而有利于人们全面了解把握事实、事件的真实面目；另一方面则是，作为受众的社会民众在"公说公有理，婆说婆有理"的嘈杂氛围中始终处于迷惑状态，难以真正了解事情的真相。

第二，与上述第一点密切相关，社会舆论反映、塑造、建构中的多元主体博弈现象已经成为常态。这样的常态现象反映、呈现了社会舆论结构的真实状况，使不同社会群体的意见得到呈现，应该说在宏观层面上有益于不同社会群体之间的相互了解、交流、协商和理解，进而有益于整个社会共同体的形成。但是，传播主体、舆论主体的多元化，也造成了不同社会主体之间不可否认的紧张关系；人们不难看到，在当今的媒介环境中，不同意见之间的张力、交锋结构已经形成，不同力量之间的撕扯、较劲经常上演，这种不同社会群体之间的意见呈现方式、交流方式，也在撕扯着社会共同体的统一关系。不同社会群体的意见表达、对话交流，若是形不成整体上的理性状态，人们期望的自由意见市场、健康的公共领域也就难以真正形成。

总而言之，新的媒介环境中，民众新闻"源—传"主体结构关系的变革，使得新闻生产传播更加自主自由了，新的技术为各种新的具体的新闻生产传播方式创造了前所未有的机会与可能。同样，新的媒介环境中，意见表达更加自由了，人们的对话交流更加通畅了，以往停留在宪法规范、

---

① 这里所说的"围观主体"，不是指新闻事实、新闻事件发生现场的围观者，而是指关注相关新闻事实、事件报道的主体，即通常所说的网民。围观主体更多时候是发表对相关事实、事件及其报道的看法和意见，他们并不像新闻信源主体那样知道新闻事实。

法律条文中的表达自由权利获得了更多的现实化的机会。但人们在为这一切欢呼的时候，也要注意到它所带来的不得不面对的问题，其中最为核心的是，如何形成健康的多元呈现、多元表达局面，如何在自主自由的多元呈现、多元表达中形成健康有效的交流与对话机制。

第五章　新闻传播主体与新闻控制主体

有一点不应忘记的是，具有主导地位的中介领域在每一个时期都会极大地集中政治热情。权力机关总是会对校对室、印刷社以及各种媒体工作进行监控，在那些地方往往发生激烈的斗争。

——［法］雷吉斯·德布雷

一个充满活力的公共领域的缺失，会导致更专制和压抑的控制制度。

——［美］詹姆斯·克里斯

新型通讯系统可以从某些特定的时间、地点和传统中分解或发掘出认同感，并通过创造"较少固定或统一"的选择多样性，对认同感的形成产生一种"多元化影响"，此外，这些新型通讯系统的运作在很大程度上独立于国家的控制，因此，不会轻易地服从直接的政治管制。

——［英］戴维·赫尔德

　　新闻系统是社会系统中的一个子系统，尽管有自身的相对独立性与自主性，但任何新闻活动主体的言行，都必须遵守维持社会系统正常运行的基本规范，同时也要接受社会相关规范的约束与限制。英国历史学家E. H.卡尔就说："在每一个社会里，统治阶级都会或多或少采取强制措施来组织、控制民意。"[①] 通常情况下，一定社会是通过政府、政党对新闻活动主体的新闻行为进行管理控制的，即政府、政党是新闻活动的管理控制主体。因而，传播主体与控制主体的核心关系其实就是传播主体与政府、政党的关系。本章，我首先分析新闻控制的基本结构，弄清新闻控制系统的要素构成及其关系，特别是有关新闻控制主体的诸多基本问题，之后再来深入讨论传播主体特别是职业新闻传播主体与新闻控制主体的关系。

一、新闻控制结构分析

　　古今中外，可以说在所有社会中社会控制都是普遍存在的，其中信息控制、新闻控制更是极为普遍的现象，也是施行社会控制中最基本的、最常用的方式和手段。那么，何谓新闻控制？新闻控制有着怎样的要素结构方式？谁是施行新闻控制的主体？谁是被控制的客体对象？新闻控制是通过怎样的基本渠道与方式实现的？这些是我们讨论新闻控制现象首先需要回答的几个基本问题，更是进一步讨论新闻传播主体与新闻控制主体关系的前提问题。

（一）新闻控制的内涵与根据

　　"控制"的一般意义是指主体掌握住一定活动的边界，不使其超出一

---

① 卡尔.历史是什么？[M].陈恒，译.北京：商务印书馆，2007：253.

定的范围，或使一定的活动处于主体的占有、管理和影响之下。简单说，控制就是把一定对象的变化活动约束限制在控制者允许的范围。对于人类来说，控制是人类社会活动、社会生活中的普遍现象，控制活动是一种有意识的、自觉的、目的化的社会行为。对于社会主体来说，控制可以"向外"也可以"向内"。指向自我的控制就是"自控"，就是自我主动约束限制自己的言行现象；指向他者的控制就是"他控"，"他控"显然发生在主体之间，是一方主体对另一方主体言行的约束限制现象。人们通常所说的控制，更多是指主体间的控制，也就是"他控"。

对于一定的社会来说，要想维护保持一定的社会正常秩序，实现稳定的社会运行状态，或者按照一定的规则方式运行，控制就是必然的和必需的，"任何社会都要运用社会控制体系来推行统治阶级所确定的社会价值目标，维系现存的社会秩序，使其达到预期的目标"①。社会控制贯穿在整个社会体系之中，有着不同的控制层次，施行于不同的社会领域、组织、群体与个人，采用各种各样的观念、制度、方式和具体的方法、手段和措施。在社会学意义上，社会控制有广义与狭义之分。广义的社会控制是指社会组织体系运用社会规范以及与之相应的手段和方式，对社会成员（包括社会个体、社会群体及社会组织）的社会行为及价值观念进行指导和约束，对各类社会关系进行调节和制约的过程。狭义的社会控制是指对社会越轨者施以社会惩罚和重新教育的过程。② 人们通常所说的社会控制，基本上是指广义的社会控制。

社会控制落实、体现在新闻活动和新闻领域中，便是新闻传播学视野中的新闻控制。新闻控制是社会控制体系中的一种类型、一种方式。由于新闻本质上是一种信息，因而，作为社会控制方式的新闻控制，也是信息

---

① 郑杭生. 社会学概论新修［M］. 3版. 北京：中国人民大学出版社，2003：400.
② 郑杭生. 社会学概论新修［M］. 3版. 北京：中国人民大学出版社，2003：401.

控制的一种具体方式。人类是信息动物，信息获知、传播、处理、掌控与运用，几乎是人类所有独立行为、交往行为的基础，这足以说明信息控制、新闻控制对于人类社会领域、群体、组织及个体生存、生活、运转的重要性。对于今天这样的信息时代、媒介化社会、信息社会、风险社会来说，媒介、信息、新闻在整体社会生活世界中的须臾不可缺少，以及它们在政治、经济、文化、军事、外交等领域的全面化作用与影响，从根本上说明了信息控制、新闻控制的重要性和必要性，如此不言自明的事情，我们似乎没有多少必要进行分析阐释。只能说，伴随技术的不断进步，新兴媒介形态的不断发明创造，信息、新闻以及传收环境的不断变化或更新，信息控制、新闻控制对任何一个社会来说，都只会越来越受重视，只会越来越精细严密。再宏观一些说，如何管理控制新闻和其他信息的生产与传播，将越来越成为人类面临的既重要又艰难的问题。

对新闻控制的主要内涵，可以先做出两种最基本的顾名思义的解释：一是控制新闻，"新闻"是被控制的客体对象，即一定社会通过一定方式、手段对新闻进行控制；二是用"新闻"施行控制，即把"新闻"作为一种特殊的社会控制手段，用来控制社会。① 这里需要注意的是，新闻控制或控制新闻中的"新闻"，其含义是极为广泛的，并不仅指作为事实报道结果的消息或通常广义上的新闻（包括消息与评论），而是泛指新闻活动现象、新闻传媒业、新闻传媒、新闻媒介、新闻传播直至不同类型、形式的新闻作品。这就是说，新闻控制是贯通性的，可以落实在不同的层次上。但同时需要说明的是，在不同的具体语境中，"新闻"的内涵侧重又有所不同，具体分析将在下文展开。

---

① 事实上，作为大众传播形式之一种的新闻传播，是西方社会现代性的产物，是现代性发展史上国家机器进行社会控制的重要工具之一。［胡翼青，梁鹏. 词语演变中的"大众传播"：从神话的建构到解构［J］. 新闻与传播研究，2015（11）：118-125.］

对"新闻控制"的上述两种释义的关系，需要做出进一步的说明。当把"新闻"当作手段时，运用"新闻手段"的主体，首先得控制这个手段，不然是无法运用的。也就是说，只有通过对新闻的社会控制，才能实现"新闻"对社会的控制。因此，把"新闻"作为社会控制的手段，还要先把新闻作为控制的对象。由此看来，不管对新闻控制做哪一种理解，控制"新闻"都是其内在实质，这也正是我在此所理解的新闻控制的基本内涵。事实上，在所有社会中，在逻辑上，一定社会的统治机构、组织（主要表现为政府、政党）都是首先控制或掌控新闻，然后再运用新闻手段实施对社会的控制。尽管对新闻控制的两种释义实质上是一致的，但毕竟一者直接——对新闻的控制，另一者间接——把新闻当作控制社会的手段，需要先对新闻进行控制，因此，在本书"新闻主体论"的设定中，我还是要明确指出，我是在把"新闻"作为直接控制对象的意义上使用新闻控制这一概念的。[1] 简洁明了地讲，新闻控制就是对新闻的控制。

对新闻的控制，就是对新闻活动者新闻行为的控制。可见，新闻控制最直接的对象是新闻活动主体和新闻活动主体的新闻行为。在现实的新闻活动中，由于"新闻传播主体"是整个新闻活动过程的中介性主体，是沟通信源主体与收受主体的桥梁，是联系上下左右各类主体的纽带，处于整个新闻活动的自然核心地位（参阅第一章相关论述），因而，对于控制主体来说，只要控制好新闻传播主体的新闻行为，也就等于基本控制了整个社会的新闻活动场域。可以进一步说，对新闻的控制，就是对新闻活动主体中新闻传播主体的控制，就是对新闻传播主体新闻行为的控制。在新闻控制论视野中，控制主体与传播主体的关系，便是应该研究的核心关系。

---

[1] 我之所以没有直接使用"控制新闻"这一概念，有两个原因：一是学界已经约定俗成，用"新闻控制"这个概念指称对"新闻"的控制，学术交流写作中并不会造成误会和混乱；二是"控制新闻"这个采用动名结构的词语，不是名词，不符合通常的名词概念表达习惯。

　　控制新闻传播主体的新闻活动、新闻行为，主要包括两个大的方面：一是对新闻传播内容的控制，二是对新闻传播方式的控制。传播内容与传播方式其实是自然联系在一起的，传播方式总是围绕传播内容来做文章，因而，新闻控制的核心就是对新闻传播内容的控制。当新闻控制落实在具体工作层面上时，就是新闻控制主体对新闻传播主体选择传播内容行为、选择内容标准的控制。

　　对于事实世界来说，最基本的内容是：世界是什么，世界发生了怎样的变化。所有的新闻传播特别关心的是：事实世界中刚刚发生了什么、正在发生什么、很快将会发生什么。这些围绕当下时间发生的事实、产生的变化，就是所谓的新闻事实。什么样的新闻事实可以报道，什么样的新闻事实不能报道，什么样的新闻事实可以多报道，什么样的新闻事实可以少报道，什么样的新闻事实可以早报道，什么样的新闻事实必须迟报道，如此等等，都是新闻控制的核心问题。新闻控制，最为关键的问题，就是要把新闻传播的内容控制在控制主体认可或许可的范围内。可见，新闻控制，在权利视野中，在直接性上，控制的就是新闻传播主体的新闻传播权；而传播主体的传播权如果限制住了，收受者的知情权也就自然限制住了。因而，完全可以说，新闻控制就是对整个社会传播权与知情权的控制。传播权与知情权本质上就是一种权利。知情了，才能传播；传播了，才会有更多的知情权得以实现。

　　总而言之，新闻控制，说到底，看穿了，就是约束限制传播主体的传播权，约束限制社会大众的知情权。再进一步可以说，新闻控制就是对新闻自由的控制，就是控制新闻自由的范围或程度，因为传播权与知情权不过是新闻自由的具体权利表现而已。新闻控制直接控制的是传播主体的传播自由，间接延伸则是对收受主体新闻收受自由的控制。

　　传统新闻业时代，由于大众化新闻传播渠道的相对单一，只有职业新闻传播主体，因而，控制了职业新闻传播主体的新闻传播权利，也就等于在相当程度上控制了整个社会大众的知情权利，新闻控制显然相对比较容易简单。而在当今以互联网为基础的新兴媒介环境中，一个新的网络空间已经生成并不断展开，一个几乎完全不同于传统新闻业时代的后新闻业时代已经开启和展开，所有社会主体都已成为不同于传统新闻业时代的传播主体和收受主体，是可以公共化、大众化并且一体化的传收主体。仅从传播主体角度看，如我在前文所说，三元类型结构已经形成，因而，任何一个社会中的新闻控制，不管是在直接意义上，还是在间接意义上，其实都是对所有社会主体新闻行为的控制，并非仅仅直接指向职业新闻传播主体的新闻传播内容与传播方式。因此，新兴媒介环境中的新闻控制，会变得越来越复杂，越来越困难。对于控制主体来说，在自由与限制之间，寻求怎样的适度与平衡，采用什么样的观念和方法，已经是所有国家和地区面临的严峻问题。

（二）新闻控制的基本结构

新闻控制作为一种重要的社会领域控制类型，本身有自己的系统构成方式与特征。新闻控制的实际展开过程，就是控制系统要素之间关系的相互作用过程、呈现过程。因而，只有"打开"并"解析"这个系统，我们才能进一步认清新闻控制的实质。完整的新闻控制结构，包括三个最重要的元素：控制主体、控制客体对象和控制中介。下面，我对三个要素的具体构成及其关系加以分析。

1. 新闻控制主体

新闻控制主体，是发出新闻控制行为的主体，是施控者，也就是对新闻传播主体直接施行控制行为的主体。对一定新闻传播主体的新闻行为而言，能够施控的主体很多。因而，要说明新闻控制主体的具体构成，一要看针对什么样具体的新闻行为，二要看何种意义上的施控。这两个问题回答清楚了，才能具体界定我是在何种意义上使用新闻控制主体这一概念的。

在本书所设定的"新闻主体论"视野中，我在区分的意义上把新闻（活动）主体分为五类：新闻信源主体（报道对象主体）、传播主体、收受主体、控制主体和影响主体。因而，对新闻控制主体的身份限制，首先是在"新闻主体"系统内的设定，是指相对新闻信源主体（报道对象主体）、传播主体、收受主体、影响主体而存在的新闻活动主体；其次，新闻控制主体是指对新闻传播主体施行"他控"的主体，因而这里所说的控制主体不包括能够担当自控主体的新闻传播主体自身；最后，我所说的新闻控制主体是指施控行为直接指向新闻传播主体，而非指向其他新闻活动主体的施控者。有了这样几点限定后，大致可以对新闻控制主体做出这样的描述：新闻控制主体就是通过一定方式方法限制约束新闻传播主体新闻行为的外在主体；而传播主体的新闻行为，如上所言，主要是指选择确定新闻传播内容和新闻传播方式的行为，不包括其他社会行为。

那么，在一定的传播环境（社会）中，什么样的主体能够对新闻传播主体的新闻行为"控制"或"施控"呢？"控制""施控"又是什么意思呢？从一般意义上说，凡是能对新闻传播主体新闻行为造成一定影响的主体，都是某种意义上的控制主体，都是对传播主体新闻行为的某种约束与限制。但这显然过于宽泛，"控制"与"影响"并非一回事，"控制主体"与"影响主体"需要分别讨论。① 控制，强调的是能够管控、支配对象的

---

① 下一章将专门讨论传播主体与影响主体的关系。

行为，属于对对象行为的硬性约束或硬性限制，而不仅仅是一般的作用与影响行为。可见，所谓控制，强调的是具有强制性的行为，是被控对象必须接受的行为，没有协商的空间或余地。对"控制"做出这样的理解后，就可以对新闻控制主体先做出大致的描述：能够对新闻传播主体新闻行为做出强制性要求的主体，或能够对新闻传播主体新闻行为做出支配、管控和硬性约束、限制的主体就是新闻控制主体。

在对"控制主体"做出这样的解释限制之后，"谁"是现实社会中的新闻控制主体也就清楚了。在一个正常的社会中，只有国家或政府才能运用强制手段管控新闻传播主体的新闻行为，充当新闻控制主体。当然，此处需要立即说明的是，国家或政府可以使用"硬性控制"或"强制手段"管控新闻传播主体的新闻行为，并不是说它只能运用硬性控制方式和手段，它同时可以使用其他非硬性（软性）手段实施控制。但能够显示"控制"个性的，是具有强制性的硬性控制。何谓硬性手段，则是我在下文要解释的问题。

在很多社会中，政党（通常都是执政党）可以通过强制性手段控制传播主体，自然也属于新闻控制主体。除了政府、政党之外，其他社会主体对新闻传播主体新闻行为的某种约束与限制，只能在"影响"意义上去理解。如此一来，就可以对新闻控制做出进一步的界定：国家或政府以及政党通过各种方式手段对新闻活动主体新闻行为做出的管控活动，就是新闻控制。

政府和政党作为新闻控制主体，是一种总体的比较模糊的说法，在现实社会中，政府、政党对新闻传播主体的实际控制，是通过具体的实体结构组织实施的。除了通过国家法律系统外，还会通过一定的、不同层次的政府组织机构和政党的具体组织部门承担日常的新闻管控职责。① 也就是说，相关的机构与组织是直接的组织性控制主体，而机构、组织主体中的个体主体只是代表政府、政党履行控制职责的具体工作者。尽管这些个体的立场、观念、修养、品质、学识等个性特征，一定会在某种程度上影响实际的新闻控制行为，但我并不准备在这一微观的层次上讨论控制主体，只想在机构主体、组织主体的总体意义上探讨新闻控制主体的相关问题。另外需要说明的是，由于国家制度的差异性，以及不同国家历史传统、新闻文化传统以及各种现实社会的差异性，不同国家的新闻管理控制机构、组织设置方式会有一定的差别，但就实际来看，都有相关的机构组织设置，也就是说，新闻控制是普遍存在的。我在这里的分析论述，会参照中国的实际情况。事实上，中国现行的新闻控制系统是比较复杂的，因而若是能够分析清楚中国的新闻控制现象，其他国家或地区的也就相对比较容易分析了。

2. 新闻控制客体对象

新闻控制客体对象可简称为控制客体或控制对象。尽管我在上文中已经分析指出，新闻控制核心的、直接的对象是新闻传播主体，控制的主要新闻行为是新闻传播主体的新闻内容选择确定行为与传播方式的选择性行为②，但这样的说明还是大而化之的，现在的问题是：作为客体对

---

① 在中国的日常新闻管理控制中，新闻媒体主要由宣传部门管理，新闻传媒的高层领导（主要指社长、站长、总编辑）也是由党的组织部门直接任命的，因而，媒体中的高层领导其实既可以看作是传播主体也可以看作是控制主体，这正是我所说的控制主体与传播主体之中高位主体的一体化。大概正是因为看到了这一点，也有学者直接把我所说的媒体内部的"高位主体"（新闻资产所有者的代表），以及业务领导者（总编辑）看作是"新闻控制的外部干涉力量"。[刘毅，郝晓鸣. 新闻控制、采编话语权与报道影响力 [J]. 新闻与传播研究，2015（3）：23 - 37，126.]

② 对于一个社会来说，更为广义的新闻控制对象，针对的是整个新闻现象、新闻活动，甚至包括新闻研究活动和教学活动，对知识生产和教育的控制，一定意义上是更为根本的控制。但在新闻主体论中，我不准备把新闻控制扩展到知识生产领域、教育领域，而是限定在直接的新闻生产传播领域。

象的新闻传播主体，具体指的是什么样的主体呢？

在传统新闻业时代，从事大众化、公共化、社会化新闻生产传播的主体非常明确，就是作为行业主体存在的新闻业、作为实体组织主体的各种新闻传媒（报社、电台、电视台）、作为职业新闻传播主体的个体新闻工作者。在这些不同层次的新闻传播主体构成中，国家和政党的新闻控制对象，主要指向作为行业整体的新闻业，特别是直接指向新闻传媒组织主体。其中的道理也很好理解，因为传媒组织主体是真正实施新闻生产传播的主体，它既是新闻行业主体的具体实体化体现，又是职业新闻传播个体的实际依存组织，他们只能以机构或组织成员身份进行职业化的新闻传播活动。因而，控制主体通过对新闻传媒组织主体的控制，就可以实现对整个新闻行业、新闻传播行为的总体控制；控制主体可以通过控制传导的方式，把新闻传媒组织主体当作中介，将自身的控制意图与目标贯彻落实到职业新闻传播个体身上，从而实现"神经末梢"式的新闻控制。

进入后新闻业时代，媒介形态结构的革命性变革，给新闻控制带来了前所未有的挑战，诚如有人所说："微信等新型信息交互方式的出现，有效增强了社会的信息能力，相对降低了政府组织的信息实力。"① 首先是整个新闻传媒行业结构发生了巨大变化，新的传媒结构方式已经形成，以网络媒体为基础的新兴媒体机构在整个传媒行业中占据了越来越重要的位置，甚至出现了网络媒体中心化的趋势。一些网络媒体，自己并不生产信息或新闻，而是充当一种中介式的角色，"把其他所有媒体的内容借用过来作为自己的内容，面向用户提供接口和平台，从而控制媒体的内容和流向，这就产生了'谁来监督新信息中介对信息的全面、公正的提供'的问

---

① 祝尔坚，芦艳荣. 论信息资源国家控制力［J］. 工程研究——跨学科视野中的工程，2015(1)：17.

题"①。毫无疑问，以网络为基础的各种传播方式，已经成为塑造、建构信息图景和新闻图景的重要主体。因此，各种形式的互联网媒体、新兴媒体应该被当作相对独立的新闻控制客体对象。其次是各种形式的融（合）媒体的出现，业已改变了传统新闻业时代相对单一的媒体结构方式，新闻生产传播在各种新兴技术支持下生成了一系列的新现象、新问题。最后，新闻主体论视野中最为实质的变革，可以说就是新型民众新闻传播主体的生成。当社会民众原则上都可以成为大众化、公共化的新闻传播者，要对他们的新闻传播行为进行约束和限制，显然是极其困难的事情。此外，就目前的实际看，几乎所有的社会组织主体或各种类型的社会群体，都有自己可以进行大众化或公共化传播的渠道与平台，同样可以像职业新闻传播主体一样传播信息、表达意见，进入公共领域，因而，它们也应该成为新闻控制管理的基本对象。

看得出，仅从控制对象的意义上说，与传统新闻业时代相比，后新闻业时代呈现的最大变化是，新闻控制客体对象范围的扩展，由原来单一的传统的职业新闻传媒主体（报社、广播电台、电视台）扩展为传统媒体、（组织化）新兴媒体、自媒体（指民众个体新闻传播主体运用的媒体），还有既不是职业新闻传播主体又不是民众个体传播主体的其他类型的组织或群体传播主体（即脱媒主体）。这几类新闻控制客体对象，可以实质性地分为两类——组织媒体和非组织媒体（或个人媒体），也可以分为职业主体与非职业主体。② 显然，从传统新闻业而来的职业新闻传媒组织主体的存在边界是明确的，是易于控制的，而作为可大众化、公共化传播的民众个体传播主体和脱媒主体，则是边界没有那么清晰、状态没有那么稳定的存在，对其实施新闻控制显然是极其困难的，这是亟待探索研究的重大问题。

---

① 陈力丹. 新媒体的发展趋势与悖论［N］. 人民日报，2015-10-11（5）.
② 非职业主体可以分为非职业组织主体或群体与非职业自媒体。

因而，与传统新闻业时代相比，当今最突出的新问题是：能否把非职业新闻传播主体（自媒体或个媒体、脱媒主体）纳入新闻控制对象的范围。我认为，在新闻控制论的意义上，民众个体新闻传播主体、脱媒主体也应该是新闻控制的客体对象，因为在新的环境中，他们的新闻传播行为不再是私人领域的、私人化的，而是公共领域的行为、公共化的行为，对社会公共生活有着重要的作用和影响。

宏观上多元控制客体对象的生成，意味着新的问题的出现，即新闻控制的客体对象不再是单一的职业新闻传播主体对象，这自然而然形成了多元对象主体之间的传播主体关系。实际上，人们看到，如何管控职业新闻传播主体与非职业新闻传播主体之间的关系，已经成为新闻控制的新问题，也是新难题。至于怎样控制管理这些新闻传播主体的新闻行为，怎样的控制更有利于新闻传播自由的实现，更有利于一定社会新闻活动的整体健康发展，形成对社会良性运行的正面作用，更是当前关于新闻控制研究应该关注的前沿问题。诚如有学者所指出的："当整体的社会传播由偏倚传统媒体转向依赖互联网平台，由偏倚大众传播转向依赖群体传播，不仅给社会管理、政治生态带来了新课题，也赋予了传播学以新挑战。"[1]

3. 新闻控制中介

将控制主体与控制对象勾连起来的就是控制中介。控制主体要想将自己的新闻意志和新闻目的贯彻落实到整个新闻行业、新闻媒体及其具体的新闻传播与新闻作品之中，就得通过各种各样的方式方法、手段措

---

[1] 隋岩.群体传播时代的活力与风险[J].当代传播，2015（4）：卷首语.隋岩文章中所说的群体传播时代，是指一个群体化的全民传播、群体化的全民叙事时代。以互联网为平台的新兴媒介传播使人类迎来了一个新的阶段——群体传播时代。隋岩所说的群体传播时代，也就是我所说的民众传播时代。

施，对传播主体的新闻观念、新闻行为施行约束与限制。所谓新闻控制中介，就是指控制主体用来控制新闻传播主体的那些方式方法和手段措施。

对于一个正常的社会来说，控制主体用来约束限制新闻传播主体新闻行为的方式方法和手段措施是系统化的、体系化的，即控制中介系统本身有着自己复杂的构成方式，而中介系统中不同方式方法、手段措施之间亦有相当复杂的相互配合、协调统一关系。

尽管在一定的历史时期，作为控制手段的中介系统是稳定的，是整个社会特别是被控新闻传播主体可预期的，但从更长远的历史上看，由不同方式方法或手段措施构成的新闻控制中介系统，是一个不断变化演进更新的系统。新闻活动领域的变化以及社会大系统的整体演变，都会在不同程度上引发新闻控制中介系统整体性的或部分性的变革。比如，就当今时代来说，由于新的媒介技术引发了传媒领域的革命性变革，形成了不同于以往的传媒生态格局和新闻传播景象，因此，世界各国不得不跟上时代步伐，依据新现象、新情况、新问题，更新新闻领域的控制观念，出台新的法律规范，制定新的新闻政策，采用新的媒介控制技术等。自然，人们会注意到，新闻管理控制在不同国家、不同社会是有差别的，更不要说在不同时代之间了。

对现代文明社会来说，作为新闻控制中介的方式方法、手段措施，并不纯粹是控制主体主观独断、随心所欲设定的，而是一定社会主体通过一定程序共同协商的结果。如果一个社会控制新闻活动的中介系统是不可预期的，新闻控制是控制主体可以随意而为的，那就意味着这个社会还远没有正常的新闻秩序。上文说过，新闻控制中介是个复杂的中介系统，但这个系统具体是由哪些方式方法构成的，各种方式方法之间又是怎样的关系，不在此论，我将在下文相关部分展开专门的讨论。

综上，如果将新闻控制主体、控制客体对象与控制中介之间的基本关系加以图示，就可呈现出如图 5-1 所示的新闻控制的基本结构。

图 5-1　新闻控制系统结构要素关系图

二、新闻控制的基本目标与应当追求

控制目标或控制目的，就是控制想要达到的境地、状态或结果。现实社会中，新闻控制的目标也是现实的，要为现实的新闻行业发展服务，要为现实的政治统治服务，要为现实的社会控制服务。现实的新闻控制，既有可能是优良的控制，也有可能是恶性的控制，但更多的情况很可能是介乎两者之间。因而，在讨论新闻控制的基本目标时，有必要指出新闻控制应当追求的目标境界。

（一）新闻控制的基本目标

新闻控制，直接控制的是新闻活动，特别是新闻传播主体的新闻生产传播活动。但控制主体控制新闻并不是为了纯粹的新闻生产和传播，而是为了掌控作为手段的整体新闻（包括整个职业新闻系统和民众新闻现象）。一旦掌控了作为手段的新闻，就可以把新闻作为控制社会的手段。可见，新闻控制的目标，不是单元、单层的，而是多元、多层的。因而，下面我将在不同的视角、不同的层次分析阐释新闻控制的基本目标问题。

在对新闻控制基本目标的多元、多层构成具体分析之前，还需要对控制"目标"本身的主体归属问题做出说明，即新闻控制目标到底是"谁的目标"，实质问题是：控制新闻到底是为了谁？控制新闻到底是为谁服务的？

新闻控制是控制主体的控制，控制目标是由控制主体设定的。因而，从直接性上看，谁施行新闻控制行为，新闻控制就为谁服务。根据上文的分析，政府、政党是严格意义上的新闻控制主体。因而，新闻控制首先是为政府、政党对新闻的管控服务的，是为政府、政党的政治统治和社会治理服务的，同时也是为社会大众服务的。以中国为例，由于政府是人民的政府，政党是人民的政党，政府、政党的新闻控制行为，其实是社会全体人民的授权行为，因而，新闻控制的目标不仅是政府、政党的目标，也是社会共同体的目标。但是，这种理想状态在其他国家是否存在，政府、政党控制新闻的目标是否就是社会公众期望的目标，并不是一个可以简单做出是或否回答的问题，其中存在着极为复杂的关系，确实需要进行专门的研究，需要做出具体的历史性的分析和回答。就当前的实际情况来说，在世界范围内，很多国家的政府、政党（执政党）对新闻活动的管控，并不能够完全代表人民的意志和意愿。几乎所有的政府、政党都会极力宣称自己是人民的忠实代表；但是，许多政府、政党在为人民利益服务的名义下，却以统治者的狭隘利益为出发点，并不实质遵从宪法精神，对新闻活动做出诸多不当的约束和限制，损害人民正当的宪法权利、政治权利，损害人民正当的新闻自由权利（传播新闻、收受新闻的自由权利）。因此，如何使政府、政党控制新闻的目标与社会公众（公民）期望的目标统一起来、一致起来，始终是每个社会面对的重大问题。

在明确了新闻控制的目标直接表现为政府、政党的目标之后，我下面从三个角度即三个层次来分析新闻控制目标的具体内涵情况。

第一，新闻控制的新闻目标。新闻控制的直接目标，当然首先应该指向新闻活动本身：新闻控制是为了维护一定社会范围内新闻活动的正常秩序，为了新闻业自身的健康发展和良性运行。一定社会的新闻领域尽管对政治、经济、文化领域有着高度的依赖性，但它毕竟是具有相对独立性的社会领域，具有自身特有的社会特征与社会功能，具有自身特有的运行特点和基本规律，因此，当新闻自身作为一定社会的有机组成部分时，总有自身的现实追求和理想目标，任何一个国家或政府以及掌控国家的执政党，都会采取一定的与新闻领域自身特征相匹配的方式方法管理控制新闻活动，确保新闻行业的正常运行和演进，确保新闻领域自身直接目标的实现——保证新闻监测环境、守望社会的基本信息服务功能。

在纯粹的新闻活动意义上，新闻控制就是为了控制新闻本身，就是为了约束和限制新闻传播的内容与方式。新闻本质上是一种事实信息，新闻评论本质上是对新闻事实的看法或意见；对新闻的直接控制，最突出的表现就是对传播主体传播的事实信息与意见信息的约束和限制。新闻传播方式的最大特征是快速与公开，新闻控制正是通过对传播速度和传播公开程度的掌控，实现方式上的控制。

不管新闻控制主体有着怎样宏大的新闻控制目标，最终总要落实在对新闻传播具体内容、具体方式的控制上，如果实现不了对具体内容、具体方式的控制，那么其他的控制目标都将落空。因此，控制新闻本身是所有控制目标的基本目标，也是整体目标系统中的手段性目标、中介性目标，即如我反复指出的那样，只有首先实现对新闻本身的控制，才有可能进一步通过控制新闻实现其他目标。

第二，新闻控制的政治目标。我在前文说过，对"新闻信息流"的控制，实质上控制的是传播主体的传播权，而传播主体的传播权也是以知情权为前提的，因为知"情"是传"情"的基础，因此，控制传播权就是控制知情权。对传播主体传播权或知情权的控制，自然延伸控制的是社会大众的知情权。知情权也叫"知晓权",是指公众通过传媒享有了解政府工作情况的法定权利。① 知情权是基本的公民权,是人人都应享有的道德权利,也是现实的法律权利、政治权利。知情权几乎是所有其他基本政治权利的基础和前提,诸如表达权利、新闻自由权利、参与权利、监督权利等;没有知情权的保障,这些权利的实现都是不大可能的。诚如有人所说,"知情权是实现公民权利的咽喉要道"②。因而,新闻控制本质上是控制主体对公民政治权利的"前提性、基础性"控制,是控制主体为了实现自身政治目标的政治控制。

说穿了,控制主体对新闻传播权、知情权的控制,就是要用自身手中的政治权力,控制新闻信息或其他一般信息的流通,使自己处在信息不对称关系中的优势地位,从而为实现自身对社会的控制或统治创造有利的信息条件,"未受规范的信息将是致命的"③,"真实信息的归属影响着控制权的归属"④。曾出任过美国第四任总统的詹姆斯·麦迪逊就说过:"掌握情报者通常支配不掌握情报者。"⑤ 同时,他也从另一个向度指出:"要使自身成为统治者的人民,必须从信息情报中获取知识,把自身武装起来。"⑥ 可以说,"政治是传播的主神经,传播是政治的控制器"⑦。这两个不同向度的阐释,都说明了掌控信息对于政治统治的极端重要性。因而,任何政府、政党都会从政治统治的高度对待新闻控制,控制新闻是政府、政党实现政治目标的重要方式。

---

① 陈力丹. 新闻理论十讲 [M]. 上海:复旦大学出版社,2008:218.

② 纪建文. 知情权:从制度到社会控制 [M]. 北京:法律出版社,2012:104.

③ Postman N. 技术垄断:文明向技术投降 [M]. 蔡金栋,梁薇,译. 北京:机械工业出版社,2013:58.

④ 纪建文. 知情权:从制度到社会控制 [M]. 北京:法律出版社,2012:6.

⑤ 转引自:纪建文. 知情权:从制度到社会控制 [M]. 北京:法律出版社,2012:30.

⑥ 转引自:纪建文. 知情权:从制度到社会控制 [M]. 北京:法律出版社,2012:30.

⑦ 邵培仁. 政治传播学 [M]. 南京:江苏人民出版社,1991:18.

从新闻传播学角度看，控制主体控制传播主体的传播权利[1]，是为了把新闻自由约束限制在控制主体预想的范围内。而对新闻自由的限制，本质上就是为了控制信息和言论，控制出版或表达的自由边界，就是不能让那些不利于主流意识形态的事实信息随意传播，就是不能让批评、攻击主流意识形态的言论自由流行。因此，毋庸讳言，新闻控制的直接政治目标，就是维护主导政治意识形态的统治地位，使其不受到或少受到损害。因而，凡是不利于主导政治意识形态统治地位的新闻信息、新闻意见，控制主体都会动用各种方式方法加以控制，这样的信息和意见会受到严格的约束和限制。在任何一个现实社会中，拥有"意识形态领导权（霸权）"的统治集团、统治组织、统治阶层，都会对企图动摇、损害、摧毁主导意识形态的信息与言论进行阻挡和控制，差别可能仅在于不同社会的政治控制理念、政治控制方式方法有所不同而已。

第三，新闻控制的社会目标。如上所言，新闻控制无疑是社会控制体系中的一种重要方式；新闻控制最终指向的是为社会控制服务，为社会正常秩序的维护服务。因而，在我看来，新闻控制宏观的目标是社会目标，这是它最终的目标，就是要使新闻成为促进一定社会良性运行和发展的有效手段。

笼统一点说，社会控制的控制对象是社会主体，实际上就是社会大众。"现代传播治理所要达成的目标自然是保障和塑造文化领导权，所以它面向的对象就是一个大写的'社会'或者'群众'。"[2] 控制主体控制新闻是为了掌控新闻手段，实现对社会大众的新闻控制。所谓对社会大众施行新闻控制，最根本的就是通过对"新闻流""意见流"的控制来引导社

---

[1]　在今天的环境中，控制的不再仅仅是职业新闻传播主体的传播权利，也包括民众个体新闻传播主体的传播权利，总体上其实是对所有公民传播权利、知情权利的控制。

[2]　王维佳. 传播治理的市场化困境：从媒体融合政策谈起［J］. 新闻记者，2015（1）：16.

会大众的总体思想方向，实际上就是控制社会舆论的强度与方向，进而达到对社会大众社会行为的某种引导。正如有人所言，"媒介权力通过控制信息载体，来传播特定的'符号—意义'体系，建构人们的认知概念世界、价值体系，形成对人们社会行为的隐性支配"①。因而，作为社会控制的重要手段，新闻控制最核心的功能就是控制社会舆论，借重的自然是新闻传播能够反映舆论、塑造舆论（甚至制造舆论）和引导舆论的基本功能。控制主体正是运用自身的政治权力、社会权力，通过对新闻传媒传播内容、传播方式的约束与限制，形成对自身有利的社会舆论环境的。尤其是在当今媒介化社会中，媒介环境②已经成为基本的社会环境，而社会大众的媒介依赖性越来越强，人们就学习、生活、工作于媒介环境之中，因而，塑造怎样一种媒介环境以及与其具有内在关系的舆论环境，对一个社会的正常运行有着重要的影响。因此，控制主体自然会（也不得不）高度重视作为社会控制手段的新闻控制。实际上，人们已经看到，很多国家的政府、执政党都把管控新闻、运用新闻的能力作为重要的社会治理能力、执政能力来看待。

如果再深入一步，我们会看到，在众多的社会领域控制手段中，由于新闻领域、新闻传媒、新闻传播自身监测环境和守望社会的特殊功能作用，新闻控制对社会控制体系本身的正常运转有着特殊的"通风报信"的作用。诚如有学者所说，"社会控制的实现基础是恰当的信息所有权配置和畅通的信息信道"，而"信息资源的配置原则就是要保证能最好地实现社会控制"③。因而，完全可以说，新闻控制是控制中的控

---

① 纪建文. 知情权：从制度到社会控制［M］. 北京：法律出版社，2012：29.
② 这里所说的媒介环境，不是指媒介所在的环境，而是指媒介自身存在和运作所塑造、建构出来的环境。在我看来，这样的环境主要包括由媒体、媒介组成的媒介生态结构环境，由媒介信息传播形成的信息环境或媒介符号环境。这样的环境，是其他社会事物运行其中的环境。
③ 纪建文. 知情权：从制度到社会控制［M］. 北京：法律出版社，2012：169.

制，是整个社会控制体系的润滑剂，也可以说是整个社会控制体系的神经系统。

控制的目标当然是控制主体的目标，控制的目标也是由控制主体设定的。因此，从总体上说，有什么样的控制主体，就有什么样的控制目标。由于一定社会的实际控制主体是政府和政党，因而，一个社会有什么样的政府、政党（主要是执政党），就有什么样的社会控制方式方法，就有什么样的控制目标。

（二）新闻控制的应当追求

控制的存在是普遍的，也是必然的，但怎样的控制才是正当的、合理的、优良的，无论在理论上还是在实践上都是不太容易做出回答的问题，但这在社会控制论中却是更为根本的问题。恶的控制、不良的控制随处可见，善的控制、优良的控制难上加难。当然，此处不可能对整个社会控制体系的善恶属性或良与不良的问题展开讨论，我仅就新闻控制的应当追求或理想目标做一些简要的分析论述，重点是提出正当的、合理的、优良的控制的目标状态，不准备对正当、合理、优良控制的根据和标准等问题进行系统论述。

首先，一个社会的总体社会控制目标决定着各个具体社会领域控制的大方向，或者说，每个社会领域的控制是对总体社会控制的具体体现和落实。就像一个社会的主导意识形态，决定着其他社会领域的主导观念一样，具体领域的主导观念不过是对整体主导意识形态的具体贯彻与落实。社会是个巨大的有机系统，各个部分之间以及部分与整体之间是互动互联的。但就整体与部分的基本关系而言，整体的目标决定着部分的追求，因而，在社会控制论意义上，整体的控制体系需要各个部分的支撑与配合。尽管社会控制体系整体的优良性不能绝对保证新闻控制的优良性，但可以肯定的是，新闻控制的正当性、合理性、优良性首先取决于整体社会控制体系的属性。一个整体上不合理、不优良的社会控制体系（治理体系）很难拥有优良的领域性控制方式方法。①

新闻领域，作为一定社会的信息生产传播系统，对于整个社会的运行有着特殊的沟通协调功能、监测监督功能、组织鼓动功能、舆论引导功能，并通过这些功能发挥着特殊的政治作用、经济作用、文化作用等。因而，新闻对于社会的整体稳定与和谐有着重要的影响。假定社会控制体系整体上是优良的，能够反映和体现一定社会的实际需求和发展需要，也符合绝大多数人的意志与愿望，那么，新闻控制作为社会控制体系中的一部分，其优良性首先在于它能够维护社会整体控制体系的正常运行，有利于推进整体社会控制目标的实现。这就是说，我们不能孤立地看待新闻控制的属性，必须将其置放在整体的社会控制体系中进行观察和分析，只有与整体社会控制体系相协调的新闻控制才有可能成为优良的新闻控制。

其次，新闻控制的应当追求或理想目标，体现在新闻控制的各个目标层次上，因而，只有在每一目标层次上基本实现了正当的、合理的、优良的状态，才可以说新闻控制实现了自身的应当追求或理想目标。依据上面的目标设定，我对新闻控制的应当追求做出以下五点说明。

第一，如果控制主体的新闻控制是正当的、合理的、优良的，新闻控制的"新闻目标"就应该至少包含以下几条基本原则，或新闻就应该达到这几条基本原则所要求的结果状态：

（1）新闻生产与传播符合新闻原则，使新闻成为合乎新闻规律的新

---

① 对于现代文明国家来说，优良的社会控制（治理）本身就是一个系统工程，但最核心的是依赖于现代法治，依赖于优良的法律制度。在此基础上，与其他社会治理管控方式相结合，才有可能形成优良的社会控制、社会治理体系。

闻。这意味着，正当的、合理的、优良的新闻控制，首先要尊重新闻自身的特征、符合新闻自身的内在要求，使新闻成为有新闻价值的新闻，成为真实、客观、全面、公正、及时、公开的新闻，即新闻控制要把新闻活动当作新闻活动来对待，而不是运用新闻控制权力将新闻活动扭曲为其他活动，使其背离新闻的基本功能或本位目标。退一步说，控制主体即使要借助新闻手段达到其他目的，也要建立在符合新闻自身属性的基础之上。说到底，正当的、合理的、优良的新闻控制不能改变新闻的本位地位。

（2）新闻生产与传播符合法治原则，使新闻成为合法的新闻。现代文明社会，都将法治社会作为基本目标，新闻领域自然应该成为法治领域，新闻自然应该成为合法的新闻。如果新闻控制能够使新闻在整体上达到合法新闻的状态，即新闻控制能够在整体上促成新闻生产与传播遵守法治精神、遵守宪法原则、遵守法律规范，那么这样的控制就是良性的控制。当然，需要特别说明的是，新闻控制活动本身也必须在法治原则范围内开展，只有符合法治原则的新闻控制，在整体上才有可能成为正当的、合理的、优良的新闻控制。

（3）新闻生产与传播符合道德原则，使新闻成为道德的新闻。每个社会都有自身公认的道德观念、道德原则，以及共同遵守的基本公共道德规范，这样的道德观念、原则、规范也是社会各个领域道德（主要表现为职业道德）的底线。① 新闻控制主体的新闻控制，如果能够促成符合社会道德的新闻生产与传播，甚至能够促进符合社会道德的新闻生产与传播，那新闻控制的属性一定是正当的、合理的、优良的。

---

① 任何领域道德或职业道德，从整体上说，都只能比社会公共道德有更高的要求，而不能降低要求。领域道德对一些特殊情境中的行为的允许，并不是道德让步，而是一些特殊情境中的道德权利，目的仍然在于实现更高的道德目标。

总而言之，在我看来，控制主体的新闻控制，在新闻目标上，若是促进了符合新闻原则、法治原则、道德原则的新闻生产与传播，就是正当的、合理的、优良的。进一步说，符合这些原则的新闻，一定是符合新闻精神、公共精神的新闻，一定是能够担当社会责任的新闻，也一定是符合社会公共利益、社会公众利益的新闻，毫无疑问，也应该是符合控制主体自身利益的新闻。这样的新闻，一定能够以新闻的方式促进社会的良性运行和发展。

第二，在政治目标上，如前所说，新闻控制的直接表现是约束与限制社会主体的传播权或知情权，实质上约束与限制的是社会公众的新闻自由权利，再深一层，约束和限制的是社会公众的政治参与、社会治理参与权利。那么，从新闻控制的政治目标角度看，怎样的控制才是良性的呢？我以为，良性的新闻控制至少应该做到这样几点：

（1）新闻控制的基本目的是保障公众的政治权利，而不是减损公众的政治权利。正当的、合理的、优良的新闻控制，根本的目的不在于限制公众的知情权利，不在于约束公众的新闻自由权利，而是应该保护人们知情权利的充分实现，促进人们新闻自由权利的不断扩大，塑造建构更为优良的公共领域，从而为社会大众的政治参与、社会治理参与提供更为充分的条件和机会，使社会公众真正有可靠的信息基础以便能够比较平等地行使他们的民主权利，这样才能为政治文明建设开辟出更为有效的通道。一句话，新闻控制不是限制正当的新闻传播行为，新闻控制本身是应该受到限制的行为，它必须在法律的限度内施行控制活动。新闻控制的最终目的，是更好地实现新闻自由，促进社会的和谐发展。控制论创始人维纳讲过一句非常精彩的话："所谓有效地生活，就是拥有足够的信息来生活。"[1] 我

---

① 维纳. 人有人的用处：控制论与社会 [M]. 陈步，译. 北京：北京大学出版社，2010：13.

想，对日常生活如此，对政治生活就更是如此了。

（2）良性的新闻控制是有根由的控制。控制主体要提供新闻控制的根据和理由，不能使新闻控制成为控制主体的随意行为。常态情况下，新闻控制有其法律、政策、纪律、道德、习惯等根据，但在现实中，新闻控制主体往往从自身的需要出发，冲破常态根据的限制，对新闻传播活动不断做出一些非常态的控制。非常态的控制不是不可，但我以为，每当控制主体对公民的知情权利或新闻自由权利做出约束或限制时（即使在特殊的情境中），都必须向社会公众提供控制的根据和理由，要有合理合法的根据和理由。新闻控制不能仅仅反映和体现控制主体的意志，而是必须反映和体现公民的共同意志；新闻权利①是一种普遍权利，控制主体必须尊重。新闻控制不能成为控制主体随心所欲的行为或纵容控制主体任意妄为。任何新闻控制规范的出台、施行，都要经过合法的程序，能够反映和体现公众的共同意志。那种今天发个通知明天打个电话、这个不能刊登那个不能播报的随意控制观念和方法，以及太过灵活的新闻控制行为，不仅不符合新闻控制的法治精神，也从根本上看轻了公众的知情权利和新闻自由权利。"保护知情权的实质，就是运用法律或其他社会手段，确保信息渠道畅通，使关于国家事务、公民利益的信息能真实地展现于公民面前。"②对公民知情权利的损害，在更为本源的意义上，就是对人民当家做主权利的损害。如此的新闻控制当然是不正当的、不合理的、不优良的。

（3）良性的新闻控制是不断扩大公众知情范围、增加新闻自由度的控制，而不是相反。不断减少约束与限制，扩大知情权利与新闻自由权利的范围，是新闻控制应该追求的目标，如此，社会才能越来越自由，越来越

---

① 为了行文的简洁方便，我把关涉到新闻活动的所有具体权利，诸如采访权、编辑权、制作权、传播权、收受权等，统统称为新闻权利。

② 纪建文．知情权：从制度到社会控制［M］．北京：法律出版社，2012：105.

民主，社会大众才会越来越舒心畅快。因而，一定社会一定要对新闻控制本身进行控制，对新闻控制权力本身做出限制。不受严格控制的权力不仅会肆无忌惮，也会腐败。一些新闻控制行为，或是遮遮掩掩，或是威权高压，往往不分青红皂白，把人们的正常批评、质询统统归入"滥用新闻自由"权利而加以限制，从而堵塞了言路，损害了人们的正当权利，不仅会对社会大众造成伤害，也会对正常的新闻秩序造成负面影响。人们应该充分注意到，一个充满活力的公共领域的缺失，会导致更专制和压抑的控制制度。[①] 事实上，在现实社会的不少情况中，人们确实看到，作为新闻控制主体的政府、政党，对公众通过传播媒介对公共政策或公共人物的言论和行为所进行的有益的公开批评与公开辩论，加以或明或暗的、或强硬或柔软的控制，这显然都是不应该的，有悖言论自由、新闻自由的精神，不利于知情权利、新闻自由权利的不断扩大。

总而言之，控制主体施行新闻控制时，不能把控制本身当作目标，当作约束限制人们新闻权利的手段，而是要把新闻控制的目标设定为：保障和维护人们的知情权和新闻自由权利；通过不断改进新闻控制来不断扩大人们的知情权和新闻自由权利的范围；任何新闻控制规则规范、方法手段，都要提供正当合理的根据和理由，否则就不能使用；任何时候任何地方，对新闻控制权力的使用都要慎重，防止控制权力的滥用，要对新闻控制权力的使用做出必要的限制，在总体方向上是不断减少新闻控制。

第三，在社会目标上，新闻控制的关键在于控制社会舆论的方向（性质）和强度。作为重要的社会控制方式与手段，新闻控制的使用，主要目标在于将社会舆论引导到控制主体希望的方向上，控制在其能接受的强度

---

① 克里斯. 社会控制［M］. 纳雪沙，译. 北京：电子工业出版社，2012：152.

范围内，并希望社会大众能够按照控制主体期望的方式进行社会活动。但是，我们应该明白，正当的、合理的、优良的新闻控制，恐怕不仅仅是将社会舆论引导到控制主体期望的方向上或控制在控制主体能接受的强度范围内，正确的舆论并不完全等同于控制主体同意的意见、认可的倾向、期望的舆论。优良的新闻控制，在社会目标上应该具备这样几个特点：

（1）在宏观层面上，新闻控制的总体社会目标应该与社会控制的总体目标相一致，这就是让新闻成为促进社会整体良性运行的特殊手段；与此同时，通过新闻控制，要让新闻依据自身特有的方式方法、根据自身的属性功能，为社会共同体的形成与巩固发挥特殊的作用与影响。新闻本身就是社会公众展开对话交流的一种重要方式，是一定社会上下左右沟通交流的一种重要方式，新闻控制追求的应该是促进社会整体的有效沟通与交流，促进不同社会群体、阶层之间的相互理解和交往。

（2）新闻控制要有利于真实舆情、真实民意的呈现。作为信息控制、意见控制重要方式的新闻控制，不是为了限制公众真情实意的表达，而是为了使公众的表达权利得到保障和维护。新闻控制手段应使各种新闻媒介成为有效反映社情民意的渠道，成为社会民众能够比较自由、方便使用的真情实感表达平台，从而使整体的舆情民意得到真实的、客观的、全面的、及时的、公开的呈现。毫无疑问，这不管是对政府和政党把握社情民意、进行有效管理，还是对社会大众了解相互的真实情况意愿，都有良好的作用。新闻控制若是为这样的目标实现发挥了作用，那就是良性的控制、合理的控制。

（3）新闻控制要有利于良性舆论环境的形成。新闻媒介，不管是传统媒介还是新兴媒介，不管是职业新闻媒介，还是非职业新闻媒介，都是反映舆论、塑造舆论、建构舆论的重要中介与平台。形成不同社会舆论场、不同社会舆论圈之间的有效交流和良性互动，形成不同社会舆论群体之间的良性交流与互动①，即形成优良的社会舆论机制与舆论环境，不仅是所有新闻传媒的重要社会职责，也是一定社会中新闻控制越来越重要的职责与功能。要促进优良舆论环境的形成，仅从新闻控制的角度看，最基本的是：能够通过控制方式与手段，形成有利于人们畅所欲言的意见表达和自主自由的协商交流环境，使多元利益群体、多元意见有充分表达、相互交流对话的机会和空间；能够最大限度地容忍没有触碰法律底线的言论，不能仅仅根据自身的利益立场、单一的意识形态标准无端约束压制一些群体的意见表达；能够遵照社会公共道德原则特别是法律原则，对个别极端言论进行约束和限制，鼓励有利于民主、平等、正义观念形成的舆论，鼓励有利于稳定、和谐、团结社会状态形成的舆论，鼓励积极、理性的意见表达与交流方式。

（4）新闻控制要使新闻成为促进社会问题解决的有效手段。对于控制主体来说，控制新闻的最终社会目的，还是把新闻作为一种重要的社会控制手段，即运用新闻所特有的功能价值、作用影响，主要从社会舆论的角度促进一些社会问题的解决。因而，可以说，在微观层面上，新闻控制的社会目标，就是要让新闻成为积极有效的、能够促进众多社会问题解决的手段，避免使新闻成为引发社会矛盾、激化社会矛盾的工具。

总而言之，在宏观层面上，新闻控制主体在总体上应该追求有利于社会良性运行与发展的新闻控制观念、控制方式与控制方法，要让新闻为社会共同体的形成与巩固发挥特殊的作用与影响；在中观层面上，新闻控制追求的社会目标，应该紧紧依赖新闻自身的特征，为社情民意的真实呈现提供保障，为良好社会舆论环境的形成创造条件；在微观层面上，新闻控

---

① 这里所说的舆论场、舆论圈、舆论群体，尽管主要指向一定的国家范围，但应该明白，在全球化背景下，我们理应在全球范围内关注这些问题。也就是说，任何一国或一个地区范围内的新闻控制行为，都要考虑到更大范围的新闻活动、舆论活动，而不是局限于所在国或所在地区。

制要努力使新闻以符合自身特征的方式，成为促进社会问题解决的特殊手段。

第四，我想进一步指出的是，有效的新闻控制或能够达到新闻控制主体目的的新闻控制，并不一定是正当的、合理的、优良的新闻控制。因而，实现优良前提下的有效控制，才是真正好的或善的新闻控制。那么，何谓总体意义上的优良控制呢？我想基于上面的相关论述，再做出概括和总结。

（1）优良的新闻控制，是符合实际情况的控制，这也是有效控制的根基。这是一条合规律的原则。符合实际，就是要符合一定社会的整体实际，符合新闻领域的实际。新闻控制尽管有引领新闻未来发展的目的，但主要针对的是当前的客观实际情况，关键在于约束限制新闻活动，使其运行于现实社会的正常轨道。因而，新闻控制的观念、方式、方法，既不能落后于实际，也不能超越实际。另外，任何新闻控制针对的都是一定社会范围内的新闻活动，这是新闻控制的真正根基或出发点。控制观念、控制手段只有与这样的实际相匹配、相契合，控制才能真正发挥作用、产生效果。说到底，控制主体采用什么样的控制观念、控制方式方法，不可能是纯粹主观设定的，会受到所在社会文化的影响。诚如有人所说："社会控制归根结底是文化控制，是在具体的社会历史文化下发展出来的社会控制模式。"[1] "社会控制根植于社会文化，每个民族、每个国家、每个社会所拥有的背景文化是其产生社会控制的根本动力和制度建构的重要来源。"[2]因此，那些生搬硬套的新闻控制观念，那种超前设计的新闻控制方式方法，那些沉醉过往的老套手段，要么削足适履，要么揠苗助长，要么墨守成规，都是需要反思批判的做法。

---

[1] 周勇. 社会控制文化论略 [J]. 湖南师范大学社会科学学报，2014（5）：109.
[2] 周勇. 社会控制文化论略 [J]. 湖南师范大学社会科学学报，2014（5）：114.

（2）优良的新闻控制，是符合社会共同体需要的新闻控制，是社会共同体意志的体现，这也是有效控制的根本追求。这是一条合目的的原则。就当代文明社会来说，如果新闻控制体现的不是社会的共同意志，维护的不是社会的共同利益，而是把新闻控制完全变成统治阶层意志的体现，变成个别政党意志的体现，甚至是个别人意志的体现，那么，这种对新闻传播活动的控制必然是对新闻传播不正当的干涉，背离了新闻控制的基本精神，破坏了新闻自由的实现。新闻控制是控制那些背离了共同意志的新闻传播行为，即那些以滥用新闻权利、不讲新闻职业道德而形成的新闻传播行为。符合需要，普遍意义上说，就是符合社会发展的需要，符合人民利益的需要；具体一点说，就是符合前述几个具体控制目标的需要。符合需要的控制，才是有意义的控制、有价值的控制。但需要本身要合理，要符合社会发展的实际要求和水平。① 符合社会公众需要的控制，才有可能成为有效的控制。

（3）优良的新闻控制，是控制方式方法合理可行的控制，这也是有效控制的基本保证。这是一条合乎可行性的原则。新闻控制落实在最实际处，就是要有有效的控制手段。手段有效的关键不在于手段的"软""硬"，甚至不在于手段的多少，而在于手段的合适、适度、可用、可行；不能有效使用的手段是没有什么意义的。比如，要想获得有效的控制，控制主体就得不断从被控对象主体那里获取真实的反馈信息。维纳曾在一般控制论的意义上指出："当我去控制别人的行动时，我得给他通个消息，尽管这个消息是命令式的，但其发送的技术与报道事实的技术并无不同。何况，如果要使我的控制成为有效的，我就必须审理来自他那边的任何消

---

① 需要特别说明的是，一个社会在一定的历史发展阶段，到底需要怎样的新闻，到底能够拥有什么性质、什么水平的新闻，不是任何社会主体（包括统治阶层、群体）能够主观决定的。它首先是由一定社会的历史发展决定的，是由一定社会的文化传统决定的；当下的社会主体只有基于在历史中积淀的客观事实，才能设想改变现实、开辟未来的道路，而这是见仁见智的问题。

息，这些消息表明命令之被理解与否和它已被执行了没有。"① 当然，有效的、可行的手段，不一定是正当的手段、合理的手段，控制手段本身的正当性、合理性，直接的衡量标准就是合法和合德②。不管我们使用什么样的控制管理手段，比如政治的、经济的、观念的、技术的，或者是各种具体制度的或规范的（比如法律的、政策的、纪律的、道德的）控制管理手段，总体要求是要合理、合适、可行。一言以蔽之，要"好"。只有"好"的控制手段，才有可能带来好的控制结果。正如有政治家指出的那样："制度好可以使坏人无法任意横行，制度不好可以使好人无法充分做好事，甚至会走向反面。"③

三、新闻控制的基本手段

新闻控制的核心是对新闻活动主体新闻行为的控制，集中表现为对传播主体新闻传播行为的控制，主要有两个大的方面：一是对新闻内容的控制，二是对新闻传播方式的控制。要实现有效的新闻控制，关键要有有效的方式方法，即要有有效的控制方式、控制方法及控制手段④。为了讨论的方便，我将方式、方法统一起来，笼统地称为"控制手段"。本节，我

---

① 维纳 . 人有人的用处：控制论与社会 [M]. 陈步，译 . 北京：北京大学出版社，2010：12.

② 合法、合德的直接意义就是：新闻控制手段要符合现行的法律规范，要符合现实社会公认的道德观念、道德规范或道德习惯。但进一步的问题可能是：怎样评判法律与道德本身的优良性？这是更为普遍的问题，这里难以展开论述。因而，我们暂且假定现实的法律规范、道德规范总体上是优良的、善的。

③ 邓小平 . 邓小平文选：第 2 卷 [M]. 北京：人民出版社，1994：333.

④ 关于控制方式、控制方法及控制手段，我在使用中，对它们进行如下界定：方式是具体方法或具体形式的总和，即一种大的方式中包含许多具体的方法，比如，规范控制方式，就会包括法律规范、政策规范、纪律规范等等。为了叙述的简洁方便，我用"控制手段"将"控制方式"与"控制方法"统一起来，因此，在行文中"控制方式"与"控制手段"是同义的，我会根据语境或修辞需要，加以互换使用。在行文中，控制手段、控制方式、控制方法，特别是前两个概念，也会在同等意义上使用。

将以我国新闻管理控制的实际情况为主要根据与参照，考察分析新闻控制的基本手段。

在对新闻控制基本的或主要的手段展开具体分析论述之前，有几个前提性的问题需要加以说明。第一，关于新闻控制主体与控制手段的关系问题。我在前文讨论新闻控制主体时已经指出，政府与政党是严格的、标准的新闻控制主体，但政府与政党是不同性质的组织，它们控制新闻的方式方法也不可能完全相同。就大部分社会来说，全面的、严格的、标准的新闻控制主体是政府，政党只控制本党所拥有的新闻传媒。但在我国，我们很难将二者作为新闻控制主体分开，因此，在下文的相关讨论中，我不再区分政府、政党两个控制主体，而是将其合而为一，作为共同的控制主体，考察它们使用的控制方式方法。当然，政府、政党毕竟不是同一组织，它们使用的控制方式方法总是有所区别，对此我在具体的论述中会加以必要的区别和说明。第二，与第一条密切相关，我在下文关于控制手段的讨论中，不对控制主体做行政层级、组织层次的区分（如中央与不同的地方级别），而是在笼统的意义上使用控制主体这个概念，即我所说的控制方式方法属于所有政府层级、政党组织层次共同使用的基本手段，是全国范围内的普遍方式方法，不考虑地方性的差异。而且，我所做的主要是理论分析，不是实证性的经验结果，但我所概括的方式方法，都已经是新闻控制实践中使用的方式方法。第三，在说明控制主体使用的控制方式方法时，主要针对的控制客体对象是新闻传媒机构这个层级，而对作为新闻业的行业主体以及作为新闻工作者的职业主体（个体）的控制方式方法，必要时，将通过新闻传媒作为贯通行业与个体的中介加以解释。第四，我所讨论的新闻控制手段，就其目前的可行性、有效性来说，针对的主要是职业新闻传播主体的新闻活动，对于民众个体主体、脱媒主体来说，原则上也是适用的，也是这些基本手段，但如何在具体实践中落实，应该说还是有待进一步研究的问题。

另外需要解释的是，下面关于新闻控制手段的分类说明与叙述，并没有对"控制手段"本身进行统一标准的分类，只是根据新闻控制手段的领域来源（如政治控制手段、经济控制手段等）或新闻手段自身的内容与形式特征（如观念控制手段、规范控制手段等）做了一个大致的分类，从而形成了下文的诸多方面。

（一）新闻控制的政治手段

控制主体作为现实社会中统治权力的掌握者，可以运用各种社会领域手段对新闻领域施行管控，就像可以运用新闻手段作为社会控制手段去控制整个社会或其他领域一样。如果依据新闻控制方式的领域性质或领域手段，那么可以将新闻控制方式主要区分为这样几种：政治控制、经济控制、文化控制、技术控制。从原则上说，不同领域控制手段拥有各自的侧重点，因而，控制主体在不同领域手段的运用过程中，总会将它们配置综合起来，以实现预期的控制目标和控制效果。由于文化手段更多的是一种观念手段、社会舆论手段，因此我将在下文的观念控制手段中对此加以必要的说明。技术手段主要属于具体的操作控制方式，但从原则上说却贯穿于所有的控制手段之中，因而，我将在后面讨论具体控制手段时专门加以阐释。此处则分析作为领域控制手段的政治控制。

我在前面说过，新闻控制是对传播权、知情权的控制，是对新闻权利[①]的控制，本质上是对新闻自由权利的控制。从政治学的角度看，实质上就是一种典型的政治控制。政治控制，就是控制主体运用手中的政治权

[①] 我所说的新闻权利，是一个总括性的说法，大致包括传播新闻、收受新闻的权利，接近和使用大众传媒的权利等。显然，新闻权利的主体最直接的指向是自然人。

力施行的控制，这也可以看作是政权控制，也是唯有政府、执政党可以使用的一种新闻控制方式或控制手段。在所有的新闻控制手段中，政治控制也可以说是最具权威性的控制，尤其是在新闻传媒充当党和政府耳目喉舌的国家或地区里。在这样的社会中，"政治是传播的主神经，传播是政治的控制器"①。

反过来说，政治控制也是一种根本性的控制，可以决定新闻传媒的政治性质。比如，在我国，整个新闻业被定性为党的事业、政府的事业、人民的事业，新闻传媒被确立为党和政府及人民的耳目喉舌，新闻传播的主要功能被设定为报道新闻功能、宣传教育功能、舆论引导功能，新闻报道的方针被规定为正面报道为主。所有这些都是政治控制手段的结果表现。政治权力一旦对新闻业、新闻传媒做出如此整体上的安排，那就意味着一切都在政治掌控之中。政治控制在今天这样的时代，并不仅仅指向所谓的传统媒体，而是指向所有媒体，不应给任何可能的新闻传播渠道留下空隙或漏洞。新技术、新媒介在给社会民众带来前所未有的新闻自由、言论自由、表达自由的可能的同时，也给政治统治权力带来了新的管控信息传播、新闻传播的能力。

通常情况下，政治控制的灵魂或核心指向是新闻业、新闻传媒的领导权问题，可以称为新闻传媒的"政治领导权"。比如，在我国，新闻传媒组织的主要领导人（如社长、台长、站长、总编辑），是由党委组织部门直接选派的或指定任命的，以实现"政治家办报"的目的。"政治家办报"的实质，就是要把新闻传媒的领导权牢牢掌握在执政党的手里，通过控制人（或人事权）的方式达到对传媒的控制，这样也就从根本上控制了新闻传播内容、新闻传播方式的选择权，从而使坚持正确舆论引导人、坚持正

① 邵培仁. 政治传播学［M］. 南京：江苏人民出版社，1991：18.

面报道为主的方针有了根本的保证①。从本质上看，在我国，政治控制主体与新闻传媒机构中的"高位主体"其实是一体化的。

（二）新闻控制的经济手段

经济是社会运行的基础，经济是新闻传媒得以正常运行的命脉。经济控制因而也成为新闻控制的基础性手段。

不同国家、地区有着不同的经济基础，或者说有着不同的经济制度、经济体制和经济运行方式，因而有着差异性的经济控制手段。而经济控制手段的差异性，从根源上决定着不同国家、不同地区新闻自由的基础状况。从一般意义上说，越是媒体经济自由的地方，越是媒体相对独立性强的地方，越有可能成为新闻自由的地方。经济自由是政治自由的基础。②哈耶克在《通往奴役之路》一书中指出："我们逐渐放弃了经济事务中的自由，而离开这种自由，就绝不会存在以往的那种个人的和政治的自由。"③因而，不管在什么性质的社会里，经济手段都是控制主体控制新闻传播权、知情权或新闻自由权必然使用的基础性手段。

在宏观层面上，控制主体可以通过国家层面的经济制度、经济体制以及媒介经济制度、媒介经济体制方式实现对新闻行业主体和传媒组织主体的总体性经济控制。其中，最重要的就是新闻资产所有权的控制。一定社会中，建立什么样的新闻传媒经济所有制，其实是由控制主体决定的。如

---

① 坚持正面报道为主，既是一种传播内容要求，又是一种传播方式要求，是内容与方式的统一。

② 尽管从较长的历史时段看，经济发展水平与政治自由水平在总体上是一种正比关系，即一般说来，经济发展水平越高的地方，政治自由水平通常也越高。但从现实看，经济发展水平与政治自由水平之间并不存在必然的正比关系，这是因为政治自由水平并不仅仅依赖经济发展水平这一个因素，我们也应该看到，政治、经济领域是有其相对独立性的。

③ 哈耶克. 通往奴役之路 [M]. 王明毅，冯兴元，等译. 北京：中国社会科学出版社，1997：40.

果采取国家所有制，新闻媒体的经济权力自然就掌控在国家、政府手里，媒体的新闻行为自然就会受到国家意志的支配。事实上，谁攥着钱袋，谁就掌握着话语权。"如果所有的生产资料都落到一个人手里，不管它在名义上是属于整个社会的，还是属于独裁者的，谁行使这个管理权，谁就拥有全权控制我们。"①史蒂文森明确指出："所有制诸种结构以简单明了的方式决定媒介内容。"② 因而，如果实行的是国家所有制，新闻传播什么、怎样传播就控制在政府、政党手中。如果实行的是新闻资产私有制度或多元所有制，新闻话语权一般就会有多元呈现的情况。换句话说，传媒所有制的多元化，会使新闻话语权多元化。毫无疑问，在这种状况下，政府、政党对新闻话语权的控制难度就会增大。

在中观或微观层面上，控制主体可以通过各种各样的媒介经济政策、规定、办法、措施等实现经济控制。比如，可以通过特殊的经济政策、税收制度、补贴方式等进行管理控制。更为常见的经济控制，是通过形式多样的政府、政党津贴实现的。政府可以通过直接的财政拨款或财政补贴方式扶持媒体，政党则可以通过政党津贴方式进行，而在一些国家，二者其实是无法区分的。比如，由于区域经济发展的不平衡、新闻业发展的实际差距，我国政府（包括中央政府和地方政府）对少数民族地区的党报（台、站等）就会采取特别的经济扶持政策，以保证它们的正常运转。

事实上，很多新闻传媒，如果没有控制主体通过各种方式方法进行的经济扶持，可能早就消失了。由此我们也能进一步理解，控制主体的新闻控制，并不是一味地约束和限制，而是有支持有限制。从直接性上看，控制主体通过经济手段扶持和支持的是那些能为自身利益服务的传媒，约束

① 哈耶克. 通往奴役之路 [M]. 王明毅，冯兴元，等译. 北京：中国社会科学出版社，1997：123.

② 史蒂文森. 认识媒介文化：社会理论与大众传播 [M]. 王文斌，译. 北京：商务印书馆，2013：73.

和限制的自然是那些有碍于控制主体施政的传媒。

当然，有些新闻控制手段的政治性与经济性是很难区分的，基本上是混合使用或一体化地运用，但从总体上看，当一定社会的基本政治经济结构形成之后，或者说基本的政治制度、经济制度建立之后，经济控制更多时候是政治控制意志的手段。在新的媒体生态中，面对新的舆论环境，"经过长时间的酝酿和摸索，高层给出的方案似乎已经比较清晰：一是要统一协调，加强网络信息的安全管控；二是利用国家资本，推动跨界融合，搭建新的媒体平台"[①]。新闻传媒的经济改革本质上是为政治服务的，而政治权力又为传媒的经济变革创造了很多条件。因而，可以顺便指出的是，传媒改革的核心是政治改革，只有政治权力结构方式、运行方式发生了根本性的变革，传媒的经济改革才会有革命性的变化。这也又一次表明，当一定社会的基本社会结构形成之后，政治力量其实是社会整体变革中更具活力的力量。

（三）新闻控制的观念手段

如果依据新闻控制手段自身的内容特征和形式特点，则可以将新闻控制手段主要区分为观念控制和规范控制，或可以区分为意识形态控制（思想控制）和制度控制。由于制度是观念的规范化表达，或者说规范是相应观念的形式化、规则化表达，因而，观念控制与规范控制本质上是一致的，内在精神是统一的。但观念与规范或制度毕竟不是一回事，不仅观念与规范在存在或表现形式上不一样，而且在实际活动中，它们作为新闻控制手段进行新闻约束的方式和直接指向对象（直接约束限制的客体）也是

---

① 王维佳. 传播治理的市场化困境：从媒体融合政策谈起 [J]. 新闻记者，2015 (1)：15.

不同的，观念控制直接针对被控制者的思想，规范控制直接针对的是被控制者的行为。况且，并不是所有的观念都会得到规范化。下面先来讨论观念控制手段。

观念控制手段，也就是人们通常所说的意识形态控制方式，属于"软"性控制方式。观念控制所使用的观念，当然是指控制主体的观念；在新闻领域，控制主体拥有自身的新闻主导观念体系或主导性的新闻意识形态，这是控制主体用来领导、支配整个新闻业的基本思想体系或基本理论观念系统。新闻领域的主导观念自然与控制主体的整体执政理念、社会治理观念是统一的，与控制主体所倡导的社会核心价值观念体系是统一的。从原则上说，各个社会领域的主导观念特别是文化意识形态领域的主导观念，不过是社会整体核心价值观念体系的具体体现和落实。作为大众传播形式之一种的新闻传播，"只能存在于与之相互建构的政治、经济和法律结构之中，它只能适应于社会控制的意识形态"①。观念控制直接指向的控制对象，是传播主体的精神世界或观念世界，特别指向的自然是传播主体的新闻观念。因而，所谓观念控制，就是指控制主体运用自身的主导新闻意识形态系统领导、支配一定新闻主体特别是新闻传播主体新闻活动观念的行为。具体一点说，就是新闻控制主体通过让新闻活动主体特别是新闻传播主体认同并接受主导新闻意识形态的方式，实现对新闻生产传播活动的观念控制、精神支配。

作为常用的新闻控制手段，观念控制建立在这样的基本逻辑之上：人是观念动物，主体间的观念是可交流的，人的观念是可以改变的；更重要的是，人的行为都是在一定观念支配指导下的行为，人是按照实践

---

① 胡翼青，梁鹏. 词语演变中的"大众传播"：从神话的建构到解构［J］. 新闻与传播研究，2015（11）：124.

观念开展实践活动的，有什么样的观念，就有什么样的行为。因而，只要改变了观念，就等于为行为的改变提供了前提。进而言之，只要控制了行为主体的观念，也就等于控制了行为主体的行为。按照这样的逻辑，只要新闻传播主体拥有某种新闻观念体系及其具体的操作观念，他们的新闻行为就会成为与观念相适应的行为，新闻行为不过是新闻观念的感性化表现。因而，新闻传播主体，不管是职业的还是非职业的，只要认可并接受了控制主体的新闻意识形态，就能按照控制主体的意志进行新闻传播。控制主体正是按照这样的基本逻辑设想他们的观念控制逻辑的。

观念控制有诸多的具体方式方法，可以说是一个观念控制系统。在宏观层面上，观念控制主要表现为两大方面：一是用控制主体所倡导的社会核心价值观念体系（比如，在我国这样的观念体系就是社会主义核心价值观）进行观念控制。这样的控制施行于所有社会领域，面向所有的社会主体，是最为普遍的观念控制。二是针对具体社会领域的范围性观念控制。具体到新闻领域，每一社会中的新闻控制主体，都拥有自己的主导新闻观念、新闻意识形态或"新闻主义"[①]。比如，在我国，党和政府坚持的是马克思主义新闻观，这种新闻观可以概括为"宣传新闻主义"观念，即用宣传观念来主导新闻工作，把新闻工作主要当作进行观念宣传的方式，把新闻当作宣传的手段[②]，"将新闻工作作为宣传思想工作的一部分，是中国共产党一脉相承的思想，新闻事业历来是党的事业的一部分，是党的喉

---

① 新闻主义是新闻观念体系或新闻意识形态系统的简说。就当前中国而言，在区分意义上主要存在以下几种新闻主义：宣传新闻主义、商业新闻主义、民众新闻主义。实际当中，更多的是几种主义的某种混合。关于"新闻主义"的系统论述，可参阅下书：杨保军. 新闻观念论 [M]. 上海：复旦大学出版社，2014：48-107.

② 杨保军. 新闻观念论 [M]. 上海：复旦大学出版社，2014：351-395.

舌和宣传工具"①。这样的马克思主义新闻观或宣传新闻主义的观念，是在中国革命、社会主义建设和改革开放过程中逐步形成、演化并不断完善的，如今已经成为中国特色新闻理论的主要内容。在微观层面上，观念控制就是对构成主义观念或主导观念的一系列具体观念的落实。比如，在我国，总体的马克思主义新闻观或宣传新闻主义观念，会体现为许多具体的宣传新闻观念，政府的各级宣传部门，会用这些具体的观念直接指导新闻传媒的新闻宣传工作。诸如，任何新闻传媒都必须坚持新闻宣传工作的党性原则，坚持人民至上的价值追求，坚持现象真实与本质真实（或微观真实与整体真实）的统一，坚持正确的舆论导向，坚持遵循新闻传播规律，坚持承担新闻传媒的社会责任，等等。而这些观念的进一步落实，又有许多更为细致的要求。②

观念控制并不只是观念范围内的事情。为了实现不同层次的观念控制，控制主体会采取各种具体的方式方法，达到用控制主体的观念支配新闻传播主体的观念的目的。就我国的现实来看，控制主体通常通过这样一些方式方法实现观念控制：第一，也是最为常见的，就是一般性的学习号召和要求，即号召并要求所有的职业新闻传播工作者认真学习马克思主义新闻观，学习党报理论，学习党和国家领导人关于新闻宣传工作的讲话、文章，学习党和政府关于新闻宣传工作的各种文件。这样的观念控制可以说是最为"软"性的方式。第二，组织全国性的大规模的专门会议、宣讲活动、教育培训活动，使职业新闻传播者真正接受和认可马克思主义新闻观。第三，通过在职业新闻工作队伍中树立典型、模范的方式进行马克思

---

① 陈昌凤，杨依军.意识形态安全与党管媒体原则：中国媒体融合政策之形成与体系建构［J］.现代传播（中国传媒大学学报），2015（11）：26.

② 本书编写组.实践中的马克思主义新闻观：新闻报道经典案例评析：序论［M］.北京：高等教育出版社，2015：1-5.

主义新闻观教育，即把一些记者、编辑树立为践行马克思主义新闻观的模范人物，让其他新闻工作者学习。第四，通过不断组织各种新闻实践活动的方式，进行马克思主义新闻观教育。为了使观念教育、观念控制落到实处，真正发挥效用，以中共中央宣传部为核心领导者，在新闻界组织开展了多种活动，比如影响比较大的"三贴近"（贴近实际、贴近生活、贴近群众）活动、"走转改"（走基层、转作风、改文风）活动等，这些都可被看作是马克思主义新闻观的贯彻落实活动。

其实，最普遍的、长久的思想教育和思想管理，从各层级的教育就已经开始了，而大学的专业教育更是集中性的观念确立过程。大学新闻教育的任务之一，在中国语境中，就是让学生树立马克思主义新闻观，认同党报观念、党报新闻理论。这既是一个知识学习接受过程，也是一个价值框架、价值模式的形成过程。

观念控制，直接指向了被控制者的观念世界、心灵世界、精神世界，因而，具有更为深刻的控制作用。这样的控制一旦实现，效用一定是长久的、深切的。但是，观念控制毕竟是思想控制，属于"软"性控制，具有一定的无形性或难见性。一种观念是否得到了被控制者的真心认同接受，很难确切评判；一种观念到底有没有发挥作用，到底发挥了怎样的作用，到底是以怎样的方式发挥了作用，有些可以通过实践行为、行动结果看出来，可以得到检验，但有些看不出来，特别是其中的真假虚实很难判断。因此，观念控制也是最难的控制。观念控制本质上是潜移默化的、影响性的、柔性的，需要不断地宣传、教育和引导，更需要对话与交流，控制主体很难通过硬性的方式、简单灌输的方式，达到改变主体观念的目的。但无论观念控制的内在机制多么复杂，可以肯定的是，控制主体的观念，只有得到被控制主体的内心认可，才能真正转化成被控制主体的观念，才能真正发挥指导行为的长期作用。我们也可以原则性地指出，只有控制主体拥有优良的新闻观念或新闻主义①，即拥有正确的、合理的、真实的、可行的新闻主义或主导新闻观念时，才有可能实现有效的新闻观念控制。

需要进一步指出的是，在新的媒介生态环境中，在信息传播、意见表达越来越自主的大背景下，不管控制主体的控制意图有多强、控制力量有多大、控制强度有多高，观念控制的实际难度都变得越来越大。最根本的原因是，在新的媒介环境中，信息传播的整体结构、整体格局与传统新闻业时代相比已经发生了巨大变化，一个以新兴媒介形态为中心的融合媒体结构时代正在形成，传统媒体主导新闻整体图景，主导新闻舆论、社会舆论整体态势的时代已经不再。因此，只要管控好"三大媒介"（报纸、广播、电视）就可基本控制新闻图景、舆论态势的时代已经一去不复返了。在今天的环境中，不仅要控制传统新闻媒介，还必须面对亿万网民的传播行为②，因为他们已经成为新形势下塑造一定社会新闻图景、舆论环境的极为重要的力量。有学者针对新媒体环境说："谁在真正地引导意识形态？不是整天想意识形态的人，而是网站的人。谁在管理互联网？6 亿网民在谁的手上？是互联网公司而不是政府官员。"③这样的判断也许有些夸大其词，但观念控制手段在新媒体环境中特别是在网络空间的影响效果常常难以落实却是不争的事实。人们几乎都可轻易看到，

---

① 关于优良新闻观念的评价标准问题，可参阅下书：杨保军. 新闻观念论［M］. 上海：复旦大学出版社，2014：240 - 260.

② 在我国，网民数量庞大，并且还在不断增长。尽管网民在新闻传播、舆论塑造中的影响很大，但网民并不就是人民，也并不就是公民，这三个概念的内涵、外延都有所不同。网民的现实构成方式，决定了它不一定能够在所有的事情上代表人民、代表公民。简单点说，网民就是互联网使用者；人民，是指以劳动群众为主体的社会基本成员，在我国现阶段，是指全体社会主义劳动者、社会主义事业建设者、拥护社会主义的爱国者、拥护祖国统一的爱国者；而公民则是一个法律概念，指拥有一国国籍并根据该国宪法和法律规定享有权利并承担义务的人。［王晶. 最美好的时代？最糟糕的时代？：对崛起的中国互联网民意的反思［J］. 新闻记者，2015（1）：21 - 26.］

③ 方兴东，胡智锋，潘可武. 媒介融合与网络强国：互联网改变中国：2015《现代传播》年度对话［J］. 现代传播（中国传媒大学学报），2015（1）：6.

"各种新媒体技术和应用本身广泛的用户群和其信息传播的即时性、便捷性、强大的聚合功能，以及庞大的数据量，对中国舆论生态格局产生前所未有的影响，对现有舆论和管理格局提出严峻挑战"①。因此，作为新闻控制主体，政府、政党如何合理、科学、有效地管控网络空间，是当前和今后要面对的重大问题；如何对目前观念控制本身的合理性、科学性做出符合时代特征、时代要求的调整，同样具有重大和长远的战略意义。

（四）新闻控制的规范（制度）手段

前述的政治控制、经济控制、观念控制，是对新闻控制不同维度、不同控制属性的定性和说明。这些控制都要通过具体的制度规范来落实。因此，这里我将进一步细化，揭示新闻控制的具体方式方法构成。

所谓规范控制，就是运用各种各样明确的规定或明文标准规则进行新闻控制。规范控制手段通常属于硬性手段，也是明确的、有章可循的、可预期的、稳定的新闻控制方式。规范控制手段，也可以称为制度控制手段，因为广义的制度表现为各种各样的规范。制度是一套规则或规范（体系），是人们在实际生存、生活、生产中为指导或约束自己的行为而制定的规范或规则（体系）。"制度是被制定出来保障和约束人们的行为以求价值最大化的准则、规则体系。把人类行为规范化、有序化、确定化，这就是制度的本质。"②"制度是为人类设计、构造的政治、经济和社会相互关系的一系列约束，是人类设计出来的形塑人们互相行动的一系列约束。"③美国政治哲学家罗尔斯将制度理解为"一种公开的规范体系，这一体系确

---

① 谢耘耕，刘锐，张旭阳，等. 2014年中国网络舆情研究报告［J］. 新闻记者，2015（2）：21.

② 晏辉. 现代性语境下的价值与价值观［M］. 北京：北京师范大学出版社，2009：111.

③ 诺斯. 制度、制度变迁与经济绩效［M］. 刘守英，译. 上海：上海三联书店，1994：64.

定职务和地位及他们的权利、义务、权力、豁免等等。这些规范指定某些行为类型为能允许的，另一些则为被禁止的，并在违反出现时，给出某些惩罚和保护措施"①。

　　制度有广义与狭义之分。广义的制度可以指所有约束人们行为的准则或规则，包括成文的或不成文的、政府的或民间的；狭义的制度是指政府或一定的组织机构（群体）根据特定的需要或目的、通过专门的程序、采用一定的方式方法自觉设立建构的约束和规范人们行为的各种明文准则，比如法律规范、政策规范、社会公共道德规范、纪律规则等。因而，自觉建构的规范通常以明确的语言方式表达或宣示于世。② 从全球范围看，规范控制手段是最为普遍、最为常用的新闻控制手段，也是世界各国政府管控新闻活动的主要手段。

　　新闻控制规范受制于社会控制的整体规范系统，特别受制于一定社会的政治规范、经济规范、文化规范（核心是意识形态规范）等。③ 一定的社会总是拥有一套庞大而繁杂的规范体系，以保持和维护社会的正常运

---

　　① 罗尔斯. 正义论 ［M］. 何怀宏，等译. 北京：中国社会科学出版社，1988：54.

　　② 我国思想家杨国荣先生就曾指出："一般而言，以自觉的方式制定的规范，如法律、法规、不同形式的规定（prescription）、技术的规程（如操作性说明）等，往往较为直接地以语言形式加以表示，事实上，表现为规定（prescription）的规范，常常同时被视为所谓语言行动（speech act）。"（杨国荣. 论规范 ［M］. //陈嘉映. 教化道德观念研究. 上海：华东师范大学出版社，2009：3 - 25.）

　　③ 我们可依据马克思历史唯物主义关于社会基本结构的基本理解，将一定社会的制度系统分为两大宏观类型：一类是属于社会经济基础的经济制度，它也是整个社会的制度基础；另一类是属于社会上层建筑领域的制度，这些制度建立在经济制度的基础之上，在应然性上应该与经济制度相统一。由于上层建筑可以再分为政治上层建筑和意识形态上层建筑，因此，上层建筑内的基本制度可分为两类——政治制度和意识形态制度。政治制度规定着一个国家、一个社会根本的权力配置方式或政权运行方式（具体主要体现为政治制度和法律制度，它们在总体上反映着一个社会的政治文明形态和水平）；而意识形态领域属于狭义的文化（精神）领域，因而意识形态制度又可名之为文化制度（它反映和标示着一定社会精神文明的制度质量与水平），它以形式化的各种准则、规范规定了一定社会或国家精神生产、传播与交流等的基本取向和大致范围。按照一般的理解，新闻领域属于上层建筑的思想领域、文化范围，是思想意识形态的一种形式，这样，新闻制度就可以归属于意识形态领域之具体制度的一种。新闻传媒业作为整个传媒产业的有机构成部分，有自身经济基础化的一面，因此有其作为产业而须建立产业制度的一面。（杨保军. 新闻观念论 ［M］. 上海：复旦大学出版社，2014：329 - 330.）

行。可以说新闻规范既是一定社会整体规范系统的一部分，又是一定社会核心规范精神在新闻领域的具体体现。或者说，在任何一个社会，新闻制度在整个制度系统中都属于社会中观层面的制度，因而新闻制度所遵循的根本原则、规范，都受制于、决定于该社会的政治制度、经济制度、文化制度，"与国家基本的政治制度和经济制度、文化制度相比，它是亚层次的制度实体，是整个社会制度体系中的一个构成'要素'"①。比如，在以公有制经济为主体的国家，新闻资产所有制的主导形式必然是公有（国有或全民所有）制，而在基本经济制度为私有制的国家，新闻资产所有制的主导形式必然是私有制。

新闻控制规范或新闻制度本身也是由一系列具体的规范或制度构成的，因而是一个规范或制度系统。新闻控制的规范系统中，不同的规范有着不同的属性与功能。在实际的新闻管控中，不同规范是相互配合、共同发挥控制作用的。控制主体用来控制新闻的规范或制度，既有人们自觉设计、建构、制定的，也有自发自在形成的。但不管是以哪种机制方式形成的，新闻制度都是根据人类新闻活动的实际需要而产生。那些由长期新闻实践活动形成的习惯规则、基本原则、基本方法等可以说是自发形成的新闻制度，可称之为非正式的新闻制度。而那些由人们依据新闻实践需要，经过认真分析研究，按照一定规则程序建立的新闻制度（比如新闻法律、新闻政策、新闻道德规范等），就是自觉形成的新闻制度，可称之为正式的新闻制度。事实上，凡是规则、规范，总是要经过人们的一番自觉与反思，通过一定的形式成为约束和引导人们行为的东西。正式的或非正式的新闻制度，对新闻活动都会发挥重要的约束、规范、指导作用。但控制主体用来"从外"控制新闻传播主体的规范或制度，主要是自觉制定的，并

---

① 郎劲松．中国新闻政策体系研究［M］．北京：新华出版社，2003：148．

且，这样的控制规范或制度，也会伴随社会变化特别是新闻传播业自身的变革而不断更新完善。

上面的简要分析表明，从控制主体的角度看，新闻规范或新闻制度，就是设计制定出来为了约束新闻行为（主要针对传播主体）的规则体系；从大的类型上说，这些规范主要有法律的、政策的、道德的、纪律的等等。在中国语境中，规范系统可以分为政府系统的规范与党的系统的规范，这两套规范有联系、有区别，但如前所说，政府与党在新闻控制的目标上是统一的，因而我不再分开论述，而是合并在一起，做一个整体的阐释。

第一，法律控制。法律控制是政府控制新闻传播最主要的也是最基本的方式，同样也是世界范围内应用最广泛的新闻管控方式或手段。现代文明国家的法律，是一定社会全体公民共同意志的普遍反映和集中体现。因而，在一般意义上说，针对新闻活动的法律控制，面对的是所有人的新闻行为，并不限于职业新闻传播主体的新闻行为；在当今的媒介环境中，面对的不仅是现实社会空间中的新闻活动，也包括网络虚拟空间中的新闻活动。而且，网络空间的新闻管控才是当今新闻领域的真正难题。

法律控制是政府通过法律手段对新闻传播施行的控制，因而法律是法律控制的核心。就现实的一般情况来看，法律控制所使用的法律是一个法律系统或法律制度体系，通常包括宪法、与新闻活动相关的各种专门法（可统称为新闻法或媒介法），以及其他社会领域或部门法律中适用于新闻活动的相关规定。对于一个全面实行现代法治的国家而言，新闻法制体系的健全和全面法治的实现，是国家治理、社会治理的必然要求。新闻领域不仅自身要成为依法治理的领域，而且要为整个国家、社会的法治建设发挥特殊的宣传、倡导、监督等作用。伴随社会的整体发展，特别是新闻领域自身的不断变革，法律控制所运用的法律（系统）手段本身也需要不断更新完善，一些适应新要求、新需要的法律也需要不断制定和出台。比如，以互联网为基础的网络新闻空间，就是一个急需一系列新的法律加以管控的空间。

法律控制是保障和维护新闻自由最有力的手段，法律控制不是为了限制新闻自由，而是为了保护新闻自由、扩大和发展新闻自由，防止滥用新闻自由；只有通过对新闻自由持续稳定的保障，制度化、法治化的管控，才有可能使新闻成为监测环境、守望社会、维护正义、服务大众的有力手段。法律控制的内在精神自然是法治，法治要求控制主体按照事先制定的法律进行新闻控制，而不是随心所欲地按照当下的主观意愿进行新闻控制，那就成了人治。有了法治意义上的新闻控制，不仅控制主体知道自己的新闻控制边界，新闻活动者也能比较明确地预见控制主体运用强制性权力的范围和程度，从而更加自觉地将自己的新闻行为约束在法律允许的范围之内。

第二，政策控制。"新闻政策是政党、政府对新闻事业规定的活动准则。广义包括新闻事业管理的政策、新闻报道的政策、新闻队伍的建设方针。狭义主要是指新闻报道的政策，有时又以宣传纪律的形式出现。"①"所谓新闻政策，即新闻媒介的行为准则，是管理部门对新闻媒介实施管理的一种手段。有广义和狭义之分。广义的新闻政策，指国家、政党及其地方分支机关、组织在一定时期内为所属的新闻媒介所规定的报道方针和宣传纪律；狭义的新闻政策，指新闻媒介自己根据一定的要求所确定的工作原则和编辑方针。"②这里所说的政策控制中的新闻政策，是指党和政府

---

① 中国大百科全书总编辑委员会《新闻出版》编辑委员会.中国大百科全书：新闻出版 [M].北京：中国大百科全书出版社，1990：419.
② 唐绪军.报业经济与报业经营 [M].北京：新华出版社，1999：170.

及其地方层级的机关、组织制定的新闻政策，不包括传媒组织内部制定的相关政策。显然，新闻政策是有层级区分的，有些属于国家层面、国家范围的政策，有些则是地方层面的政策；有些针对的是整个新闻活动领域，有些则可能只针对具体的媒介领域（比如报业领域、广播电视领域、网络新媒体领域）。同时，作为新闻控制主体的政府和政党，一般都会制定长期的或临时的新闻政策。长期政策主要是对新闻传播业的总体发展战略、新闻传播的总体方针和原则以及新闻传播行为的准则或规范等做出规定；临时政策则主要根据国家当前面临的一些特殊情况①，对新闻传播的原则、方针甚至方式方法等做出规定。总而言之，新闻政策本身就是一个庞大的政策系统。就一定社会、一定国家来说，它是通过新闻政策系统来实现对新闻的政策管理控制的。

所谓新闻的政策控制，就是用上面所说的新闻政策控制新闻传播的行为，或者说就是通过新闻政策来指导、管控新闻活动，目的就是将新闻活动约束在控制主体制定的政策范围之内。政策控制手段总体上也是比较稳定的新闻控制方式，但与法律控制手段相比，还是有较大的灵活性的。作为控制主体的政府或政党，总能根据当前最新的政治、经济、社会、文化、外交、军事等需要，或根据新闻业自身的最新发展需要，制定出台一些新闻政策，以引领管控新闻领域的整体发展，或指导管控一些具体的新闻活动。

在政策控制与法律控制之间，政策当然不能超越法律界限、违背法律精神，但在法律还没有涵盖的范围，政策往往是先行的。控制主体需要通过政策方式，对一些最新的新闻现象做出规定，从而显现出政策控制特有的及时性或灵活性。当新闻政策达到一定的成熟度时，控制主体很可能将其转化为法律；事实上，在各个社会领域，政策法律化是政府、政党经常

---

① 比如国家处于战争状态，社会处于某种动荡、动乱状态，或国家遇到某种特殊的自然灾难等。

运用的一种社会治理方式。

第三，行政控制。行政控制就是政府运用行政权力对新闻传播业的行政管理。行政管理当然不能把政党作为控制主体包括进去。① 作为新闻控制主体的政府，总要设立一定的行政部门或机构，具体管理控制新闻领域，其使用的手段就是行政手段。

行政控制包括许多具体的行政措施，诸如：制定行政管理条例，以准法律的形式强制新闻媒体组织照章办事；建立相关制度和机构，管理、检查、领导新闻传播业，如新办新闻媒体的审批、媒体违规行为的行政惩治等；利用行政权力，控制有关新闻信息的传播，如政府部门、机构新闻发布会等；利用有关经济政策，对媒体经营活动进行税收管理等。看得出，行政控制也是成体系的，有一系列的方式、方法和措施。上面所说的政策控制，通常也是政府管理控制新闻活动的重要行政方式。②

第四，纪律控制。在我国语境中，"纪律"一词是指"政党、机关、部队、团体、企业等为了维护集体利益并保证工作的正常进行而制定的要求每个成员遵守的规章、条文"③。显然，纪律是一种明确的规范，目的在于维护一定团体的整体利益。

就新闻领域来看，通常所说的新闻纪律，是指作为控制主体的党的新闻（宣传）纪律，也就是党对自身所领导的新闻传媒组织及其工作者的纪

---

① 按理来说，政策控制应该归属于行政控制，是行政控制的手段之一，而政党也可以有自身的新闻政策，从而实施政策控制，但行政控制主体只能是政府，不能是政党，因此，这里对政策控制与行政控制加以区分说明。

② 从逻辑关系上说，行政控制包括政策控制，我之所以将政策控制单列，又接着说明行政控制、纪律控制，用意在于区别控制主体：政策控制中的主体是党和政府，即党和政府可以制定各自的新闻政策，当然也可以制定统一的新闻政策；行政控制中的主体是政府，可以采用各种各样的行政方式进行新闻控制；纪律控制中的主体，按照我国形成的基本惯例，是政党，即执政党通常是通过新闻宣传纪律实现新闻管理控制的。

③ 中国社会科学院语言研究所词典编辑室. 现代汉语词典 [M]. 7 版. 北京：商务印书馆，2016：616.

律要求。① 新闻业是党、政府和人民的事业，新闻传媒是党、政府和人民的耳目喉舌，因而，从新闻控制主体角度看，新闻工作必须按照党的纪律行事（这也是纪律要求的实质意义），特别是党的机关报，必须坚持党的领导，听从党的指挥，必须坚定地宣传、贯彻党的理论、路线、方针、政策，任何人不得利用手中的新闻媒介，宣传同党中央决定相违背的东西，这是不能逾越的纪律红线。应该说，党的宣传纪律要求通常要比国家（政府）的法律规范更为严格，宣传纪律要求更为直接地指向新闻传媒组织的负责人以及职业媒体人员中的党员干部。②

在实际的功能作用上，新闻纪律或者宣传纪律与新闻政策没有本质的区别（新闻纪律实际上是党的新闻政策的一种特殊表现形式）。但新闻纪律通常出自作为控制主体的党的有关组织部门（最主要的是党的各级党委宣传部）。与新闻政策相比，新闻纪律在实际的新闻管控活动中表现得更为灵活：有时表现为临时性的政策，有时只是党的有关部门根据当前最新情况甚至是针对具体新闻事件下发给新闻媒体的一些具体报道要求；在一些情形下，直接表现为负责意识形态领域工作或新闻宣传工作的有关上级领导代表组织对媒体给出的一些指导性的意见。显然，新闻纪律作为党用来管控新闻宣传工作的一种手段，运用得相当灵活，具有很大的弹性空间。正是通过纪律控制，党对新闻宣传工作的管理控制可以做到时时刻刻、事事处处。

---

① "严格意义上说，新闻纪律或新闻宣传纪律还没有成为理论新闻学中的一个学术概念，但它在中国的新闻传播实践中已经约定俗成，从事新闻研究、宣传研究和新闻、宣传实际工作的人们，几乎对它都能心领神会，懂得它的实际含义，而且它在实践中确实规范着新闻传播者的行为，约束着他们对新闻报道对象的选择。"（杨保军. 新闻理论教程［M］. 北京：中国人民大学出版社，2005：127-128.）

② 在区分意义上，党和政府对新闻传媒组织主体的规范要求是有所不同的，我们不能把"党纪"与"法律法规"相混淆。党是政治组织，宣传纪律事实上是通过党规党纪的方式，要求党的新闻宣传主体必须保证党的理想、信念、宗旨以及路线、方针、政策的宣传落实；法律法规体现的是国家意志，是全体人民的意志，可以说是政府以人民意志的方式对新闻传播主体新闻行为的规范与约束。［刘作翔. 论"党纪与国法不能混同"［N］. 北京日报，2015-08-03（17）.］

就实际情况来看，新闻（宣传）纪律作为约束新闻传媒及其从业人员的一种规范，主要是划定传播主体新闻报道的界限，并不是纯粹禁止性的规定或要求。很多情况下，党的宣传部门，会以控制主体的身份，要求传播主体开设报道栏目，设置新闻议题，加大某些领域的报道量，增强对某些事件的报道力度，实现对社会舆论的主动引导。也就是说，通过宣传纪律的方式，党的宣传部门会主动引导、鼓励、组织新闻传媒组织主体开展一些新闻报道。

第五，道德控制。道德控制似乎是个多少有点矛盾的说法，因为道德约束是自律性的良心自控。因而，我这里所说的道德控制，主要是指控制主体用明确的道德规范对传播主体的引导和行为约束。传播主体（不管是职业的还是非职业的）的自我道德约束属于自律、自控，不属于我这里所讨论的新闻控制范畴。

就我国的情况来看，控制主体通常运用以下几种道德规范约束新闻传播主体的新闻行为：一是普遍的社会公共道德规范，即要求新闻行为主体在社会公认的道德规范之内开展新闻活动；二是新闻行业伦理准则或职业道德规范，这一般属于自律范畴，而在中国，由于制定行业伦理准则或职业道德规范的记者协会、行业（媒介）协会通常属于半官方（半政府）机构组织，因而，我们亦可以将其视为政府的道德约束行为；三是一种更为特殊的道德规范约束现象，这就是官德规范，包括党内道德规范，这是政府和党对公务员队伍、党员提出的道德要求，由于新闻业在中国的特殊性质，控制主体可以通过这样的道德规范对职业新闻传播主体特别是新闻传媒的领导者进行道德约束。总括而言，政府和党可以通过有关（准）行政机构制定新闻职业道德规范，依靠社会舆论的力量对新闻传播机构和从业人员进行监督，从而形成一种具有他律性质的道德控制。

规范控制是所有社会最基本的新闻控制手段，规范控制的合理性首先依赖于各种规范本身的合理性和优良性。由于规范控制就是广义的制度控制，因而，新闻控制的合理性、优良性自身依赖于新闻制度的合理性和优良性。怎样的新闻制度才是合理的、优良的制度，是个十分复杂的问题，我在此难以做出回答。但从原则上看，只有建立在合理新闻制度基础上的新闻控制才是正当的控制，只有规范控制所运用的各种规范本身是合理的、优良的，新闻控制才可能是正当的；如果规范本身是恶的、不良的，那就不可能有正当的新闻控制。

（五）控制新闻的技术手段

广义的技术指的是人类在生活生产活动中积累起来的经验、知识，做事的方式、方法，以及贯穿在其中的各种特殊的"艺术"技巧；狭义的技术仅指"科学技术"意义上的技术，有时仅指技术设备。我这里关于新闻控制的技术手段中所说的"技术"，只是狭义的技术，指的是"硬"技术，主要有两点：一是作为设备的技术，二是操作一定设备的知识和方法。进一步说，我这里关于技术手段的说明，并不是要罗列具体的可操作性的设备和相关的操作知识与方法（也没有能力做到这一点），而是只做一些理论上的说明。

对新闻的管理控制，尤其是在新兴媒介环境中的管理控制，越来越需要具体的技术手段，没有相应的技术设备及技术方式，很多新闻管理控制是难以实现的。但是，技术手段尽管是一种十分重要的新闻控制手段，也不过是手段的手段。我前面讨论的各种新闻控制手段，都可以将自身的控制目标通过一定的技术手段加以实现，也就是说技术手段具有更多的中介性特征，具有更多直接的控制方法的功能。总而言之，作为控制方法的技术手段，总是受制于其他控制手段的"意志"，因而，技术手段只有经过其他控制方式的中介化或工具化才能作为控制方法得到运用。

技术控制大致包括这样几方面的实质内容：一是对新闻活动主体的技术运用做出限制，即在现有技术条件下或技术环境中，新闻活动中可以使用哪些技术，不能使用哪些技术，这通常是通过相关法律、政策做出规定的。二是控制主体通过相关组织、机构，运用一定的技术手段对新闻活动者的新闻传收活动做出限制，使得新闻传收者无法顺利开展某些所谓的新闻活动。这种情形中，技术（设备）被当作直接的管理控制手段加以使用。三是利用一些特殊的技术手段，对一定社会范围内不同层级、范围新闻活动和信息活动进行监测与控制。比如，当今世界很多国家，运用大数据技术、网络技术以及其他通信技术、计算技术等，开展广泛的舆情监测、舆情调控或其他信息控制活动。应该说，在越来越技术化的人类社会中，技术也越来越成为进行社会治理、新闻控制的普遍而重要的手段。

我们也要注意到，一些技术一旦被发明创造出来，只要投入使用，就会获得一定的自主性（即技术的客观性或相对独立性），人们只有遵循技术的使用逻辑，才能获得技术所能开辟的自由。若从控制主体角度看，技术逻辑的某种自主性，使得技术控制难以做到"恰到好处"，或者说，"控制"的代价往往远远高于"去控"或"不控"的代价。因而，新闻控制中技术手段的运用，其实是个相当复杂的社会问题，而不是简单的技术问题。事实上，人们已经看到，技术控制手段的使用，已经造成了一系列的法律问题、道德问题，对如何恰当使用技术手段提出了严峻的挑战。

新闻控制的核心关涉是一定社会的新闻自由，一定社会正常的信息秩序、新闻秩序，因而，合理运用技术控制手段是个十分重大的问题。对此，应该把握的基本原则是：第一，也是最重要的，就是拥有合理的技术控制观念。我们知道，技术既可以是实现新闻自由的手段，也可以是控制新闻自由的手段。因而，是人们的自由观念决定着人们对技术的使用方式，而不是相反。就新闻控制而言，控制主体有什么样的控制观念和控制目标，就会采取什么样的技术应用方式。在新闻控制中，技术手段使用的总原则应该是保障和扩大新闻自由，而不是损害和限制新闻自由。其中的理由似乎不应该再饶舌了。人类技术发明创造演进的历史，就是人类总体社会自由不断提升的历史，谁也不能逆历史潮流而动。第二，运用什么样的技术、如何运用技术，要视技术自身的属性、功能和规律而定。任何技术背后都有自身的科学逻辑和技术逻辑，具有自身的客观性。什么样的技术能做什么样的事情，不能做什么样的事情，不是纯粹主观决定的。技术控制手段的错用、乱用，可能会导致难以预料的后果。第三，与第二条密切相关的是，技术控制手段的使用，不仅要符合技术自身的特征和规律，同时也要限制技术运用中某些功能的发挥，确立"技术有度"的观念。要充分认识技术本身潜在的和技术运用中可能产生的"双刃剑""多刃剑"效应。有学者指出："在运用大众传播手段创造共识时必须时刻提醒自己：人类传播科技日臻完美的同时也使得进行空前的大规模破坏的手段逐步完善。"[1] 技术本质上是反自然的，技术越发达，人类离自然就越远，人类越是依赖技术，离人的自然属性可能就越远。目前网络空间产生的诸多所谓的"网络暴力"，其基础性的力量可以说就是"技术暴力"，很多就是网络技术支持下的以新闻传播方式产生的信息暴力、语言暴力或符号暴力。[2] 因而，如何从技术控制角度控制网络空间的信息传播、新闻传播与言论表达，使自由成为

---

[1]　转引自：李思屈，刘研. 论传播符号学的学理逻辑与精神逻辑 [J]. 新闻与传播研究，2013 (8)：32.

[2]　所谓网络暴力，就是发生和存在于网络空间的一种特殊暴力形式，本质上属于信息暴力、语言暴力或符号暴力。因而，网络暴力不同于现实空间中的以"武力""肉体力量"为工具手段的暴力行为，而是发生在网络空间借用语言、文字、图片等对人进行各种伤害和污蔑的一种行为，是一种典型的"软暴力"形式。

适度的自由、健康的自由，而不是过度的自由、滥用的自由、有害的自由，就成为一个迫切需要解决的问题。

四、新闻传播主体与新闻控制主体间的关系

新闻活动是一定社会环境中的活动，一定社会总要采取一定的方式方法对职业新闻活动、民众新闻活动加以规范，核心自然是对新闻传播内容、传播方式的管理和控制。由于新闻系统之外的合法新闻控制主体是政府、政党，因而，所谓传播主体与控制主体之间的关系，实质上就是传播主体与作为控制主体的政府、政党的关系，一定意义上可以说，就是传播主体与政治主体的关系，在更宽泛的意义上，就是新闻与政治的关系。在现时代，这样一些关系，不管是在何种制度的社会中，都是新闻研究、传播研究关注的核心问题之一。下面，我除了在一般意义上讨论传播主体与控制主体的关系外，还将特别关注这种关系在中国语境中的表现。

（一）新闻传播主体与新闻控制主体的总体性关系

所谓总体性关系，就是指传播主体特别是职业新闻传播组织主体与控制主体在社会总体结构中的关系。尽管这种总体的结构关系在不同历史时代、不同国家、不同社会中有着差异性的表现，并没有绝对的本质主义的统一性，但就现代社会而言，我们仍然可以观察到不同环境中传播主体与控制主体关系的某种相似性和同一性。

1. "施控"与"受控"的关系

在控制主体与传播主体之间，最根本的关系是"施控"与"受控"的

关系：控制主体处在两类主体关系的控制地位，而传播主体处在被控的地位。因而，在表现形式上，控制主体的地位或层级高于传播主体。传播主体的任何新闻传播行为，只要违背了控制主体设定的相关规范，就会受到相应的约束甚或惩罚；只要控制主体的控制行为是严格遵守有关规范的（不同类型、性质的控制主体有不同的控制规范），传播主体就必须接受其控制行为。"施控"与"受控"或"被控"是两类主体间的总体性关系，他们在新闻活动中的其他关系，都是在这一总体性关系之下的具体展开。当然，这一总体性关系在不同的历史情境、不同的国家、不同的社会中表现方式是不一样的。

在以美国为代表的西方发达国家中，"施控"与"受控"关系是实质性的、结构性的，国家（政府）需要从国家利益出发，从社会的总体利益出发，对整体的新闻业、新闻传播秩序进行管理和控制，从而必然要把新闻传播主体作为规范的对象。政府控制主要是通过法律规范为新闻活动划定一些不可逾越的边界。

在中国当代语境中，新闻业是党和国家（政府）事业的一部分，新闻传媒的领导权严格控制在党和政府手里，因而在控制主体与传播主体特别是职业新闻传播主体之间，有着比较严格的"施控"与"受控"的关系，有着十分明确的"领导"与"被领导"的关系。通常情况下，作为控制主体的党组织，对新闻传媒组织主体有着更为直接的管理控制权力。

在中国语境中，尽管我对控制主体与职业新闻传播主体做了具有一定客观根据的区分，但是，它们本质上是一体化的，特别是其中的"高位主体"① 是一体化的。这就意味着，"控制"与"受控"或"被控"的区

---

① 根据我国新闻传媒组织内部人员的结构特征，我把新闻传媒组织内的所有成员看作整体的传播主体，把业务系列的记者、编辑看作本位主体，而把代表国家、政党掌管媒体的领导者看作高位主体。参见本书第二章相关内容或下书：杨保军. 新闻理论教程 [M]. 3 版. 北京：中国人民大学出版社，2014：52-53.

分，在一定程度上并没有多少实质的意义。也就是说，中国语境中的来自媒体之外的"他控"与来自媒体内部的"自控"是高度统一的，是本质上同一的控制。

在新兴媒介环境中，控制主体与非职业新闻传播主体之间同样存在着"施控"与"受控"的关系，政府和政党依然要通过法律的、行政的、道德的、技术的、纪律的等方式和手段管控治理整个新闻活动领域。但在新的媒介生态结构形成之后，在网民（包括个体和群体）都成为大众化、公共化的传播者之后，新闻控制实际上变得越来越困难，甚至不大可能。控制主体或许可以控制建制性存在和运行的传统新闻传媒，但不可能管控所有的网民传播者，因而原则上也就难以控制新闻信息的流动与扩散。诚如有人所说："信息在网络上的自由流动也就意味着信息中心失去了存在的价值，网络使信息的流动不再按照人为设定的路线进行，而是在每一个节点上都呈现出散布辐射，每一个人都可能成为某一具体的信息的中心而在他所在的人群中发布这一信息。一项社会问题的信息，可能会在这样一个人人都可以成为中心而又根本无中心的网络中瞬间到达每一个人那里。这个时候，处于社会治理中心地带的精英也就完全丧失了垄断信息和主导信息发布权的条件。"[①] 与此同时，控制主体也难以控制信息的统一性，难以形成关于同一事实对象的统一报道、统一形象。在后新闻业时代开启后，"信息的传播不再受到权威机构的垄断，传播工具出现了非标准化的趋势。大小不同而又散布在世界上的每一个角落的网络终端群体竞相收发大量的信息，这些信息不再传播同一的形象，而是出现了多种多样的形象、思想、信条与价值观"[②]。正如戴维·赫尔德所说："新型通讯系统可以从某些特定的时间、地点和传统中分解或发掘出认同感，并通过创造

---

① 张康之，向玉琼. 网络空间中的政策问题建构 [J]. 中国社会科学，2015（2）：129.
② 张康之，向玉琼. 网络空间中的政策问题建构 [J]. 中国社会科学，2015（2）：129.

'较少固定或统一'的选择多样性，对认同感的形成产生一种'多元化影响'，此外，这些新型通讯系统的运作在很大程度上独立于国家的控制，因此，不会轻易地服从直接的政治管制。"① 显然，与对职业新闻传播主体的控制相比，对民众新闻传播主体的控制不那么容易，尤其是事前管控几乎是不可能的，可以说控制主体面对的已经是全新的局面，必须寻求新的管理控制观念和方式方法，以应对时代的挑战，适应新的信息空间、言论表达的要求。但不管新的媒介环境、新闻图景多么复杂，施控与受控的关系还是普遍存在的。

2. "监督"与"被监督"的关系

如上所说，控制主体与新闻传播主体特别是职业新闻传播组织主体之间首先是一种约束与被约束、管理与被管理、控制与被控制的关系，但二者之间还有历史形成的更为重要的关系，这就是相互制约、相互监督的关系，特别是新闻传媒组织主体通过新闻方式、舆论方式对作为控制主体的政府、政党的监督作用。当然，像上面讨论"施控"与"受控"关系一样，我们也应该注意到监督与被监督关系在不同社会、不同国家实际表现的差异。

新闻传媒的功能是多元的，是一个功能系统；在传播视野里，传播信息、报道新闻、监督社会和引导舆论是新闻传媒最基本的功能。作为现代社会结构中的建制性存在，新闻业被看作是公共事业，新闻传媒被看作是社会公共平台，是公共舆论机构，新闻媒介被看作是公共领域，职业新闻传播主体则被看作是社会运行的监测者、守望者。② 因而，新闻传播主体

---

① 赫尔德. 民主与全球秩序：从现代国家到世界主义治理 [M]. 胡伟，等译. 上海：上海人民出版社，2003：130.

② 当然，我们应该注意，这些关于新闻公共性的诉求及其实现，是一个历史过程。在真实的历史实践中，新闻传媒在不同语境中的实际功能作用是有很大差异的，可以说，它更多时候充当的是社会变革者、宣传鼓动者、统治者的宣传工具，而不是理想意义上的公共武器。

的一个重要职责，就是监测社会环境的最新变化，其中特别关注的一类变化，就是可能导致社会发生不良或恶性运行的"坏人坏事"或"好人错事"，对这一类最新不良变动事实的及时反映报道、揭露批评，就是人们通常所说的新闻监督或舆论监督，而新闻传播者也被人们称为新闻监督主体或舆论监督主体。在以互联网为基础的新兴媒体兴起之前，这样的监督者主要依赖职业新闻传播主体，普通社会大众只是形式上或名义上的监督主体，他们的监督权利很难落到实处。

在当今新的媒介生态环境中，仅从主体角度看，随着大众化、公共化传播主体的多元化结构生成，新闻监督、社会舆论监督的主体结构已经发生了根本性的变革。从原则上说，所有社会主体，只要愿意，就都可以利用手中的媒介对作为新闻控制主体的政府、政党展开公开监督。显然，与传统新闻业时代相比，最大的变化就是，普通民众在新兴媒介环境中可以成为"直接"的监督者，成为能够直接传播信息、表达意愿的监督者，这无疑大大提升和扩展了媒介的监督功能，增加了社会公众监督权力运行的机会，提高了其监督能力，普通公众也不再只是传统新闻业时代"被代表"（职业新闻传媒组织主体代表公众）的监督者[1]，这是技术支持下的民主进步。可以顺便指出的是，监督主体的进一步社会化、普遍化，使得作为控制主体的政府、政党也能更为及时地发现自身存在的各种可能问题，并加以修正，这自然有利于一个优良社会的形成和运行。

再细致一点看，新闻监督的广义对象是整个社会中与公众利益相关的

---

[1] 监督者直接表现为新闻传播主体，但实质上应该是社会公众。传播者或任何社会成员的监督权利是反映社会公共意志的法律赋予的，它是新闻自由权利的核心内容之一。可见，新闻监督本质上是社会公众对自己生存发展环境的监督。因此，新闻监督的力量源泉不仅在于它特有的那种真实和公开，更在于它是人民的力量、民主的力量。因而，民主是监督的基础，如果一种媒体不代表社会公共利益，它的声音就是微弱的，它的监督就是乏力的。新闻监督功能的发挥程度和实际效果如何，依赖于社会民主程度、新闻自由程度和范围。如果缺乏足够的新闻自由权利，新闻监督功能不可能得到正常而充分的发挥。

人和事，但狭义的监督对象主要指向一定社会结构中的权力组织及其权力的直接拥有者，其中最主要的无疑是掌管各级国家权力（公共权力）的政府机构及其公职人员，这也正是我所说的广义的新闻管理控制主体是国家或国家的代表——政府。而政党组织特别是执政党及其领导成员在社会政治权力活动中的重要性，使其成为新闻监督必须重点指向的对象，他们同样也是新闻控制主体。具体说，权力机构、组织及其权力拥有者的一切涉及公共利益的言行都是新闻监督的范围；立法、司法、行政过程中的所有决策行为、实施行为、管理行为及其结果都应该置于阳光之下，接受新闻监督，接受社会公众的监督；在市场经济环境下，各种企业的行为也越来越成为重要的新闻监督对象，因为它们的行为与公共利益的关联度越来越高，但这些主体不属于我这里讨论的新闻控制主体，在新闻学视野中，它们主要属于我在下一章将要讨论的新闻影响主体。

通过上面的分析可以看出，在新闻学视野中特别是在新闻主体论视野中，传播主体与控制主体构成了典型的监督与被监督的关系：传播主体（包括民众新闻传播者）是监督主体，控制主体是被监督的主体。并且，无论中外，对于现代文明社会而言，这种监督与被监督的主体关系都是国家法律或其他控制主体的相关规范所规定的，也是人类新闻活动历史演进过程中形成的现代关系。

传播主体对控制主体的监督，在新闻主体论视野中，需要强调一个特殊的维度，这就是，传播主体可以通过新闻方式对控制主体的新闻控制行为本身进行监督。如上所言，新闻传播十分重要的功能之一就是监督政府、政党的权力使用行为，这里自然包括对它们在新闻控制过程中权力运用的监督，这种监督往往表现为传播主体与控制主体之间的博弈、矛盾冲突甚至对抗，对此我将在下文讨论。控制主体对新闻传播活动的控制稍有失度，就会损害新闻自由。新闻自由是最重要的政治自由之一，也是衡量社会文明程度、政治民主程度重要的指标之一。传播主体拥有的监督权利，一定程度上制约着控制主体的控制行为，正是二者之间这种相互制约的关系，确保了新闻传播有一个适当的自由度。

在讨论传播主体与控制主体监督与被监督的关系中，我们应该注意到，尽管人们强调传播主体对控制主体的监督，但事实上，这种监督是相互的，差别只在于控制主体对传播主体的监督通常被称为"监督管理"（简称"监管"），"新闻监管"的实质就是"新闻控制"，因而，控制在一定范围内就是监督。在一般意义上，西方语境中更强调传播主体对控制主体的监督，强调监督政府的一面，而在中国语境中，更多强调的是"互相监督"。曾经担任过《人民日报》副总编辑的梁衡认为："新闻和政治作为公共传媒和公共权力，在本质上都是代表人民大众的意志，政治称为'群众'，新闻称为'受众'。因为有了这一点，二者有共性，可以联合。……当新闻违规时，政治就以人民的名义来监管它，发挥国家管理的作用；而当政治腐败时，新闻就以人民的名义来监督它，发挥舆论监督的作用，从而形成一个体现民意、推动社会进步的合力。"① 在这种互相监督关系中，不可否认的是，更为强调控制主体对传播主体的监督，监督的核心内容是传播主体是否落实了控制主体的意志和传播目标，而且客观上，控制主体对传播主体的监督力度更大一些、更强一些。

在中国语境中，传播主体能否对控制主体展开实质性的、有力度的新闻监督和舆论监督，主要不是由传播主体决定的，而是由控制主体决定的。在社会主义制度下，新闻媒介被看作是政府和执政党及其所代表的人民的耳目喉舌，是政府和执政党的舆论引导工具、思想意识形态中心，控制主体与传播主体本质上是一体化的关系。因而，对中国的职业新闻传媒

---

① 高海珍. 梁衡：让新闻的世界各就各位 [J]. 新闻与写作，2014 (7)：28.

主体来说，如何才能有效开展相对独立自主的新闻监督，仍然是需要持久探索的问题。

（二）新闻传播主体与新闻控制主体的具体关系

上述讨论的控制主体与传播主体之间的总体关系，仍然是比较抽象的一般性的关系分析，很难揭示两类主体在现实社会中关系的丰富性和复杂性。要想看清楚传播主体与控制主体之间具体的、真实的关系，就得进一步深入它们关系的内部，看看在它们之间，有哪些具体的关系类型或形式。根据历史经验和目前世界各国的实际情况，特别是针对中国新闻领域的实际，如果主要从职业新闻传播主体角度观察分析，大致可以将传播主体与控制主体之间的具体关系概括为以下四种基本模式。

1. 相对独立的自然关系模式

传播主体与控制主体是两类不同的主体，它们存在于同一社会结构中。从传播主体角度看，尽管其在一定社会结构中，对政治、经济、文化具有更大、更强的依赖性，但无论如何，它至少在现象层面上是具有相对自主性或独立性的存在。何况，在有些政治制度、社会环境中，新闻传媒组织主体是比较自由独立的存在；当然，在另一些政治制度和社会环境中，新闻传媒组织主体可能只具有相对独立性。但在人类意义上或者说在世界范围内，无论是在感性直观上，还是在一定的实质意义上，我们都可以看到，职业新闻传播主体与控制主体具有相对独立的关系。如果在非职业新闻传播主体的意义上观察，那就更易发现，在新兴媒介环境中，民众个体传播主体或其他非职业新闻传播组织主体、一般群体或组织（我将其统称为"脱媒主体"），相对新闻控制主体而言，具有更强的自主性和独立性，这些新闻传播主体可以相对更为自由自主地传播信息、表达意见。

在这种相对可以独立自主存在、相对自主独立开展新闻活动的环境中，传播主体与控制主体就有了一种比较"自然"的相互关系，只要它们各自正常运行在自己的轨道上，尽管有着实质的内在联系和相互作用影响，却可能在现象层面表现得"相安无事"。我所说的自然关系模式，主要包括以下三点实质内容。

其一，也是最为核心的，就是在观念态度上，传播主体坚守独立的新闻专业理念，以公正客观的态度对待控制主体。传播主体自觉将自身的新闻活动约束限制在国家法律范围之内，与控制主体的关系，只是正常的工作关系，并不谋求特殊的共同体关系或利益关系。在一些国家，新闻传媒组织主体与政府、政党之间的常态关系就是如此。如果人们发现政府、政党与媒体之间有特殊的合作关系或为了各自利益的对抗关系，那都是非常态的关系表现。在中国语境中，政治制度、媒介制度规定新闻传媒组织主体是党和政府也即控制主体及其所代表的人民的耳目喉舌，因而，按照党和政府的管控方式开展新闻宣传工作，属于中国新闻传媒组织主体的正常状态。

其二，在实践操作上，传播主体自主独立地开展新闻活动，坚守新闻报道的基本原则，既不与控制主体展开"有意"的"利益合作"，也不"故意"与控制主体进行"没事找事"式的对抗。这就是说，职业新闻传媒组织主体只是发挥它在社会结构中的功能作用，没有更多的额外的追求。一旦媒体试图从政府、政党那里获取更大的政治利益、经济利益或其他利益，它们之间的关系就不会处于自然关系状态。

其三，在这种自然关系中，传播主体会拒绝和抵制控制主体的不当干涉和影响，同样也会拒绝控制主体的不当合作诉求或其他有损新闻独立性的行为。同样，控制主体在自然关系中，也会严格以遵循国家法律、政策的方式管理控制媒体的新闻活动，不会允许媒体采取特殊方式开展新闻活动，也不会向媒体提供特殊的行政支持。

但是，我们必须注意到，任何一家媒体都不是孤立存在的，而是在整个政治制度、经济制度、文化环境中存在的，是在一定的新闻制度、媒体制度中存在的，因而，作为传播主体，它的独立性是相对的，也是有限的。诚如有人所说："新闻业是一个旨在将事实从小说和传闻中分离出来的信息采集过程，它公正地提供信息，致力于打造精确性和可信度。我们都将痛苦地发现：在具体的新闻企业中，这一过程并不完全由职业新闻业推动，拥有决定权的是媒体的制度安排而非媒体本身。"[①] 即使是在新闻业自治程度较高的西方发达国家，作为所谓"民主看门狗"（watchdog of democracy）的新闻传媒，也常常处于与政府博弈的状态之中，总会受到作为控制主体的政府的某种操纵。

2. 合作的关系模式

在常态的、稳定的社会中，合作的关系模式是传播主体与控制主体之间主导性的也是最为常见的关系模式。从现实性上看，世界各国、各地区的主流新闻传媒与政府、执政党通常是一种合作关系，属于一定社会中的共同体结构关系，甚至属于"合谋"关系。作为大众传播的新闻传播，"它有较为保守的意识形态倾向，专业化大众传媒与国家有着千丝万缕的利益纠葛，它与主流意识形态或显在或潜在地具有一致性"[②]。当然，尽管传播主体与控制主体合作具有世界范围内的普遍性，但在不同的国家或社会，具体表现还是有差异的。

---

① 李莉，胡冯彬. 新闻业的黄昏还是黎明：罗伯特·皮卡德谈变化中的新闻生态系统［J］. 新闻记者，2015（3）：19.

② 胡翼青，梁鹏. 词语演变中的"大众传播"：从神话的建构到解构［J］. 新闻与传播研究，2015（11）：124.

　　其一，对一定国家或社会中的新闻传播主体与控制主体来说，它们之间的合作是一种结构性的合作。也就是说，在一定国家的社会、政治、经济、文化运行中，总是需要一定的信息系统，其中自然包含着新闻系统；如果缺乏有效的新闻系统，一个国家特别是一个越来越复杂的现代国家是无法正常运行的。在现实社会中，作为新闻控制主体的政府、政党，如我在讨论传播主体与控制主体的总体关系时所说，相对传播主体而言，处在整个社会结构中的强势地位，掌握着整个国家社会运行的核心公共权力，因而，二者的合作，从总体上说，主要是传播主体与控制主体的合作。历史告诉人们，在封建制度下，并不存在独立的新闻传播组织主体，新闻传媒要么直接掌控在统治阶级手中，要么任何新闻传播行为都要受到封建统治者独裁、集权的严格管理和控制。在资本主义制度下，尽管新闻传媒在历史演进中逐步赢得了相对独立的地位，被看成是一种独立的社会力量，甚至是"第四种权力"，但新闻传媒依然是整个资本主义政治、经济、社会结构中的一部分。在社会主义国家或社会，新闻业是政府和党的事业的一部分。传播主体与控制主体间的如此结构关系，说明二者之间的合作具有政治结构上的必然性，即总有一定的新闻传播主体会与控制主体形成合作关系。

　　其二，上述结构关系带来的一个必然结果就是，在合作关系模式中，两类主体之间关系的核心表现为基本政治观念的一致性，集中体现为传播主体会自觉自愿地站在控制主体的政治立场上，确立自己的新闻传媒方针、编辑方针。这里所谓政治观念的一致性，大致可以从两个层面去理解：一是传播主体在总体上认可所在国家（政府和执政党）的基本政治价值理念，认可现行政治制度的正当性和合法性。比如，在当代资本主义国家，新闻传媒组织主体认可近代以来产生和演进而来的资产阶级民主政治理念和民主制度，并且把这样的理念作为新闻传媒立身的基本观念，认为现代新闻就是为这种民主政治而存在的，没有它就没有现代新闻。二是新闻传媒组织主体基本认可当前政府、执政党的执政理念与方略，表现为赞同政府和执政党的执政路线、方针、政策。如果新闻传播主体——不管是什么类型的新闻传播主体——在这两个层面上与控制主体是基本一致的，它们之间就可以形成本质上的合作关系、共同体关系。看得出，传播主体与控制主体的合作关系，根基在于二者政治利益的一致性，它们都是一定政治制度中的结构性存在，具有有机的统一性。

其三，合作关系模式中的新闻传播主体，在新闻生产传播的具体操作上，总体上会积极支持控制主体的政治路线、方针、政策。这主要表现为，传播主体会以自己的专业方式（职业新闻传播主体）或非专业方式（非职业新闻传播主体）积极反映、报道、评论控制主体的执政活动，"政治新闻"会成为整体新闻生产传播中的主要组成部分。事实上，人们不难看到，现实社会中的主流新闻传媒，其"主流性"的突出表现之一，就是它能够始终以比较严肃理性的方式反映报道政治新闻。反过来，在合作关系模式中，控制主体也会以自己的方式给传播主体提供便利的新闻环境或条件，如控制主体会向愿意与自己合作的传播主体提供更多高质量的新闻信息①，提供更多的新闻机会②，给予更多的相关政策支持等。

其四，不可否认的是，在一些特殊情境中，传播主体与控制主体的合作关系，可能转变成"变味"的"合谋"关系。在政府（政党）—传媒—社会（公众）的三角关系中，一些新闻传媒组织主体会偏向政府（政党），从而有可能损害公众的利益。不管是在新闻史上还是在新闻现实中，人们都能看到政府、执政党与一些新闻传媒组织主体"合作"的丑闻。一些传

---

① 作为控制主体的政党、政府掌握着大量与公共利益相关的、同时具备足够新闻价值的信息。

② 控制主体在为不同新闻传媒组织主体提供采访机会时都是有选择的，会自然偏向那些与自己政治立场一致的新闻传媒组织主体。

媒组织主体为了得到控制主体的某些政策偏向，可能会做出不公正的新闻报道；同样，控制主体为了隐瞒遮蔽自己的一些不当做法，会对传媒施以特殊的恩惠（有时则是打压或威胁，那就属于矛盾冲突的关系模式了）。在当前的新兴媒介环境中，一个公开的秘密就是，一些民众传播者为了小小的经济利益（并不是真诚的政治支持），竟然被作为控制主体的政府或政党的一些组织、机构发展为水军人员，在网络空间摇旗呐喊、冲锋陷阵，这些都属于并不光彩的合谋关系。

因而，需要进一步指出的是，在传播主体与控制主体的合作关系模式中，如果以社会公共利益为衡量标准，人们会发现，有些新闻合作关系是正当的、合理的，而有些合作关系则是不正当、不合理的，甚至属于合谋关系。如何在性质上认定传播主体与控制主体之间的新闻关系，需要具体问题具体分析。

在当代中国语境中，从总体上看，由于中国新闻业、新闻传媒特有的耳目喉舌性质与功能作用，控制主体与职业新闻传播主体之间的关系超出了一般的合作关系，而主要是领导与被领导的关系，即新闻传播主体要服从党的领导，听从党的安排，党性原则及与之相统一的人民性原则是传播主体开展新闻工作的第一原则。因而，在控制主体与传播主体之间，不只是紧密的合作配合关系，更是一体化的共同体或共同命运关系。即使对于相对"党媒"而言的"商媒"①，党性与人民性原则仍然是新闻工作的第一原则。正如一些学者所言，"传媒作为一种机制，必须服务于国家和执政党的利益；新闻媒体被看作是党和政府的喉舌，必须听从党和政府的指

——————

① 党媒，是指直属于各级党委的媒体，包括报社、电台、电视台及其所属的以新闻宣传为主的网站，它们所办的媒介，核心任务是宣传党和政府的路线、方针、政策；商媒，主要指那些面向市场、面向普通大众求生存、求发展的媒体。党媒其实就是人们所说的"机关报（媒体）"，当然，机关报的概念更宽泛一些，除了政府、政党之外，其他一些组织、团体也可以兴办自己的机关报（媒体）。

挥，市场化的报纸也不例外"①，所有新闻媒体的所有传播都要坚持正确的舆论导向②。这样的合作关系，是制度性、体制性的合作关系。

3. 矛盾冲突的关系模式

在不同的历史情境、现实语境中，在新闻传播领域，存在着控制主体与传播主体之间的不合作关系、矛盾冲突关系甚至是对抗关系。我把这几种性质相近的关系笼统地称为"矛盾冲突的关系模式"，它主要表现为以下几种典型现象。

其一，传播主体与控制主体结构性"矛"与"盾"的关系。这是一种制度性安排或制度性设计关系，也是在西方新闻史演变过程中逐步形成的一种典型关系。

在一些西方发达国家，职业新闻传媒是相对独立自主的存在，至少在形式上是所谓独立的"第四权力"（相对立法、行政、司法而言），职业新闻传媒的核心功能之一，就是监督政府、政党以及其他社会力量的不良行为。仅相对于作为新闻控制主体的政府来说，新闻传播主体是政府决策、行为、政绩的监督者，用流行于西方社会的一句比较极端的话说，那就是"传媒是政府的敌人"③；它非常形象地说明了职业新闻传播主体与控制主体之间结构性的矛盾关系。人们对这种关系事实上的"虚伪性"有各种各样的揭露和批判，但不可否认的是，这种结构性的矛盾关系某种意义上是

---

① 转引自：刘毅，郝晓鸣.新闻控制、采编话语权与报道影响力 [J].新闻与传播研究，2015（3）：31.

② 习近平指出，新闻舆论工作各个方面、各个环节都要坚持正确的舆论导向。各级党报党刊、电台电视台要讲导向，都市类报刊、新媒体也要讲导向；新闻报道要讲导向，副刊、专题节目、广告宣传也要讲导向；时政新闻要讲导向，娱乐类、社会类新闻也要讲导向；国内新闻报道要讲导向，国际新闻报道也要讲导向。[习近平在党的新闻舆论工作座谈会上强调：坚持正确方向创新方法手段提高新闻舆论传播力引导力 [N].光明日报，2016-02-20 (1).]

③ 这种说法显然言过其实。事实上，世界各国政府都有自己主办或能够代表政府传播信息、表达观点的传媒机构。

现实性的存在，也是实际发挥功能作用的一种存在。

在中国，尽管传播主体具有党和政府及人民的耳目喉舌的性质，但传播主体与控制主体毕竟是不同的实体存在，并且，监督政府、监督公共权力始终被认为是传播主体的重要职责，因而，至少在功能属性的意义上可以说，传播主体与控制主体之间存在着自然的矛盾关系。事实上，人们也可以看到，职业新闻传播主体经常开展自主监督活动。

其二，传播主体与控制主体的矛盾关系，典型地表现为诸多观念冲突现象。从传播主体角度观察，二者之间的观念冲突主要表现在两个大的方面。

一是普遍政治观念特别是在具体执政理念方面的矛盾冲突。这样的观念冲突，主要发生在与政府、执政党处于对立面的新闻传播主体身上。在西方国家，由在野党控制的新闻传媒或倾向于在野党的新闻传媒，往往持有与现行政府、执政党不完全一致的政治观念、执政理念，因而，常常会通过新闻传播公开批评现行政府或执政党的路线、方针、政策以及许多具体的执政方案和措施。这样的批评尽管属于新闻传媒的新闻自由权利，但在形式上表现为传播主体与控制主体之间的矛盾关系，而非观念取向一致的合作关系。如果从作为控制主体的政府、执政党一方观察，同样不难发现，控制主体会对那些在政治上与自己对立的传播主体（包括组织主体与个体）采取严厉措施（如停刊整改、吊销营业执照、撤销一些人的相关职务，甚至不允许一些人继续从事新闻职业工作等）加以控制，限制其新闻传播或言论表达，从而在两类主体之间表现出比较强烈的矛盾冲突关系。如果国家、社会处于特殊状态，比如处于社会动荡、社会分裂状态，那么与政府、执政党相对抗一方所控制的新闻传媒，自然与"合法"的新闻控制主体处于对抗的关系之中。

二是新闻观念间的矛盾冲突，这是我从新闻主体论角度更为关注的一个方面。就今天的现实来看，控制主体与传播主体持有的新闻观念往往有着很大的差别。职业新闻传播主体特别强调新闻专业精神，希望以新闻专业精神支配指导自身的新闻行为，以新闻为本位开展新闻生产传播活动；但控制主体特别强调新闻的政治意识形态属性。这样的观念差异与偏向，必然会产生两类主体之间的矛盾冲突。因而，人们在现实中可能会看到，某些新闻界自身认为应该做的报道、好的报道、高质量的新闻，官方（也就是控制主体）却不认可，甚至会批评和限制。这实质上就是新闻标准的冲突，就是不同新闻观念之间的冲突。当冲突演变到一定的强烈程度时，甚至会形成双方的斗争与对抗。

其三，传播主体与控制主体更为激烈的矛盾关系，便是利益冲突。作为不同的主体，两类主体都有各自的利益以及所代表群体的利益，这是一个基本事实。从理想性上说，作为控制主体的政府、政党与作为传播主体的新闻传媒组织主体都把公共利益作为自身的工作目标、实践目标，因而，它们之间不应该有根本的利益冲突。然而，理想不是现实。当我们面对现实世界时，就会看到，传播主体与控制主体之间的利益冲突会经常性地发生。

两类主体的利益冲突，首先表现在政治领域。就一些西方国家而言，职业新闻传播主体一般以社会公共利益为目标，以新闻自由、公众知情权等为根据进行新闻生产传播，其重要职责之一就是代表社会公众对作为控制主体的政府、政党展开监督，因为正是它们掌握着庞大而重要的公共权力，而任何权力都有无限扩张的本性和冲动。早有思想家指出："权力导致腐败，绝对权力导致绝对腐败。"[1] 而政治腐败，损害的是公众利益、社会利益，因而，以新闻方式展开政治监督，对于现代政治的健康运行有

---

[1]　阿克顿.自由与权力［M］.侯健，等译.北京：商务印书馆，2001：342.

着重大的意义，对于维护社会公众的知情权、监督权、表达权、参与权都有着直接的意义。

两类主体的利益冲突，更多地表现在经济领域。经济利益的冲突，并不是直接表现为控制主体与传播主体之间的经济利益博弈，而是表现为两类主体所强调的利益取向的差异性。在一般意义上说，新闻传媒希望控制主体能够制定、出台、实施更多有利于新闻传媒实现经济利益的媒介制度（最重要的是媒介经济制度和媒介政治制度）以及法律法规或具体的相关政策。但从控制主体角度看，确立什么样的新闻媒介制度，制定实施什么样的法律法规或新闻政策等，自然要从整个国家的历史文化传统、基本现实以及未来追求等多方面进行系统的考虑，要对整个国家不同领域之间的利益关系进行通盘协调。

就中国的现实来看，两类主体在经济利益方面的矛盾主要表现为：在如今的市场经济环境中，新闻传媒希望能够获取更多的经济利益，强调新闻业的产业属性；但是，控制主体更注重新闻传媒的社会责任，强调新闻业的意识形态属性。再具体一些说，某些新闻传媒为了自身的商业利益，过度追求商业新闻主义的理念，而控制主体则特别强调社会利益观念，希望新闻传媒能够把社会效益放在首位，在社会效益与经济效益出现冲突时，能够用社会效益统一经济效益，而不是相反。

本节最后需要特别说明的是，在当代中国语境中，控制主体与传播主体特别是职业新闻传媒之间，总体上不存在观念上、利益上的根本矛盾冲突关系，更不存在二者之间的对抗关系，这是由中国新闻业的属性以及新闻传媒作为党和政府及人民之耳目喉舌的性质决定的。同时，必须注意到，在改革开放、社会转型以及整个世界全球化所塑造的新的历史环境中，中国社会整体的经济、政治、文化、技术环境都已发生了前所未有的变化，这些变化都会自然而然地呈现在新闻领域。职业新闻传播主体与党和政府之间的关系尽管依旧是共同体的关系，但新闻领域内部的传媒结构已经发生了新的变化，整个新闻业运行的方式已经发生了前所未有的变化，因而，两类主体之间的一些新型关系正在生成，需要我们积极关注并加以研究。

另外，还需要特别注意的是，在新兴媒介环境中，民众新闻传播主体与控制主体之间的关系，跟职业新闻传播主体与控制主体之间的关系有着明显的差异性。就我这里讨论的主题而言，如果说在职业新闻传播主体与控制主体之间表现更多的是二者在观念、利益方面的一致性和统一性，对民众新闻传播主体与控制主体之间的关系，则很难简单做出这样的判断。在民众新闻传播主体与控制主体之间，仅从矛盾冲突关系角度看，二者之间的关系表现得确实相当复杂，但最主要的是两大方面：一是民众新闻传播主体直接运用互联网提供的媒介通道、平台，以各种具体方式表达对控制主体新闻管控行为的不满。为了维护网络空间的信息秩序、新闻秩序，控制主体通过法律的、行政的、技术的、道德的等方式和手段，进行系统全面的综合治理，但一些民众传播者依然会采取各种方式方法与控制主体展开对抗。不难看到，越是控制主体不希望、不允许传播的信息，一些民众传播者越是会想方设法进行传播。更为极端的情况是，一些民众传播者采取违法的、不合社会公共道德规范的手段，通过制造虚假新闻、造谣传谣的方式，发泄自己的不满情绪，故意与控制主体展开对抗。二是民众新闻传播主体通过对与控制主体观念和利益相一致的职业传媒的新闻（包括新闻评论）的批评、消解、解构、嘲笑、讥讽、对抗等方式，间接表达他们对控制主体的不满。应该说，这是更为常见的方式。一些民众传播者认为，职业传媒不能客观、全面、真实地反映他们的生活状况和想法，甚至会掩盖、遮蔽社会中的一些丑恶现象，却夸大、虚饰一些正面现象。于是，一些民众传播者（以个体或不同的群体形式）通过自主新闻传播、自主意见表达的方式，反映、塑造、建构他们自己的形象或他们所认为的实际情况，表达他们自己对国家、执政者的意见。

4. 互动博弈的关系模式

现实中，传播主体与控制主体之间绝对的合作或绝对的对抗并不经常存在，有时相安无事，有时合作多一些，有时可能矛盾冲突多一些，但更常态的关系模式是"互动博弈"，即既有合作亦有矛盾冲突，极端情况下既有不正当的合谋，也有比较激烈的对抗。总而言之，我这里所说的互动博弈关系模式，介乎合作与对抗之间，即在控制主体与传播主体之间，既不是你情我愿的合作，也不是你冲我挡的冲突，而是为了各自利益而"明争暗斗"，也会表现为"对话协商"。如果从传播主体角度观察，大致可以把两类主体间的互动博弈关系描述为以下两个大的方面。

其一，积极应对控制主体的监督控制。在互动博弈的关系模式中，就传播主体来说，就是在面对控制主体的监督控制时，特别是在面对那些比较灵活的管控时，不轻易改变自身的立场，不放弃自己的利益，不改变自己的目标，相反，会在博弈过程中，使自己的立场更加坚定、利益更加稳固、目标更加明确。

作为"受控"一方，传播主体特别是职业新闻传播主体在一定社会的建制结构关系中处于低位，因而，只有积极与控制主体的监督控制展开博弈，才能保证自身相对独立自主的地位。作为职业新闻传播组织主体，可以与控制主体展开博弈的最大资本是，职业新闻传播主体始终以公共利益为自己的职业目标；而其特有的以新闻事实（信息）为基础的公开工作（传播）方式，使其具有谁也不敢轻易无视的社会影响力。因而，只要它是真正的职业新闻传媒，并确实是从公共利益出发，它就能够也敢于与控制主体展开博弈，敢于和能够维护自身正当的新闻自由权利。比如，对于美国政治史、新闻史上著名的五角大楼文件泄密案、水门事件、越南战争报道、克林顿性丑闻事件等①，人们耳熟能详；在所有这些事件及相关报道中，作为传播主体的美国新闻界都与作为控制主体的美国政府展开了积极的博弈与斗争，确保了新闻自由的基本实现，维护了美国公众的知情权。

因而，在与控制主体的博弈过程中，传播主体不只是处在被动的地位，也能够展开积极的活动。比如，在中国语境中，作为党和政府及人民耳目喉舌的新闻传媒，同样可以在一定范围、一定程度上与控制主体展开博弈。事实上，在改革开放四十多年的历史进程中，人们也看到中国新闻界总在积极努力，抓住一些关键性的公共事件，与不同层级的控制主体展开博弈，以自身的力量与方式促进了社会进步、政治进步，获得了社会的广泛支持。新闻传媒要将为党和政府服务与为人民服务统一起来，这也正是党和政府对新闻传媒的要求。在中国现有的新闻媒介制度前提下，追求二者的统一也是最为实际的做法。

其二，消极对待控制主体的监管行为。人们知道，在一个正常的国家和社会中，新闻控制属于制度化的行为，依据的是国家的有关法律、政策和其他相关规范，在一些国家，同时还会依据执政党的新闻路线、方针、政策和纪律。面对这些稳定的或灵活的控制规范，并不是所有的新闻传播主体都甘愿接受，一些新闻传播主体总会采取各种各样的办法，消解新闻控制的实际效果。这里，我以中国某些新闻传媒的做法，看看传播主体如何以消极方式与控制主体展开博弈。

我们知道，理论上的新闻控制主体是党和政府，直接执行者主要是从

①　在这一系列事件中，新闻传媒与美国政府之间展开了"惊心动魄"的博弈，在美国政治史、新闻史上留下了极为精彩的篇章。仅从新闻史角度了解，可参阅下书：埃默里，等. 美国新闻史：大众传播媒介解释史：第八版 [M]. 展江，殷文，主译. 北京：新华出版社，2001：507 - 592.

中央到地方的各级党委宣传部门。实际工作中，各级党委宣传部门对新闻传媒的管控除了常规的方式、方法，更是会根据现实不断变化的情况，采取灵活多样的各种办法，有时某些做法并不完全科学合理，于是一些新闻传媒就采取了消极应对管理控制的方式。这些消极应对方式大致可以归为以下几种：一是"不求有功，但求无过"的工作态度和工作方式。这是一种近乎"一切行动听指挥"的方式，控制主体怎么说，传播主体就怎么做，但传播主体就是不积极主动，不在如何做好新闻宣传工作上思创新、想办法，而是得过且过，最大的工作原则就是"不出错"。二是弱化、消解控制能量与力度的"打擦边球"方式。三是带有一定抵制对抗意味的"上有政策，下有对策"方式。四是抓住机会偶然运用的"讨价还价"方式。这些"五花八门"的应对表现，总体上都属于消极的博弈方式。

作为传播主体，在工作中应当积极履行自己的职责，充分发挥监测环境、服务大众的作用，尤其是中国的新闻传媒，更应当坚持党性与人民性统一的原则，为党和政府及其所代表的人民大众服务。

第六章　新闻传播主体与新闻影响主体

新闻，是一种带有信念的职业，而不仅是一盘围着市场转的生意。

——〔美〕杰弗里·亚历山大

新闻业的变迁，与广阔的社会、经济和政治的转变有着密切关系。

——〔美〕迈克尔·舒德森

尽管世界是如何在媒体中并通过媒体被建构的这一问题始终都是重中之重，但同样重要的是充分认可这样一种看法：媒体不再可能与社会相分离，就此而论，它也不再能够与政治、经济和文化相分离。

——〔澳〕斯科特·麦奎尔

新闻活动是现实社会环境中的活动，因而，从原则上说，除了前面几章讨论的新闻信源主体、收受主体、控制主体对新闻传播主体的新闻活动有着直接影响之外，社会环境中任何其他没有直接充当这些角色的主体，都有可能对新闻传播主体的新闻生产与传播活动造成一定的影响。这些其他主体我统一名之为"新闻影响主体"，简称"影响主体"。只有进一步弄清楚传播主体与影响主体之间的基本关系，才能在先前讨论的各种关系基础上，更为准确细致地理解和把握新闻生产与传播的真实面目，也才能真正理解现实社会中处于传播状态的新闻。

一、新闻影响主体

所谓"新闻影响主体"，是针对新闻传播主体而言的，是指那些能够对新闻传播主体新闻生产与传播活动造成直接或间接实质影响的主体，即那些能够对传播主体新闻生产内容、传播方式造成或大或小实际改变的组织、群体或个人。在与其他新闻主体区分的意义上，我所说的新闻影响主体不包括前面几章讨论的新闻信源主体、收受主体和控制主体，不然，就会陷入概念外延与内涵的混乱。但需要立即解释的是，在实际情况中，即使在区分意义上，我所说的影响主体事实上也是收受主体的一部分[①]，只不过他们是比较特殊的一部分，即他们不只是一般性的新闻收受者，同时也是从自身利益出发"积极"主动影响干涉新闻传播主体新闻活动的角色（但并不是所有的影响主体都是只从个体利益出发影响传播主体的，对此的细致讨论将在下文展开）。正因为如此，我才有客观依据把他们从一般

[①] 这里等于说，要成为影响主体，逻辑上至少应该是收受主体。所含的实质意思是：如果一些主体连新闻收受主体都不是，同时也不是其他形式的新闻活动主体，那就意味着这样的主体是新闻活动中的"无涉主体"。事实上，我们确实可以在现实社会中看到，有一些人根本就不关心（有些是无能力关心）新闻传媒组织主体传播的新闻，也许新闻传播对他们产生了客观的影响，但他们并不是任何主动的或被动的新闻活动角色，他们可能仅仅是比较狭小范围内的民众新闻参与者。如果针对具体的新闻报道而言，那么"无涉主体"的存在是普遍现象。对绝大多数具体的新闻报道而言，一定社会范围的人们，既不是信源主体，也不是传播主体、控制主体、收受主体，更不是什么影响主体，只能说是"无涉主体"。关于新闻无涉，新闻传播学界还没有多少研究，也许这是一种值得研究的现象。

的收受人群中分离出来，名之为"影响主体"①。

（一）影响主体的构成

如果在新闻活动主体系统构成意义上分析，影响主体是相对传播主体、收受主体、信源主体、控制主体而言的，因此，除了这些活动主体类型之外，所有其他社会主体，都可以看作可能会对新闻传播主体新闻活动产生影响的影响主体，这是关于影响主体最笼统的构成解释。尽管笼统，但这样的界分还是有一定意义的。它说明，现实社会中的任何主体，在特定的条件下，都有可能影响到新闻传播活动的实际开展，尤其是在如今新的传播环境中，人们确实无法预料到底什么样的人、什么样的群体、什么样的组织会对职业的和非职业的新闻传播产生影响。新闻的意外性从根本上决定了具体影响主体构成的偶然性。

如果从影响主体存在形式或存在层次上看，那么可以把影响主体分为两大类：一是个体，即对传播主体新闻行为可以造成实际影响的个人。比如，记者个人的亲戚朋友、同事同学在特定情况下，都有可能影响记者对

---

① 还有一类比较特殊的影响主体，我在此以注释方式单列说明，这就是媒介批评主体或新闻批评主体（此处所说的批评，不是指新闻传播主体所做的批评性新闻报道，而是指人们以新闻作品或新闻报道为批评对象所开展的批评活动）。通常情况下，这类主体的核心构成是新闻传播教学或研究人员，还有类似新闻监督委员会、评议会这样的群体，也包括社会各个领域一些对媒体新闻传播比较关注的人，比如知识分子甚或普通公众。他们以公开评论或学术研究（论文）为主要方式，运用相关专业观念、知识、理论、方法对新闻传播主体的新闻作品做出评析，对新闻行为进行一定的监督，从而以直接或间接方式影响传播主体后续的新闻报道活动以至整体的新闻报道理念。一般说来，这样的批评大致可以分为两类：一类是新闻专业批评，主要以新闻专业要求为准则，对新闻作品的优劣好坏进行分析评点，目的在于提高新闻报道的质量；另一类可以归属于公共批评，主要是站在社会公共利益的立场上，对新闻传播主体在新闻报道中所持的立场、倾向、新闻选择标准等展开批评，主要希望新闻传媒组织主体能够以新闻媒体应有的立场和功能进行新闻报道。由于这些主体影响传播主体新闻活动从总体上说是为了公众利益，而非为了私人利益或个别利益集团的利益，因此，我不把这样的"积极影响主体"归入影响主体，而是把他们放置在"收受主体"中加以讨论，将其命名为"积极（性）收受主体"，也可以直接名之为"新闻批评主体"。

某些新闻的报道内容与报道方式。二是组织主体或一般社会群体，即对传播主体新闻行为可以造成实际影响的组织或群体。比如没有充当新闻信源主体、新闻控制主体的一些政府机构，以及企业、社会团体、社会组织等等，在不同的情境下，它们都有可能充当影响主体。

为了更加清晰地理解和把握新闻影响主体的构成，下面，我将依据影响主体的不同属性或领域角色特征对其加以分析。但不管是什么领域、属性的影响主体，他们都是"影响"性主体，是从"自身利益"出发"影响"新闻传播主体正常新闻活动、新闻报道的主体。这是根本性质的确认，这是我讨论影响主体实质构成的前提设定。

首先是政治性影响主体。这主要是指掌控一定社会政治权力的组织或个人。针对新闻传播主体特别是职业新闻传播组织主体，除了新闻管理控制机构、组织（控制主体的实施机构或组织）之外，其他掌握公共权力的一些政府部门、组织机构和个人，也时常会以各种方式向媒体施加压力或开展各种公关活动，影响新闻传媒组织正常的新闻报道工作。这在世界的新闻实践中是很常见的现象，连公开的秘密都算不上。

其次是经济性影响主体。这主要是指掌控一定社会经济力量的组织或个人。伴随市场经济的整体发展，新闻传媒领域自身的市场化、商业化已经成为基本事实，经济逻辑、市场新闻已经成为新闻传媒运行的常态，因而，新闻传媒受到自身之外经济因素的影响早已属于"正常"现象。比如，在我国环境中，绝大多数新闻传媒都要依赖市场逻辑生存和发展。在这样的背景下，社会领域中的各种经济力量，就有机会通过各种各样的"经济方式"，"介入"新闻传媒的新闻活动，其中的一些"介入"要么过度，要么干脆就是不正当的干涉或影响。就现实来看，不管是在国外还是在国内，经济性影响主体对传播主体的影响都越来越大，新闻逻辑越来越受到资本逻辑或商业逻辑、经济逻辑的左右，独立、自主的新闻逻辑越来越难以运转。

最后是社会性影响主体。除了上面两类比较明确的影响性主体外，现实中还存在着大量拥有其他社会资本的主体，对这些主体很难做出细致的构成分析。但可以肯定的是，他们也会运用自身拥有的各种资本，在各种可能的情境中影响新闻传播主体的新闻活动。比如，以"情感"为资本的各种社会关系主体，往往以无所不在、无孔不入的方式影响着新闻传播主体的新闻行为。在实际工作中，新闻媒体或记者、编辑个体常常受到各种人际关系的影响，遇到一些所谓比较"麻烦"的新闻，不是这个说情，就是那个"来电"，令人不胜其烦。也许这类影响主体的实际影响没有上面所说两类主体的影响大，但他们却是媒体、记者、编辑更为经常面对的影响者，而且，前述两类主体的影响也往往是通过"私人关系""面子""情感"等方式打通影响渠道的。

需要进一步说明的是，上面关于影响主体的构成分析，主要是针对传统职业新闻传播主体而言的，是抽象意义上的一般性分析，并没有针对不同的、具体的新闻传播主体和新闻报道展开影响主体的构成分析。在这种抽象而一般的意义上，影响新闻生产传播的主体力量是稳定的。诚如一些学者的研究发现，即使"在新媒体环境下，影响新闻生产的不是先进的传播技术本身，政经势力、文化传统以及新闻监管等方面施加了重要影响，这跟这些传统媒体在前数字化时代所面临的情况一样"[1]。但在具体的新闻实践中，不同传播主体面对的影响主体是有相当大的差别的。比如，在我国现实环境中，一家中央级的新闻传媒组织主体与一家省级新闻传媒组织主体面对的影响主体在具体构成上就会有很大的不同，更不要说更低层级的传媒组织主体了。而不同类别、性质的新闻报道要面对的影响主体差

---

[1]　张志安，束开荣. 新媒体与新闻生产研究：语境、范式与问题［J］. 新闻记者，2015（12）：32.

别就更大了。比如，一篇赞扬性的报道与一篇批评性的报道面对的影响主体往往有着很大的不同。针对不同新闻传播主体、不同新闻报道的影响主体构成分析太过纷繁复杂，很难在理论分析上准确进行，只能在个案研究中仔细展开。但应该指出的是：这样的具体分析，有助于人们更为真实确切地了解和把握新闻生产传播的实际过程，有利于人们更加清楚地看到各种可能的社会主体（也即各种社会力量）到底是如何参与到新闻活动中的。

（二）影响主体的特征

上面关于影响主体的构成分析，一定程度上已经揭示了它的一些特征。为了比较全面认清影响主体在新闻活动中的角色或身份，我将在影响主体与其他新闻活动主体的互相参照中对其特征做出进一步的分析。

第一，影响主体是相对独立的利益主体，在新闻活动中主要是自身利益的追逐者、维护者。通常情况下，对政治性、经济性和社会性影响主体来说，他们影响传播主体的核心目的只有一个，那就是通过对传播主体新闻活动的影响，维护或扩大自身的利益，至少是不损害自身的利益（至于是否损害他者的利益，影响主体并不关心）。一些影响主体之所以要影响、干涉一些看似与其没有直接关系的新闻报道，就是因为他们"敏锐地感觉到"这些新闻有可能直接地或间接地牵扯到自身的形象和利益。关于一定社会领域的改革报道、政策报道，大多会受到一些相关利益主体的"特别关注"，他们总希望新闻传媒组织主体能够做一些有利于自身可能利益的报道，营造更加有利于他们自身利益的舆论环境，至于新闻报道本身是否客观、全面、公正，并不是他们关心的核心问题。我们知道，一些企业甚至会或明或暗地"动员"专家学者在新闻传媒上发表有利于它们利益的意见和建议，表面是影响新闻传媒的新闻报道和意见表达，直至影响社会公众对相关问题的认知与态度，实质上是为了维护和追求自身的利益。当然，我们不能把这样的利益追求一律看成是不正当的，但这样的做法无疑说明了影响主体影响新闻传播主体的目的在于自身的利益，说明了影响主体是自身利益的追逐者。

第二，在新闻活动视野中，影响主体是新闻活动角色，是身份不断变换的存在者。新闻影响主体本质上是情境性的角色和身份，要针对具体的新闻报道来确定。在现实新闻活动中，同样一个组织、群体或个人，在这一报道中可能是传播主体、信源主体，而在另一报道中它可能只是影响主体。通常情况下，凡是影响主体都首先是新闻收受主体，正因为其作为收受主体角色的存在，新闻传播才有可能对他们形成影响，他们也才有可能从自身的直接利益或间接利益出发对新闻传播做出自己的反应。这也就是说，影响主体实质上是收受主体中比较特殊的一部分，其特殊性就在于他们要从自身的利益出发，而不是从公众利益出发，去影响甚或干涉传播主体的新闻活动。需要再次说明的是，当一定的主体以新闻传播主体、信源主体、控制主体的角色和身份"影响"新闻传播时，我是从这些角色、身份本身去讨论他们的相关影响的，而不是从"影响主体"角度展开讨论的，不然所有的新闻活动主体都成了影响主体，如此一来，新闻活动主体的类型划分将失去意义，关于新闻活动主体间关系深入细致的分析讨论更是没有了根据。我之所以要分出这样一些角色类型，就是因为客观上确实存在不同的角色，而只有将这些不同角色之间的关系探究清楚，才能更好地理解新闻传播运行的主体机制，揭示背后的复杂利益关系。

第三，影响主体可能采用不正当方式、不正当手段影响新闻活动的正常开展。影响主体的直接行动目标，指向新闻传播主体的新闻活动，因而，采用什么样的手段施加影响，最能显示或表征影响主体的特征。如果影响主体试图达到不正当的目的，其采用的手段就可以定性为不正当的。事实上，人们在现实中确实看到，那些为了自身私利的政治力量、经济力量以及其他各种社会力量，为了能够对新闻传播主体的新闻活动造成实际影响，会采用形形色色的违法、违纪以及背离社会公共道德规范的方式和手段。这里需要稍加说明的是，新闻传媒组织主体不是为了公共利益，而是为了自身的不正当利益而开展新闻活动，从而受到各种社会主体的批评监督的情形，不属于我这里讨论的范围。① 另外，如果新闻传媒组织主体与我这里所界定的影响主体互相勾结，以新闻手段牟取他们的私利，那么这属于传播主体与影响主体之间的"合谋"关系，我将在下文相关部分展开专门分析。

（三）影响主体间的关系

影响主体不是直接的信源主体，更不是传播主体、控制主体，他们之所以要影响新闻传媒的一些新闻报道，直接目的在于影响常态的新闻图景塑造，或影响关于某一领域新闻形象的塑造，或影响关于某一事件的报道价值取向，而间接或最终目的则在于自身或利益相关者实际形象、利益的追求和维护。如上文所分析的，影响主体本身有着相当复杂的构成，在大多数情况下，不同类型的影响主体可能不是利益相关者，但有些时候他们也可能是利益相关者——或者是处于利益共同体关系或是利益矛盾关系之中。因而，不同影响主体之间可能有着比较复杂的关系，需要做一些细致的分析。如果能够揭示出不同影响主体之间的各种可能关系，我们也就能够更为清楚地理解现实新闻活动的复杂景象。

---

① 传播主体与其他社会主体之间存在着互相监督的关系，即传播主体可以监督各类社会主体的行为，反过来，其他社会主体也可以监督传播主体。

首先，在作为自身利益追逐者这一角色定性中，不同影响主体是各自利益的追逐者，他们之间并不存在共同利益或利益矛盾关系，在此情形下，他们之间的关系基本属于相互分离关系。比如，在现实新闻活动中，人们看到，有些利益主体对一些新闻传播主体和新闻报道特别敏感，而另一些利益主体对另一些新闻传播主体和新闻报道特别敏感。这就是说，不同利益主体的利益领域可能是不重合的或联系不紧密的。在这样的情况下，不同利益主体在充当影响主体角色时就不会过多"碰面"，他们各自为政，只去想方设法影响有关他们各自利益的新闻传播主体或新闻报道。

其次，不同影响主体在影响新闻传播主体或新闻报道中可能存在着直接的利益博弈关系，新闻场域因而成为不同利益主体合作与竞争的直接的重要场域或中介场域，这也是我分析不同影响主体关系问题的核心所在。就实际表现来说，影响主体之间的实质关系主要有以下两种：

一是不同影响主体可能在一些情境中形成利益共同体，以"联盟"或"合力"方式共同影响新闻传播主体。这大概说明，不同社会领域或同一社会领域的各种利益关系越来越紧密、利益合作关系越来越多。从一般意义上说，新闻传媒应尽的职责是监测环境、守望社会、服务大众、维护社会公共利益，在这样的新闻活动理念指导下，新闻传媒很可能会针对某个领域或某个行业（并不直接针对某个具体的利益组织或群体）的现实或改革展开报道，一旦这样的报道影响到一定领域、行业或群体范围的既得利益，他们往往就会自觉不自觉地组织或形成"统一战线"，给新闻传播主体施加压力，干预新闻传播主体的新闻传播活动。这看上去像是传媒领域与有关利益领域之间的博弈，实质上是社会或国家整体利益与一定领域或行业利益之间的博弈。

二是不同影响主体可能在一些情境中形成利益矛盾关系，从各自的利益追求出发影响新闻传播主体。这大概说明，不同社会领域或同一社会领域的各种利益竞争关系也越来越频繁、越来越激烈。人们不难发现，同一领域、同一行业中的不同机构、组织、个人针对相同的新闻报道，往往有着不同的甚至是截然相反的反应，对新闻传媒的态度有着不同的甚至是对立性的表现。面对一些正在形成的可能新闻，有些利益主体希望新闻传播主体尽快报道，而有些利益主体则想方设法阻止相关报道，他们对传播主体的"影响方向"是相反的，"影响性质"是对立的。于是，就不同影响主体而言，实质上形成了一种直接的利益冲突关系，新闻媒介事实上成了他们展开利益斗争的中介或平台。在这样的过程中，新闻传播主体常常"自然"被影响主体双方或多方都认定为不公正的传播者，这意味着，在利益越来越复杂、利益越来越多元的社会领域，新闻报道要保证其客观性、全面性、公正性越来越困难，同时也越来越重要。

不同影响主体针对新闻传播主体展开的合作或斗争，很大程度上就是在争夺新闻传播的影响力，在当今媒介化社会中，几乎所有的利益主体都明白，媒介平台特别是新闻媒介平台本身就是利益博弈的中介或平台。在新的媒介生态结构中，尽管一些"影响主体"可以拥有自己的媒体平台，成为所谓的"脱媒主体"，但自己拥有的媒体毕竟与"别人"拥有的不一样，自己的宣传报道毕竟与专业新闻报道的影响不可同日而语。因此，即使在新兴媒介环境中，我依然认为，针对职业新闻传播组织主体的影响活动会一直持续下去，并且不会有减弱的趋势，只是影响的传播主体会随着媒介环境的变化而变化，以往主要针对传统媒介的影响会扩大到更为广泛的范围。可以肯定的是，哪个传播主体的传播影响大，哪个传播主体就会受到更多影响主体的影响。

二、影响主体影响传播主体的基本手段

影响主体总要通过一定的方式手段实现对传播主体的作用和影响。作

为一种特殊的新闻活动主体角色，不同影响主体可能都会想方设法、软硬兼施，采用相似的手段影响传播主体的新闻活动；但更为常见的情况可能是，不同类型或不同属性领域的新闻影响主体，运用自己特有的资本或得心应手的方式方法开展影响活动。下面，我先主要从第二个方面对各种可能的影响手段构成加以分析，随后再整合起来加以必要的补充说明。

其一，一些手中掌控一定政治权力的主体（包括组织主体或个体），可能会通过权力渠道，要求新闻传媒多报道对自己有利、对自己所代表的利益集团有利的新闻，至于所报道的内容有无新闻价值、有无公共价值并不是他们关心的核心问题；而在获知新闻传媒有可能刊播不利于自己及自己所代表的利益集团的新闻内容时，那些能够通过手中权力影响新闻传播主体的机构、组织或个人，更是会及时动用自己的"权威"资源，对媒体、记者施加直接的影响。

其二，对于经济性影响主体来说，最常用也最见效的手段就是"经济手段"。所谓经济手段，说穿了，就是商业利益手段或更为直白的金钱手段。面对现实，很容易看到，影响主体对新闻传播主体的影响，主要是通过各种利益关系特别是经济利益关系实现的。

在今天整体性的市场经济环境中，新闻传媒必须遵从市场经济规律，必须自主经营、自负盈亏，参与到激烈的市场竞争之中，这也为各种经济利益主体影响新闻传播组织主体提供了机会和可能。我暂且不做影响背后细致的原因分析，但在现实中可以看到的现象是：各种经济利益集团特别是那些大型经济利益主体，不仅自办传媒，以自己的观念、方式进行新闻生产传播，直接影响社会信息环境、新闻环境、舆论环境，同时也会通过各种经济方式特别是广告，直接影响甚至介入职业新闻传媒组织的新闻活动。不要说那些经济力量比较薄弱的传媒，就是那些自身经济力量比较强大的传媒，也往往"得罪不起"这些经济利益集团，有时只能屈服于他们各种各样并不合理的新闻要求，从而使一些广告新闻、软新闻甚至是直接的宣传稿件，屡见不鲜地"张扬"在各种新闻传媒的新闻通道中、新闻平台上。无法否认，在经济力量的强大影响下，一些新闻传媒主体已经衍变为商业利益的奴隶或工具，失去了新闻传媒的尊严，更谈不上为公共利益服务。有学者针对美国新闻业这样写道："美国新闻机构的历史以不断下降的职业自主性和不断增加的利润导向为特征，新闻业的自主性受到商业和公司的限制，这导致了新闻职业越来越堕落。"①

其三，对于其他社会影响主体来说，最常用最见效的手段就是社会资本手段，拥有不同社会资本的影响主体，都会充分利用自己手中的资本影响传播主体。任何主体都是社会关系中的主体，正像任何个人都是社会关系中的个人一样；新闻传播主体，不管是组织主体还是个体，不管是职业主体还是非职业主体，都是社会网络上的节点，原则上都会受到其他主体的影响。

人们看到，各种社会主体都有可能利用自己的社会名望、某种权威地位、角色身份以及各种人际关系资源等，影响新闻传播主体的新闻活动。事实上，很多情况下，"面子关系""情感关系"（诸如亲戚、同学、朋友、同事等各种关系）等对新闻传播主体的新闻活动有着更为广泛的作用和影响。毋庸讳言，新闻传播者往往能够抵制得住直接的政治权力的干涉、金钱利益的诱惑，却难以抵制各种人际"关系"的纷纷扰扰或拉拉扯扯。其实，在很多情形中，即使是政治性和经济性影响主体，也不是直接施以权力或金钱影响，而是通过"人情"这个社会资本作为先行手段或"通关手段"，为权力和金钱发挥作用开辟通道、寻找缝隙。

在做出上述影响手段说明之后，这里需要特别说明的是：对不同的影

---

① 转引自：刘毅，郝晓鸣．新闻控制、采编话语权与报道影响力［J］．新闻与传播研究，2015（3）：23．

响主体来说，影响传播主体的目的都是相同的——维护自身的利益，目标也是一致的——让相关新闻报道按照自己的意愿进行。而为了实现目的、达成目标，不同类型的影响主体通常会采用一些相似的方式手段。比如，凡是影响主体，不管是政治性的、经济性的，还是其他社会影响主体，都可能动用经济手段和人际关系手段，对新闻传播主体施加影响；但有些影响手段，恐怕只能是拥有某种特殊资本的影响主体可以采用的，比如政治权力手段就不是普通社会主体可以随意使用的。实际上，在影响传播主体的活动中，不同影响主体都有自己的拿手好戏或看家本领，都会在特定情境中使用自己的"杀手锏"。尽管我对影响主体可能采用的各种影响手段做了分别的说明，但在现实新闻活动中，这些手段更多时候是被组合起来使用的。

　　除了上述常规手段之外，在新兴媒介环境中，很多自身力量较大的组织或群体，甚至包括一些个体，往往还会动用特殊的新兴媒介手段来影响各类新闻传播主体的新闻报道或意见表达，他们自觉组织、建设、培养各种各样具有一定规模的"网络水军"或"线下线上"队伍，与传播主体的相关报道、意见进行合作互补或展开对抗博弈，以影响社会舆论的走向，营造有利于自身形象和利益的舆论环境。这种手段在传统新闻业时代很难使用，但在当今这样的新兴媒介环境中，却变得越来越常见、越来越容易，实际产生的影响也越来越大。就新闻传媒组织主体来说，在这样的影响面前，往往要承受巨大的压力。

三、新闻传播主体与新闻影响主体的关系

　　我并不是在一般意义上全面讨论两类主体之间的关系，而只是在新闻活动语境中分析他们之间的可能关系。不管是职业新闻组织的新闻传播，

还是民众个体或脱媒主体的新闻传播，总会受到政府作为控制主体以外的各种主体的作用与影响。如前所说，我把信源主体、收受主体、控制主体之外的其他影响新闻传播主体新闻活动的主体一律称为影响主体。因而，讨论传播主体与影响主体之间的关系，也就是讨论前述主体之外其他主体与新闻传播主体的关系。另外需要预先说明的是，我所针对的传播主体主要是职业新闻传播主体，而不是民众个体或其他群体或组织主体，但在行文过程中，对后两类主体也有可能涉及。

（一）影响的性质

从现实逻辑与理论逻辑上都可以说，影响主体对传播主体新闻活动的影响性质，既可能是"正向的"，也可能是"负向的"，从影响的结果上看，既可能是"正效应"的——有利于传播主体新闻活动的改善，也有可能是"负效应"的——不利于传播主体新闻活动的健康开展，还有些影响主体的影响行为可能产生不了什么效应，可以归为"零效应"。本章的讨论，有一个预先的设定，即我主要是在"负向的"或"负效应"意义上讨论新闻传播主体与影响主体的关系。

首先，影响主体的影响，对于传播主体来说，是一种普遍的而非特殊的或个别的现象。在一定社会中，传播主体是社会系统中的存在，其新闻活动是社会环境中的活动，其新闻报道可能会涉及社会系统中的所有主体，因而反过来说，传播主体受到各种社会主体的影响就是自然的、普遍的或必然的现象。

职业新闻传播主体的建制性或组织化存在方式，使得它与民众个体传播者和脱媒主体相比，具有明确的角色或身份，它的新闻活动是职业的、专业的，与其他公共化的新闻传播主体相比，它的新闻传播通常具有更为强大的和更为广泛的社会影响，因而更易被各类社会主体重视和关注。尽管当今新闻传媒生态已经发生了巨大变化，新兴媒介层出不穷，各类主体的公共化新闻传播日益受到人们的关注，但就目前的整体情况来看，职业新闻传播主体在整个新闻生产传播中仍居于核心地位。因而，对于职业新闻传播主体来说，应对影响主体的影响，其实也是新闻生产传播活动中的经常性事务。

其次，影响主体的影响，对于传播主体来说，从原则上说是"柔性的"或"软性的"，而非"刚性的"或"硬性的"。面对影响主体的影响，一般说来，传播主体拥有比较大的主动应对空间和回旋余地。与收受主体、信源主体对传播主体的影响相比，影响主体与新闻传播主体的直接关系，特别是在具体的新闻报道层面上会更少一些。比如，信源主体常常可以通过对关键信息的把控、过滤、选择性释放，直接影响传播主体新闻报道的质量，制约新闻传播主体的报道，但影响主体很难做到这一点，它并不处在新闻活动的中心位置，而是处于相对边缘的位置。如果与新闻控制主体对传播主体的管理、控制相比，影响主体的影响性质就更是不一样了。对于控制主体的管理、控制，传播主体是必须接受的，管理、控制是强制性的、刚性的，依赖的是法律法规、政策等硬性规范，传播主体若不遵守相关规范，就会受到不同程度的惩罚，这里没有什么商量的余地；但对于影响主体的影响来说，传播主体基本上处于主动的地位，它对各种影响是可选择的，可以根据自身的实际情况，对试图施加的各种影响做出不同的反应。

就大多数情况来说，影响主体若想影响传播主体的新闻活动，不管影响主体自身有多强大，通常不会采用强硬姿态与传播主体展开博弈，因为影响活动总体上看毕竟是一种影响主体"有求于"传播主体的活动。因此，大多数影响主体是以"协商"方式或"讨好"传播主体的方式展开影响活动的。这就从根本上决定了，影响主体对传播主体新闻报道内容、报道方式的影响与约束是软性的或柔性的，而非强制性的或刚性的。

当然，在现实中，许多影响主体的影响实际上是"软硬兼施"，很难说是纯粹软性的还是纯粹刚性的，只能具体情况具体分析。

最后，影响主体的影响，既可能是直接的，也可能是间接的；既可能是短期的，也可能是长期的。当然，更多情况下是混合的，即既有直接影响也有间接影响，既有短期影响也有长期影响。

所谓直接影响，是指影响主体的影响直接导致相关新闻报道的面目改变，甚至决定相关新闻报道的保留与否，这显然属于较高程度的影响。所谓间接影响，大致有两种情况：一是直接影响的延伸效应，即影响主体施加的影响直接落实在了一定的报道上，但同时也对其他领域的报道或其他具体的新闻报道造成了一定的影响。这是一种相对比较模糊的影响，也是相当常见的现象。比如，在有限的版面上或有限的新闻播报时段内，要是刊播了这条新闻，另一条新闻的机会就有可能被挤掉；同一版面上的新闻编排，如果放大了这条新闻的篇幅，就很有可能影响到另一条新闻的篇幅；如果把这一条新闻编排在头条位置，就不可能把另一条新闻同时编排在头条位置。因而，影响主体往往在造成直接影响的同时也会造成各种可能的间接影响。二是通过对新闻传播主体其他活动、事务的影响，最终实现对新闻生产传播的影响。这在实际工作中也不鲜见。比如，一些广告商通过对合作媒体广告额度的调整，就可以传达出自身的某些新闻意愿。这些愿望或意愿，一旦被传播主体"领会"和"接受"，就会对新闻传播造成实际的影响。

在影响主体对传播主体新闻活动的影响中，有些影响可能只是偶然的、短期的，只对当下的某一具体报道造成影响，对其他的或后续的相关报道并不造成什么影响；但有些影响就不是这样了，它可能不仅影响当前的具体报道，还会影响随后的相关报道，甚至会影响到某一领域的报道，从而造成长期影响。影响主体的影响到底是短期的还是长期的，主要是由影响主体与传播主体之间的关系模式决定的，对此，我在下文再论。

从上面的分析可以看出，影响是普遍的，也是不可避免的，同时，有各种可能的影响方式和影响性质。因而，对新闻传播主体来说，如何应对各种可能的影响是十分重要的课题。从应然角度看，就职业新闻传播主体来说，当然应该坚守新闻活动原则，坚守新闻职业道德，更要坚守国家法律规范，拒绝任何不正当的影响和干涉。与此同时，以监测环境、守望社会、服务大众为宗旨的新闻传播主体，一定要虚心听取相关主体的意见和建议，以确保新闻报道更加全面、客观、公正。而就各类社会主体来说，都不能从自身不正当的私利出发，影响干涉新闻传播主体特别是职业新闻传播组织主体的新闻活动。

（二）影响的层次

从实际情况来看，并不是每一条新闻都会受到影响主体的影响，但我们依然可以说，在总体上，新闻传播主体的新闻活动会受到影响主体的影响。为了更为清晰地描述影响主体与传播主体之间的关系，我将从影响主体对传播主体新闻活动影响的层次角度，对影响的整体结构、层面、范围加以分析。

第一，对具体新闻报道的影响。影响主体对传播主体的影响，比较常见的现象是，直接指向具体的新闻报道。尽管所有类型的社会主体都活动于媒介环境、新闻符号世界之中，但与新闻传媒、新闻报道直接发生关系并不是经常的事情。在新闻世界中，大多数社会主体（包括群体和个体）只是偶尔与职业新闻传播主体产生直接的关系，或者偶尔成为新闻信源主体，一般情况下则是充当普通的新闻收受者，也并不特别关注新闻中的人或新闻中的事，新闻对他们来说基本上属于谈资类的信息或资料。

事实上，各种类型的社会主体，只是特别关注那些与他们利益相关的具体新闻报道。正因为如此，影响主体想影响的也主要是与他们直接或间接相关的报道。当他们获知此类具体的新闻报道有可能刊播或已经刊播后，就会根据具体情况影响传播主体的新闻活动。一些社会主体一旦嗅到有新闻传媒的新闻报道可能与自身利益相关，就会神经紧张并立即行动起来，动用我上面所分析的各种手段影响具体的新闻报道。

对某一具体新闻报道的影响，如上所说，通常是影响主体对相关报道应急性的反应，应该说试图施加影响的目标明确。

第二，对具体报道领域的影响。影响主体都是具体的主体，存在活动于具体的社会领域，因而他们更多关注的是新闻传媒关于他们所在领域的报道，是与他们活动领域、利益范围关系更加紧密的报道，而对其他的一般性报道或离他们活动领域相对比较远的领域并没有特别的兴趣。

现实社会中，新闻影响主体影响的也主要是他们所在领域的新闻传媒，或者关涉他们所在领域的"媒体的局部"（部门、频道、栏目、板块等）。也就是说，影响主体影响的核心对象是与他们利益关系紧密的报道对象领域。

领域性影响对新闻传播主体来说，自然是比较大的影响，直接关系到社会公众对一个领域的整体感知和想象。

第三，整体性影响。所谓整体性影响，就是影响主体对一定新闻传播主体的新闻活动的比较全面的作用影响，而不只是对新闻传媒某个报道领域或某一具体报道（作品）的影响。与前述两个层次的影响相比，这当然是更宏观、更重要的影响。如果影响主体对传播主体的影响到了这样的宏观层次，那就完全可以说，传播主体的新闻活动已经受制于影响主体，在相当的程度上已经失去了自主性和独立性。

对于任何类型的社会主体来说，要影响某一具体新闻报道也许是可行的，要影响某一具体报道领域或许也是可能的，但影响一家新闻传媒组织主体的整体新闻报道就没那么容易了，但在今天的传媒生态环境中也未必绝对不可能。比如，一些小体量的新闻传媒，在整体上受到影响主体的影响也是可能的。

（三）影响关系模式

新闻影响主体，如前所说，是自身利益的追求者，他们用各种手段、方法影响传播主体的新闻活动，实现他们自身的利益目标。这就从根本上决定了传播主体与影响主体之间的关系（简称为影响关系）总体上属于利益博弈关系。如果从传播主体出发描述"影响关系模式"，大致有三种：一是抵抗模式；二是屈从模式；三是合谋模式。自然，不同模式中，双方的态度、表现以及最终对新闻传播形成的影响结果是不一样的。下面，我就三种关系模式加以具体分析。

1. 抵抗模式

所谓抵抗，是指新闻传播主体坚守自身的自主性和独立性，对影响主体试图施加的影响予以抵抗，不予合作，不予接受。显然，抵抗模式是传播主体拒绝接受影响主体施加影响的一种关系模式。应该说，新闻传播主体对于外来的各种影响有着本能的反感，也有着本能的抵抗，但具体情况会有所差别，在现实中，不同新闻传播主体对不同影响主体之影响的抵抗能力和抵抗程度是不一样的。

职业新闻传播主体本就与影响主体有着不同的价值取向：传播主体以

公共利益为根本目标，影响主体主要以自身利益为目标。影响主体施加影响的目的，主要在于维护自己的直接或间接利益，这就从根本上决定了影响行为对新闻报道本身产生的效应是负向的、负面的。① 因而，按理来说，传播主体对于影响主体试图施加的影响予以抵制或抵抗，是再正常不过的事情。从原则上说，这也是新闻传播主体特别是职业新闻传播主体应该坚守的关系模式。对于那些坚守新闻专业理想的新闻媒体来说，坚持独立自主，可以说是最为根本的原则，也是维护职业尊严的基本原则，更是保证以新闻方式为社会公共利益服务的应有精神。但在实际工作中，这只是一些新闻传播主体采取的方式，另一些传播主体可能会采取不同于抵抗模式的其他关系模式。即使是同一新闻传播主体，也会在不同的传播情境中以不同的方式与影响主体展开博弈，建构起不同于抵抗模式的其他模式。对此，我将在下面专门展开讨论。

传播主体面对的影响主体多种多样，如前所述，最主要的是政治性、经济性影响主体以及拥有各种社会资本的主体，因而，在抵抗模式中，传播主体抵抗的也主要是这三类主体施加的政治压力、经济（商业）压力以及各种可能的社会关系压力。一般来说，自身比较强大的新闻传媒——有比较重要的专业地位和专业影响力，有较强的经济实力，有良好的社会责任感，也会拥有比较强大的抵抗各种影响的能力。在个体层面上，越是优秀的主体——富有新闻职业理想、拥有新闻职业美德、具有新闻职业能力——越具有抵抗影响的自觉意识和良好能力。但在不同的社会文化、新闻文化环境中，在不同的新闻媒介制度、媒介生态结构中，新闻传播主体抵抗不同压力的能力也是不一样的。比如，在中国语境中，由于中国文化

---

① 显然，这里我假定传播主体是社会公共利益的维护者，在新闻传播中坚守了为人民服务、为社会服务的总体价值取向，但在实际新闻传播中并非总是如此，因而抵抗模式也仅仅是传播主体与影响主体关系的一种。

始终具有"关系文化"（面子文化、人情文化等）特征，因而作为个体的新闻传播主体在抵制各种以社会关系为资本的影响干扰时可能会变得相当困难或犹豫不决。当市场经济、商业文化成为一定社会经济运行的基本方式，成为一定社会的普遍文化氛围和气息时，新闻传播主体在抵制商业压力、金钱影响时也就变得越来越软弱无力。

在保证传播主体新闻传播活动正常开展的前提下，对于影响主体试图施加的干涉或影响，传播主体要积极面对、谨慎以待，而不只是简单地抵制或拒绝。任何影响主体在企图施加影响时，总会提出他们自己的理由，甚至会提供一定的根据，这样的"理由""根据"也许根本不成其为理由和根据，但有些可能有利于新闻传播主体进一步提高新闻传播的质量，防止可能的漏洞和不必要的伤害，还是有一定的意义或价值的。对于影响主体的影响，传播主体合理的做法是，在坚守新闻传播的职业准则的基础上，耐心听取传播主体的合理意见和建议，进一步提升自己的报道质量，完善报道内容。

2. 屈从模式

所谓屈从，是指新闻传播主体放弃了自身的职业立场与价值原则，屈从于影响主体施加的各种可能压力，接受影响主体施加的影响，从而在客观上充当了影响主体实现自身利益的工具。

在现实中，传播主体的屈从主要有两种类型：一是整体的、彻底的屈从，即个别传媒组织主体以及职业新闻个体，在新闻活动中成为颜面全无的"屈服者"角色，在影响主体面前唯唯诺诺，彻底放弃应有的职业尊严。现实中这样的传媒组织主体也许并不多见，但这样的个体角色在如今的传播环境中并不少见。二是部分的或不完全的屈从，即在媒体整体新闻报道中的有些领域，在一些具体新闻报道中，屈从于影响主体，这是屈从模式中更为常见的现象。事实上，影响主体通常也是针对具体报道领域、具体新闻报道展开自身的影响干涉活动的。

在屈从模式中，不管传播主体有多少所谓的委屈或无可奈何，客观上都是对自身自主性、独立性的放弃，是对新闻传播原则的放弃，是对新闻自由权利的损害，实际上也是传播主体追求的公共利益对影响主体私利的让步和屈从。显然，屈从意味着自己对自己的实质背叛，是传播主体在影响主体面前的精神溃败，失去了自身作为新闻传播主体的基本尊严；对于职业新闻传播主体来说，这就是职业角色的屈辱、职业使命的放弃。显而易见，传播主体对影响主体的屈从，对于整个新闻业以及职业新闻传媒组织主体、职业新闻个体的伤害都是巨大的。屈从，直接伤害的是具体的新闻报道和传播主体的形象，深层次上伤害的是职业新闻的精神、理念，功能上、价值上则必然伤害新闻传播的公信力和影响力。而在终极意义上，伤害了新闻活动特别是职业新闻活动在一个社会系统运行中特有的监测环境、守望社会、服务大众的意义和价值。

在屈从模式中，传播主体之所以是屈从的、被动的，直接原因是传播主体承受不住影响主体的压力之重、影响之大，但根本原因可能还是传播主体对自身利益特别是直接利益（当下利益）的考虑。如果屈从压力、接受影响，对传播主体自身有利可图，一些传播主体就有可能在半推半就中背弃新闻原则，客观上成为影响主体实现自身利益的工具。当然，具体情境中的"屈从"原因和理由，可能五花八门，需要具体问题具体分析，但可以肯定的是，几乎所有传播主体都会为自己的屈从行为做出各种各样的"合理"解释。

进一步说，在不同的新闻媒介制度中，新闻业的性质是有所差别的，甚至是根本不一样的，新闻业运行的基本机制是不完全相同的，新闻传媒、新闻传播的核心功能定位也有一定的差异。因而，新闻传播主体受到影响的主要力量并不完全一样。在有的新闻媒介环境中，有些影响主体施加的影响、压力，是传播主体通常情况下很难抵制的压力；而在另一种新闻媒介环境中，很可能情况有所不同。比如，在市场经济环境中，一些相对弱小的媒体，如果某种收入直接影响到其整体的经济效益，事关其生死存亡，那它们就很可能放弃自身的"新闻尊严"，屈从于经济性影响主体的某些不合理要求。

尽管屈从模式中的传播主体失去了作为传播主体的基本尊严，但与抵抗模式中传播主体的"主动"地位相比，屈从模式中的传播主体显然是"被动"的，似乎多少有些值得同情的"无奈"理由，至多是不情愿地接受影响和干涉。与合谋模式（见下文）中传播主体的主动性表现相比，屈从模式中传播主体与影响主体的"合作"，就更是具有被动的味道。

3. 合谋模式

与前两种模式相比，合谋模式的内涵是比较复杂的。"合谋"一词，看上去有点贬义，是对"合作"关系的否定性称呼。[①] 所谓"合谋"，是指传播主体与影响主体一起，主动谋划一些实际上有利于双方共同利益的新闻活动或新闻报道，但对公共利益并没有什么实质性的贡献，有时甚至有损于公共利益。这是"合谋"关系的实质。

合谋模式中，影响主体的角色有些特殊，可以说是多重或多元角色的一体化，既是信源主体（至少是信源主体的一部分，常常表现为报道对象

---

① 如果传播主体与影响主体是为了公共利益或"多元利益共赢"（公共利益、自身利益和影响主体利益的共赢），他们之间的关系原则上可以称为"合作"；如果传播主体与影响主体从动机、手段到结果都仅仅是为了他们自身的利益，并未在实质上为公共利益增值甚至损害了公共利益，那么，他们之间的"合作"就可以称为"合谋"。因此，我在使用合作、合谋这样的概念时，已经包含着一定的价值评价意义。

主体），又是影响主体，自然也是相关新闻的收受主体①。这些角色、身份的一体化，正好说明合谋模式中影响主体对新闻生产传播的影响之大和影响之深。

在合谋模式中，传播主体与影响主体都是主动性主体，合谋行为出自双方的共同意愿，整个新闻生产传播过程是双方共同操作的结果。在传播主体与影响主体的"合谋"中，双方主要通过"交往""协商""博弈"方式，形成对新闻报道内容、报道方式的某种一致意见。在这一过程中，双方实现和维护的是各自的利益或者共同的利益，而他人利益与公共利益不会成为他们关注的核心，甚或会成为他们实现自身利益的手段和工具。

合谋模式的形成，拥有自身的机制。如果从传播主体角度看，主要有以下两种类型：一是传播主体主动寻求合谋伙伴，或者主动接受上门寻求合作的伙伴。在新闻生产传播活动的实际开展过程中，新闻传播主体出于自身利益考虑，往往会主动出击，寻找能够给自己提供一定资金的企业甚至政府部门，进行"新闻合作"；或者主动接受找上门来的一些合作要求，形成"新闻合作"。这两种情况导致的可能结果是：双方（有时也可能是多方）共同举办一些社会活动②，共同在新闻媒介上开办相关栏目或节目（影响主体通常以协办主体的身份出现在媒介上）。新闻传播主体由于从合作者那里获得了物质上的资助，所以不得不以自己的资源——新闻报道（实际上就是新闻权力）——进行"回报"③，这就在客观上形成了资助者

---

① 他们是比较专注的收受主体，会对相关新闻报道进行专门的评价，并及时调整相关新闻的后续报道。

② 自 20 世纪 90 年代中期以来的所谓新闻策划，很多异化为"策划新闻"，而策划新闻其实就是新闻传播主体与相关主体合谋的结果，其核心目标并不在于公众利益，而在于通过新闻手段塑造合谋者的形象、获取一定的经济利益。在没有新闻事实的地方制造新闻事实，并报道制造出来的新闻事实，这从根本上是有悖新闻规律的事情，至多只能看作是新闻传播机构或传媒组织主体与其他社会主体合谋而成的公共活动，这样制造出来的新闻最多也只能称为"公关新闻"。

③ 这种"回报"，有可能是直接的，即在相关活动中报道合作者，也有可能是间接的，即通过表面上与合作活动没有关系的其他新闻报道方式满足合作者的新闻（宣传、广告等）要求。

对新闻生产传播的影响，从而使资助者成为实质性的新闻影响主体。传播主体与以"合作者"名义出现的影响主体之间的"合谋"，通常表现得"正大光明"，似乎"无可挑剔"，但事实上，新闻（传播主体）已经向影响主体的利益让步了：那些"出钱"者，毫无疑问会在新闻媒介上得到更多新闻方式的正面曝光机会（这是经验事实，不是理论论证），那些本没有多少新闻价值的相关事实，也会获得更多报道机会。一言以蔽之，一些本是"伪新闻"的新闻，会获得冠冕堂皇的新闻机会[①]，从而形成不可避免的"虚假新闻"现象。这当然是对公众的某种欺骗，也是对公众利益或大或小的伤害。二是在各种"机遇"中形成的"合谋"关系。在社会转型状态下，各种新闻怪象层出不穷。人们不难发现，假新闻、伪新闻、广告新闻、公关新闻、"有偿新闻"、"有偿不闻"、"新闻敲诈"等此起彼伏，难以遏制，其背后或多或少都跟新闻传播主体（包括组织主体和个体）与各种社会主体的合谋有关。一些传播主体在"不打不成交"的交往中，常常形成合谋关系。

合谋关系越多，对整个职业新闻界的负面影响就会越大。传播主体与影响主体之间的"合谋"，由于动机、目标不在于公共利益，而在于他们各自的私利，因而其合谋行为、活动及其形成的实际传播结果，更多可能是负面的。这样的负面效应可能主要表现在这样一些方面：首先，从新闻领域内部来看，在微观层面上，合谋做法败坏了新闻传播个体的职业道德，损害了具体新闻报道作为公共产品的形象；在中观层面上，合谋行为损害了新闻传媒组织主体作为社会公共平台及新闻媒介作为公共领域的应有功能；在宏观层面上，合谋现象有损于新闻业作为社会公共事业的主体

---

① "伪新闻"是虚假新闻的一种特殊表现形式，其实质是：将不具有新闻价值的事实当作有新闻价值的事实，或者夸大或弱化新闻事实的新闻价值。关于"伪新闻"的详细论述，可参阅下文：杨保军，朱立芳. 伪新闻：虚假新闻的"隐存者"[J]. 新闻记者，2015（8）：11 - 20.

功能，损害了新闻业整体的公信力和影响力。其次，从更大的社会范围看，新闻领域的合谋现象本就是不合理、不正常的社会现象，有损于整个优良社会环境、社会风气的形成；而从结果上看，合谋新闻行为不仅损害了社会公众的新闻知情权，实质上还蒙骗了社会公众，使他们处在虚假、扭曲的新闻信息环境之中。需要特别指出的是，传播主体与影响主体的合谋，经常伤害的是社会弱势群体的利益。

四、应对影响主体的影响

尽管传播主体拥有自身合理正当的利益追求，但在漫长的人类新闻活动史上特别是近几百年的现代新闻业中，已经形成了对新闻传播主体特别是职业新闻传媒组织主体的价值期望：真正的新闻传播主体应该是环境的监测者、社会的守望者、公共利益的追求者与维护者。因而，在总体上，尽管受到影响主体的影响是必然的，但传播主体对影响主体的影响应该持"抵抗"姿态，而不应该"屈从"，更不应该"合谋"。民众新闻传播主体的普遍化，事实上对职业新闻传播主体的专业化程度提出了更高的要求。在面对影响主体的干涉、影响时，民众新闻传播主体更应该坚守高标准的专业准则。

（一）影响的必然

人类新闻活动直接表现为认识世界、反映世界的活动，是人类认识世界的一种特有方式。人类新闻业在整体的社会结构中属于上层建筑；与政治上层建筑相比，新闻领域属于思想上层建筑的构成部分。这种基本关系决定了新闻领域对政治领域、经济领域具有更多的依赖性或屈从性。澳大利亚学者斯科特·麦奎尔说："尽管世界是如何在媒体中并通过媒体被建构的这一问题始终都是重中之重，但同样重要的是充分认可这样一种看法：媒体不再可能与社会相分离，就此而论，它也不再能够与政治、经济和文化相分离。"① 我国学者陈昌凤也说："新闻史中发生的事件与存在的现象无不是复杂的社会系统所建构之结果，而政治、经济、文化是紧密交织在一起的三股绳索，共同引导着新闻业的历史朝着社会母系统所预设和期许的方向行进。"② 因而从社会的整体结构上说，新闻传播主体必然会受到各种社会主体特别是政治主体、经济主体的影响。正如迈克尔·舒德森在一般意义上所说："新闻业的变迁，与广阔的社会、经济和政治的转变有着密切关系。"③ 就我这里的论题而言，主要表现为以下几点。

首先，经济性影响主体对传播主体具有基础性的影响。在市场经济体制塑造的社会产业结构中，新闻业已经成为一定社会产业系统的重要组成部分，新闻传播机构尽管是经济实体，具有某种上层建筑经济基础化的地位和功能④，但它主要还是通过信息（新闻）生产方式、精神生产方式、文化生产方式来实现和维持自身的正常运转。因此，可以把传播主体与作为经济力量的影响主体之间的关系简化为、抽象为经济基础与上层建筑的关系。在这样一种关系中，按照马克思主义经典社会结构理论，影响主体作为社会经济力量的部分代表是更加主动的决定性力量，而传播主体则是相对被动的、受动的存在。也就是说，影响主体对传播主体的制约和影响会更大一些、更根本一些，新闻传播主体不可能不受到自身之外的经济力

---

① 麦奎尔. 媒体城市：媒体、建筑与都市空间 [M]. 邵文实，译. 南京：江苏教育出版社，2013：4.

② 转引自：郝建国. 自由的逻辑：系统理论视野中传媒与政治关系的重新审视 [J]. 现代传播（中国传媒大学学报），2015（11）：21.

③ 舒德森. 发掘新闻：美国报业的社会史 [M]. 陈昌凤，常江，译. 北京：北京大学出版社，2009：24.

④ 杨保军. 新闻理论教程 [M]. 北京：中国人民大学出版社，2005：271.

量的影响。当然，在信息时代、信息社会（媒介化社会）中，由于新闻传播主体的新闻传播行为本身具有一种特殊的社会影响力，因而传播主体在与经济性影响主体的交往中，拥有特殊的信息力量、新闻力量，可以运用新闻方式、意识形态方式，对充当经济基础角色的影响主体形成巨大的反作用。正是因为这种相互制约、相互影响的存在，人们才能够看到，即使新闻媒介生态结构已经发生了剧烈的变化，各种社会经济力量依然非常重视职业新闻传播主体的新闻生产与传播。

其次，在一定社会制度系统的整体结构中，新闻媒介制度是政治制度的延伸性存在，或者说新闻媒介制度不过是政治制度的有机组成部分，"新闻制度受制于政治制度"[①]，新闻传播主体受制于政治力量因而也是很自然的现象。在一定社会制度系统中，不仅存在着法律、行政方式的新闻控制，同时也存在着法律、行政方式之外的各种政治力量对新闻传播主体的干涉和影响。在世界各国，除了执政党、政府对新闻业的控制管理之外，其他各种政治力量也都会采取各种方式方法影响新闻传媒组织主体的相关活动。

最后，在正常情况下，传播主体与影响主体之间的关系，形式上直接表现为一种平等的博弈关系。除了法律规定的控制主体之外，任何一类社会主体都没有干涉新闻传播主体正常新闻活动的权利；反过来说，新闻传播主体也没有干涉任何一种社会主体的权利，新闻传播主体只具有法律规定的反映和报道新闻事实的相关权利。由于传播主体和影响主体生存发展于共同的社会环境之中，他们只有相互依赖、相互制约，才能求得共同的生存和发展，因此，为了各自的经济利益和其他利益，传播主体和影响主体首先会在自发的运行过程中形成一种博弈关系，在平等的协商、交往中

---

① 杨保军. 新闻理论研究引论 [M]. 北京：中国人民大学出版社，2009：173.

建构一种利益平衡关系，这可以说是一种"互惠互利"的基本关系。在常态下，传播主体与各种影响主体之间的关系大致保持的就是这样一种状态，但是，由于他们都拥有各自的资源优势，又必须互相利用对方的资源优势，因而他们之间的相互影响是必然的。

（二）新闻传播主体的应当选择

各种社会主体对传播主体的影响是必然的，是难以避免的，但在干涉、影响面前，传播主体还是存在自主选择空间的。那么，传播主体特别是职业新闻传播主体在各种干涉、影响面前到底应该坚持什么样的态度、采取什么样的做法呢？对此需要做出比较明确的回答。下面，我依据职业新闻在现代文明社会应有的功能、作用做出理论上的说明。

第一，新闻传播主体必须坚持一定的自主性和独立性。即新闻传播主体的新闻采访、写作、编辑、刊播等自由不能随意受到干涉，具体"包括不受广告影响，不受公众舆论和公众品位、商业主义以及资本主义的影响，不受用心险恶的宣传、政党或派别、朋友或敌人的影响"[①] 等等。"新闻，是一种带有信念的职业，而不仅是一盘围着市场转的生意。"[②] 谁都知道，独立自主的新闻传播非常难，但正因如此，才需要追求和坚持，这是现代新闻能够在现代社会发挥特殊作用的根本所在。如果职业新闻传媒组织主体成为一些利益集团手中的工具，或者受到它们的过度干涉和影响，新闻领域成为利益集团与传播主体共同追逐利益的"合谋场域"，那独立自主就是一句空话，所谓的公共利益目标也是徒有虚名。

---

① 弗林特. 报纸的良知：新闻事业的原则和问题案例讲义 [M]. 萧严，译. 北京：中国人民大学出版社，2005：87.

② 周红丰，吴晓平. 重思新闻业危机：文化的力量：杰弗里·亚历山大教授的文化社会学反思 [J]. 新闻记者，2015（3）：4.

新闻传媒组织主体的独立自主，自然不是仅靠自身就能做到的，而要通过一定社会、国家系统的制度建设来保障。如果没有能使职业新闻传媒组织主体独立自主的相关制度特别是新闻媒介制度，谈论独立自主显然就是可笑的。但是，即使是在缺乏独立自主媒介制度的社会中，职业新闻传媒组织主体依然具有相对的独立性和自主性，依然拥有能够拒绝、抵制政治力量、经济力量以及其他社会力量的一定基础和能力。毕竟，"影响主体"（而非作为"控制主体"）的干涉和影响，是任何新闻媒介制度都不提倡、不支持、不允许的行为，这就为传播主体的"抵制"提供了一定的制度保障。同时，如果新闻传媒组织主体能够真正以公共利益为根本目标，社会公众就会为传播主体的抵制行为提供舆论支持。比如，在中国，新闻业是党和政府及人民的事业，新闻传媒是党和政府及人民的耳目喉舌，新闻传媒组织要坚持党性与人民性相统一的原则，因而党和政府不允许任何组织机构或个人在自身职权之外干涉、影响新闻传媒组织主体的新闻活动，那些随意干涉新闻传媒组织主体新闻宣传工作的组织、机构、个人会受到不同程度的惩戒。这就意味着，新闻传媒组织主体可以在一定范围保持自身的自主性和独立性，可以拒绝和抵制一些组织、机构、个人的干涉和影响。

第二，职业新闻传播主体必须坚守职业新闻传媒的基本功能和核心目标，即监测环境、守望社会、服务大众。新闻传媒毫无疑问具有多种属性、多元功能，但职业新闻传媒的核心属性就是它的公共性，核心功能就是为社会公众提供新闻服务。因而，能否把公共利益置于新闻服务的核心，将直接证明传播主体是否拥有抵制不当干涉、拒绝不良影响的灵魂或核心力量。

一家职业新闻传媒，如果真的能够把公共利益放在首位，把为社会大众提供新闻服务放在首位，就会有足够的底气和勇气抵制任何主体的不当干涉和影响。即使在缺乏足够新闻自由的新闻媒介制度环境中，这种勇气与做法也会受到赞扬和鼓励。大众化传播主体的日益多元化，使得越来越多的社会主体能够运用媒介手段传播自己的信息、发出自身的声音、维护自身的利益，反倒是与所有社会主体有关的公共利益受到了轻视和冷落。因而，在新兴媒介环境中，职业新闻传媒组织主体对自身公共性的坚守，对社会公共利益的维护，事实上变得越来越重要。多元大众化或公共化传播主体在网络时代的迅速形成，尽管带来了传播的多元化狂欢，但在很大程度上也消解或解构了专业的、权威的新闻传播，使得人们在信息洪流面前不知所措、深感迷茫。因而，职业新闻传媒组织主体如果能够坚守自身独一无二的公共性特质，能够抵制住各种可能的不良社会影响，就一定能够赢得社会大众的信赖。

第三，在新闻操作层面上，必须坚持新闻传播基本原则，坚守新闻工作者职业道德。到目前为止，职业新闻传播已经形成了自身成体系的专业精神、专业观念、专业操作方式。说到底，能否抵制住影响主体的不当干涉或影响，落实到操作层面上，就是看传播主体是否能够以专业精神开展专业化的新闻活动。传播主体的专业理念越强、专业化水平越高，就越能抵制外界不正当的干涉和影响。

所谓坚守新闻传播原则，核心就是按照新闻规律进行新闻传播。新闻传播规律落实在具体操作层面上，就是职业新闻传播者早已耳熟能详的真实、客观、公正、全面、及时、公开等诸多具体新闻传播要求，就是新闻传媒要有自身品格，职业新闻工作者要有职业美德（诚实、勇敢、智慧、正直），而所有这些要求又都能够进一步具体化为新闻实践中可以操作的方式方法。当职业新闻传播主体能够比较严格地按照新闻生产传播的程序、环节、方式、方法开展新闻活动时，外界的干涉和影响也就难以产生负面效应。

第四，与影响主体展开对话、交流、协商，听取他们的意见和建议。传播主体与影响主体是一定社会中的共在主体，处在各种可能的相互作用、相互影响的社会关系中。前面说过，不同主体间的互相影响是必然的。因而，如何使不同主体间的相互影响处在正常的状态或区间，才是真正应该认真思考和实践的问题。

任何新闻从原则上说总是关联着一定的社会主体，也总是关联着一定社会主体大大小小的利益。因而，其他社会主体自然会关注传播主体的新闻活动，自然会对与自身相关的新闻予以特别注意。当一些新闻对他们的形象、利益有可能产生实质性影响时，他们就会主动采取一定的行动与传播主体展开"交涉"。这种情况下，传播主体在坚持自身的自主性、独立性的同时，也应该与相关主体展开对话、交流、协商，听取他们的意见和建议，而这通常有利于新闻报道做得更加深入、全面、客观、真实、公正，也有利于避免一些不必要的"新闻纠纷"。新闻传播主体要充分自觉到，新闻认识（报道）是一种容易产生错误、易于出现纰漏的认识活动①，因而，虚心听取他人意见、谨慎对待报道，只有好处，没有坏处。

新闻生产、传播本质上就是一个对话的过程。由对话而采集获取新闻，由对话而传收新闻，由对话而产生新闻效应、效果。在这一过程中，就包含着传播主体与影响主体之间的对话和交流。传播主体如果理解了新闻的对话性特征，也就能够主动与各种主体展开积极的对话，从而使新闻真正成为社会沟通的有效中介和桥梁。

第五，合法合理追求并实现自身利益。新闻传媒组织主体，像其他社

---

① 新闻认识（报道）容易出错大致有这样几个方面的原因：一是新闻认识主体认知能力的有限性；二是新闻工作方式特有的快捷性；三是新闻认识环境的复杂性，尤其是在监督、揭露性报道中，往往面对极为复杂的事实环境和社会环境。

会主体一样，也是相对独立的利益主体，也有自身的利益追求和利益目标。因而，在开展新闻活动的过程中，只要遵守相关法律法规政策、坚守新闻职业道德，与各种社会主体建立的合作关系、利益关系就应该被看作是正当的、合理的，不应该属于"合谋"性质。

在现代市场环境中，新闻业作为一种产业，新闻传媒组织主体（实体）作为企业，必然要有一定的经济基础，这关系到传媒所有者和媒体从业者的生存和发展问题。也就是说，新闻传媒组织主体追求和实现自身利益是很正常的现象。因而，人们看到，媒体所有者、经营管理者一定会竭尽全力通过新闻活动和市场运作来追求自身的利益，甚至追求利益的最大化，这从原则上看并没有什么不对。在中国语境中，对于新闻传媒组织主体来说，应当坚持社会效益与经济效益相统一的原则，将社会效益放在首位，因为社会效益具有方向盘的意义，失去了社会效益的引导作用，经济效益可能变成不当牟利。当然，人们会发现，新闻传媒在追求经济利益的道路上极易走偏，极易伤害职业新闻传媒应该坚守的基本原则。比如，在今天的现实中，随着整个新闻业的市场化展开，商业新闻主义日益泛滥，"新闻"常常败在"金钱"手里，而这是应该避免的。如何在自身利益与公共利益之间把握平衡，对新闻传媒组织主体来说，始终都是个难题。

在现代政治文明体系中，新闻传媒组织主体（传媒机构）可以说是重要的政治角色，在不同的社会制度、政治制度体系中发挥着相似的或不同的政治功能。因而，怎样把政治与传媒的关系限定在合理的范围内，对于传播主体来说是更为复杂的事情。

第七章　全球共同新闻传播主体的形成

每一种文化对自己独特性的迷恋，正是它最终衰落的基础。

——［加］哈罗德·英尼斯

各美其美，美人之美，美美与共，天下大同。

——费孝通

随着历史成为真正意义上的世界历史，人类的共同利益逐渐变得突出，人类的认同（肯定自身为人类的一员）问题较以往时代更为必要，也更为可能。

——杨国荣

全球化不仅成为人类社会一些领域的基本事实，而且成为整个人类社会的总的发展趋势。"随着历史成为真正意义上的世界历史，人类的共同利益逐渐变得突出，人类的认同（肯定自身为人类的一员）问题较以往时代更为必要，也更为可能。"① "当历史学家回首我们这个世纪，

---

① 杨国荣. 从世界视域看中国哲学发展［N］. 人民日报，2015-01-05（20）.

最激动人心的不是太空旅行或核能的应用，而是整个世界上的人们可以真诚相对。"①确实，仅从传播视野观察，全球新闻传播已经成为基本事实，新闻交流对话已经成为基本事实，面对重大新闻事件，全球人类几乎可以同步获知，几乎可以共享同样的新闻符号环境。在职业新闻领域，一些基本的新闻传播原则、职业伦理准则、职业道德要求，正在得到全球职业新闻工作者的一致认同；在后新闻业时代开启后的民众新闻传播图景中，一些基本的媒介素养、新闻素养共识在普遍形成并得到认可；全球网民共同体也在形成。因而，全球职业新闻共同体的形成应该成为新闻主体论关注的重要论题。

一、全球职业新闻共同体的含义

伴随人类政治、经济、文化特别是技术的整体进步与发展，人类已经进入全球化的新时代②；人类正在形成新的世界观和新的人类观，正在以新的观念、新的思维和新的视野观察自己、反思自己，正在以更为自觉的人类命运共同体方式应对共同面临的挑战和问题。仅就新闻活动领域来看，一种前所未有的人类新闻活动景象正在形成，过往那种以国界划分为主的、各自为政的、碎片化的新闻时空，尽管依然存在，并且在当下可能还占据着主导地位，但不可否认的是，在新的时代大背景下，那些以地方性、碎片化、片面化为存在与运行特征的新闻时空，已经开始逐步移接镶

---

① 萨默瓦，波特，麦克丹尼尔.跨文化传播：第六版［M］.闵惠泉，贺文发，徐培喜，等译.北京：中国人民大学出版社，2013：前言 2.

② 全球化对人类来说，是一个漫长的历史过程。从原则上说，自人类诞生，就开始了全球化扩散。史学界通常认为，15 世纪末到 16 世纪初，世界历史发生了前所未有的变化：一是欧洲人越过大西洋，发现了美洲大陆；二是欧洲人沿着非洲的西海岸南下，绕过非洲最南端的好望角进入印度和中国，开辟了新航道。这是全球化初露端倪的时代，或者说全球化发端于这个时期。［樊树志.晚明：中国与世界的对话［N］.光明日报，2016-02-04（11）.］

嵌在一起，一副动态的人类意义上的、全球意义上的世界新闻图景隐约浮现。因而，全球职业新闻共同体不仅成为可以想象的对象，也已具有可以论说的现实根基，也许更是人类作为共同体应该努力的方向。正如习近平主席 2015 年 9 月在第 70 届联合国大会一般性辩论时所指出的："当今世界，各国相互依存、休戚与共。我们要继承和弘扬联合国宪章的宗旨和原则，构建以合作共赢为核心的新型国际关系，打造人类命运共同体。"①

（一）全球新闻共同体

共同体，简单一点说，是一个指向一定群体或集体的概念，凡"共同体都意味着人们在共同体条件下组建和维系的集体"②。在一定的社会环境中，不同单元个体③通过各种信息的、情感的、实践的社会互动方式，形成相对一致的某种身份、共同认可的价值观念、相对一致的利益追求，从而形成所谓的共同体。英国社会学家鲍曼认为：共同体是一个温馨的地方，一个温暖而又舒适的场所。它就像是一个屋顶，在它下面，可以遮风避雨；它又像是一个壁炉，在严寒的日子里，靠近它，可以暖和我们的手。④ 共同体，通俗点讲，其实就是其中所有单元个体的"家"，而所有单元个体都以某种共同的身份成为这个家的成员。

显然，对一个共同体来说，成员的共同身份、共同价值（价值观念或核心观念认同）、共同利益是最为根本的条件，也是共同体形成的基本标志。其中，共同身份是最为明显的外在标志，共同利益是共同体的根本基

---

① 携手构建合作共赢新伙伴　同心打造人类命运共同体（2015 - 09 - 29）[2023 - 01 - 05].
http://politics.people.com.cn/n/2015/0929/c1024 - 27644905.html.

② 胡百精.说服与认同 [M].北京：中国传媒大学出版社，2014：36.

③ 单元个体，既可能是个人，也可能是一个群体或组织，即单元个体并不是仅指作为个体的人。

④ 鲍曼.共同体 [M].欧阳景根，译.南京：江苏人民出版社，2003：引言 2.

础，共同价值是共同体的灵魂。一个共同体的核心表现在于组成共同体的成员（即单元个体），能够认同共同的或至少是相似的关于共同体的价值观念，即观念认同是共同体形成的突出表现。

共同体有不同的类型，也有不同的层次，可以依据不同的根据或标准，进行具体的分类，应该说，人类社会中存在着什么样的群体样态、群体层次，就可以对共同体做出什么样的类型、层次划分，但这些问题属于专门的共同体研究需要解决的问题，不是我这里要分析的。我这里所说的"全球新闻共同体"，首先是一个主体层次概念，这也是最具实质性意义的概念，即全球新闻共同体意指人类整体，是人作为主体存在的最高层次（人类）①，逻辑上包括所有的人类个体，即把人类所有个体都看成是现实的或潜在的新闻活动者，超越了职业新闻传播主体的范围；其次是一个领域概念——新闻领域的共同体，实质是在新闻视野中对人类作为新闻活动主体的观察，也是一种相对人类其他社会活动领域共同体的言说；最后是一个范围概念，也是一个空间层次概念，强调的是全球范围或世界范围，包括所有国家和地区，因而，全球新闻共同体是新闻视野中最大的共同体。

我在本书导论中指出，新闻活动是人类的本体性活动，新闻需要是人类的基本需要，每一人类个体、每一人类群体都是新闻活动主体。因此，人类是自然自在的"共同"的新闻活动者，只是在过往漫长的历史演进过程中，人类一直走在成为共同体的新闻活动道路上，还没有成为真实的新闻活动共同体。但当人类进入 20 世纪末特别是 21 世纪后，在以互联网为基础的一系列新兴技术共同支持下，新闻领域的新时代——后新闻业时代——已经开启。也正是这样一个新的历史时代，为人类提供了自觉建构全球新闻共同体的可能，从而呈现出人类作为新闻活动共同体的新景象。就目前来看，除了在一般意义上谈论人类新闻共同体之外，我们至少还可

---

① 人们通常把作为人的主体分为三个层次：个体、群体、社会（其实是两个层次——个体和群体）。

以在传播共同体、收受共同体和控制共同体的意义上具体讨论全球新闻共同体的问题。

首先，全球意义上的新闻传播共同体成为可能。在网络环境中，"人人都是（新闻）传播者""我们都是（新闻）传播者"，不仅成为当今世界人民的"口头禅"[①]，而且成为正在形成的基本事实。当"人人""我们""每个人"都可以用大致相似的观念并以同样的方式在同样的空间（特别是共同的网络空间）做同样的事情时，那起码可以说，他们已经不仅在形式上也在一定实质性上成为某种意义的共同体。互联网技术为全球民众创造了"我们"都是（新闻）传播者的相似的、共同的观念与行动的机会，创造了"我们"都可以成为大众化或公共化新闻传播者的观念与实践可能。这显然意味着，我们在同一空间、同一领域有了共同的身份，有了共同的行为方式和行为表现，因而，"我们"——人类的所有个体——就是共同的新闻传播主体，我们一起塑造、建构、再现着我们共同拥有的新闻图景、新闻符号世界，我们共同以新闻方式关注着我们的共同利益、共同命运。

其次，全球意义上的新闻受众或新闻收受主体共同体成为可能。如今的世界，确实存在着世界人民越来越多的共同利益领域，存在着世界人民共同关心的现象、事实、事件，世界人民可以成为一些重大、重要新闻的共同收受者。这不仅是客观的事实，也是可以感受到的事实。人类个体可以在共同的网络空间[②]、信息空间认知收受到同样的或相似的（新闻）信

---

① 当然，这也是极具"夸张"意义的说法。能够自由上网传收信息、表达意见，还远未成为全球人民的自由，但从大的历史趋势上看，这似乎是一种必然，因而，人们普遍认可这样的说法。

② 网络空间似乎最早出现于美国科幻作家威廉·吉布森的长篇小说《神经漫游者》。2000 年《美国国防部军事及相关术语词典》最早对网络空间进行了定义，网络空间是数字化信息在计算机网络上传输、交换形成的抽象空间。我国学者崔保国等人认为，网络空间是伴随着信息科技发展而出现的一个全新的人造空间，这个空间是覆盖整个地球的全部计算机、手机、通信设施、媒体等信息终端、信息传输系统和数字信息内容连接交互而形成的智能虚拟空间。网络空间没有明确的、固定的边界，呈现出空间规模无限化、空间活动立体化、空间效应蝴蝶化、空间属性高政治化的特点。[崔保国，孙平. 从世界信息与传播旧格局到网络空间新秩序 [J]. 当代传播，2015 (6)：7-10.]

息，从而形成某种相似的体验和感觉。依赖一定传播技术的国际新闻、全球新闻，已经把世界人民或全球民众的眼光在相同的时间"聚集"在同样的事件上，全球新闻事件成为可能，全球新闻关注成为可能，全球新闻反应成为可能，世界范围、全球层次的某种一致赞同或一致反对成为可能，世界民众舆论或全球民众舆论成为可能，这不仅意味着全球受众的共同体成为可能，更意味着全球公民成为可能。

再次，全球意义上的新闻控制主体共同体成为可能和必要。有学者这样写道："不论你承认与否，地球已变得如此之小，人们必须相互依存。其实，事情就是这么简单，在这个地球的任何一个地方发生的事都会对其他地方产生影响。"[1] 毫无疑问，这使得全球任何一个地区、任何一个国家，都无法置身事外，人类必须合作，不同国家之间必须自觉建构成一定领域的命运共同体，一起处理共同面临的问题。新闻领域尤其是网络空间领域就是能够形成命运共同体的领域。网络空间是全体人类的空间，是世界各国人民的空间，网络空间中的信息秩序和新闻秩序不是依赖某一国政府就可以建立和维护的，而是需要全球人民共同建立和维护，需要世界各国共同协商。作为信息秩序和新闻秩序最重要的、最现实的管理者与维护者，世界各国政府必须成为一定意义上的命运共同体、一定意义上的共同新闻控制主体，即必须成为利益、观念基本一致的新闻控制共同体。只有如此，网络空间才会成为有序的空间，成为有利于世界各国正常运行的空间，成为有利于人类共同利益的空间。全球新闻控制（治理）共同体，其实是最需要构建的共同体，事实上也是世界各国能够协商构建的共同体。比起传播共同体、收受共同体的自然松散性而言，控制共同体是从身份、利益到观念直至相关组织机构设置最为有形的共同体（必须建立明确的组

---

[1] 萨默瓦，波特，麦克丹尼尔. 跨文化传播：第六版 [M]. 闵惠泉，贺文发，徐培喜，等译. 北京：中国人民大学出版社，2013：前言 2.

织机构）。

最后，除了传播主体、收受主体、控制主体已经显现出共同体的特征外，由于新闻活动身份、活动角色的"一体化"（多重身份的互换或同一）越来越成为常态现象，因而，完全可以说，其他新闻活动角色——信源主体、影响主体——也会自然显现出共同体的特征，即人们对充当不同新闻活动角色应该有的观念、做法，会形成越来越多共同的认知。

总而言之，如今人们已经意识到，除了职业新闻传播共同体问题之外，在国际传播、全球传播视野中，不同新闻活动角色（信源主体、收受主体、控制主体、影响主体）及其相互之间的关系，自然会有不同于一定社会范围内的新闻活动角色及其相互之间的关系的特殊表现。其中的相关问题，会越来越成为新闻实践、新闻传播研究中的紧迫问题。尤其是在互联互通的新兴媒介环境中，所有传收主体间的互动，所有新闻活动者之间的互动，都不仅会影响世界新闻活动图景本身，更会对全球范围内各种人类共同事务的应对产生不可低估的影响。

还需要说明的是，新闻主体论意义上的全球新闻共同体才刚开始形成，更为实际的是，全球新闻共同体在客观上还是一个理想的或想象性的存在，只有人类成为真正的命运共同体，即只有人类成为"'你中有我'，'我中有你'的不可分离的生存与发展之生命存续体"①，所谓的新闻共同体才会成为可能。但全球新闻共同体的形成，也许是人类命运共同体形成过程中应该优先考虑的领域，因为它是一个传播沟通的领域，没有信息、情感的沟通，一定共同体将失去建构、成型的前提。即使在纯粹的命名意义上，提出全球新闻共同体也是共同体形成过程中应有的环节。诚如有学

---

① 万俊人. 人类命运共同体的熰火之光 [N]. 光明日报，2016-08-05 (1).

者所言："命名本身意味着对某种'同一性'的确认——'同一性'并不意味着体系的绝对统一，在历史过程中，同一性范畴本身包含着流动性、不确定性、差异性、自我解构和内部裂变等等要素，从而同一性是一种历史性的建构。"①

（二）全球职业新闻共同体

"每个人都不可避免地卷入一个或多个共同体，在其中寻求交往、利益、爱、安全感、确定性乃至终极的价值皈依。"② 在现代社会中，职业共同体是几乎每个人都必须卷入的共同体。人们为了正常的生存与生活，都有相对比较明确而单一的主要职业，身居一定的职业领域，具有一定的职业技能，拥有一定的职业身份，身处实际的和可想象的职业群体。而职业共同体，就是在职业视野中对共同体的一种观察和界定。应该说，存在什么样的职业，就会形成什么样的职业共同体。

每一种职业共同体，都有各自的共同体特征。职业新闻共同体是新闻领域的共同体，是以新闻工作为职业的共同体。职业新闻工作不同于普通民众新闻活动的特殊之处就在于：它在一定社会系统中，是建制性（制度性或体制性）的存在，受到一定社会（国家）相关法律、政策等的明确承认和支持；它有新闻专业性的要求，即职业新闻从业者必须经过一定的专业学习和训练，拥有明确的新闻专业观念、新闻专业知识和新闻专业技能；职业新闻从业者应该归属于一定的专业新闻组织，遵循明确的职业道德规范，承担一定的新闻职责。因而，任何个人，虽然可以进行新闻生产与传播活动，但并不能随意宣称自己是职业新闻工作者，由一些业余新闻

---

① 汪晖．现代中国思想的兴起：上卷：第一部［M］．北京：三联书店，2008：112.
② 胡百精．说服与认同［M］．北京：中国传媒大学出版社，2014：36.

生产传播者组成的群体①，也不能随意宣称自身是职业新闻共同体。因此，上文所说的新闻共同体与这里所说的职业新闻共同体显然是两个不同的概念，指称的实际对象也是不同的。

如果以空间范围想象职业新闻共同体，大致可以从这样几个层次去划分或理解：一是单一新闻媒介组织范围内的共同体；二是一定社会范围内、地区范围内的共同体；三是全球范围内的共同体。我这里所说的全球职业新闻共同体，是在职业新闻共同体前提下着重于空间范围的划定。在最直接的意义上，全球职业新闻共同体就是全球从事职业新闻工作的所有人员的一个共同的群体，它包含三个基本要素：全球范围、新闻领域、职业新闻从业者。当前新闻职业全球性的客观存在，以及不同国家、社会中新闻职业工作理念、方式、技能等的相似性，使得这样的共同体既有可形成的根据，也有可想象的基础。因而，全球职业新闻共同体既不是虚妄的概念，也不是缺乏根据和基础的纯粹想象。

一种群体在何种意义上才能成为共同体，一定社会内部存在的一种职业群体在何种意义上才能成为职业共同体，一种职业群体在何种意义上才能成为全球共同体，这些是讨论全球职业新闻共同体形成时应该首先讨论的问题。本质主义意义上的共同体内涵是相同的，但也是抽象的，而要理解一种共同体的内涵，必须抓住一种共同体的个性特点。当然，就目前来看，不同社会、不同国家之间的差距与差异，从根本上决定了全球职业新闻共同体建构主要还是一个面向未来的课题。我们面对的主要问题，依然是一定社会范围内、国家范围内的新闻共同体问题，特别是新兴媒介环境

---

① 业余新闻生产者中的"业余"，本质上只是身份的认定，并不是对其新闻生产传播质量的评价。这里实际是说，业余身份者生产的新闻，在质量上并不必然就比职业身份者生产的低。这就像一个没有教师职业资格证书的学者，如果开展教学活动，不见得就没有拥有教师职业资格证书的人水平高一样。但是，没有职业身份的人，可以不承担职业职责；而拥有职业身份的人，必须承担职业责任，生产传播合格的新闻，是其必须达到的底线。

中职业新闻共同体的变化与建设问题。但是，我们也深知，正义的大众传媒体系不仅仅是现代文明的支撑物之一，更是世界范围内公共理性或全球性的民主与公正赖以生成的重要条件。① 因此，设想和建设全球职业新闻共同体，并不是我们所处时代之外的事情，而是我们时代已经面临的问题。正是基于这样的认知和信念，我才会把全球新闻共同体特别是全球职业新闻共同体的建设问题，作为新闻主体论的必要内容之一来加以讨论。

二、全球职业新闻共同体的形成

新闻现象是人类现象，但新闻职业现象只是现代社会生成的现象。正是在现代性的展开过程中，职业新闻才逐步成为人类现象、全球现象。但在现代新闻的全球化过程中，也在不断发生着地方化和本土化的变异或转化，因而，全球职业新闻工作者并不是自然形成的共同体。我们需要在当今新的全球化背景下，对职业新闻现象进行观察和分析，看看能否在全球意义上将全球职业新闻工作者看成是一种共同体，看看如果要形成全球职业新闻共同体，应该具备什么样的条件。我先从一般意义上分析职业新闻共同体形成的基本标志，然后以此为基本标准或根据，进一步阐释全球职业新闻共同体形成的条件。

（一）职业新闻共同体形成的基本标志

正像一个群体、一个组织、一个国家、一个民族成为其自身是有特定

---

① 诺贝尔经济学奖获得者阿玛蒂亚·森指出，公共理性是世界范围内民主、公正诞生的前提，而"公共理性需要考虑的一个核心问题是支持自由和独立的媒体"。这里的"自由和独立的媒体"超越了传统民族国家，具有全球性视角。（森. 正义的理念［M］. 王磊，等译. 北京：中国人民大学出版社，2013：312.）

的标志一样，一种职业共同体成为其自身也是有明显标志的。事实上，一定人群的存在是自在的，而能否成为共同体，能否成为一定意义上的或某种类型的共同体（比如民族共同体、政治共同体、职业共同体等）则是不确定的。只有一定群体具备了构成共同体的条件，我们才能说某一群体是某一意义上的共同体。那些构成一定共同体的条件，在共同体形成后，也就变成了共同体的标志。那么，职业新闻共同体的基本标志有哪些呢？

在回答这一问题之前，我还得做些前提性的解释。不管多大范围的职业新闻共同体，自然首先都是以新闻工作能够成为一种职业为前提的，但正是在这一前提问题上，人们至今并没有达成完全统一的认知，仍然有人认为新闻工作并不是一种职业，新闻工作领域并不是一种专门的工作领域，新闻专业还算不上一门专业。而且，传统新闻业时代就已存在的这种言论，在后新闻业时代开启后甚嚣尘上。不少人认为，本来就"职业性不足、专业性不强"的新闻工作，将在民众新闻传播（群体传播）兴起之后，被进一步消解或解构。一些极端观点甚至认为，既有的新闻职业、新闻专业在不久的将来，将会彻底退出历史舞台，就连新闻教育也将退出大学的教育教学体系。对于这些看法，我们当然应该严肃对待，但也不必惶恐不安。事实上，我在第二章"新闻传播主体"中已经指出，在后新闻业时代开启的大背景下，新闻职业、新闻专业不仅不会弱化、消解，反而会伴随信息社会、媒介生存的展开得到进一步的强化和提升，这是现代性内涵不断展开的需要。因此，关于新闻的职业性、专业性存在及其地位问题，这里不再赘述。我将直入主题，分析、阐释职业新闻共同体（暂且不讨论共同体的存在范围）形成的基本标志。需要预先说明的是，我不准备面面俱到，罗列一长串条目出来，而是撮其要者加以阐释。

第一，拥有共同的基本新闻观念。无论人们如何定义共同体，也不管是什么性质、什么范围的共同体，其形成的根本条件或根本标志都是拥有共同的基本观念。当一个群体中的所有成员都能认同群体得以构成的一些核心观念时，共同体的形成才能成为事实。同样，对于职业新闻领域而言，一定范围的共同体得以形成的条件，首先就是一个形式上的群体要拥有所有成员一致认可的核心新闻观念。小到一个具体的新闻传媒组织中的从业人员，大到一个国家新闻行业的所有从业人员，直至整个世界范围的新闻从业者，能否被看作不同范围、层次的共同体，最基本的一个标准，就是看构成群体的成员有无共同认可的核心新闻观念：有，就可以将其看作新闻共同体；没有，就不能将其看作新闻共同体。①

对于职业新闻共同体来说，最基本的职业观念，主要表现在对新闻职业的性质与职能、价值与意义、目标与追求，以及新闻职业工作应该坚守的基本准则——包括新闻传播原则、职业伦理准则、新闻职业道德规范等——有着基本一致的看法和理解。所有这些看法统一起来，其实也就构成了关于职业新闻工作的基本价值理念，它们构成了职业价值观的基本内容。当一定范围的职业新闻群体有了这些方面基本一致的价值观时，就可以说这个群体已经确立了其得以形成的观念标志。

第二，拥有共同的使职业工作得以落实的基本知识体系和技能体系。作为职业共同体，其共同观念要落实在具体的职业工作中，而职业工作是需要专门的知识体系、技能体系的。也就是说，一种职业总得有专业知识和专业技能成系统的支持。作为职业之一种的新闻职业，也不能例外。

很多人怀疑新闻职业能否成为一种"严格、标准"的职业，主要表现为对其专业性的质疑。但就现实来看，新闻职业的专业要求尽管似乎没有其他一些职业（诸如医生、律师、教师、工程师等）那么高，但依然存

---

① 形式上的共同体与实质上（真实的）的共同体当然是不同的：形式上的共同体，只是构成一个群体的成员有着身份的同一性，但并没有群体共同认可的核心观念；真实的共同体，不仅有身份的统一性，就我这里的论点而言，还必须有基本观念的一致性。

在，只是说新闻职业的专业知识和专业技能相对比较容易学习、容易把握而已。事实上，人们可以看到，如果在新闻工作中不能严格遵守新闻职业工作的专门要求，不具备足够的新闻专业知识和技能，其新闻报道就会出现问题，可能虚假、可能失实或产生其他问题。因而，一个职业新闻工作者，如果没有足够的专业水平，就是不合格的；同样，一个群体如果整体上没有达到足够的新闻专业水平，就难以成为一个职业新闻共同体。不同的新闻传媒，之所以能够分出上下高低，当然与其整体的专业水平有着必然的内在关系。总而言之，达到一定的新闻专业水平，是职业新闻群体能够成为职业共同体的不可或缺的标志。

第三，拥有共同的基本工作内容、工作方式和工作标准。作为职业共同体，如果说基本观念的一致性是其内在的灵魂，专业知识、专业技能的一定水平是其内在要求和工作个性（特殊性）的保证，那就可以说，基本工作内容、工作方式和工作标准的一致性，是其感性的外在表现。人们通常正是通过一个群体基本工作内容、工作方式和工作标准的一致性，去判断其是否是一个统一的群体（共同体）的。

正是通过这些工作方式、工作标准上的要求，职业新闻生产传播才能保证其自身的标准和质量，形成严格的管理和把关。一个职业新闻群体只有形成比较规范的、严格的工作方式和工作标准，我们才能说它是一个比较成熟的职业新闻共同体；不然，即使有一个职业新闻工作群体存在，也不能成其为共同体。

第四，拥有一定的组织形式、制度保障。通常来说，职业新闻工作本质上不是个人化的，而是制度化的、机构化的或组织化的。因而，职业新闻工作拥有自身的机构或组织原则，有自身的人员组织、配置方式和要求；工作的展开与完成，要遵守一定的制度，确保一定的工作流程、环节或秩序和标准。对于职业新闻来说，其新闻产品是机构性的、组织性的，而非个人性的。美国新闻学者盖伊·塔奇曼就曾指出，新闻是某种机构的产物，因而从根本上说具有一种机构的属性，是合法机构联合制作的产物，新闻是以组织方式进行工作的专业人员采制传播的。[①]

正是一定的组织性、制度性，使职业新闻与民众新闻得以区别开来。民众新闻本质上是一种"从我出发"的新闻，而职业新闻本质上属于"从传媒组织出发"的新闻[②]；民众新闻是自我认同的新闻，而职业新闻是职业共同体认同的新闻。因而，组织性、制度性是职业新闻共同体的重要标志。需要进一步说明的是，民众个体或民众群体生产传播的新闻，即使达到甚至高于职业新闻的水平，它在性质上依然属于民众新闻、"业余新闻"，而非组织化、制度化的职业新闻。这就像一个民间高手，射击水平可能高于普通士兵，但他并不是职业军人。

（二）全球职业新闻共同体形成的可能

理解了"共同体"的内涵，明白了"职业共同体"的要求，把握了"职业新闻共同体"得以形成的基本标志，就可以顺理成章地讨论"全球职业新闻共同体"形成的可能性问题了。显而易见，从逻辑上说，全球职业新闻共同体是否具备形成的可能性，关键要看在全球化过程中，在世界范围的新闻职业领域，是否形成了职业新闻共同体的根据、环境和条件。如果能够证明并证实，标志职业新闻共同体形成的那些条件是存在的或者是可以创造出来的，那就意味着全球职业新闻共同体的形成是可能的。事实上，我认为，全球职业新闻共同体已经显露出它的雏形，并将在全球化

---

① 塔奇曼.做新闻［M］.麻争旗，刘笑盈，徐扬，译.北京：华夏出版社，2008：35-37.
2022年1月，中国人民大学出版社推出李红涛翻译的《做新闻》新译本。

② 杨保军.民众新闻观念的实质及其可能影响［J］.编辑之友，2015（10）：5-11.

过程中不断走向成熟。

其一，就目前来看，全球职业新闻领域已经拥有基本相似的职业新闻观念，这为全球职业新闻共同体的形成确立了最重要的认识论条件。

从理论上说，所谓全球统一的新闻观念（简称全球新闻观念），是指人类对"新闻是什么、新闻应该是什么、新闻能够做什么、新闻应该做什么"这些基本问题具有相对一致的认识和信念。如果全球新闻职业领域、全球职业新闻工作者对这些问题有相对一致的回答，我们就说，人类有了相对统一的新闻观念，相反则没有；如果全球职业新闻主体不仅拥有新闻共识，而且能够在新闻实践活动中贯彻相对统一的新闻观念，那就可以说，职业新闻领域在新闻观念上达到了实质性的认同。

在当下全球范围内，实事求是地说，还远未形成全球高度认可的、统一的新闻实践观念。也就是说，并不存在世界各国新闻职业工作者共同遵守的统一的具有实践指导意义的新闻观念。有些国家奉行宣传新闻主义观念，但不同的国家有不同的特征。另外，商业新闻主义观念在全球市场经济环境中普遍流行，有着相当大的全球性影响，不少新闻传媒实际奉行的就是以商业利益为本位的新闻观念，新闻不过是获取商业利益的手段而已。而伴随后新闻业时代的到来，对传统新闻观念形成冲击、消解或解构作用的"民众新闻观念"更是遍地开花。可以说，这些不同类型的新闻观念，共同构成了目前全球意义上的新闻观念系统。看得出，要形成全球统一的某种主导新闻观念并不是一件容易的事情。当然，有无这样的必要，也是问题。

与此同时，我们也看到，确实存在着这样的客观事实：有些新闻观念，甚至是一些相当根本性的新闻观念，已经至少在理论范围、观念范围或认识论意义上得到了全球职业新闻工作者的广泛认同。一些基本的新闻传播观念，诸如新闻应该真实、客观、公正、及时、公开，新闻应该监测环境、守望社会，新闻应该为社会大众服务、为社会公共利益服务，不仅得到了普遍认同，而且在新闻实践中能够作为指导观念使用。无论是在职业新闻观念的宣称上，还是在相关新闻理论研究领域，甚至是在官方的文献（法律、政策）中，人们都能看到，一些共同的新闻观念，至少在文字上、口头上得到了共同的认可。比如，在 2009 年世界媒体峰会上，胡锦涛同志致辞时说，媒体（人）"要切实承担社会责任，促进新闻信息真实、准确、全面、客观传播"，"应该遵守新闻从业基本准则"①。这里所说的"真实、准确、全面、客观"就是共同的基本新闻观念，并且是应该遵守的共同准则、基本观念。事实上，"不同国家的新闻媒体之间分享着共同的要素，在某些方面，近年来国家之间的文化与风格具有显著的融合趋势"②。有学者在一项跨国调查之后，提出了这样的看法："尽管各国文化不同、专业教育的类型不同、记者的劳动类型不同（有些是在约束力很强的专业协会或工会中，有些则不是），但是，新闻记者公开陈述的专业理念并没有太大的区别。"③其实，在一些欧美国家，职业新闻工作者在一些关于新闻领域的根本问题上已经形成了认同。杰弗里·亚历山大就说："虽然欧洲和美国并没有共享美国式自由中立的新闻准则，但大西洋两岸的记者都怀抱了一种对报道和机构独立性的职业认同。"④ 不可否认，全球几乎所有像样的职业新闻传媒，都会宣称它们坚守这样的观念、实践这样的观念。应该说，业已形成的一些观念认同，不仅为全球新闻观念的形成开辟了道路，也展现了充满希望的前景。因而，全球共同新闻观念的形

---

① 胡锦涛在世界媒体峰会开幕式上的致辞（全文）. (2009-10-09)［2023-01-05］. https：//www.chinanews.com.cn/gn/news/2009/10-09/1901666.shtml.

② 舒德森. 新闻社会学［M］. 徐桂权, 译. 北京：华夏出版社, 2010：196-197.

③ 库兰, 古尔维奇. 大众媒介与社会［M］. 杨击, 译. 北京：华夏出版社, 2006：176.

④ 周红丰, 吴晓平. 重思新闻业危机：文化的力量：杰弗里·亚历山大教授的文化社会学反思［J］. 新闻记者, 2015 (3)：5.

成并不是全然无望的事情。如果我们能够以乐观主义的姿态展望，一些大致统一的、具有实践意义的全球性新闻观念，会在未来人类新闻事业的发展过程中逐步形成，受认同程度也会越来越高；尤其是在新闻职业领域，共同新闻观念的形成是完全有希望的事情。

当然，令人纠结的现实还是一再提醒人们必须充分认识到，尽管全球职业新闻领域存在一些共同的新闻观念，但目前更为突出的事实是，在全球范围内，不仅存在着某些具有霸权性的新闻观念或新闻意识形态，而且主导全球新闻生产传播的力量依然掌控在欧美少数发达国家的手里，全球职业新闻领域能够平等协商对话的时代还远未到来，全球公正、合理、优良的新闻秩序还远未形成。这就是说，要达成主导新闻观念的真正认同，依然任重道远。何况，尽管有了全球化的大背景，但由于不同国家拥有不同的历史传统和现实情况，处在不同的社会发展水平，因而，对于整个人类来说，建构何种意义上的统一的职业新闻观念，也是一个需要不断探索的问题。

其二，在全球范围内观察，世界各国的职业新闻传媒有着大致相似的组织结构，有着大致相似的目标功能系统，这为全球职业新闻共同体的形成提供了初步的组织保障。

在现代社会中，尽管职业新闻活动在不同的环境中具有不同的表现和特征，但从宏观层面上观察，人们会发现，职业新闻活动在世界各国、各地，在各种社会、经济、文化、技术环境中，其实具有大致相似的结构方式（组织方式、生产方式、传播方式），职业新闻传播有着大致相似的社会功能，承担着大致相似的社会责任。在不同社会中，职业新闻传播其实都在关注环境中不同寻常的变化和事件，都在以新闻传播的方式为各自国家、民族的发展贡献力量，都在为各自的社会运行提供公共信息服务。职业新闻活动的这些相似性，不仅为形成大致统一的新闻观念奠定了重要的客观基础，也为世界各国职业新闻领域的相互认同提供了客观基础。也就是说，职业新闻的全球相似性，提供了新闻观念统一性的基础，提供了全球职业新闻大致认同的可能，这就为全球职业新闻共同体的形成创造了条件。

但是，我们必须看到，职业新闻机构或组织形式上的相似性，并不能掩盖它们在实质上的一些不同。而这种实质性的差异，当然会造成媒体之间交往交流的障碍，造成职业新闻工作者之间认同上的阻力。

其三，全球职业新闻领域有着基本一致的工作原则、工作方式及贯穿其中的工作标准。

统一的工作原则、工作方式及贯穿其中的工作标准，是职业形成的重要标志。以此为参照，我们可以看到，世界各国的职业新闻传媒，不仅有着大致相似的组织结构方式，也有着基本一致的新闻工作方式。比如，所有职业新闻传媒的新闻生产与传播，不论在什么制度环境中，也不管是采用单一的媒介形态渠道还是采用融媒体形态平台，原则上都会坚持传媒组织的整体媒体方针、遵守媒体组织的新闻编辑方针，按照新闻采写、编辑、制作、刊播等的基本流程进行，每一环节都必须按照编辑部的规定严格把关，以保证新闻产品成为"机构性"的产品、组织性的产品、标准性的产品，而不是简单的某个记者或编辑个人的产品（这也正是职业新闻生产与民众新闻生产的最大不同之所在）。显然，这种工作原则、工作方式、工作标准的基本一致性，使得职业传媒之间、职业新闻工作者之间更易达成相互的承认或认同，这也就为全球职业新闻共同体的形成提供了基础性的保证。

当然，必须指出的是，这种工作原则、工作方式或程序、流程、环节上的一致性，并不完全代表工作标准上的一致性，尤其是新闻内容的选择标准，可能在不同传媒之间存在着很大的不同，甚至是实质性的差异。

其四，全球职业新闻领域有着基本一致的专业知识基础，包括职业道德知识基础。

新闻工作的职业化、专业化有一个历史过程，其中一个重要的基础和条件就是现代新闻教育的开启。专门的新闻教育，进一步促进了新闻职业化、专业化的成长。尽管专门的大学新闻教育也就一百多年的历史①，但新闻学早已成为一门具有强烈人文色彩的社会科学，在庞大的学科体系中成为一个重要的学科②，并形成了自身相对比较独立、成熟、完整的知识体系以及相应的技能体系。

观察、分析现有世界主要国家的新闻教育、新闻教学状况，可以看到，其教育教学体系、教学基本内容与方式，尽管拥有各自的特色和风格，但总体上大致相似，没有什么根本性的差异。需要特别指出的是，在职业伦理准则和道德规范方面，全球新闻教育同样具有比较高的一致性，不管哪个国家、哪个大学的新闻教育，都会要求学生接受符合新闻传播规律、符合新闻工作社会目标的伦理准则和道德规范，同时，都会教育未来的新闻从业者必须具有法治精神，遵守国家的相关法律。应该说，新闻知识体系、技能体系的全球统一性，以及职业伦理准则和道德规范的基本一致性，为全球职业新闻共同体的形成奠定了坚实的专业知识和规范基础。③

---

① 1908 年，美国密苏里大学新闻学院成立（实际上，密苏里大学早在 1878 年就开设了"新闻史"和"新闻素材"两门新闻专业课程），不仅在美国新闻教育史上具有里程碑的意义，而且标志着世界现代大学新闻教育的正式开端，对新闻工作的职业化、专业化产生了有力的促进作用。

② 在后新闻业时代开启后，有些人开始怀疑新闻学的必要性、大学新闻教育的必要性，有些人甚至宣布新闻学走向黄昏或死亡，还有人认为传播学可以取代新闻学。此处我不想讨论作为学科的新闻学将在新的环境中如何发展，只想指出，只要专业的新闻工作还有必要，只要作为职业工作的新闻工作依然必要，新闻学就将继续存在，并且会根据新的环境，不断更新创造自身的知识体系和技能体系。

③ 2005 年 11 月 19 日，在中国人民大学新闻学院成立 50 周年之际，全球 70 多家新闻学院的时任领导会聚一堂，共商全球新闻教育的未来发展，达成了具有广泛影响的"北京共识"，其基本内容集中体现在新闻人才培养的目标上，这就是：神圣的职业良心、宽阔的国际视野、深厚的文化底蕴、科学的思维方式和精湛的专业技能。从中可以看出，全球新闻教育界对职业（专业）人才的培养，有着一致的期望和要求。

显然，这为全球职业新闻共同体的形成创造了良好的主体条件。

当然，我们也不能忽视，不同国家之间，特别是在社会制度不同、意识形态不同的国家之间，新闻教育的内容尤其是新闻理论（或新闻原理），一定会有相当大的区别。所有国家的大学，尽管都声称大学教育具有自主性和独立性，但事实上都会通过新闻教育将国家认可的社会主导价值观念、新闻领域的主导价值观念贯穿在新闻理论观念之中；而时至今日，尽管人们有一些共同认可的基本价值观念，但还远未形成普遍接受的全球价值观念，这自然会影响到新闻理论的知识建构，也自然会对全球职业新闻共同体的形成造成一定的影响，毕竟今天的受教育者将是明天的从业者，他们在学校接受的观念必将影响他们未来的工作观念。但不可否认的是，仅就新闻专业知识、专业技能、伦理准则和道德规范而言，相同的成分多于相异的部分。因而，从这一维度观察，我们依然可以对全球职业新闻共同体形成的可能性持乐观的态度。

其五，现代新闻业的同源性，在某种程度上为全球职业新闻共同体的形成提供了有利条件。

从世界新闻史的角度看，现代新闻业起源于欧洲，可以说与资本主义相伴而生，是西方资本主义社会的有机组成部分。与资本主义的全球扩张相伴随，现代新闻业及现代新闻观念也逐步由欧洲向全球扩散。如果站在今天的角度，完全可以说，全球性的现代新闻业本来就是当年西方（以英美模式为主）新闻观念及至新闻业向全球不断扩散传播的结果。[1] 因而，全球性的现代新闻业，具有天生的相似性，这为全球职业新闻共同体的建构奠定了一定的基础。

但是，我们也应该明白，今天世界各国新闻业现象上的相似性，是第

---

[1]　陈力丹．世界新闻传播史［M］．上海：上海交通大学出版社，2002．

三世界国家反抗西方殖民霸权、获得民族独立后螺旋上升所产生的新结果，是经过某种"本土化""地方化"后的再相似，与当年西方国家殖民性、霸权式的推广扩散造成的直接相似性有着很大的差别。也就是说，源于西方国家的现代新闻业，经过世界各国的"本土化"后，已经具有各个国家的本土特色。与西方国家相比，其他国家尤其是社会主义国家，其现代新闻业的意识形态属性，具有很大的差异性甚至是比较强烈的对立性。客观地说，这也正是当今全球职业新闻共同体形成的困难所在。

但话再说回来，有差别、有差异并不可怕，也构不成不可克服的交流障碍，人类终究是生活在地球上的不得不成为一体的共同体。西方世界开启的现代化道路，是整个人类未来发展的道路。尽管不同的国家有不同的现代化方式、现代化特色，但现代文明的大方向是逆转不了的。有人曾针对中国的情况指出："不管中国特色社会主义道路是怎样一条不同于现代西方资本主义社会的道路，但它总是不能脱离现代性问题的。"① 事实上，人类早已开始反思批判西方式现代化的弊端，早已开始探索更为优良的现代化道路。现代新闻业如何发展，也是人类全球化过程中需要不断探索的一个重要领域。而且，经验事实表明，不同文化间的人们是可以相互交流、相互理解的。人类的反思能力使人类能够自觉到自己与他者的差异，而只要能够交流和相互理解，人类就有希望达成一些基本共识。对于新闻领域，诚如有学者所说，"中西新闻虽然存在不少差异，这些差异又根源于社会政治和历史文化，但新闻人的责任和使命又是相通的：促进和谐、进步与昌明，避免危机、矛盾与灾难"② 应该说，现代性、现代化大方向的基本一致性，从根本上决定了人类有着共同的历史道路、历史方向；同样，世界各国的新闻业也应该有共同的演进方向，因而，全球职业新闻

---

① 杨生平. 当代中国现代性建设之维［N］. 中国社会科学报，2015 - 11 - 26（3）.
② 李彬. 中国新闻社会史［M］. 2 版. 北京：清华大学出版社，2009：533.

共同体的形成是完全可能的事情。

其六，全球范围已经形成了超越国家范围（层次）的一些职业新闻伦理规则和其他一些相关规范，为全球职业新闻共同体的形成创造了一定的基础。

人类职业新闻活动的普遍存在，以及在不同社会范围和具体新闻媒介组织中的实际展开，从客观上决定了存在着不同范围、不同层次的新闻观念和新闻道德规范。如果从全球范围或人类层次上观察，则可以看到全球职业新闻领域已经存在世界层次或者说全球范围的新闻道德规范。国际知名媒介伦理学者克利福德·克里斯琴斯指出："在全球化时代，我们需要全球视角。我相信存在全球伦理，而其中首要的就是真实、人类尊严和非暴力。"[①] 事实上，在全球新闻领域，已经形成了大量不同类型的各种规范。比如，联合国经济及社会理事会于 1954 年拟定的《国际报业道德规约》（现在一般译为《国际新闻道德规约》）、1954 年 4 月国际新闻工作者联合会大会通过的《记者行为基本原则宣言》（1986 年 6 月修订），都是比较重要的具有全球意义的新闻道德规范。[②] 我们不大可能也没有必要将全球性的职业新闻规范一一罗列出来，但我们知道这些规范得到了世界各国职业新闻工作者的认可，它们实质上也是一些核心的职业新闻工作理念，这对形成全球职业新闻共同体显然是有利的，或者说它们本身就是成为共同体的标志。

---

① 甘丽华，克里斯琴斯. 全球媒介伦理及技术化时代的挑战：克利福德·克里斯琴斯学术访谈 [J]. 新闻记者，2015（7）：5.

② 《国际报业道德规约》的基本内容是：（1）不得歪曲或隐瞒事实。（2）不得自私、攻讦、诽谤、抄袭；不得把谣言当作事实；凡记载不确而损失名誉者，必须立即更正。（3）不得为满足读者的好奇心而涉及私人秘密。（4）若报道一个国家的状况，必须对这个国家有充分的认识，才能达到公正的程度。（5）道德规约应由各国报人遵守，不是由各国政府执行。（余家宏，等. 新闻学词典 [M]. 杭州：浙江人民出版社，1988：178－179.）另外，《记者行为基本原则宣言》（1986 年 6 月修订）也是一个重要的文献，有兴趣的读者可参阅下书：黄瑚. 新闻法规与职业道德教程 [M]. 上海：复旦大学出版社，2003：附录五 350.

这些"联合国级"的新闻职业规范确实是全球性的，也是得到全球职业新闻工作者认可的。但是，我们仍然要看到，世界各国甚至一些新闻传媒组织还有自己的一些特殊规范，对职业新闻工作者还有特殊的"纪律规范"要求，这些特殊的规范事实上比全球普遍职业伦理道德规范更加严格，也更加重要。但也正是这样的特殊规范，在很大程度上影响了职业新闻的纯洁性，造成了全球职业新闻共同体认同程度上的不利因素。但我认为，这并不能构成全球职业新闻共同体形成的根本障碍，事实上，世界各国的职业新闻工作者只要认同一些共同的伦理准则等就可以建构松散的共同体，之后随着全球化的进程，随着人类共同体的整体演进，再一步一步建构更为紧密的共同体。

通过上述诸多方面的分析，似乎可以得出这样一个乐观的结论：全球职业新闻共同体的形成是可能的。但是，我们也必须注意到，在我提出的几乎每一种可能性中，都存在着现实的困难或障碍（也可以叫作不可能性）。也就是说，目前来看，"全球职业新闻共同体"还不是现实，只是一种可能。要建设真实的全球职业新闻共同体，还需要全球职业新闻领域，更需要全球政治、经济、文化等力量共同努力。

（三）全球职业新闻共同体形成的路径

如果全球职业新闻共同体的形成是可能的，并且对人类整体发展是有益的，那么建构这样的共同体就是应该的。依据人们对历史的观察，一种社会事物的形成过程，通常既是一个自在自发的历史过程，又是一个自觉自为的过程。这意味着社会事物的形成是有自身规律的，同时也是需要努力去推动的。因而，要形成全球意义上的职业新闻共同体，既需要客观条件，更需要主观努力。要使可能变成现实，常常是一个长期的艰难的过程，其中最困难的也是最重要的，就是寻找到有效的方式方法。下面，我对全球职业新闻共同体形成的路径做出初步的探索性说明。

1. 全球化是促成全球职业新闻共同体的宏观方法

就当今的实际来说，推进全球化，是促成全球职业新闻共同体最根本的宏观方法。我一再指出，相对经济、政治、文化系统而言，新闻系统在整体的人类社会系统结构中是依赖性或依附性的存在，即：新闻系统的运行状况，更多地取决于政治、经济、文化系统的整体运行情况；一定社会的新闻领域，从制度建设（媒介制度体系）到具体的业务运作，都要依赖整体的社会制度，依赖整体的社会发展状态或水平，其核心就是依赖一定社会的政治制度和经济制度，正是政治制度、经济制度决定着新闻媒介制度的具体状况。当然，我从未否认新闻系统作为社会构成的一部分、作为一种社会特殊力量对政治、经济、文化等的作用和影响。基于这样的基本认识，我认为，所谓全球职业新闻共同体形成的路径，宏观上最重要的方法，就是促进经济全球化的进一步发展，促进全球政治交流、文化交流的发展。有了这些宏观的全球化领域的持续演进，新闻领域的全球化也就顺理成章、水到渠成①，全球职业新闻观念、全球职业新闻共同体的形成也就有了可能。为了对此有一个比较深入的理解，我再做一些具体分析。

第一，经济全球化是新闻全球化的基础力量，也是最根本的动力。全球化为全球新闻观念的形成（这是共同体形成中最为重要的方面）提供了

---

① 需要说明的是，我这里讨论的主要是其他领域全球化进程对新闻领域的推进作用，暂不讨论新闻领域对整个全球化进程的促进作用和影响。但事实上，作为信息领域重要的组成部分，全球新闻、国际新闻对全球交往交流，对世界不同地区和不同国家文化、文明、人民的相互了解与理解等等，具有不可替代的促进作用（不可否认，有时也会成为引发矛盾冲突的中介，甚至是直接的矛盾冲突平台或"舆论战场"），从而成为推进全球化进程的重要力量。

最重要的客观根据、最根本的动力①，也提供了宏观的路径。经济交往全球化，从根本意义上决定了信息交往全球化、精神交往全球化，人类的物质交往与精神交往本身就是一体化的、不可分割的。

全球化是我们所处时代人类发展的重要特征之一，它以全球经济一体化为基础，使人类的不同群体（国家、民族等）比以往任何一个时代都更加紧密地联系起来。经济全球化这一根本性的现象（事实），已经造成了人类命运一体化的客观趋势。这正是今天人们看到的，世界越来越变成了一个谁也离不开谁的世界。人们不难发现，某一国家、某一地区的经济危机或经济动荡，往往会迅速波及整个世界，影响到全球范围的社会大众的实际生活。② 全球化的进展与深化，使得"世界交往必然要替代局部的民族交往，成为现代交往的主旋律；民族交往必然会冲破以往的种种藩篱而成为世界交往的一部分"③。

依据历史唯物主义的社会结构理论④，物质交往全球化（集中表现为经济全球化），始终是精神交往全球化的深层动力，是形成各个领域全球观念的深层动力，"现代历史转变为世界历史是由工业和世界交往引起的。这一世界历史不是局部的，而是普遍的；不是观念的世界历史，而是现实的、活生生的物质过程"⑤。就我这里的论题而言，可以说，经济全球化

① 杨保军. 新闻观念论［M］. 上海：复旦大学出版社，2014：170 - 187.
② 2008 年源于美国的经济危机迅速蔓延到整个世界，影响了全球经济的正常发展，就是近些年最为典型的例证。
③ 陈力丹. 精神交往论［M］. 北京：开明出版社，1993：27. 2016 年，中国人民大学出版社推出了该书的修订版。
④ 历史唯物主义关于社会结构最根本的看法就是：经济领域是社会的基础结构，构成社会的经济基础，而政治领域、法律领域与社会文化领域构成社会的上层建筑；在经济基础与上层建筑之间，经济基础决定上层建筑，上层建筑对经济基础具有反作用。新闻领域通常被看作是社会上层建筑的一部分，属于上层建筑的意识形态领域。但是，我们也应该看到，作为上层建筑的新闻业，也会经济基础化，成为重要的文化产业、信息产业的一部分。
⑤ 刘怀玉. 哲学前提的反思与马克思主义辩证法的当代理解视野［J］. 创新，2015（6）：5 - 14，2，126.

本身需要信息全球化，需要全球新闻领域共同打造良好的信息秩序、新闻秩序，以有利于经济全球化的进展①；同时，经济全球化也会以其作为社会基础结构的物质性的客观力量，以"物质决定意识""社会存在决定社会意识"的根本方式，促使作为全球社会上层建筑之有机构成部分的新闻领域，慢慢形成相对比较统一的全球新闻观念，并进一步促进全球职业新闻共同体的形成。

第二，促进全球政治交流，是全球新闻有效交流、全球职业新闻共同体得以形成的根本保障。我们知道，尽管世界各国的新闻业具有属性、地位、功能等方面的差异，但不管哪个国家的新闻业和新闻传媒，都具有强烈的意识形态色彩，这也是大家公认的事实（不管一些新闻传媒如何宣称自身的自主性和独立性，实际上它们都奉行一定的意识形态观念）。新闻与政治之间，总体上具有十分紧密的联系；不是新闻有无政治性的问题，而是一定的新闻传媒主体拥有什么样的政治观念、政治立场的问题，这一点没有人会否认。而在政治与新闻之间，最基本的主导关系是，新闻更多地受制于政治，新闻对政治会有作用和影响。但是同样作为上层建筑的构成部分，政治对新闻具有更大更强的制导作用，新闻对政治的作用在正常情况下要弱小一些。② 中国学者李瞻在其《新闻学》中写道："任何新闻（报业）制度，均为政治制度之一环。换言之，一个社会的政治哲学决定它的新闻哲学；而新闻哲学又直接决定它的新闻政策、新闻制度与新闻观

---

① 全球经济领域的信息交流与沟通，仅仅依赖经济领域内部的信息交流是不够的，因为任何经济活动从原则上说都不是纯粹的经济活动。我们始终都要观察自然、社会各个领域的动态变化，以便做出科学合理的经济决策，而其他领域的信息、新闻，很多都可以通过新闻传媒或新闻媒介平台获得。

② 政治与新闻之间的关系十分复杂，但从大的方面看，主要是新闻受制于政治。总体上，在一个国家，有什么样的政治（制度），就会有什么样的新闻。在这一大前提下，新闻对政治会有或大或小的作用和影响；新闻在不同社会、不同国家的政治作用与影响更是有较大差别。（杨保军. 新闻理论研究引论 [M]. 北京：中国人民大学出版社，2009：171－184.）

念价值的标准。所以任何国家的新闻事业，都必须服务它所依附的政治制度及其生存社会的价值标准，此乃一项必然的逻辑。"①事实上，在一定社会范围内、一个国家范围内是如此，在全球范围内同样是如此。全球新闻事业如何，取决于国际政治的总体状况。因此，能否形成全球相对统一的职业新闻观念、职业新闻共同体，绝不仅仅是新闻传播范围内的事情，并且很有可能首先不是新闻领域的事情，而是国际经济、政治、文化、外交等领域的事情，尤其是国际政治领域的事情，它们更可能是先决性的条件。最直接的还是要看国际政治的发展状况。应该说，只有在国际政治达到一定的"共同政治"或全球治理的状态和水平的情况下，或者说只有在各种"主义"的政治对新闻本身形成比较一致的看法的情况下，至少是在相互理解和尊重的情况下，真实的全球职业新闻观念、全球职业伦理、全球职业新闻共同体才是可能的。因而，促进全球政治交流、形成全球共治状态，才是全球职业新闻共同体得以形成的根本保障和有效途径。

第三，促进全球多元文化交流、多种文明交流，也许是促进全球新闻交流最长久的任务，也是最深层意义上的途径和方法。所有的认同，所有共同体的形成，本质上就是观念认同、价值认同、文化认同。广义的文化就是社会，就是人类拥有的一切；狭义的文化就是由宗教、哲学、伦理、道德、文学、艺术等具体意识形态形式构成的精神系统以及贯穿其中的各种价值观念或信念理想。如果全球有了基本统一的人类价值观念、发展观念，各个领域的认同就不会有什么大的问题和根本的障碍。这就像在一个社会，如果形成了社会成员共同认同的核心价值观念，其他具体社会领域的认同就容易达成，因为具体领域的认同往往就是整体社会认同的落实和体现。因而，不管哪个领域，要想形成共同的至少是大致相似的全球观

---

① 李瞻.新闻学：新闻原理与制度之批评研究［M］.台北：三民书局，1973：自序 4.

念，形成一个领域的全球（职业）共同体，最基本的、最长久的，实际上也是最有效的但似乎也是最难以立竿见影的"宏远途径"，就是促进人类多元文化、多种文明之间的交往和交流，努力形成更多的基本共识、基本的共同观念。只有这个根基稳固了，建基于其上的或者说体现其具体方面的共同性才有真实的、长久的可能性。

伴随全球化的不断演进与深化，"过去那种地方的和民族的自给自足和闭关自守状态，被各民族的各方面的互相往来和各方面的互相依赖所代替了。物质的生产是如此，精神的生产也是如此。各民族的精神产品成了公共的财产。民族的片面性和局限性日益成为不可能，于是由许多种民族的和地方的文学形成了一种世界的文学"①。这样一个物质交往、精神交往全球化的世界，要求构成人类和世界的各个民族、各个国家，在互相尊重对方发展道路、价值观念选择的前提下，在尊重文化多元存在、共同繁荣兴旺的前提下，拥有一些共同的、核心的价值理念，遵守通过平等对话形成的一些共同原则。"在'全球化'的世界上，理应形成全球化的公共主义。"② 因而，全球职业新闻共同体的形成，首先要解决的是全球新闻观念问题，而最基本的方法就是文化认知、价值认知。

多元文化之间的平等交流与对话，多种文明之间的互相尊重与对话，是人类真正成为"一家人"的必有态度和方法。在总体上，不同地区、国家的人，本质上有着更多的相似性而不是差异性，而有人说过，在文化交流领域，"相似性比差异性更能促进各种文化之间的相互理解"③，这话对新闻观念的交流同样适用，只要有相似性、相近性或共同性的基本新闻观

---

① 马克思恩格斯文集：第 2 卷 [M]. 北京：人民出版社，2009：35.
② 郭湛. 公共主义的核心价值观念 [J]. 理论视野，2011（12）：26.
③ 萨默瓦，波特，麦克丹尼尔. 跨文化传播：第六版 [M]. 闵惠泉，贺文发，徐培喜，等译. 北京：中国人民大学出版社，2013：79.

念存在，就有可能在全球化的进程中，在主导新闻观念上形成相对比较统一的认识，为职业新闻共同体的形成"凝聚灵魂"。如果差异性多，那就尊重现有差异，展开交往、交流，实现了解和理解，"多元文化主义促使人们相互沟通，而不互相保持距离，促使人们彼此做出反应，而不彼此轻视，互相分离"①。"传播全球化带来的文化多元与文化冲突也是文化变革的动力，文化在开放、比较和竞争中将得到新的发展。"②意大利著名哲学家埃科认为，人们发现的差别越多，能够承认和尊重的差别越多，就越能更好地相聚在一种互相理解的氛围之中。③ 不同新闻观念、新闻意识形态之间，可以展开对话、交流和竞争，时间长了，就能在交往交流中形成一些共识，就能互相取长补短，共同协商进步。

我认为，在新的全球化背景下，在多元文化、多种文明已经形成广泛交流对话的大背景下，要想形成共同的全球性的新闻观念，从根本的或总的原则机制上，不应该是既有的某种新闻观念、新闻主义的强势推广扩散，而应该是各种新闻观念之间的交流、协商与对话。有学者指出："世界主义的发展首先起源于社会行动者之间的多元互动关系，这些行动者通过彼此相遇而走到一起，从而必须以一种批判而多元的精神来审视自身的经验、审视对方的处境。通过参照普遍性的规范和准则来理解彼此的情境。从这一角度而言，世界主义的态度首先是一种对话的态度。世界主义现象是通过相遇、交往、对话的逻辑得到塑造的，这中间通行的是一种普

---

① 图海纳.我们能否共同生存：既彼此平等又互有差异［M］.狄玉明，李平沤，译.北京：商务印书馆，2003：255.

② 杨瑞明.空间与关系的转换：在多维话语中理解"传播全球化"［J］.新闻与传播研究，2014（12）：109.

③ 乐黛云.独角兽与龙：回忆我和翁贝托·埃科的两次相遇［N］.文汇报，2016-03-03（12）.

遍主义的准则，而不是一方高于另一方的逻辑。"① 中国著名社会学家费孝通在论及全球价值观念形成的途径时也说过类似的话："通过加强群体之间的接触、交流和融合，在实践中筛选出一系列能为各群体自愿接受的共同价值标准，实现'美美与共'。就是说已经被捆在一体中的人们能有一套大家共认的价值标准，人人心甘情愿地按这些标准主动地行事。"② 这些论述和思想对如何形成全球新闻观念、全球职业新闻共同体都具有重要的方法论启示意义。事实上，"在相互依存度越来越高的国际社会，如何建立一个崭新的世界？基本答案是'以平等开放的精神，维护文明的多样性，促进国际关系民主化，协力构建各种文明兼容并蓄的和谐世界'"③。只有在这样一种总体观念下，人类才有可能在各个领域，特别是在那些文明个性、文化色彩、意识形态属性相对比较强而差异比较明显的领域展开交流、协商、对话，形成一些比较一致的共同观念，从而为相关共同体的形成奠定精神基础。

总而言之，人类的全球化交往，不管是在物质交往领域还是在精神交往领域，都意味着在客观上需要全球相对统一的规则和观念，需要人类成为基本统一的共同体；同样，在任何一个具体的社会领域，同样需要相对统一的全球观念、全球共同体。但这一切的基础，又得回归到多元文化、多样文明的持续交往与交流。广泛的文化交流、观念交流、精神交流是某一领域交流的基础，也是形成共同体的基础。说到底，某一人类领域共同体的形成，不过是人类作为文化共同体、文明共同体的具体表现。

---

① 德兰迪，郭忠华."世界主义"共同体如何形成：关于重大社会变迁问题的对话 [J]. 学术月刊，2011 (7)：8.

② 叶隽. 文明史、现代性与现时代问题：读《文明的进程》[J]. 中国图书评论，2011 (9)：84.

③ 姜安. 毛泽东"三个世界划分"理论的政治考量与时代价值 [J]. 中国社会科学，2012 (1)：24.

第四，国际互联网创造了全球职业新闻共同体得以形成的重要途径。互联网在现实性上已经创造了一个"网络地球"，已经使人类进入了一个可交流的共同网络空间。因而，人类已经能够充分运用互联网所打造的"地球村"，为全球新闻共同体乃至全球职业新闻共同体的形成进一步创造条件。当今世界，人类在整体上正运用以互联网为基础的"技术丛"（或技术群、技术束）开辟着崭新的未来道路，可以说，已经开启了人类走向一体化的新时代。在新闻学视野中，新兴媒介时代的到来、后新闻业时代的开启，为全球新闻观念以及全球职业新闻共同体的形成创造了前所未有的机会和条件，提供了特殊的动力机制。

全球网络空间的形成，不仅开辟了全球性的新闻交流空间，也在一定程度上开辟了全球网络公共领域、公共平台，为新闻领域内的信息交流、意见交流、观念交流提供了得天独厚的条件，也为人类讨论全球事务提供了特殊的、巨大无比的平台。从新闻学角度看，这无疑为全球新闻观念的形成、全球职业新闻共同体的形成开创了新的途径。具体一些说，新的新闻生产、传播、收受技术，新的层出不穷的媒介形态，造就了新的媒介（信息）环境，促进了以网络空间为主的全球公共领域的生成，使得全球大众（更不要说职业新闻群体）原则上都有机会进入网络空间，讨论与人类共同利益、共同兴趣相关的各种问题。在新闻主体论视野中，我认为，全球公共领域的初步生成，为全球职业新闻共同体的形成、共同新闻观念的形成，提供了客观基础。通过在全球公共领域中的实际交流，人们才能真实地相互了解、相互理解，能够更为真切地感受到"我们是同类，我们在同一个地球上，我们在同一个空间中"，从而为形成共同的观念、共同的规范创造广泛的社会基础。

从现实性上看，针对同样的新闻现象、新闻活动，或同样的新闻事实、新闻事件，不同社会中的人，完全有可能从不同立场、不同角度出发提出不同的看法和观点，很可能各执一词、各持己见，从而在媒介空间形成强烈的矛盾和冲突（人们经常看到这样的景象）。但是，矛盾与冲突也是交流对话的一种形式。何况，交流对话的形式并不总是矛盾冲突。其实，不管以何种方式、形式展开交流，总会促成人们之间的相互了解，总会促成一定程度、一定范围的反思。而一旦有了了解、反思这样的活动，实际上就等于迈出了形成一致观念的步伐。人们只有知道了他人的观念是什么、自己的观念是什么，才能进行有效的比较，才有可能求同存异、互相理解、互相尊重，从而逐步形成一些公共观念。如果能有共同的新闻观念，形成共同体的可能性当然就会更大一些。有研究者发现："互联网让新闻生产者与接受者之间的社会距离变小，新闻信息实现了跨国交流的同时也带来了观念的全球化，这些都对仍然抱着传统新闻观念的记者们产生了冲击。"[①] 能在同一平台上展开实际的交流对话，对形成相对统一的新闻观念、形成某种程度的共同体，有着直接的实际作用。有学者这样写道："与新闻本身全球化密切联系在一起的全球公民社会的成长影响巨大，革新势头强劲。"[②]应该说，全球公共领域的初步开辟，使得"全球公民"从抽象的概念正在变成一定程度的现实。正是在这样一种情境中，人们甚至看到，民族身份、国家身份、公民身份已经渗透进了（或者说包含了）全球公民身份、全球公司"公民"身份等。[③]

----

① 转引自：王斌，古俊生，裴峥. 新世纪国际新闻学研究的现状：以 Journalism：Theory，Practice & Criticism（2000－2014）为分析样本 [J]. 新闻记者，2015（12）：50.

② 舒德森. 为什么民主需要不可爱的新闻界 [M]. 贺文发，译. 北京：华夏出版社，2010：9.

③ 全球化造就了巨大的跨国公司，很多人对自己身份的想象已经转变为公司想象了，这种归属性的身份想象甚至与民族、国家形成了某种程度的平行或并列关系。有位英国学者说，全球化、新自由主义使英国这样的西方国家的政府都感到"保护人民利益的能力被削弱了"，"人民对政府的效忠程度也在逐渐降低"。（卡伦. 媒体与权力 [M]. 史安斌，董关鹏，译. 北京：清华大学出版社，2006：39.）

2. 全面推进全球新闻领域的具体交往交流，是建构全球职业新闻共同体的直接路径和方法

全面推进全球新闻领域的具体交往交流，包括新闻教育交流和科学研究交流，特别是新闻实践领域的交流，是更为直接的建构新闻共同观念、全球职业新闻共同体的有效路径和方法。不管什么样的共同体，不管哪个领域的共同体，都只能通过交往交流来形成并存续，即只能通过长期持续的、实实在在的交往交流来建构，也只能在交往交流中存在和发展。交往交流是具体的，体现并落实在具体的活动方式之中，它们可以是官方的，可以是民间的，也可以是各种类型融合的。就此处的论题而言，主要表现在以下几个方面。

其一，如前所言，形成统一的基本新闻观念，是建构全球职业新闻共同体的灵魂工程。要实现观念的统一，最为直接有效的办法，就是新闻教育交流，因为新闻教育是形成统一新闻观念的基础，属于在先的环节。事实上，新闻教育（包括新闻培训）要解决的核心问题，其实通常就包括新闻观念问题，而不仅仅是知识论、方法论、技能论的问题。因而，扩展开来看，全球新闻教育领域是全球新闻观念形成的有效渠道和平台，而世界各国之间的新闻教育交流，也应该是全球新闻观念得以形成的重要的、长期的、深层的机制。

人们知道，自从现代新闻教育开创以来，它就逐渐成为新闻从业者新闻观念得以形成的核心渠道、基本方式，新闻教育是塑造、延续一定新闻意识形态的基本形式与途径，也是一种长期有效的机制。"一般说来，学院式新闻专业教育的目标原则上可以分为三个方面：一是要求学生系统学习和把握新闻专业知识和专业技能，二是培养学生的综合素质，三是培养学生将来从事新闻工作必须拥有的基本价值理念、职业伦理和职业道德。……在实际教学中，这三个方面往往是融合在一起的，但教育学生形成正确合理的新闻职业理念、新闻专业精神，乃是新闻专业教育的根本和灵魂。"①如果全球新闻教育在观念上具有大致的统一性，那将在很大程度上奠定新闻观念统一性的基础。就现实情况来看，世界各国的新闻教育尽管都有其特殊的内容和目标，但在新闻、新闻媒介、新闻业的基本属性和基本功能以及新闻传播基本原则等新闻教学的基本内容上是一致的，在新闻从业者的角色和身份、职责、应该遵守的基本道德规范等方面也是基本一致的。因而，当今全球新闻教育的相似性，对全球新闻观念统一性的形成具有基础性的作用，也自然为全球职业新闻共同体的形成创造了实质性的基础条件。

其二，与新闻教育一样，新闻研究领域的交流也是形成全球相对统一新闻观念的重要机制，因而也是建构全球职业新闻共同体的重要途径和方法。伴随全球化的日益深入，学术研究、学术交流的国际化已经成为常态，而科学研究特有的精神与方法，对真实、准确、全面认识人类社会各个领域的实际情况，具有巨大的促进作用，对世界不同地区、不同国家之间的相互认知和相互理解产生了不可替代的价值。从一定意义上说，正是偏见相对较少的学术交流，创造了更多真实坦诚交流的可能，从而为发现那些阻碍共同观念形成的问题创造了机会，进而为解决这些问题寻找到了更为有效的路径和方法。

从一般意义上说，新闻研究最基本的目的是探索新闻现象的内在特征，揭示新闻活动的基本规律，把握新闻与社会的关系，认识不同时代、不同社会新闻现象和新闻活动的特殊根据与表现，为人们的新闻实践提供具有真理性的理论观念。因此，新闻学术领域的国际交流，不仅具有理论

---

① 杨保军. 新闻精神论［M］. 北京：中国人民大学出版社，2007：262.

观念交流的意义，也对形成全球一些共同的新闻实践观念有着重要的基础作用，是形成共同观念的一种深层机制，也是具有长远影响的机制。只要人们在真理层面形成一致的认识，就意味着在实践观念上总会达致某种统一。更实际一些说，新闻学术认识上的共识、新闻理论观念上的基本一致，将对新闻教育、新闻教学（包括新闻职业培训等）内容构成与设置的一致性，对新闻实践指导观念设计与建构的相似性，产生直接的作用和影响。无疑，这对全球职业新闻共同体的形成必将产生促进作用。

其三，全球职业新闻共同体形成的过程，不只是一个认识过程，不只是思想、观念、理论交流的过程，更重要的是，这是一个艰难的实践交往过程。只有通过共同的、相似的新闻实践，才能真正建立起真实的新闻共同体；只有在新闻实践中抱持基本一致的新闻观念、遵循基本一致的原则、采取基本一致的工作方式，实际的或想象的共同体才具有真实性。因此，全球范围内的新闻实践交往交流、实际合作、人员往来，才是更为实在的建构全球职业新闻共同体的途径和方法。

当今时代，全球化使人类真正开始在特殊与特殊之间、地方与地方之间架起普遍联系交往的桥梁，使人类真正开启了如马克思所说的"世界历史"时代。在历史开始向世界历史转变的宏大时代背景下，处在交往交流前沿的新闻领域特别是国际新闻传播领域，理应积极探求形成共同新闻观念的路径和方法，理应进行各种各样丰富多彩的交往交流，为全球职业新闻共同体的形成开辟道路、创造条件。全球化的客观进程，特别是信息时代的到来、媒介化生存方式的普遍化，使本身就处于人类跨文化交流前沿阵地的新闻活动者，有更多的机会展开对话和交流，这无疑为达成共识、形成共同观念增加了可能，也为全球职业新闻共同体的想象创造了前所未有的机会与空间。因此，加强全球新闻实践合作、交往交流才是我们更应重视的直接方式方法。

理论观念的交流，毕竟属于理论观念范围，而新闻实践交往交流则是直接的感性活动，交往交流的各方可以直接看到、感受到对方的新闻行为。比如，如果不同国家的新闻工作者能在同一新闻平台上共同开展活动、进行合作，那不同主体在同一活动领域中的共同点与差异处就可以看得一清二楚，从中也就可以看出背后新闻观念的一致与不同。而真实的相互了解、相互知情是所有有效协商与对话的基础和起点。因此，形成全球新闻观念、全球职业新闻共同体的根本机制在于全球性的新闻实践交往。实践交往造成的相互交流、相互作用和相互影响是感性的、实际的、经验的，是产生共同观念的根基，更是感受共同体存在的直接途径。即使在新闻交流中发生矛盾，出现观念冲突甚至是行为的相互背离，人们也应该坚信"不打不相识"的朴素道理。共同观念不可能在相互隔绝中形成，共同体不可能在相互隔绝中形成。全球新闻观念、全球职业新闻共同体的形成，最重要的根基和渠道是新闻实践领域的交流。

3. 成立全球性新闻组织、机构、协会等，是形成全球职业新闻共同体的组织保证

成立全球性新闻组织、机构、协会等，是形成全球职业新闻共同体直接有形的途径和方法。一定的共同体可以在自在自然的演进过程中逐步形成，但要成为一个联系相对比较紧密的，拥有共同价值观念、理想目标、行为方式的共同体，则需要以自觉自为的方式去建构。对一个小的共同体（比如某个小的学术团体）是这样，对一个大的共同体（比如国家共同体、民族共同体）就更是如此。自觉建构共同体的方式方法很多，但前提是以一定的组织机构形式去保障。其中的理由很好理解。

有了相关的组织机构，可能容易形成相对统一的价值观念、行为原则。有了一定的共同体组织机构，就有了比较正式的内外部交流协商平

台，就有了比较正式的、常态的协商交流机制，因而可以对各种问题特别是那些关涉共同体命运的大问题展开讨论协商。按照常理，这会有利于形成共同的观念和行为原则。当然，这并不意味着不会发生争执、矛盾和冲突，也许，正是在一些基本观念上，即使有了协商交流，也难以形成一致的看法。但我们应该明白，这也正是共同体形成过程中必须逐步解决的问题。有了相关组织机构，就更易于自觉开展经常性的交往交流活动，从而促进共同体内部的相互了解和理解，促进共同体建设。这似乎是一个自然而然的过程。有了组织机构，开展相关交往交流活动就会变得比较容易。而一旦交往交流活动经常化、正式化，群体内部成员之间的观念交流、情感交流、工作交流等就会变得更加深入自然，这对共同体的进一步形成无疑具有良好的作用。有了相关组织机构，更易于协商解决一些可能的误会、矛盾冲突。即使共同体初步形成，其内外矛盾也是不可避免的，而有了矛盾就需要解决。如果有了组织机构，那么不管是共同体内部的矛盾还是共同体与外部的矛盾，解决起来都有了平台和一定的机制，这对共同体的发展自然是必要的。有了相关组织机构，可以进一步引导全球新闻从业者形成共同体想象，形成共同体感觉。当一个有形的组织在那里，看得见、摸得着，共同体就有了一种有形感、存在感。一些从业者常常把有些类似"记者协会"的社会组织称为"记者之家"，恐怕正是这种感觉的反应。

综上所述，创办、建设一定的共同体组织机构，能强化对共同体的想象和感觉，更重要的是，它对共同体的发展具有重要的促进作用。需要补充说明的是：这样的共同体组织机构，可以是官方的，也可以是民间的；可以是地区性的，也可以是全球性的；可以是某一种媒介形态领域的，也可以是整体新闻领域的。不同的组织机构形式、团体协会形式，可以发挥不同的作用，这样的国际性、全球性新闻组织机构多了，总体上一定能够促进国际新闻领域的交往和交流，总体上一定有利于全球职业新闻共同体的形成。

三、全球职业新闻共同体形成的意义

全球职业新闻共同体的形成，是一个伴随人类全球化演进的自在自发的过程，但是，如果有了人类的共同努力，这一进程就有可能加快。那么，我们要问，为什么要推动全球职业新闻共同体的形成呢？全球职业新闻共同体形成对人类有什么好处呢？或者说它对人类有什么样的价值和意义呢？如果这些问题得不到正面的回答，自觉促进全球职业新闻共同体的形成就没有充分的理由。因此，全球职业新闻共同体形成的意义或价值问题，并不是一个可有可无的问题，而是一个需要认真思考的重要问题。思考全球职业新闻共同体形成的意义可以从两个方面着眼：一是对人类新闻活动自身的意义，二是对新闻领域之外人类其他活动的意义。

（一）全球职业新闻共同体形成的内部意义

所谓内部意义，是指全球职业新闻共同体之形成对于人类新闻活动领域的意义，它也是共同体对新闻系统外部产生意义的前提或基础。职业新闻领域内部共同观念的形成、共同体的形成，对领域内的进一步深入交往交流、领域内部矛盾冲突的化解，特别是对整体职业（专业）新闻水平在新环境中的提升，以及如何应对新的机遇和挑战、求得世界新闻事业的进一步发展等诸多问题，都会产生一定的意义和价值。下面从四个具体方面加以分析阐释。

首先，全球职业新闻共同体的初步形成，必将有利于全球职业新闻领域开展深入广泛的交流活动，并进一步强化全球职业新闻工作者的身份意识、群体意识、共同体意识。任何社会共同体都是在交往交流实践（包括感性实践和话语实践）中形成的，是在同一群体所有成员以共同价值信念为核心的认同中逐步形成的；反过来，共同体一旦初步形成，又将为共同体内部的交往交流创造有利的条件，使共同体成员对自己的身份获得更为明确的意识，从而促成共同体内部更深、更广的交往与交流，使共同体变得更加稳定和牢固，这似乎是自然而然的事情。[①] 具体一点说，共同体的初步形成，意味着作为一个共同体，有了所有成员认同的基本观念，有了所有成员认可的共同基本工作原则、工作标准和工作方式，有了大家共同认可的知识体系、技能体系、伦理道德规范体系，毫无疑问，这为进一步的交往交流提供了前提条件。

第一，可以从普遍层面的一般交流，深入到特殊、具体层面的细致交流，从而促进共同体内部成员之间真正的相互认知和理解。如果一个群体中的成员认可一些共同的大的原则，那么，他们就有机会、前提和意愿进一步深入探讨交流普遍原则在不同社会、不同国家的特殊体现。比如，世界各国的职业新闻传播主体都认为新闻应该报道"重要的、显著的以及与公众利益、公众兴趣相关的"事实，即大家一般的新闻（选择）价值观念是相同的，但到底什么是重要的、显著的以及与公众利益、公众兴趣相关的，不同环境中的职业新闻工作者则会有不同的理解，也就是说，在新闻价值选择标准的具体运用上是有所差异的，不同环境中新闻价值的指标排序实质上是有差别的。要认识理解这样的差异，只有通过深层次的、具体的交流才能做到，需要认识了解相关的历史文化传统（包括新闻文化传

[①] 当然，即使是一个历史上已经形成的、现实中也比较稳定的共同体，也会因为各种各样的原因，变成不稳定的共同体，甚至会发生内部矛盾冲突，导致分裂、解构、消散，变得不复存在。无论在历史中还是在现实社会中，人们都能看到这种现象。因而，一个共同体即使形成，也不是会一直存在。事实上，对于各种认同，特别是在人类共同体认同、民族认同、国家认同、文化认同这些大的认同领域，当今人类面临着越来越严峻的挑战，各种极端多元主义造成的不良后果正在撕裂人们稳定、安然的工作和生活状态，这也正是认同问题越来越为人们所关注的根本原因。一定意义上，这也是我们展开新闻主体研究、进行全球职业新闻共同体探讨的重要原因。

统）、社会现实情况等，而这些都要以一些基本的认同作为基础保障。如果在最基本的观念上都难以达到认同，深层次的、具体的交流显然是不大可能的。

第二，初步松散的共同体一旦成型，自然有利于共同体策划、设计、组织、开展一些进一步强化共同体内部关系的交流活动，从而不断提升共同体内部的紧密程度，强化共同体意识。共同体当然不只是观念的共同体，也会有一些组织形式上的体现，比如共同体通常会有自己的组织形式，会设立相关的办事机构，也会成立一些大大小小、不同层级的社会组织和协会等等。只要有了这些机构形式，就可以组织各种各样的活动，诸如具有一定国际合作意义的新闻生产传播活动（对此我在下文专门阐释）、新闻学术研讨活动等等，从而使共同体内部的交流常态化、广泛化和持久化，使共同体成员对共同体的存在获得明确的感性体验或想象。

第三，全球职业新闻共同体的初步形成，不仅本身可以宣示新闻工作的职业性和专业性，而且对全球新闻从业者的身份意识、群体意识、共同体意识有着巨大的强化和提升作用。如果全球职业新闻共同体能够形成，全球职业新闻从业者就会对共同体产生"大家庭"的感觉，就会觉得自己有了归属感，也就会自觉地为维护共同体承担自身的责任和义务，并通过自己的职业工作为共同体增光添彩。

其次，全球职业新闻共同体的初步形成，有利于调解、消除职业新闻领域的矛盾冲突。这一点其实是上一点的延伸。人类共同体，人类各个领域的共同体，特别是那些意识形态属性比较强的领域中的共同体，对于今日人类来说，实事求是地看，更多属于人类的美好愿望和理想，离真正成熟的共同体还有遥远的距离。人们看到的现实情况是，人类仍然处于以民族国家为核心利益单位的时代（国家利益至上是最典型的表现），这就从根本上决定了，任何领域的共同体，原则上或总体上只能是松散性的共同体，新闻职业领域也不例外。但也正因如此，如果有一个哪怕是松散的共同体存在，它也将有利于调解共同体内部不同成员之间的矛盾冲突。①

第一，如果有一个松散的、初级的共同体存在，就能够提供解决一些矛盾冲突的中介、平台或机制，或者说能够提供一些相互沟通、协商、谈判的基础组织和渠道。在全球化时代，世界各地区、各国之间一方面联系越来越紧密，另一方面则是小范围的矛盾纠纷甚至冲突敌对越来越多。这类现象、事实、事件，往往具有新闻价值，因而很容易通过新闻报道的方式呈现出来。新闻传媒的民族情怀、国家立场、政府倾向，常常使不同国家的新闻传媒在这些矛盾冲突中冲锋陷阵，厮杀在信息领域的前沿阵地，使国家之间的矛盾冲突直接表现为新闻传媒之间的矛盾冲突（通过新闻报道）。于是，人们看到，伴随全球化的进展，国家之间的"信息战、新闻战、口水战、舆论战"越来越多。这实质上是不同国家之间"软实力"的较量，也是"全球话语权"或是各种具体领域话语权（政治、经济、文化、军事等等，包括新闻话语权本身）的争夺和较量；再深一步，也是不同文化之间、不同文明之间的某种冲突和较量。如果没有全球职业新闻共同体的存在，这些表现在媒介空间、新闻符号世界中的矛盾冲突，有可能愈演愈烈，变得没有边界和底线；如果有一个松散的、初级的共同体存在，至少在发生矛盾冲突时，有可能通过一些渠道、中介展开及时沟通交流，从而消除一些可能的误会，缓解一些激烈的矛盾冲突。总而言之，有既成的渠道总比没有渠道要方便、要好。

第二，更为重要的是，共同体的存在，能够为一些矛盾冲突的化解，提供共同的基本观念和基本准则（标准）。共同体不同成员之间的矛盾冲

---

① 就目前的情况来说，具有全球意义的共同体，其内部主要关系表现为以国家为单位的成员之间的关系。因而，所谓共同体内部的合作或矛盾，首先表现为不同国家成员之间的合作或矛盾；即使是产生于具体组织或个人之间的关系，也往往要上升到国家层面来处理。

突，不管有怎样的现象上的具体表现，最终都会归结为利益的冲突，归结为不同价值观念、基本标准之间的冲突。这就意味着，如果冲突者、矛盾者在相关的标准问题上达成基本一致，矛盾冲突也就易于解决了。而我们知道，共同体的形成，是以共同的基本观念为条件的，这也就意味着共同体内部的所有成员从原则上认可新闻工作的一些共同的基本观念，这就为矛盾冲突的解决奠定了根本性的基础。矛盾冲突，很可能就是在实际利益的驱使下，对基本观念、基本准则的背离，如果矛盾冲突各方经过协商都能重新回到基本观念、基本准则上，就有了解决矛盾冲突的可能。进一步说，共同体内部成员之间的每一次矛盾冲突，都可以使共同体不同成员之间展开一次观念交流。实际上，共同的基本观念的形成，也是在一次次的矛盾冲突中逐步实现的；只有通过新闻实践中的矛盾冲突，共同体的不同成员才能真正认识到他们之间的观念异同。当然，即使有一个松散的共同体存在，有一些认同的基本观念、基本准则存在，有些矛盾冲突仍然不会得到解决，各执一词的现象依旧会存在，多元标准依旧会存在，共同体的撕裂可能也会存在。人类走向一体化是一个艰难的过程，一些领域形成共同体同样是一个艰难的过程。但也正因如此，人类才需要积极努力，在各个领域建构共同体，直至形成真正的共同体，唯有这样，才能为减少直至消除人类的"内耗"创造更多的条件和途径。

第三，共同体的初步形成，为那些暂时难以处理解决的矛盾冲突创造了特别的探索解决的机会。如上所言，并不是所有的矛盾冲突都可以及时有效地解决。但是，即使一些矛盾冲突无法立刻解决，也可以探究不能解决的原因。如果有一个松散的共同体存在，那就意味着它能提供这样的机制和平台，共同体成员就有机会展开理智的协商、对话。如果能够找到原因，至少可以减少同类矛盾冲突。事实上，很多情况下，不是因为不同国家之间的新闻领域有矛盾，不是因为职业新闻工作者持有的新闻观念有差异，更不是因为职业新闻工作者在新闻操作上有问题，而是不同国家（政府）在有关的事情上有冲突。在这种情况下，表面是在解决新闻领域的矛盾冲突，实质上是在调解国家之间的矛盾冲突。人们经常看到，国家之间、政府之间，往往会通过新闻方式示好或交恶，新闻不过是国家关系的前台表演者。我们相信，全球职业新闻共同体不仅有利于新闻领域内部矛盾的解决，也可以促进国家之间相关矛盾的解决。

再次，全球职业新闻共同体的初步形成，有利于提升国际新闻、全球新闻生产传播的质量，促进国际新闻、全球新闻传播的针对性和有效性。这应该是共同体形成后的自然结果。就现实来看，各国新闻媒体生产传播的新闻，特别是我们此处特别关注的国际新闻，天然地、不可避免地具有其本国的特征（文化特征、思维特征、语言特征等），因而也就天然地在一定程度上给他国民众的接收与理解造成了一定的障碍，这显然是需要处理的。而全球职业新闻共同体的形成，将有利于国际新闻传播质量的提高，有利于增强国际新闻的针对性和有效性。

第一，全球职业新闻共同体的形成，不只意味着全球职业新闻工作者有了一个可以想象的"大家庭"和相同的职业身份；更为重要也更为实际的是，如果有一个松散的全球职业新闻共同体存在，如前所说，全球职业新闻工作者就有更多机会相互了解、相互学习，就有更多可能更好地了解整个世界，了解不同的国家和人民，了解不同的文化传统和现实，特别是有更多机会更好地了解不同国家的新闻业状况以及人们普遍的新闻观念、新闻需要。这些相互了解与相互学习，无疑会促成或促进不同国家新闻传媒与职业新闻工作者之间的实践交流与合作。更进一步，共同体内部相对比较深入的交流，可以使不同国家的新闻传媒或职业新闻工作者更好地把握传播对象地区或国家人们的思维方式、心理特征、语言特色以及具体的新闻收受习惯，从而能够在相关国际新闻领域生产出高质量的、具有良好针对性的新闻①，取得比较好的传播效果。

第二，人们看到，全球性大型传媒集团、公司早已成为事实，它们的文化产品、新闻产品并不限于某一地区或国家，而是面向整个世界、全球人类。实际上，这些传媒领域的"大块头""巨无霸"，其子公司本身就分布在世界各个地区、各个国家，运行于不同的文化环境、社会环境之中，它们的员工本身就来自不同的国家和社会。仅从新闻学角度看，它们的记者、编辑就构成全球意义上的小型新闻群体或新闻共同体，可以说是全球职业新闻共同体的某种"微缩版"。这些全球性传媒集团、公司生产传播的新闻，不仅是地区的，同时也是世界的、全球的。从某种意义上说，这样的传媒集团、公司已经在预演全球职业新闻共同体的角色。当然，我们应该看到，这样的集团、公司拥有自身的立场和本位价值，就目前来看，具有全球影响力的传媒集团、公司几乎全部源于西方世界，它们持有的主导新闻观念依然是西方的，恐怕还不能代表全球职业新闻领域共同认可的基本观念，全球信息秩序、新闻秩序的调整与变革仍然是人类面临的巨大任务。

最后，全球职业新闻共同体的形成，最直接的意义就是提升了职业新闻工作自身的地位，能够进一步显示和强化新闻在人类社会生活中特有的价值，也能够促进社会公众认知新闻工作的特征。在新兴媒介环境中，在全球范围内，不只是普通民众，就连职业新闻工作者自己以及很多新闻传播学研究者，也开始看低职业新闻的重要性、必要性，甚至有一些极端的观点，认为由于社会分工而存在的新闻职业将在新媒体的迅猛发展中，在民众新闻的自给自足中，退出历史舞台。我在本书中多次对这样极端的看法做出了否定性的评析。职业新闻不仅会继续存在下去，而且会继续发

---

① 杨保军.创制亲近性文本：跨文化有效传播的重要基础［J］.国际新闻界，2001（6）：59-63.

展。就此处的论题而言，我认为，全球职业新闻共同体的初步形成，对整个新闻职业有着重要的意义和价值。

第一，全球职业新闻共同体的形成，其本身就能表明职业新闻的重要性，就能显示职业新闻的职业性，就能在一定程度上表现出职业新闻的专业性。更进一步，全球职业新闻共同体可以通过各种具体活动方式，充分彰显自身的特殊存在，展示自身在人类新闻活动领域的特殊意义和价值。在当今新兴媒介环境中，人们对职业新闻的功能作用、价值意义普遍怀疑或看低。相关研究一再表明，职业新闻的公信力、影响力在全球范围内持续降低，其中一定有各种各样的原因，但最重要的原因之一，恐怕还是源于新闻业内部。人们不难发现，全球范围内新闻传媒的自主性、独立性、公共性都在持续走弱，与政治权力合谋，以商业利益至上，成为很多新闻传播的实质姿态与追求，在一定程度上损害了社会大众的利益，自然难以赢得社会大众的信赖和支持。因而，全球职业新闻领域如果能够借助全球化进程，加快共同体的形成步伐，就有可能使职业新闻在新的环境中确立新的形象，在"民众新闻"大潮中以专业方式显现出自身特有的价值与力量。

第二，全球职业新闻共同体的形成，可以进一步增强职业新闻工作者的职业意识，进一步提高职业新闻在新兴媒介环境中的特殊地位。对于职业新闻工作者而言，全球职业新闻共同体的形成，自然有利于职业身份、职业角色的强化，相应地，职责意识以及专业意识也会得到强化和提升。职业的就是职业的，不是业余的，不是非职业的，全球社会或一定社会的常态新闻图景，只能依赖职业新闻工作者以专业方式反映、呈现或者塑造、建构，业余方式、民众方式难以替代；现代新闻职业还远远没有落入退出现代化进程的地步。人们经常看到，每当一些重大事件发生时，常常是传说谣言满天飞，人们在信息喧嚣中难辨真假，不知所措。实际上，人们对信息秩序、新闻秩序的混乱有诸多的抱怨和批评，这恰好表明了职业新闻的不可替代性。因而，在全球范围内，新的时代更是强烈要求职业新闻提升自身的职业水平、专业水平，以显示出职业新闻特有的作用。这是一个需要强化专业性而非淡化专业性的时代。

第三，从社会大众一方看，全球职业新闻共同体的形成，能够增进社会公众对职业新闻传媒的认知、对职业新闻工作者的认知、对职业新闻特殊意义的认知。如今，大众化新闻传播主体结构已经发生变化，新的主体结构方式正在形成，从总体来看，职业新闻与非职业新闻共同塑造着新闻图景。但职业新闻与非职业新闻毕竟有所不同，至于到底有什么样的不同，显然要通过职业身份特别是通过职业行为来呈现和证实。目前，在一些社会中，职业新闻之所以很难赢得社会公众的普遍信任，重要的原因就在于职业新闻传媒及其工作者徒有其名，远没有按照新闻观念、新闻方式生产传播新闻，不能严格遵守客观、真实、全面、公正、及时、公开的基本原则报道新闻。职业新闻人只有生产传播出具有职业特色、专业水准的新闻作品，其身份特征才能显示出来，其特殊价值才能显示出来。社会公众，只有在新闻的实际收受中，才能认识职业新闻传媒、职业新闻工作者的特殊形象，才能感受到职业新闻的特殊价值。如果职业新闻工作者在全球范围内或一定社会范围内能够形成共同体，按照职业新闻共同体应该遵守的原则开展新闻活动，那么毫无疑问，必将有利于在社会公众心目中塑造其自身的共同体形象。

（二）全球职业新闻共同体形成的外部意义

正像新闻的意义、价值主要是面向社会一样，全球职业新闻共同体形成的意义也主要在于对人类其他活动领域和人类整体的意义。作为手段性的社会领域，新闻领域对于人类其他社会领域的正常运行、健康发展有着不可替代的价值。粗略地说，全球职业新闻共同体的形成，对世界不同国家之间进一步的交流与相互理解，对全球化的进一步发展，对人类多元文化之间更好地沟通交流，直至对人类共同体的整体形成，都会产生不可低估的正面意义和价值。下面，我就顺着这样从微观到宏观的思路，加以简明的阐释。

首先，全球职业新闻共同体的形成，有利于全球不同地区、不同国家之间进一步的交流与相互理解。对于现代社会来说，新闻交流本身就是不同地区、国家、民族之间展开信息交流和相互理解的重要方式。如果全球职业新闻共同体能够形成，新闻在这些方面必将发挥更大的作用，产生更大的影响和更好的效果。

全球职业新闻共同体的形成，会使新闻领域内部的交流变得更加方便、更加深入、更加有效，而这些内部的诸多"更加"，必然要体现在新闻传媒对不同国家社会领域、社会生活更加广泛和深入的关注与了解上，因为新闻指向的是社会事实，是要监测环境、守望社会的，不可能停留在新闻领域内部。因而，全球职业新闻共同体的形成，将使世界各国新闻传媒及其职业新闻工作者更易于将本国的情况说明、解释、报道、传播给其他国家，同时，也更易于观察了解他国的情况，并将其说明、解释、报道、传播给本国社会大众。这种活动如果能够成为常态的、普遍的活动，毫无疑问，会增进各国人民之间的相互了解，会增进世界人民对整个世界的了解。

在全球化时代，任何一个国家（其实也包括各种可能的社会机构、组织、单位），都更需要向世界说明自己、解释自己、传播自己，同时，也更需要关注他国的说明、解释和传播，从而在不同国家之间形成有效的交流互动。这样的交流互动当然不限于新闻范围也不限于新闻层次，但是，新闻自身的特征①，决定了它能使不同地区、国家、民族的人，以相对较快、较方便的方式了解到一些关于自身及他国的最新变动情况，这对任何一个国家的政治、经济、文化、军事、外交、文艺、体育以及其他领域的决策安排及相应的行动，无疑都会有一定的参考价值。在当今这样的全球化信息环境中，一个国家在处理国际国内比较重要的事务时，都得考虑到国际社会的真实反应和评价。正如有人所说，"在发达的传媒面前，任何一个国家在处理国内事务时都已经不可能忽略国际社会的关注与影响"②。从理论上讲，如果能够形成全球职业新闻共同体，那么，共同体内部特有的相互信任和一致认同的工作准则，将使世界各国政府以及各种组织机构，更易于通过新闻渠道获得比较真实、全面、客观的信息，这自然有利于各种国内国际事务得到正确、合理、恰当的处理。

人们不难在现实的新闻传播中看到，在很多国内国际事务中，由于复杂的利益关系以及不同新闻观念之间的差异，新闻常常成为重要的矛盾冲突领域。有一些新闻报道会不够真实、客观、全面，而一些别有用心的新闻报道甚至有可能对国家之间本可能的正常交往、交流造成障碍和损害。新闻话语权的争夺、舆论场的争夺、"口水战"的开展，是全球新闻领域、舆论领域常见的现象。很多情况下，新闻之间的争斗、舆论之间的交战，不仅激化了国家之间的矛盾，也造成了不同国家人民之间的敌视甚至仇恨。在如今的网络空间中，这种现象更是屡见不鲜，网民之间的相互攻击也是经常发生的事情。如果全球职业新闻共同体形成，不同国家的职业新闻传媒、职业新闻工作者将拥有更多共同认可的基本新闻观念，以及更

---

① 一般意义上，新闻最基本的特征就是：内容上的"真实和新鲜"，传播方式上的"及时和公开"。这些特征可以说是新闻的本体性特征，而其他的特征，诸如政治性、经济性（商品性）、文化性等等，都可以看作是新闻的延伸性或派生性特征。

② 周光辉，刘向东. 全球化时代发展中国家的国家认同危机及治理［J］. 中国社会科学，2013（9）：50.

多共同认可的新闻工作原则、标准与方式，这无疑有利于新闻信息的沟通，特别是有利于比较真实、客观、全面、及时的新闻沟通。当然，不是说有了全球职业新闻共同体就不会产生新闻冲突、舆论矛盾了，果真如此认为，我们就太幼稚了。但不可否认的是，有了这样的共同体，如上所说，不仅全球新闻界内部更易于展开沟通和交流，新闻界也有可能成为促进国际矛盾冲突解决的正面力量，而不是成为煽风点火或者火上浇油的帮凶。

如果我们再放开或抬高一点眼界，从人类整体利益角度观察，就会发现，全球职业新闻共同体的形成，一定有利于世界各国以及各种国际组织对人类共同事务、整体利益的关注与处理。全球职业新闻共同体的形成，有利于全球职业新闻传播界在某种特定的情形中，形成相对统一的行动，集中关注人类面对的共同问题，营造出普遍的全球性的舆论环境。事实上，人们看到，"人类已经进入'地球村'时代，共同利益远大于彼此的分歧，地球人面对经济全球化及生态危机、核武器威胁、极端主义，真正成为风雨同舟、荣辱与共的共同体"①。今天的全球职业新闻传媒，已经开始关注人类面临的大量共同困境、危机、挑战与难题，诸如环境污染、气候变化、粮食短缺、武器控制、恐怖活动、流行疾病等等，全球职业新闻传媒已经以新闻方式呼吁各国政府、各种世界组织以及世界公民，关注这些事关人类整体生存发展的问题。如果全球职业新闻共同体得以形成，那么这样的"全球关注"可能会得到更多更好的呈现。但不可否认的是，当下不同国家的新闻传媒，更多的是从本国利益出发，而不是从人类整体利益或全球利益出发，去关注报道这些问题的。新闻传媒从各自国家利益的角度，以新闻方式进行相互指责，新闻不仅没有成为国际社会展开有效

① 牟钟鉴. 共同体：人类命运 中国经验 [N]. 光明日报，2015-12-14 (16).

交流的中介，反倒成了利益争斗中的"急先锋"。看来，全球职业新闻共同体的建构不仅是必需的，而且还有很远的路要走。当然，这里的根本不是新闻领域的问题，而是真正的"世界历史"进程还在起步阶段。

其次，全球职业新闻共同体的形成，对全球化的加速演进具有更大、更强的促进作用。全球化，就是人类天然多元化基础上的一体化过程，就是在全球人类相似的、分散的活动领域基础上逐步建构出共同的全球活动领域，就是让全球多元文化有机会相对平等地在人类或世界舞台上互相交流、互相学习、共同演进发展，形成真正的作为"类的历史"或世界历史，逐步形成一幅人类共在、人类文化共在的宏大图景。

全球化不是当代开启的，而是相伴人类历史演进始终在进行的活动，人类的演进过程，就是不断全球化的过程。狭义的全球化，一般认为开始于地理大发现时代，或者说开始于西方（主要指欧洲）资本主义逐步扩张的时代。20世纪末到21世纪初开启的新的全球化进程，为人类走向真正的共同体开辟了新的途径。在这一新的征程中，信息传播领域始终走在前沿，为全球化发展做出了独特的贡献。信息领域或信息空间，本就是重要的全球化空间，正如今天的网络空间，已经是一个全球化空间，是一个全球互联互通的空间，世界各国及其民众已经活动在这样的空间之中。尽管其中充满了各种各样的矛盾和冲突、博弈与风险，但网络空间中的合作、网络空间共同体的形成，都在行进之中。以新闻信息生产传播为核心工作的全球新闻领域，同样对全球化的发展发挥着重要的先导作用。如果全球职业新闻共同体能够形成，那么它对人类社会各个领域的全球化的加快演进必将产生更大、更强的促进作用。

就全球职业新闻共同体与全球化的关系而言，可以这样说：如果全球职业新闻共同体能够形成，那一定既是全球化的结果，同时又是全球化的表现。不同人类活动领域，要想形成或建构全球共同体，难易程度显然是不一样的。就人类既有经验事实来看，那些利益冲突相对较小的活动领域，那些意识形态色彩相对比较淡的领域，也许更容易形成全球共同体；相反，越是事关信念信仰、价值理念的精神领域，越是难以形成相互理解和认同。既然有难易程度的差别，这就意味着，那些能够先行形成共同体的领域，应该以自己的方式帮助和促进那些困难领域形成共同体，如此，才能加快人类整体的全球化进程，加快人类整体作为共同体的形成。

新闻领域是个比较特殊的领域，就目前世界各国的现实来看，它是个意识形态色彩比较浓厚的领域，是一个"表达"利益冲突比较激烈的领域，世界各国特别是各大国都在通过新闻领域展开激烈的话语权争夺（直接表现为新闻话语权的争夺），都想塑造各自国家、政府、人民直至领导人的良好形象，都想确立本民族、本国文化及其内含价值观念的全球主导地位。因而，人们很容易看到，一旦世界上哪个地区发生了具有全球性影响的事件，一旦国家之间有了矛盾冲突甚至战争，往往首先就会表现为新闻领域、新闻话语的交锋，"战斗首先在媒介平台打响"几乎成为必然的现象。就当今这样的信息时代、"信息地球"来说，就更是如此了。因而，要想在新闻领域形成全球职业新闻共同体，显然是非常困难的。

但这只是事情的一个方面。如果从另一方面观察，人们也不难发现，新闻领域由于自身特有的"信息"根基特征，也是一个容易形成国际交流、全球交流的"前沿领域"，是一个容易形成及时、广泛、频繁交流的"敏感领域"。而且，即使是不同传媒之间因新闻报道而产生矛盾冲突，这实质上也是一种有效的交流方式，恰好能够真实呈现不同传媒的价值立场和新闻观念，当然还有背后的深层利益追求。新闻领域的如此特点，决定了在其内部场域，更易于比较快地形成全球范围的交流局面。或者说，比起其他领域，不同地区或不同国家的职业传媒领域、职业新闻工作者，更易于感知到对方的存在，更易于认知对方的工作理念和工作方式。至少从认识论角度看，这有利于新闻共同体的形成。

如果全球职业新闻共同体得以形成，那么它对全球化的进一步发展会产生什么样的作用和影响，有什么样的意义呢？

全球职业新闻共同体的形成过程，不仅标示着全球化本身的进展，同时也构成了人类其他社会领域全球化的重要动力。尽管经济领域是全球化的基础，政治领域是全球化的关键，文化领域是全球化的灵魂所在，但我们完全可以说，新闻领域是全球化的前沿，它不仅以自身特有的方式及时反映呈现全球化的进程，也在以自身特有的新闻方式推动其他各个领域的全球化进程，构成一种动力作用。不管人们如何在不同的历史环境中定义新闻，新闻的本质就是表征或再现事实①，就是一种特殊的事实信息，其基本的功能就是信息功能。正是新闻的这一本质和基本功能（本位功能），使得新闻（信息）能够成为人类社会各个领域的"必需品"，发挥沟通上下左右的中介作用。如果全球职业新闻共同体得以形成，新闻的这种功能作用，就能在人类社会各个领域的全球化、世界化中发挥，从而对全球化进程产生更大的动能作用。

如前面已经提及的，全球职业新闻共同体的形成，有利于全球新闻界

---

① 新闻是对新闻事实的表征和再现、描写和陈述，这是辩证唯物主义对新闻最基本的理解，也是在实在论、真理符合论意义上对新闻的基本理解。但是，近些年来，各种基于建构主义的认识论，否认新闻的这一基本性质，认为新闻不可能表征、再现事实，新闻不过是相关主体建构的结果，与事实本身没有什么关系，新闻的真实、客观本质上是不可能的，新闻不过是权力、资本或者其他利益支配下的建构表现。我认为，新闻建构主义走向了极端，没有人会否认政治、经济、文化、技术以及其他各种社会力量、环境因素、个人因素等的影响，也就是说，人们都会承认作为结果的新闻中总会包含一定的建构成分或因素，但是，任何建构都是针对一定的对象、基于一定的基本原则，总是有根有据的，而不是任意妄为的，如果离开对客观事实的反映呈现，新闻也就无所谓新闻了。因此，我认为极端的建构主义观点是错误的。新闻主要是对新闻事实的表征或再现，但难以避免主观建构的成分和因素。以新闻报道为目的的人，要努力实现再现，而不是故意追求建构。

在事关人类生存、安全、发展等重大问题上协调行动，以新闻方式营造全球社会舆论，促进全球公民社会的形成，建构全球性公共领域。人类的命运需要人类共同关注。新闻关注的是整个世界的最新变化，向人们提供的是有效的交流方式，通过对新近发生的有意义有价值的事件的反映和报道，让人们了解世界最新的实际情况。进一步说，新闻本身又可以充当不同地区、国家、民族之间其他交流的中介和渠道。

再次，全球职业新闻共同体的形成，对全球多元文化之间的相互交流，能够产生重要而直接的推动作用。新闻是对新近发生的事件的反映和报道。职业新闻主要关注的是自然界和人类社会中与公共兴趣、公共利益相关的突出现象、事实、事件。美国新闻社会学专家迈克尔·舒德森在其《新闻社会学》一书中给"新闻业"下定义时也说："新闻业是生产和传播有关公共利益的重要事实信息的活动或实践。该活动由定期发布时事信息或评论的一组机构进行，它以真诚的态度为分散和匿名的受众呈现真相，从而获得公众的关注。"① 但是，新闻的眼光并不是简单停留在新闻层次上，任何新闻都处于一定的历史语境、社会语境、文化语境、时代语境中，所有的新闻，不管来自哪里，总体上都天然地带有一定的历史内涵、社会意味、文化韵味、时代气息。因而，通过新闻进行的任何交流，都不只是简单直接的事实信息的交流，而是包含着历史气息、社会气息、文化气息、时代气息的交流。笼统地讲，所有层次主体间的新闻交流，都同时是一种精神交流、观念交流和文化交流。

基于这样的认知，我认为，不同地区、不同国家之间的新闻交流，意义不再局限于新闻范围和层次，而要上升到精神交流、观念交流、文化交流的层次。世界上绝大多数人还没有足够的机会去直接观察体验他国文化

---

① 舒德森. 新闻社会学 [M]. 徐桂权，译. 北京：华夏出版社，2010：13. 2020 年，中国人民大学出版社推出了该书第二版的中译本。

的特征与魅力，他们也许正是通过新闻天然带有的文化气息、环境信息，来了解其他地区、其他国家的人民和文化的。因而，我们完全可以想象，如果全球职业新闻共同体得以形成，那它不仅能够极大地促进国际社会、全球范围的新闻交流，与此同时，它也会极大地促进不同文化、不同文明、不同国家人民之间的交流和相互理解。

全球职业新闻共同体的形成，无疑可以创造更好的条件和环境，使全球职业新闻工作者拥有更多更好的机会互相交流，使本土传媒能够把高质量的新闻报道传播出去，使非本土的职业新闻工作者有更多更好的机会深入到其他国家、社会的细处展开新闻工作。毫无疑问，越是来自社会深处、细处的新闻，越是具有社会气息、文化气息和真实的生活气息与时代气息，这样的新闻如果能够越来越多地进入国际传播、全球传播渠道和平台，自然有利于全球范围的文化交流、文明交流。

人类社会多元文化、多种文明之间的有效交流，是促成人类真正相互了解、相互理解的关键或灵魂所在。每一种文化，都内含世界观、价值观，不同文化、文明，只有在这些"观"的层面达成互相尊重和相互认同，达成"互为主体"而非"你主我客"或"我主你客"的关系，一个和谐相处的人类社会、全球社会才有可能成为事实。唯物史观告诉人们，"在全球化背景下捍卫文化多样性，就必须使人与人的交往模式由'主-客关系'转变为'主-主关系'亦即互主体性关系"①。全球职业新闻共同体的形成，是建构如此"主-主关系"模式的重要方法，因而对整个人类社会具有重大的意义和价值。新闻本身就是文化的一种，更是负载文化的载体、传播文化的中介，它可以说是文化中的文化、交往中的交往，我们应该充分发挥新闻的作用，促进文化、文明间的常态交流和有效交流。

---

① 何中华. 马克思的思想建构：哲学与文化 [N]. 光明日报，2016 - 04 - 27 (14).

最后，全球职业新闻共同体的形成，有利于新闻领域以自身的特殊功能促进人类共同体的真实形成，新闻力量应该说是人类共同体得以形成的重要力量。如果在最为宏观的层面考虑，人类任何一个活动领域共同体的形成，都会有利于"人类"这个最大的全球共同体（人类共同体）的形成。一定意义上，人类共同体的具体表现，必须、必然落实在每一具体的人类活动领域，必须、必然落在每一国家、地区人民的肩膀上。亨利·基辛格讲过这样的话："归根到底是所有国家都必须参与到世界秩序的创造过程中来，这是非常关键的一点。""创造更好的世界秩序是我们共同的使命。"① 全球职业新闻共同体的形成，不过是人类作为共同体在新闻领域的表现。如果人类能够在主要的活动领域达成基本价值观念以及基本活动规范、原则、方式等的认同，人类共同体也就实质性地形成了。事实上，如此特征的观念、规范等在人类各个具体活动领域已经大量形成，从《联合国宪章》到各个领域的国际公约、国际条约等等，就是人类统一活动观念、统一活动规范在一定程度和一定范围的体现或明证。其实，作为共同体，在相似的或共同的活动领域，只有形成越来越多相似的或共同的观念，人类作为整体才能取得进步和发展，人类不同群体间的交流才能顺利高效地进行。人类不同活动领域，都有自身的属性、特征、功能，对人类共同体的形成可以发挥不同的作用和影响，产生不同的价值和意义。

人类本就是一种类共同体，"尽管世界不同民族和地区的文化差异是巨大的，但是人类文明的发展总是有着一定的共同性"②。这种总体的共同性，是所有领域性共同性的基础，也是人类能够在各个领域建立共同体的总体平台。不可否认，随着全球范围内文化交流的深化，随着科学技术、世界市场、世界历史进程，特别是随着信息化和全球化进程的加快，文化

---

① 基辛格. 创造更好的世界秩序是我们共同的使命 [J]. 新华文摘，2016（4）：138.
② 杨河，于品海. 历史中的哲学与哲学中的历史 [J]. 中国高校社会科学，2014（4）：50.

的共同性在初步增加，而文化的数量在逐步减少。"随着历史越出地域而走向世界历史，历史空间等方面的限制也在某种意义上得到突破，这就为真正超越特定界限（包括文化背景的界限）而走向对整个世界的理解提供了历史前提。"[1]

就今天的现实世界来看，人类只能说更多的是生物学意义上的共同体（一样的动物）、形式上的共同体，还远不是真正的共同体。当今世界，"是一个多元民族共在的时代，每个民族的联系越来越密切，然而每个民族的生活方式、文化心理却又有相当大的差异，而每个民族国家的政治制度安排也是五花八门，甚至还存在着严重的意识形态的冲突"[2]。分布在全球不同区域，生活在不同国家、不同社会中的人类，迈着各自的历史步伐，哼唱着不同的历史曲调。可以说，尽管早在十四五世纪人类就迈出了具有现代意义的全球化步伐，但时至今日，人类自身的历史还远未成为共同的世界历史；人类的各种矛盾、争斗给人类自身带来了巨大的不幸和灾难，"当今'人类'呈现的是被分割为无数各自为政、相互博弈的利益主体"[3]。中国哲学家赵汀阳指出："我们生活在其中的'世界'至今仍然只是一个物理意义的世界，即地球尚未成为一个能够以世界利益去定义并且为所有人所共享的世界。"[4] 其中自然有着各种各样的原因，但缺少有效的沟通、交流，是重要根源。人类历史成为世界历史，或者说世界历史的开启、人类作为共同体历史的开启，才是真正的人类历史的开启。因而，怎样才能使人类成为真正的社会意义上的一类，成为真实的共同体，为共同的人类利益齐心协力共同奋斗，这对今天的人类来说依然是重大的问

---

[1]　杨国荣. 从世界视域看中国哲学发展 [N]. 人民日报，2015-01-05 (20).

[2]　吴根友. 对当代中国哲学创新的思考 [J]. 华中师范大学学报 (人文社会科学版)，2015 (5)：61.

[3]　邱耕田. 从自我中心主义走向共生主义 [J]. 学习与探索，2015 (10)：9.

[4]　赵汀阳. 天下秩序的未来性 [J]. 探索与争鸣，2015 (11)：7-21，2.

题。"顺应全球联系日益紧密的新现实，推动各国形成更加牢固的'命运共同体意识'"①，是人类面临的共同问题。

回到新闻领域，我在本书中已经多次指出，新闻需要是人类的基本需要，新闻活动是人与人之间的信息分享（共享）活动、精神交流活动、文化交往活动，新闻活动是几乎贯穿在人类所有其他生活活动和社会实践活动中的一种基础性活动、中介性活动。因而，毋庸置疑，新闻活动对于不同层次人类主体之间的相互了解、理解一定有着特殊的作用和影响。也正因为如此，全球职业新闻共同体的形成，必然会对人类共同体的形成有着特殊的意义和价值。作为一种特殊的职业，走在人类交流前沿阵地的新闻工作，应该为人类共同体的实质形成贡献自身特殊的力量。

我们完全可以说，全球职业新闻共同体的形成，不仅是人类共同体形成一个十分重要的维度，也是促进整体共同体实现的一种重要动力。或者说，新闻交流是人类共同体得以形成的重要机制。在如今的"地球村"、如今的全球媒介化社会中，没有新闻的穿针引线，没有新闻共同体的共同努力，人类共同体的形成真是难以想象的。

---

① 中国现代国际关系研究院课题组. 联合国改革与全球治理的未来 [J]. 现代国际关系，2015 (9)：1-7，65.

主要参考文献

一、中文著作类

本书编写组．实践中的马克思主义新闻观：新闻报道经典案例评析：序论［M］. 北京：高等教育出版社，2015.

陈力丹．精神交往论［M］. 北京：开明出版社，1993.

陈力丹．世界新闻传播史［M］. 上海：上海交通大学出版社，2002.

陈崇山．受众本位论［M］. 北京：社会科学文献出版社，2008.

陈卫星．传播的观念［M］. 北京：人民出版社，2004.

陈力丹．新闻理论十讲［M］. 上海：复旦大学出版社，2008.

邓小平．邓小平文选：第 2 卷［M］. 北京：人民出版社，1994.

郭庆光．传播学教程［M］. 北京：中国人民大学出版社，1999.

葛兆光．中国思想史：导论：思想史的写法［M］. 上海：复旦大学出版社，2013.

辜晓进．当代中外新闻传媒［M］. 北京：中国人民大学出版社，2012.

黄旦．新闻传播学［M］. 杭州：杭州大学出版社，1997.

贺来．"主体性"的当代哲学视域［M］. 北京：北京师范大学出版社，2013.

胡百精．说服与认同［M］. 北京：中国传媒大学出版社，2014.

黄瑚．新闻法规与职业道德教程［M］．上海：复旦大学出版社，2003.

纪建文．知情权：从制度到社会控制［M］．北京：法律出版社，2012.

郎劲松．中国新闻政策体系研究［M］．北京：新华出版社，2003.

李彬．中国新闻社会史［M］．2版．北京：清华大学出版社，2009.

刘海龙．大众传播理论：范式与流派［M］．北京：中国人民大学出版社，2008.

李良荣．新闻学导论［M］．北京：高等教育出版社，1999.

李衍达．信息世界漫谈［M］．北京：清华大学出版社；广州：暨南大学出版社，2000.

刘建明．宏观新闻学［M］．北京：中国人民大学出版社，1991.

邵培仁．政治传播学［M］．南京：江苏人民出版社，1991.

童兵．理论新闻传播学导论［M］．北京：中国人民大学出版社，2000.

童兵，陈绚．新闻传播学大辞典［M］．北京：中国大百科全书出版社，2014.

童兵．童兵自选集［M］．上海：复旦大学出版社，2004.

唐绪军．报业经济与报业经营［M］．北京：新华出版社，1999.

王绍光．民主四讲［M］．北京：三联书店，2008.

汪晖．现代中国思想的兴起：上卷：第一部［M］．北京：三联书店，2008.

夏勇．中国民权哲学［M］．北京：三联书店，2004.

杨保军．新闻理论教程［M］．北京：中国人民大学出版社，2005.

杨保军．新闻理论教程［M］．2版．北京：中国人民大学出版社，2010.

杨保军．新闻理论教程［M］．3版．北京：中国人民大学出版社，2014.

杨保军．新闻理论教程［M］．4版．北京：中国人民大学出版社，2019.

杨保军．新闻活动论［M］．北京：中国人民大学出版社，2006.

杨保军．新闻真实论［M］．北京：中国人民大学出版社，2006.

杨保军．新闻精神论［M］．北京：中国人民大学出版社，2007.

杨保军．新闻本体论［M］．北京：中国人民大学出版社，2008.

杨保军．新闻道德论［M］．北京：中国人民大学出版社，2010.

杨保军．新闻观念论［M］．上海：复旦大学出版社，2014.

杨保军．新闻主体论［M］．北京：人民日报出版社，2016.

杨保军. 新闻理论研究引论 [M]. 北京：中国人民大学出版社，2009.

晏辉. 现代性语境下的价值与价值观 [M]. 北京：北京师范大学出版社，2009.

杨国荣. 论规范 [M]. //陈嘉映. 教化：道德观念研究. 上海：华东师范大学出版社，2009.

余家宏. 新闻学词典 [M]. 杭州：浙江人民出版社，1988.

张玉堂. 利益论：关于利益冲突与协调问题的研究 [M]. 武汉：武汉大学出版社，2001.

赵汀阳. 第一哲学的支点 [M]. 北京：三联书店，2013.

郑超然，程曼丽，王泰玄. 外国新闻传播史 [M]. 北京：中国人民大学出版社，2000.

郑杭生. 社会学概论新修 [M]. 3 版. 北京：中国人民大学出版社，2003.

中国大百科全书总编辑委员会《新闻出版》编辑委员会. 中国大百科全书：新闻出版 [M]. 北京：中国大百科全书出版社，1990.

中国社会科学院语言研究所词典编辑室. 现代汉语词典 [M]. 7 版. 北京：商务印书馆，2016.

二、中文报刊文章类

卞清，戴管悦榕. 英国新闻学教育与研究的传统与未来：拉尔夫·奈格林教授访谈 [J]. 新闻记者，2016（3）：53-58.

白红义. 塑造新闻权威：互联网时代中国新闻职业再审视 [J]. 新闻与传播研究，2013（1）：26-36，126.

程金福，胡祥杰. 现代新闻业起于何时 [J]. 新闻大学，2014（5）：25-31.

陈青文，张国良. 新媒体促进传统媒体"说真话"：上海居民新媒体使用状况焦点小组访谈报告 [J]. 新闻记者，2013（4）：69-74.

陈昌凤，杨依军. 意识形态安全与党管媒体原则：中国媒体融合政策之形成与体系建构 [J]. 现代传播（中国传媒大学学报），2015（11）：26-33.

陈力丹. 新媒体的发展趋势与悖论 [N]. 人民日报，2015-10-11（5）.

崔保国，孙平．从世界信息与传播旧格局到网络空间新秩序［J］．当代传播，2015（6）：7-10.

乐黛云．独角兽与龙：回忆我和翁贝托·埃科的两次相遇［N］．文汇报，2016-03-03（12）.

德兰迪，郭忠华．"世界主义"共同体如何形成：关于重大社会变迁问题的对话［J］．学术月刊，2011（7）：5-13.

邓绍根．跨语际旅行："记者"一词在中国演变历史再考察［J］．现代传播（中国传媒大学学报），2016（4）：39-45.

樊树志．晚明：中国与世界的对话［N］．光明日报，2016-02-04（11）.

方兴东，胡智锋，潘可武．媒介融合与网络强国：互联网改变中国：2015《现代传播》年度对话［J］．现代传播（中国传媒大学学报），2015（1）：1-12.

郜书锴．媒介融合视域下新闻学研究的8个新议题：基于国外新闻学研究者的文献综述［J］．新闻记者，2012（7）：20-24.

高海珍．梁衡：让新闻的世界各就各位［J］．新闻与写作，2014（7）：26-30.

甘丽华，克里斯琴斯．全球媒介伦理及技术化时代的挑战：克利福德·克里斯琴斯学术访谈［J］．新闻记者，2015（7）：4-14.

郭湛．公共主义的核心价值观念［J］．理论视野，2011（12）：25-27.

哈克，帕克斯，卡斯特，等．新闻业的未来：网络新闻［J］．国际新闻界，2013（1）：53-66.

郝建国．自由的逻辑：系统理论视野中传媒与政治关系的重新审视［J］．现代传播（中国传媒大学学报），2015（11）：18-22.

何中华．马克思的思想建构：哲学与文化［N］．光明日报，2016-04-27（14）.

胡翼青，梁鹏．词语演变中的"大众传播"：从神话的建构到解构［J］．新闻与传播研究，2015（11）：118-125.

韩庆祥．全球化背景下"中国话语体系"建设与"中国话语权"［J］．中共中央党校学报，2014（5）：47-50.

胡承槐．马克思主义的总体方法论及其现实意义［J］．浙江社会科学，2014（7）：4-12，156.

基辛格．创造更好的世界秩序是我们共同的使命［J］．新华文摘，2016（4）：138 - 139．

姜安．毛泽东"三个世界划分"理论的政治考量与时代价值［J］．中国社会科学，2012（1）：4 - 26，206．

李喜先．科学：定义、特性及科学系统观［J］．科学，2014（4）：11 - 15，4．

李蕾，高海珍．童兵：具有现实关怀的新闻理论家［J］．新闻与写作，2014（9）：26 - 29．

栾轶玫．后媒体时代的新闻生产：2012 新媒体年度盘点［J］．新闻与写作，2012（12）：22 - 24．

李莉，胡冯彬．新闻业的黄昏还是黎明？：罗伯特·皮卡德谈变化中的新闻生态系统［J］．新闻记者，2015（3）：13 - 19．

李兰芬．国家认同视域下的公民道德建设［J］．中国社会科学，2014（12）：4 - 21，205．

刘怀玉．哲学前提的反思与马克思主义辩证法的当代理解视野［J］．创新，2015（6）：5 - 14，2，126．

李思屈，刘研．论传播符号学的学理逻辑与精神逻辑［J］．新闻与传播研究，2013（8）：29 - 37，126．

李极冰．哲学视域下的社交媒体：对网络文化现象的新思考［N］．光明日报，2016 - 04 - 16（8）．

刘毅，郝晓鸣．新闻控制、采编话语权与报道影响力［J］．新闻与传播研究，2015（3）：23 - 37，126．

刘作翔．论"党纪与国法不能混同"［N］．北京日报，2015 - 08 - 03（17）．

闵大洪．从边缘媒体到主流媒体：中国网络媒体 20 年发展回顾［J］．新闻与写作，2014（3）：5 - 9．

牟钟鉴．共同体：人类命运 中国经验［N］．光明日报，2015 - 12 - 14（16）．

彭增军．新闻的生死劫［J］．新闻记者，2016（6）：38 - 41．

彭兰．移动化、智能化技术趋势下新闻生产的再定义［J］．新闻记者，2016（1）：26 - 33．

邱耕田．从自我中心主义走向共生主义 [J]．学习与探索，2015（10）：8－14.

沙垚．重构中国传播学：传播政治经济学者赵月枝教授专访 [J]．新闻记者，2015（1）：5－14.

隋岩．群体传播时代的活力与风险 [J]．当代传播，2015（4）：卷首语.

隋岩，常启云．社会化媒体传播中的主体性崛起与群体性认同 [J]．新闻记者，2016（2）：48－53.

沈浩，王宇飞，姜智勇．理解与选择：融媒时代的新闻终端与新闻端口 [J]．新闻与写作，2016（3）：9－16.

史安斌，张耀钟．虚拟/增强现实技术的兴起与传统新闻业的转向 [J]．新闻记者，2016（1）：34－41.

万俊人．人类命运共同体的爝火之光 [N]．光明日报，2016－08－05（1）.

王侠．"未来新闻学"的理念及争论 [J]．新闻记者，2012（10）：17－20.

王辰瑶，喻贤璐．编辑部创新机制研究：以三份日报的"微新闻生产"为考察对象 [J]．新闻记者，2016（3）：10－20.

王邦佐，秦德君．政治学研究亟须关注的四个问题 [N]．人民日报，2016－05－09（16）.

王敬波．政府信息公开中的公共利益衡量 [J]．中国社会科学，2014（9）：105－124，205.

王维佳．传播治理的市场化困境：从媒体融合政策谈起 [J]．新闻记者，2015（1）：15－20.

王斌，古俊生，裴峥．新世纪国际新闻学研究的现状：以 Journalism：Theory，Practice & Criticism（2000－2014）为分析样本 [J]．新闻记者，2015（12）：43－51.

王天定．大规模业余化时代，专业新闻何为？[J]．新闻记者，2015（10）：43－50.

伍俊斌．论互联网与协商民主的契合 [J]．理论与改革，2014（4）：17－20.

吴飞．重新出发：新闻学研究的反思 [J]．新闻记者，2015（12）：4－13.

吴根友．对当代中国哲学创新的思考 [J]．华中师范大学学报（人文社会科学版），2015（5）：55－64.

习近平在党的新闻舆论工作座谈会上强调：坚持正确方向创新方法手段，提高新闻舆

论传播力引导力 [N]. 光明日报, 2016 - 02 - 20 (1).

谢耘耕, 刘锐, 张旭阳, 等 . 2014 年中国网络舆情研究报告 [J]. 新闻记者, 2015 (2)：21 - 28.

谢俊贵 . 空间分割叠加与社会治理创新 [J]. 广东社会科学, 2014 (4)：178 - 185.

喻国明 . 传播学何以成为热门学科？[N]. 解放日报, 2014 - 02 - 13 (11).

殷晓蓉 . 传播学历史维度的特点 [J]. 新闻记者, 2016 (3)：30 - 41.

杨保军 . "共" 时代的开创：试论新闻传播主体 "三元" 类型结构形成的新闻学意义 [J]. 新闻记者, 2013 (12)：32 - 41.

杨保军 . 再论 "新闻规律" [J]. 新闻大学, 2015 (6)：1 - 10.

杨保军 . 需要与想要：受众需要标准解析 [J]. 当代传播, 2007 (5)：6 - 9.

杨保军 . 民众新闻观念的实质及其可能影响 [J]. 编辑之友, 2015 (10)：5 - 11.

杨保军 . "脱媒主体"：结构新闻传播图景的新主体 [J]. 国际新闻界, 2015 (7)：72 - 84.

杨保军 . 新闻真实图景的重构：新闻传播主体 "三元类型结构" 形成的影响分析 [J]. 新闻与写作, 2014 (8)：23 - 27.

杨保军 . 新媒介环境下新闻真实论视野中的几个新问题 [J]. 新闻记者, 2014 (10)：33 - 41.

杨保军 . 创制亲近性文本：跨文化有效传播的重要基础 [J]. 国际新闻界, 2001 (6)：59 - 63.

杨保军 . 新闻形态论 [J]. 国际新闻界, 2004 (4)：61 - 65.

杨保军, 朱立芳 . 伪新闻：虚假新闻的 "隐存者" [J]. 新闻记者, 2015 (8)：11 - 20.

杨保军, 涂凌波 . 析社会转型中新闻从业者的角色冲突与紧张 [J]. 江南社会学院学报, 2010 (4)：14 - 18.

杨斌艳 . 舆情、舆论、民意：词的定义与变迁 [J]. 新闻与传播研究, 2014 (12)：112 - 118.

杨生平 . 当代中国现代性建设之维 [N]. 中国社会科学报, 2015 - 11 - 26 (3).

杨瑞明 . 空间与关系的转换：在多维话语中理解 "传播全球化" [J]. 新闻与传播研

究，2014（12）：107-111.

杨国荣.从世界视域看中国哲学发展［N］.人民日报，2015-01-05（20）.

杨河，于品海.历史中的哲学与哲学中的历史［J］.中国高校社会科学，2014（4）：47-81，158.

喻国明.现阶段传播格局的改变与门户网站未来发展的走势［J］.新闻与写作，2012（12）：54-55.

叶隽.文明史、现代性与现时代问题：读《文明的进程》［J］.中国图书评论，2011（9）：76-85.

袁博.他的预言激动了整个八十年代［N］.文汇报，2016-07-02（5）.

詹佳如.十八世纪中国的新闻与民间传播网络：作为媒介的孙嘉淦伪奏稿［J］.新闻与传播研究，2015（12）：20-36，126.

张志安，束开荣.新媒体与新闻生产研究：语境、范式与问题［J］.新闻记者，2015（12）：29-37.

张志安，曾子瑾.从"媒体平台"到"平台媒体"：海外互联网巨头的新闻创新及启示［J］.新闻记者，2016（1）：16-25.

张康之，向玉琼.网络空间中的政策问题建构［J］.中国社会科学，2015（2）：123-138，205.

郑一卉.互联网时代：谁是记者？：对记者职业身份的思考［J］.现代传播（中国传媒大学学报），2014（7）：126-129.

张立伟.公民记者乌托邦［J］.新闻与写作，2013（3）：48-51.

朱春阳，刘心怡，杨海.如何塑造媒体融合时代的新型主流媒体与现代传播体系？［J］.新闻大学，2014（6）：9-15.

祝尔坚，芦艳荣.论信息资源国家控制力［J］.工程研究——跨学科视野中的工程，2015（1）：16-33.

周勇.社会控制文化论略［J］.湖南师范大学社会科学学报，2014（5）：109-115.

周红丰，吴晓平.重思新闻业危机：文化的力量：杰弗里·亚历山大教授的文化社会学反思［J］.新闻记者，2015（3）：4-12.

周光辉，刘向东.全球化时代发展中国家的国家认同危机及治理［J］.中国社会科学，2013（9）：40-54.

赵汀阳. 天下秩序的未来性 [J]. 探索与争鸣，2015（11）：7-21，2.

中国现代国际关系研究院课题组. 联合国改革与全球治理的未来 [J]. 现代国际关系，2015（9）：1-7，65.

三、中文译著类

阿克顿. 自由与权力 [M]. 侯健，等译. 北京：商务印书馆，2001.

埃默里，等. 美国新闻史：大众传播媒介解释史：第八版 [M]. 展江，殷文，主译. 北京：新华出版社，2001.

Postman N. 技术垄断：文明向技术投降 [M]. 蔡金栋，梁薇，译. 北京：机械工业出版社，2013.

鲍曼. 被围困的社会 [M]. 郇建立，译. 南京：江苏人民出版社，2005.

鲍曼. 共同体 [M]. 欧阳景根，译. 南京：江苏人民出版社，2003.

延森. 媒介融合：网络传播、大众传播和人际传播的三重维度 [M]. 刘君，译. 上海：复旦大学出版社，2012.

布罗德森. 在不确定中游走：本雅明传 [M]. 国荣，译. 北京：金城出版社，2014.

弗林特. 报纸的良知：新闻事业的原则和问题案例讲义 [M]. 萧严，译. 北京：中国人民大学出版社，2005.

赫尔德. 民主与全球秩序：从现代国家到世界主义治理 [M]. 胡伟，等译. 上海：上海人民出版社，2003.

莱文森. 新新媒介 [M]. 何道宽，译. 上海：复旦大学出版社，2011.

德布雷. 媒介学引论 [M]. 刘文玲，译. 北京：中国传媒大学出版社，2014.

哈耶克. 通往奴役之路 [M]. 王明毅，冯兴元，等译. 北京：中国社会科学出版社，1997.

马克思恩格斯全集：第1卷 [M]. 2版. 北京：人民出版社，1995.

马克思恩格斯文集：第2卷 [M]. 北京：人民出版社，2009.

马克思恩格斯全集：第38卷 [M]. 2版. 北京：人民出版社，2019.

图海纳. 我们能否共同生存：既彼此平等又互有差异［M］. 狄玉明，李平沤，译. 北京：商务印书馆，2003.

哈林，曼奇尼. 比较媒介体制：媒介与政治的三种模式［M］. 陈娟，展江，等译. 北京：中国人民大学出版社，2012.

科瓦奇，罗森斯蒂尔. 新闻的十大基本原则［M］. 刘海龙，连晓东，译. 北京：北京大学出版社，2011.

柯林伍德. 历史的观念［M］. 尹锐，方红，任晓晋，译. 北京：光明日报出版社，2007.

克里斯. 社会控制［M］. 纳雪沙，译. 北京：电子工业出版社，2012.

卡伦. 媒体与权力［M］. 史安斌，董关鹏，译. 北京：清华大学出版社，2006.

卡尔. 历史是什么？［M］. 陈恒，译. 北京：商务印书馆，2007.

凯尔纳. 媒体文化［M］. 丁宁，译. 北京：华夏出版社，2005.

罗尔斯. 正义论［M］. 何怀宏，等译. 北京：中国社会科学出版社，1988.

麦奎尔. 媒体城市：媒体、建筑与都市空间［M］. 邵文实，译. 南京：江苏教育出版社，2013.

麦奎尔，温德尔. 大众传播模式论［M］. 上海：上海译文出版社，1997.

诺斯. 制度、制度变迁与经济绩效［M］. 刘守英，译. 上海：上海三联书店，1994.

桑德斯. 道德与新闻［M］. 洪伟，高蕊，钟文倩，译. 上海：复旦大学出版社，2007.

森. 正义的理念［M］. 王磊，等译. 北京：中国人民大学出版社，2013.

萨默瓦，波特，麦克丹尼尔. 跨文化传播：第六版［M］. 闵惠泉，贺文发，徐培喜，等译. 北京：中国人民大学出版社，2013.

斯蒂芬斯. 新闻的历史：第三版［M］. 陈继静，译. 北京：北京大学出版社，2014.

舒德森. 发掘新闻：美国报业的社会史［M］. 陈昌凤，常江，译. 北京：北京大学出版社，2009.

库兰，古尔维奇. 大众媒介与社会［M］. 杨击，译. 北京：华夏出版社，2006.

舒德森. 新闻社会学［M］. 徐桂权，译. 北京：华夏出版社，2010.

舒德森. 为什么民主需要不可爱的新闻界［M］. 贺文发，译. 北京：华夏出版社，2010.

史蒂文森. 认识媒介文化: 社会理论与大众传播 [M]. 王文斌, 译. 北京: 商务印书馆, 2013.

塔奇曼. 做新闻 [M]. 麻争旗, 刘笑盈, 徐扬, 译. 北京: 华夏出版社, 2008.

特纳. 普通人与媒介: 民众化转向 [M]. 许静, 译. 北京: 北京大学出版社, 2011.

维纳. 人有人的用处: 控制论与社会 [M]. 陈步, 译. 北京: 北京大学出版社, 2010.

伊尼斯. 传播的偏向 [M]. 何道宽, 译. 北京: 中国人民大学出版社, 2003.

四、外文类

Metzler K. Creative Interviewing: The Writer's Guide to Gathering Information by Asking Questions [M]. 影印版. 北京: 中国人民大学出版社, 2003.

Cronin M M. Trade Press Roles in Promoting Journalistic Professionalism, 1884 - 1917 [J]. Journal of Mass Media Ethics, 1993, 8 (4): 227 - 238.

The Missouri Group, Brooks B S, et al. News Reporting and Writing [M]. New York: St. Martin's Press, 2005.

后　记

　　《新闻主体论》是我的新闻基础理论研究系列中的第 9 本著作。① 如果从 1998 年决定写《新闻事实论》算起，在这个系列专著之路上，我已经走过了 20 多个年头。

　　也许是岁月不饶人的缘故，也许是对学问的感觉与体验越来越不一样了，50 岁之后的我，写作速度明显慢下来了。可以说，观察得多了，读得多了，思考得多了，但写得少了，出版得少了；我深深知道这是好事，这才是正常的节奏。做学问，不是搞比赛，看谁跑得快，而是看谁耐得住性子，耐得住寂寞，把自己感兴趣的问题、研究的问题，真正搞清楚、弄明白，然后告诉同行、告诉读者。

　　《新闻主体论》写了将近 3 年，为其积累资料、凝聚思想等的时间就更长了。不管怎样，现在终于画上了句号，差不多可以交给出版社了，可以从我的思想、电脑、书房中走向社会、走向读者了，是丑是俊，是优是劣，留给亲爱的读者们去评判吧。

　　新闻活动，说到底，是人的活动，是人以信息尤其是新闻信息交流为基础的活动。因此，以作为主体的人为核心，观察、分析、研究人类新闻活动，一定是新闻传播研究的出发点和归宿。有了七八本系列专著的写作

---

　　① 从 1998 年开始，我专注于新闻基础理论研究，先后出版了《新闻事实论》（2001）、《新闻价值论》（2003）、《新闻真实论》（2006）、《新闻活动论》（2006）、《新闻精神论》（2007）、《新闻本体论》（2008）、《新闻道德论》（2010）、《新闻观念论》（2014）等专著。

经历，我终于有了一定的底气，敢于在这部著作中直接以新闻活动者及其关系为主题，展开分析、阐释和论述，呈现自己观察与思考的阶段性结果。哪怕是一孔之见，只要真能启发读者看到一些曾经没太注意的、没有太多思考的问题，我也就心满意足了。

《新闻主体论》的总体结构方式、写作风格，与前面的几本著作没有多大变化，倒不是我不想变或不想赶潮流，比如把书搞得图文并茂、两翼齐飞，或者采集一大堆数据，做些科学主义的分析之类的，而是我没有足够的勇气和能力变。我这个年龄段的人，对中国的新闻传播研究的整体演进来说，基本上属于铺路垫脚的角色，至少我认为自己主要是这样的角色，具有典型的"中介性"特征；一些"天才"和"聪明人"当然可以例外。

我同意这样的说法，尤其是对新闻传播学科，我更同意这样的说法：在我们这个时代，"真正重大的研究成果很难出现，因为那需要范式的转换，而范式转换几乎不是，至少不全是努力的结果，而是各种条件促成的，不可能经常发生"①。但我也确实相信，范式转换、范式革命的时代已经开启，新闻传播理论的范式，以及新闻理论、传播理论等教材的范式转换和变革已经开始。对我来说，已经生出了改变过往范式的欲望甚至是比较明晰的设想，也许，再过一些年，能够拿出一两本与自己先前著作、教材模样不大相同或大不相同的东西来。我在这里先给自己鼓点劲，因为我相信数学大师丘成桐先生的说法："在解决大问题的关键时刻，科学家的主观感情起着极为重要的作用，这种感情是科学发现的原动力。"②他是针对自然科学、数学讲的，其实人文社会科学也是如此。我有改变、创新的愿望，那说不定愿望就会变成现实。但我不焦虑，慢慢来，一步一步走，总能走出自己的道儿；即使走不出来，也没多大关系，后来者总会向

---

① 苏力. 中国法学研究格局的流变 [J]. 法商研究，2014 (5)：64.
② 丘成桐. 数学与文学的共鸣 [N]. 光明日报，2016-01-14 (11).

前走的。

这本书的写作立场很明确，没有什么需要遮掩的：立足中国，以时代眼光观察新闻主体及其关系。这是追求，但距离做到和做得好，我心知肚明，还差得很远。我写作，不大喜欢用这样的理论或那样的理论，对相关对象"套裁"一番、说明一番、解释一番或反思批判一番。当然，我明白理论本身是很重要的，不然就不醉心于理论研究了。本雅明说过一段关于理论的话，很有味道，值得咀嚼。他是这样说的：正是理论促成了我们创造性生产的迅速丰收以及最高意义上的健康发展。人的生命和创造性生产之间的关系就是靠理论来组织和维系的。富于创造力的人的生命通过不断创新以及与理论为伍，一步步充实起来。理论保证了创造的纯洁，因为它在不停地用一种清晰而稳定的火光来展示最初的、最基本的概念形象，这也是创造要不断发展和更新就要不断回归的理论起点。不管事物本身多么有局限性，理论的光辉，在本质上总是灿烂的、无限的。①

我通常是在观察事实、大量阅读、深入思考的基础上，形成自己相对独立的想法，然后运用既有概念，创设一些必要的概念、塑造一条主线、建立一个结构，把自己的思考结果叙述出来。因而，看上去似乎很理论性的书，其实好像没有多少（别人的）理论，只是围绕某个核心问题比较系统的一些想法而已。

对于以概念考察、逻辑论证、理论阐释为主的研究方法，我以为英国历史学家卡尔的话值得牢记："抽象概念是思想中不可缺少的范畴，但是如果不把特定的内容放入这些抽象概念之中，抽象概念是没有意义的，也没有用途。"② 中国实际就是我思考的"特定内容"，我所运用、创设的一

---

① 转引自：布罗德森. 在不确定中游走：本雅明传 [M]. 国荣，译. 北京：金城出版社，2014：103.

② 卡尔. 历史是什么？[M]. 陈恒，译. 北京：商务印书馆，2007：176.

套概念，目的主要在于分析阐释中国的新闻现实，在于思考、解决中国的事情。当然，如果我的分析具有更大的适用性，那是再好不过的事了。

事情就是这样，我阐释的主要是自己的系统思考和想法，也不是什么成体系的理论。之所以说这些话，是因为这些年来，人们反复纠缠中国事实与西方理论的关系问题，新闻学科更是众多眼睛关注的一个焦点。对此，我其实在不同的地方都表达过自己的看法，现在借这本书的后记再说几句。

我赞成这样的看法："认识真实的中国社会及其变动逻辑，不能简单地抛弃西方经验和理论的参照价值，更不能简单地套用西方经验和西方理论。"① 理论当然是重要的，理论是我们观察事物的基本方法，但任何理论都有自身的局限性，都有自己使用的限度，甚至都包含着错误；至于经验，就更不用说了。美国著名新闻学者舒德森讲过这样一段话："理论概念，我们少不了它们，因为它们能帮助指导我们的思想，但是我们要记住——所有的理论概念在某种程度上都是错的。我们所处的世界复杂、凌乱，而这些理论概念却都是对这个世界的简单化表达，它们从来都不是对这个世界的完美描述和解释。"② 因而，当我们把产生于其他环境中的经验、理论运用到本土环境时，首先需要对经验的可靠性、理论的适用性做出反思。事实上，对任何经验、理论不光是西方经验、理论的运用，都需要谨慎，不可"信手拈来，随意使用"。但是，亦不可一概排斥，拒之门外。毕竟在同一个地球上，相似的、共同的东西很多，而且人类还要创造共同的历史，创造共同的美好生活。因而，应该承认有很多观念、价值、理想甚至做法是没有多大区别的。有了这样的基本姿态，我们与世界交往交流起来会更加自由、方便、顺利，也会更加心情舒畅，何况，"不敞开

---

① 肖瑛. 从"国家与社会"到"制度与生活"：中国社会变迁研究的视角转换 [J]. 中国社会科学, 2014 (9)：88-103.

② 邓建国，舒德森. 我对新闻业未来谨慎乐观：迈克尔·舒德森学术访谈 [J]. 新闻记者, 2015 (2)：11.

思想对话的空间，真理就无从临现"①。不要跟自己过不去，也不要跟他者过多较劲，走我们自己的路，但也要看看别人怎么走。

展开来说，科学研究，不管是什么领域的科学，都需要独立自主的精神，这早已成为人们的共识。我们还是应该让研究者自己选择适合自己的方式，只要是真诚的而非虚假的，就让其自由探索吧。中国哲学家赵汀阳说：思想拥有合法的自由，思想的合法对象是任何可能的世界，而不是某种意识形态所划定的地盘。控制论创始人维纳讲过一段话，更是值得回味。他说："在今天，几乎每一种的统治力量——不论是左的或是右的——都要求科学家具有思想上的一致性，而不是要求他坦白为怀，这就不难理解科学已经受到怎样的损害，而将来等着它的又是什么样的贬抑和什么样的挫折了。"② 凡是做过一些研究的人都知道，自由是创造、创新的重要条件，我们现在需要的不是明白这样的道理，而是尊重这样的道理，按照这样的道理去做。

早已成为惯例，也必须成为惯例的是，作者总会在写完一本书后，感谢很多人。这是必需的，也是自然的，因为在每一次写作背后，确实存在着有形与无形的各种支持。一个人，不大可能孤立或孤独地写作。作者们本质上是在用别人的思想生产自己的思想、创造自己的思想；既在的文本与现实，是任何一个作者起飞和想象的基础。因此，像过去一样，我想以简洁而真诚的方式说一句：感谢使这本书得以顺利完成的朋友们！感谢为我的写作提供、创造安静时间和空间的亲人们！感谢使这本书得以快速出版的中国人民大学出版社，感谢这本书的责任编辑！

杨保军

---

① 陈嘉映. 说理 [M]. 北京：华夏出版社，2011：273.
② 维纳. 人有人的用处：控制论与社会 [M]. 陈步，译. 北京：北京大学出版社，2010：171.

图书在版编目（CIP）数据

新闻主体论：新修版 / 杨保军著 . -- 北京：中国
人民大学出版社，2024.3
中国新闻传播学自主知识体系建设工程
ISBN 978-7-300-32514-9

Ⅰ．①新… Ⅱ．①杨… Ⅲ．①新闻学－主体论－研究
Ⅳ．①G210

中国国家版本馆 CIP 数据核字（2024）第 029980 号

中国新闻传播学自主知识体系建设工程
当代中国新闻理论研究
新闻主体论（新修版）
杨保军　著
Xinwen Zhutilun

出版发行	中国人民大学出版社				
社　　址	北京中关村大街 31 号		**邮政编码**	100080	
电　　话	010 - 62511242（总编室）		010 - 62511770（质管部）		
	010 - 82501766（邮购部）		010 - 62514148（门市部）		
	010 - 62515195（发行公司）		010 - 62515275（盗版举报）		
网　　址	http://www.crup.com.cn				
经　　销	新华书店				
印　　刷	中煤（北京）印务有限公司				
开　　本	720 mm×1000 mm　1/16		**版　　次**	2024 年 3 月第 1 版	
印　　张	26.5 插页 3		**印　　次**	2024 年 3 月第 1 次印刷	
字　　数	333 000		**定　　价**	119.00 元